国家社科基金后期资助项目

中国行政调解制度研究

冯之东 著

商务印书馆
创于1897 The Commercial Press

图书在版编目(CIP)数据

中国行政调解制度研究/冯之东著. —北京:商务印书馆,2024
ISBN 978 - 7 - 100 - 23515 - 0

Ⅰ.①中… Ⅱ.①冯… Ⅲ.①行政诉讼—调解(诉讼法)—研究—中国 Ⅳ.①D925.114.4

中国国家版本馆 CIP 数据核字(2024)第 056173 号

中国行政调解制度研究

冯之东 著

———————————————————

商 务 印 书 馆 出 版
(北京王府井大街36号 邮政编码100710)
商 务 印 书 馆 发 行
北京市白帆印务有限公司印刷
ISBN 978 - 7 - 100 - 23515 - 0

———————————————————

2024 年 8 月第 1 版 开本 710×1000 1/16
2024 年 8 月北京第 1 次印刷 印张 19½
定价:89.00 元

国家社科基金后期资助项目
出版说明

　　后期资助项目是国家社科基金设立的一类重要项目,旨在鼓励广大社科研究者潜心治学,支持基础研究多出优秀成果。它是经过严格评审,从接近完成的科研成果中遴选立项的。为扩大后期资助项目的影响,更好地推动学术发展,促进成果转化,全国哲学社会科学工作办公室按照"统一设计、统一标识、统一版式、形成系列"的总体要求,组织出版国家社科基金后期资助项目成果。

全国哲学社会科学工作办公室

序

之东博士在北大读博期间，即对包括中国行政调解制度在内的诸多法治实践问题有较多关注。他思维活跃，具有扎实的公法学理论功底和强烈的现实责任感以及较为突出的实证研究能力，对于涉及法治政府建设特别是行政主体在国家治理进程中的职责定位、功能界域等理论和实践问题，具有很强的研究旨趣和学术热情。经过长期的实务磨砺和扎实的学术积累，之东博士在中国行政调解制度领域的研究独树一帜，具有鲜明的创新特色。

行政调解是中国特色国家治理和社会治理的重要制度。党的二十大报告特别强调要"推进多层次多领域依法治理，提升社会治理法治化水平"。中共中央、国务院《法治政府建设实施纲要（2021—2025年）》明确要求，"加强行政调解工作。……各职能部门要规范行政调解范围和程序，组织做好教育培训，提升行政调解工作水平"。可见，无论是从推进矛盾纠纷多元化解机制建设、加强国家治理和社会治理的视角，还是从强化全面推进依法行政、建设法治政府的维度，进一步健全完善行政调解制度，切实提升行政调解的制度功效，都具有重要的现实意义。

本书正是之东博士以当下中国行政调解制度理论与实践为选题所完成的论著，是他长期以来既持续关注，又不断跟进，更深入思考的重点学术领域。在此之前，他就已经围绕行政调解制度的核心问题，完成了《行政调解制度的"供求均衡"：一个新的研究路径》《纠纷解决机制外在制度环境的优化——以行政调解制度为例》和《症结与对策：论行政问责制度对行政调解行为的监督》等重要学术论文。这些论文均发表于CSSCI刊物，前两篇还被《中国人民大学复印报刊资料》全文转载。而本书则是依托于国家社科基金后期资助项目和商务印书馆的鼎力支持，对前述有关研究成果的汇集、提炼和升华。

本书是反映和体现之东博士理论素养和学术创见的代表作之一，具有很强的学术价值。本书以妨碍行政调解制度预期充分实现、严重制约行政调解制度实效的一系列突出问题为切入点对中国行政调解制度进行深入研

1

究，既有理论梳理，也有规范分析，更不乏实证研究和制度建构。作为一项有关法治政府建设的对策性研究，全书观点鲜明、论证有力，结构合理、重点突出，条理清晰、逻辑严谨，谋篇布局具有较强的层次性和立体感，语言表达简洁流畅，符合法学类学术专著的规范要求。

之东博士在本书中紧密结合国家治理的具体实践，从"内""外"两个视角对行政调解制度的重构进行了研究和分析：前者循内在制度结构的视角，主要探讨包括行政权力的优化、现代行政调解制度基础性特质与基本功能的重新定位，以及关于调解主体、适用范围、基本程序等制度内在设计规范化的诸多问题；后者循外在制度环境的视角，主要探讨包括"辩证稳定观"的树立、"制度认同感"的强化、法律地位的重塑等意识观念领域的重大问题，以及行政问责和行政检察等制度安排对行政调解制度的规范和监督、"诉调对接"机制对行政调解法律效力的保障等制度建构领域的相关问题。

该书的理论价值和实践意义都是值得肯定的，其中诸多观点和主张，无论是对于促进法治政府建设的理论建构，还是对于矛盾纠纷多元化解机制改革的深化，均有较强的参考价值和借鉴意义。当然，书中个别论述还略显薄弱，有待作者今后进一步加强和深化相关研究。

非常高兴向读者推荐该书，乐为之序！

姜明安

2024 年 1 月 30 日

目　　录

导　论

一、问题的提出：行政调解制度供求的失衡

"行政调解"，这绝对是一个让理论界和实务界感到非常熟悉但又众说纷纭的概念。它既是一种非常重要的行政法制度模式，又是一种非常重要的纠纷解决制度安排。无论是从推进"矛盾纠纷多元化解机制建设和改革"的视角，还是从强化"行政法治建设"的维度，有效提升"行政调解"制度的功效，对于当下的国家治理都极具现实意义。笔者暂不对其进行界定，有关这一概念及其制度设计的诸多要素，笔者于后文还要作详细的分析和讨论。这里需要回答的问题是，为何将其作为本文的研究对象？

众所周知，在几千年传统观念的影响下，中国民众在遇到纠纷时一般不愿意轻易"打官司"。因为，根植于骨髓和血液的生活经验充分表明，打官司往往无助于从根本上有效解决实际问题，甚至反倒有可能形成"诉讼依赖"式的恶性循环。2006年党中央对构建"和谐社会"[①]这一执政目标的正式宣示，不可逆转地成为全国范围内隆重掀起"大调解"[②]热潮的直接动因。近年来调解等非诉讼纠纷解决模式的不断复兴，特别是"矛盾纠纷多

---

① 参见中共十六届六中全会《中共中央关于构建社会主义和谐社会若干重大问题的决定》。

② 2006年11月，时任中央政法委书记罗干在全国政法工作会议上首次提出"大调解"工作体系概念。笔者以为，"大调解"是指通过第三方介入，运用协调、疏导、说理等手段来解决纠纷、达成协议的所有纠纷解决方式的统称。就"大调解"中的"大"而言，角度不同则定位也不同。从法院的角度看，"大调解"对内即全员、全程的诉讼调解，除法院调解外，还包括诉讼过程中的委托（其他调解组织）调解、特邀（律师）调解等；对外即法院调解与其他主体调解之间的有效对接。从党委的角度看，"大调解"是指党政领导、政法综治部门牵头协调，司法机关指导，有关单位各司其职，社会各界广泛参与的各种调解方式的有机体系。可见，整合社会资源、化解社会纠纷，是构建"大调解"体系的基本思路。参见罗干：《政法机关在构建和谐社会中担负重大历史使命和政治责任》，《求是》2007年第3期；吴英姿：《"大调解"的功能及限度》，《中外法学》2008年第2期。需要强调的是，本文中的"大调解"机制主要包括：由审判机关主导的"法院调解"、行政主体主导的"行政调解"和基层群众自治组织人民调解委员会主导的"人民调解"。

1

元化解机制"[①]建设目标的明确,[②]以及大力倡导并着力践行这一目标及其理念的一系列举措,本身都是为了适应社会治理现代化的迫切需要。笔者以为,当下中国的社会纠纷以及"纠纷解决"(dispute resolution)的态势,特别是通过分析与之密切相关的"微观"权利救济和"宏观"社会治理的现状,[③]能够比较真实地映射出诉讼、行政复议、仲裁、裁决、调解等各类纠纷解决方式的制度绩效。

(一)"权利救济"层面的反思

现代文明孕育着和谐,但现代化的进程却很有可能伴随着动荡。自中共十一届三中全会以来,处于体制变革、社会转型的当下中国在各个领域都发生了深刻变化:社会结构剧烈变动,社会分层日益明显,社会观念冲突加剧,社会主体日渐多元。2012年11月,王岐山同志向全党推荐托克维尔的名著《旧制度与大革命》:一部旨在分析1789年的法国为何发生革命的著作。可以看到,相较于历史教科书总结得出的发生革命的诱发性因素,法国大革命却与之完全不同。法国大革命发生在国王路易十六推行一系列改革之后,即王朝统治最为繁荣的时期。为何繁荣反而加速了革命的到来?这一问题需要世人特别是当代中国共产党人进行深入思考。可以毫不夸张地讲,即便不必产生"托克维尔"式的担忧,但也绝对需要认真谋划国家如何实现稳健的转型。

同时,个体利益最大化与资源相对稀缺且配置不均之间的固有张力,以及这种张力与"政治经济发展极端不平衡"[④]这一基本国情之间的相互作用,进一步加剧了社会纠纷的多发。2013年至2018年全国法院系统诉讼案

① 纠纷解决体系一般包括"诉讼"与"非诉讼"两大类型,二者共同构成"矛盾纠纷多元化解机制"。中国官方首次出现"多元化的纠纷解决机制"这一概念,是在最高人民法院的《人民法院第二个五年改革纲要》中。此后,中央层面也多次重申这一要求。特别是2015年,由中央全面深化改革领导小组第十七次会议通过、中共中央办公厅和国务院办公厅联名转发的《关于完善矛盾纠纷多元化解机制的意见》对此进一步提出了明确要求。

② 其目标本身也不是简单地为了缓解法院或者其他执法司法机关的工作压力,更为重要的是为民众提供意识和行为的自由空间,尊重普通民众自由选择纠纷解决方式的权利。有关分析参见蒋惠岭、龙飞:《国家治理语境中的中国式多元纠纷解决机制研究》,《〈上海法学研究集刊〉(2020年第1卷-总第25卷)——上海市法学会公司法务研究会文集》。

③ 关于"纠纷解决"同"权利救济"和"社会治理"之间的关系,以及其他既存社会治理方式的制度实效,笔者将于第二章、第三章作具体论述。

④ 在《中国革命和中国共产党》一文中,毛泽东同志集中深入地分析了近代中国的客观社会环境及其特质。文章指出:"中国的经济、政治和文化的发展,表现出极端的不平衡。"参见《毛泽东选集》第二卷,北京,人民出版社,1991年版,第647页。笔者以为,毛泽东同志对其时中国社会的这一定性,依然适用于当下中国。

件数量的变化，^① 以及 2013 年至 2017 年全国检察机关案件办理情况^②，都清楚地反映出这一态势。即便是在经济社会发展水平相对滞后、案件数量相对较少的 H 省，也佐证了这一态势的客观存在。^③ 另外，当代"百年未有之大变局"的世界格局，^④ 也进一步为矛盾叠加的社会局面"推波助澜"。这一切都使得当代中国的社会纠纷在数量上渐趋增多，性质上日趋复杂，对于群体性、突发性事件尤其需要实施积极防范和有效处置。而且，这一态势至今仍在持续之中。

然而，纠纷的出现和增多，显然还不是当下中国的核心问题所在。一个处于体制转轨时期的国家和社会，不应该对纠纷感到恐惧。真正需要关注的是，在正处于历史性关口、力图"化危为机"以实现"中华民族伟大复兴"的中国，面对期待救济的"公民"^⑤ 权利和客观存在的"维稳"压力，当下既有的纠纷解决机制呈现出公信力仍需提高、效果不尽如人意，甚至在个别领域、个别时段应对失灵的现状：国家全力推进的诉讼模式，因司法权威亟待提升、司法资源储备不足、司法腐败案件时有发生而正处于史无前例的改革进程之中；被定位为"补充性"纠纷解决模式的"信访"制度也时而呈现出"喧宾夺主"式的非正常发展态势；而以"调解"为代表的其他"非诉讼"型纠纷解决模式，因缺乏完善的理论性指导和健全的制度性支撑，致使当事人所预期的纠纷解决效果尚未充分实现。

特别是"行政调解"，尽管其依托自身成本低、效率高、专业性强、能够

---

① 2013 年至 2017 年五年间，最高人民法院受理案件 82383 件，审结 79692 件，分别比前五年上升 60.6% 和 58.8%；地方各级法院受理案件 8896.7 万件，审结、执结 8598.4 万件，结案标的额 20.2 万亿元，同比分别上升 58.6%、55.6% 和 144.6%。2018 年，最高人民法院受理案件 34794 件，审结 31883 件，同比分别上升 22.1% 和 23.5%；地方各级法院受理案件 2800 万件，审结、执结 2516.8 万件，结案标的额 5.5 万亿元，同比分别上升 8.8%、10.6% 和 7.6%。参见《十三届全国人大一次会议上最高人民法院工作报告》，《人民日报》2018 年 3 月 10 日第 2 版；《十三届全国人大二次会议第三次全体会议听取"两高"报告》，《人民日报》2019 年 3 月 12 日第 2 版。

② 这五年，全国检察机关共批捕各类刑事犯罪嫌疑人 453.1 万人，虽然较前五年下降了 3.4%，但起诉则多达 717.3 万人，较前五年上升幅度高达 19.2%。参见《十三届全国人大一次会议上最高人民检察院工作报告》，《人民日报》2018 年 3 月 10 日第 2 版。

③ H 省法院系统受理案件总数，由 2018 年的 504906 件上升至 2019 年的 563355 件，同比增幅高达 11.58%。有关数据，系笔者于 2020 年 3 月—2021 年 3 月在 H 省高级法院调研期间，由该法院审管办提供。

④ 2018 年 6 月 23 日，习近平总书记在中央外事工作会议上强调："当前，我国处于近代以来最好的发展时期，世界处于百年未有之大变局，两者同步交织、相互激荡。"参见王泰平：《世界百年大变局中的中国大有希望》，《北京日报》2018 年 12 月 26 日第 2 版。

⑤ 在本书中，笔者对"公民"概念采用了一个更为广义的范畴。它不仅仅限于"自然人"，还包括其他与国家公权力主体相对应的法人或者组织等所有私权利主体。

迅速整合各种资源等优势，既在纠纷解决实践中实现了一定的制度绩效，也取得了制度建构层面的些许改良，却因多种主客观因素的作用，大大延长了该项制度与社会治理进程之间的磨合期，相应增大了其实际功效与制度预期的反差。尽管许多纠纷（含大量群体性事件）并非政治事件，往往只是一种因公民的利益诉求得不到有效回应、进而实施无奈之举，并与既定社会秩序相冲突的产物，但如果当下的行政调解以及其他纠纷解决制度继续运作不畅，面对不当行使的公权力无法加以有效规约，面对受到损害的私权利无法给予及时救济，则特定的民事纠纷转化为行政争议、进而演化为刑事案件，甚至恶化为群体性事件的概率终将进一步升高，从而最终可能构成公民实现权利救济和个案公正乃至整个社会"接近正义"（access to justice）的重重障碍。

（二）"社会治理"① 层面的反思

习近平总书记上任伊始，就代表中国共产党向全国人民乃至全世界作出郑重承诺："人民对美好生活的向往，就是我们的奋斗目标。"② 笔者以为，这一政治宣示充分彰显了执政党在执政理念上对社会公平正义与整体协调发展的追求。中共十九届六中全会明确指出，"全党必须铭记生于忧患、死于安乐，常怀远虑、居安思危……"。③ 从这字里行间，全社会都充分感受到了执政党对时局一以贯之的忧患意识。在 2017 年中共十九大报告中，习近平总书记更是明确指出："统筹发展和安全，增强忧患意识，做到居安思危，是我们党治国理政的一个重大原则。"④

同时，"坚持从中国实际出发，坚持依宪施政、依法行政、简政放权，把政府工作全面纳入法治轨道，实行法治政府建设与创新政府、廉洁政府、服务型政府建设相结合"，⑤ 特别是"转变政府职能，深化简政放权，创新监管方式，增强政府公信力和执行力，建设人民满意的服务型政府"的执政目标，多次被党中央予以重申。⑥ 作为"深化机构和行政体制改革"的最

---

① 社会治理是国家治理的重要组成部分，涵盖了"社会治理体制"和"具体社会事务治理"。参见郁建兴：《辨析国家治理、地方治理、基层治理与社会治理》，《光明日报》2019 年 8 月 30 日第 6 版。

② 参见习近平同志在中共十八届中央政治局常委同中外记者见面时的讲话。

③ 《中共中央关于党的百年奋斗重大成就和历史经验的决议》，《人民日报》2021 年 11 月 17 日第 2 版。

④ 习近平：《决胜全面建成小康社会　夺取新时代中国特色社会主义伟大胜利——在中国共产党第十九次全国代表大会上的报告》，《人民日报》2017 年 10 月 28 日第 1 版。

⑤ 参见《法治政府建设实施纲要（2015—2020 年）》。

⑥ 习近平：《决胜全面建成小康社会　夺取新时代中国特色社会主义伟大胜利——在中国共产党第十九次全国代表大会上的报告》，《人民日报》2017 年 10 月 28 日第 1 版。

终方向和目标，服务行政的实施，表明了行政主体^①在全面建成小康社会的历史进程中，为了实现"不断满足人民日益增长的美好生活需要"，不断促进社会公平正义，形成有效的社会治理、良好的社会秩序，使人民获得感、幸福感、安全感更加充实、更有保障、更可持续的施政预期，必须担当起至关重要且无可替代的角色。对于上述目标的追求，均可视之为中国共产党在中国进行市场化改革、进而实现国家治理体系和治理能力现代化的必然选择。正所谓"社会治理是国家治理的重要方面，社会治理现代化是国家治理体系和治理能力现代化的题中之义"；"社会治理现代化既是国家治理现代化的重要支柱，又是国家治理现代化的坚实基础"。^②显然，无论是达致美好生活，还是创建服务型政府，都必将对执政党的治国理政方略和社会治理能力提出更高的要求。

如前所述，中国社会形形色色的纠纷，尤其是私权利和公权力^③之间因摩擦而引致"官民不和谐"的行政争议，以及因未能妥善解决而最终可能转化为刑事案件甚至引发群体性事件的民事纠纷，已然成为中国特色社会主义进入新时代之后必须认真加以防范和缓解的突出问题；而对上述纷争给予及时有效的解决，也正是政府实施服务行政、加强社会治理的核心内容。但是，究竟如何适应中国社会结构和利益格局的发展变化，如何从根本上提升执政党的执政能力，实现社会的安定有序，进而巩固执政党的执政地位，这已经成为各级、各类社会治理主体特别是行政主体必须认真面对并尽快加以解决的紧迫问题。但实践表明，其中的一些单位、一些人，思路并不清晰，措施并不得力，效果当然更不明显。

在当下中国，因失于对行政权及其社会功能的辩证理解，失于对"小政府-大社会""政府还权于社会""管的越少的政府是越好的政府"等"政府"与"社会"之关系及其相关理念的准确解读，以至于在从计划经济到市场经济、从"全能政府"到"有限政府"的历史性转型过程中，不同层级的部分施政者于众多领域，从曾经的"行政越位"之此端走到了当下的"行政缺位"之彼端：行政权力在治理社会的诸多层面趋于盲目退却，政府

---

① 本书中的"行政主体"，包括各级政府、政府所属部门和法律、法规授权行使行政管理职能的组织。

② 陈一新：《加快推进社会治理现代化》，《人民日报》2019年5月21日第13版；郭声琨：《坚持和完善共建共治共享的社会治理制度》，《人民日报》2019年11月28日第6版。

③ 公权力有多种形式，其中主要包括国家公权力、社会公权力和国际公权力。有关分析，参见袁曙宏等：《公法学的分散与统一》，北京，北京大学出版社，2007年版，第196页。笔者在本书中所论及的公权力主体除国家公权机关之外，还包括基于法律、法规、规章甚至行业章程授权，行使公权力的社会组织。

职能在公域之治的多重环节遭致无谓削减，失之偏颇的"无为行政"导致社会治理成本急剧攀升，更可能引发社会秩序的局部动荡。显而易见，与行政权曾经习惯于"乱语"相似，行政权的"失语"及其负面效应，也全方位地表现在了当下的社会治理实践之中。

毫无疑问，由于对政府及其行政权之角色的错误定位，如果行政主体轻易淡化其在纠纷解决领域的根本权能，将富有妥协合作精神且契合于非强制行政理念的行政调解等柔性治理手段搁置不用，随意地将原本可由行政权处理的大量争议推向法院或者其他"裁断式"机构，那么，最终不但会使得运用行政权力的纠纷解决机制无所作为，从而加重法院等其他机构的负担，进而使诸多重大矛盾纠纷因法院无暇旁顾而不能得以及时有效解决，而且会因过分依赖"命令式"的"权力行政"而造成私权利与公权力的严重对峙，导致社会秩序失去根本的维系和保障。届时，"四个全面"战略布局、"五位一体"总体布局等执政目标的实现将可能受到严重影响，而单纯对"有限政府""服务行政"等理念的片面鼓吹及其实践的最终落空，则更可能形成并强化对执政党执政能力和执政权威的质疑。

综上所述，与其他既存社会治理方式大同小异，行政调解制度的功效远未能尽如人意：在权利救济层面，其所具有的定分止争功能并未能有效回应公民解决纠纷、维护合法权益的制度需求；而在社会治理层面，其所具有的提升治理效果的内在价值，也未能充分实现国家降低治理成本、改善治理现状的制度需求。显然，与新时代"人民日益增长的美好生活需要和不平衡不充分的发展之间的矛盾"相对应，作为纠纷解决模式的行政调解制度，其正呈现出"制度供给"与"制度需求"之间的一种失衡状态。另外，还必须看到，除行政调解制度自身的因素之外，其他现有的社会治理方式所呈现的制度供求"非均衡"之现状，在进一步突显行政调解制度实践供求"失衡"的同时，也加剧了纠纷解决制度体系内部各类制度发展态势的不均衡。

因此，为充分发挥行政权之于公民权利救济和改善社会治理的功能和价值，使之既能实现行政调解在其制度自身层面的个体性"供求均衡"，又能实现涵盖行政调解制度在内的多元化纠纷解决制度体系层面的整体性"供求均衡"，从而化解社会秩序局部失范的现实困境，以最终获致同建构服务型政府、实现"人民美好生活"之社会治理目标的契合，公法学人必须力求从理论研究领域率先取得突破，助力于行政调解的制度重构。

进而言之，笔者并无意于主张以行政调解制度取代其他纠纷解决模式，因为这既无必要，也无可能。需要正视的是，作为一种纠纷解决制度，行政调解同其他"诉讼"与"非诉讼"制度一样，也具有自身的比较优势。

然而，行政调解的现状却堪忧：生存空间被严重挤压，要么借助于其他纠纷解决模式来寻求自身的正当性，要么依附于行政执法过程之中以彰显自身的存在感。[①] 笔者不禁要问：既然同属"大调解"机制范畴，人民调解和法院调解[②] 均已高调复兴，为何唯独行政调解却依旧徘徊不前？

因此，笔者不揣浅薄，试图就上述问题作一探究。

二、基本命题和研究重点

（一）基本命题

笔者以为，正确认识行政主体在社会治理进程中的地位、作用以及功能界域，深刻反思中国的行政调解制度实践，从而为重构行政调解制度提供必要的理论支持，是行政法学面临的重要课题。社会纠纷及其解决既不可能桎梏于法律规定，而是呈现出复杂多样的状态，也未与法学理论相脱节，而是学理与实践紧密交融的重大问题；既不简单是社会治理中对现实的片面回应，也不单纯是根据逻辑由法理推导出的纯粹抽象结论。日本法学家棚濑孝雄强调，在纠纷解决理论研究中，务必在"制度分析"即在规范意义上对纠纷解决制度的功能利弊进行分析、解构和建构的基础上，还要进行"过程分析"，将纠纷解决视为一个具有各自利害关系的纠纷当事人（如果有第三者居间解决，则还包括该第三人）之间相互作用的过程。从而，以此两种分析作为完善纠纷解决制度、实现纠纷解决的理论基础。[③]

因此，在"权利救济"层面，研究行政调解制度就要力争实现对"制度分析"和"过程分析"的并重。尤其要在分析、解构既有行政调解制

[①] 章志远、刘利鹏：《我国行政调解制度的运作现状与发展课题》，《求是学刊》2013 年第 5 期。

[②] 本书中的"法院调解"，专指法院依法实施的调解活动。在当下中国的社会治理实践中或者部分规范性文本中，有人常用"司法调解"或者"诉讼调解"来指代"法院调解"，笔者认为，如此做法很不严谨，易产生概念层面和实践层面的混乱。就"司法调解"而言，因为司法行政系统也在从事着大量的"司法行政调解"，可能同法院主导的"司法调解"相混淆。就"诉讼调解"而言，近年来检察机关以"实质性化解行政争议"为突破口大力推进"行政检察监督"工作，甚至主张"行政诉讼监督中，……在监督中调解、在调解中监督"。严格地讲，检察机关在行政诉讼活动中实施的调解也可以称之为"诉讼调解"，如此一来，在概念上，显然就与法院实施的"诉讼调解"无法区分了。为此，笔者有意用"法院调解"这一概念，以区别于"司法行政调解"以及检察机关实施的"诉讼调解"。下文如无特别说明，亦同此意。有关检察机关诉讼调解的分析，参见佟海晴：《加强行政检察监督　促进行政争议实质性化解》，《检察日报》2020 年 7 月 13 日第 5 版。

[③] 棚濑孝雄首次提出，"纠纷解决"的理论研究要实现"从制度分析到过程分析"的跨越。参见〔日〕棚濑孝雄：《纠纷的解决与审判制度》，王亚新译，北京，中国政法大学出版社，1994 年版，"代译序"第 3 页。

度的同时，注意民事纠纷中的当事人之间、行政争议中的公民与行政主体之间，以及他们与实施调解的第三方之间的相互作用。无疑，行政调解的正当性和法律约束力之基础正是源自于参与纠纷解决的各方之权利、权力与利益之间的博弈。因此，在自上而下地关注纠纷解决规则制定与实施即"制度供给"的同时，还必须加强对当事人尤其是行政争议中公民一方对"解决纠纷"和"权利救济"等价值的期待和追求即"制度需求"的关注。

同时，在"社会治理"层面，当下中国的实践已经表明，结合行政权力定位失准、法治政府建设进程中"社会管理"和"公共服务"职能尚显薄弱的现状，以实施"服务行政"等领域为切入点对行政调解展开探讨之时，既要借助于作为政府治理手段的行政调解制度的既有定位，考察行政主体对行政调解制度的实际需要和制度预期，对其进行"过程性分析"，以探求其"制度需求"的实际情境；更要借助于对行政调解制度的理论基础、制度构成、内置功能、价值取向及其有机平衡的求证，对其进行"制度性分析"，深刻认识其在实施社会治理、推进服务行政的进程中所具有的优势和缺陷，以及在行政主体的治理实践中所实际发挥的功能，即考察其"制度供给"的现实状况。

因此，本书的基本命题是：依托于当下中国化解矛盾纠纷、改善社会治理的时代背景，以"制度供求均衡"理论为研究路径，以"制度供给"和"制度需求"为基本维度，在"制度分析"和"过程分析"的基础上着重指出，理应成为多元化纠纷解决机制中重要一元的行政调解制度，在制度内外因素的共同作用下，当前正呈现出难以有效回应国家和公民之需求的基本现状。对此，唯有以实际的制度需求为基点，以优化其制度供给为目标，从制度内在因素和制度外在因素两个层面着手，强化其制度优势，防控其制度风险，才有可能达致对行政调解制度的改良和重构，即实现行政调解制度的供求均衡。

（二）研究重点

本书既试图在方法论上呼应近年来中国法治研究中重视本土问题、重视经验研究进而提出制度性对策的新趋势，[①] 也试图通过实证分析，在学理层面上反思究竟如何强化行政调解制度优势、改善社会治理现状。总之，从供给和需求的视角研究行政调解制度，将有助于提升行政法学研究对于社会治理进程在知识上的贡献，也必然会对推进服务行政、改善社会治理

---

① 有关研究文献包括苏力：《法治及其本土资源》，北京，中国政法大学出版社，2004年版；陈瑞华：《问题与主义之间——刑事诉讼基本问题研究》，北京，中国人民大学出版社，2008年版，"代序言"；陈卫东：《司法改革之中国叙事》，《中国法律评论》2016年第1期；苏力：《大国宪制——历史中国的制度构成》，北京，北京大学出版社，2017年版。

有所裨益。因此，笔者将从"权利救济"和"社会治理"这两个层面，对行政调解的"制度供给"和"制度需求"进行探讨，并在此基础上通过求证制度供给对制度需求的积极回应，以实现二者的均衡。这一研究路径决定了在本书的研究过程中，将以下述问题作为研究重点。

1. 规范行政权力、改善社会治理、强化公共服务——对国家需求的回应。在社会转型期的当下中国构建法治政府的时代背景下，结合政府类型或者"政府与社会"之关系所经历的"全能政府→有限政府→服务政府"发展进程，如何准确界定公域之治中的行政权？以此界定为前提，如何在建构多元化纠纷解决机制进程中，积极发掘并合理运用行政调解这一"治理方式"的特殊功能？如何通过行政调解的运用，实现从消极行政到积极行政的跨越，实现规范主义与功能主义的平衡？如何在建立和完善市场经济体制的进程中，通过行政调解制度的规范运行，以实现弱化"行政权力干预微观经济运行"与强化"政府实施公共服务"即"有所不为"与"有所为"的并行不悖，进而达致行政权力既不"越位"，也不"缺位"，而要"到位"的理想目标？

2. 有效解决纠纷、实现权利救济、保障合法权益——对公民需求的回应。纠纷发生后，公民对纠纷解决会产生哪些具体诉求？在多元性的公民纠纷解决诉求之间，是否会产生张力？如何对之进行缓解乃至消除，以实现其利益平衡？特别是在当下中国纠纷解决领域的制度供给于实然意义和应然意义之间存在反差的背景下，如何从自下而上即"制度需求"的维度，对公民的纠纷解决诉求加以重新审视和准确界定并加以科学的类型化？

3. 对行政调解制度"供求均衡"的界定。在本书的研究中，对"制度需求"的考察只是手段，最终目的还是在于通过充分改善"制度供给"以实现对制度需求的有效回应。在实证分析的基础上，如何界定行政调解的制度供给？如何正视和协调行政调解制度与其他社会治理方式之间的张力及其平衡？如何准确界定行政调解制度供求之间是否实现了供求均衡？是否实现均衡的判断标准（或者参照系）是什么？

4. 如何实现行政调解制度的重构。基于行政调解制度供求失衡的现状，立足于公私法域交融渗透[①]的中国法治实践，究竟如何有效合理借助行政

---

① 纵观人类法治史，公私法域之间基本上经历了一个从绝然分立到彼此交融的演进历程。相应地，这种变迁对公权力主体与私权利主体之间的关系状态也产生了重要影响。笔者在此提出的"公私法域交融"，既涵盖公法与私法原理、原则的相互借重，也包括立法过程中公、私法性质条文的相互渗透，甚至还存在私权利主体行使公权力的现象。显然，传统的"权力-服从"模式的行政管理逐步演变为"协商-合作"模式的公共治理，传统的"控权行政法"逐步演变为以实现治理目标为导向且同时规范公权和私益的"新行政法"。

权，以协商甚或妥协的"私法"方式，来解决包括大量私人冲突和公法争端在内的社会纠纷，以实现推进服务行政、维护社会秩序的公法目标？特别是在一般性命题与实证性材料之间，在特定时空内相对确定的纠纷解决制度与变动不居的社会生活及繁杂多样的矛盾纠纷之间，在努力彰显其制度优势的丰满理想与竭力防控其制度风险的骨感现实之间，究竟如何通过对行政调解制度及其运作过程和效果的考察分析，以有效回应国家与公民的需求？

制度能提供有用的服务。制度选择
及制度变迁可以用"需求−供给"这一
经典的理论构架来进行分析。[*]

第一章　行政调解制度与
"制度供求均衡"理论

　　在法律社会学理论中，"调解"历来被视为一种重要的、几乎与司法诉讼制度相互对应的纠纷解决机制，这是讨论调解制度及其相关问题时必须面对的现实。无可否认的是，调解制度在人类社会的发展历程中的确发挥了非常重要的作用。特别是在现代中国，尽管也曾伴随着世事更迭而经历了太多的起降沉浮，时而被推崇备至而大行其道，时而因备受冷落而无人问津，但调解制度改造社会的"政治功能"和解决纠纷的"社会功能"，却始终如一地以不同形式体现在国家的社会治理实践之中。[①] 无论是践行"枫桥经验"，[②] 还是构建"多元化纠纷解决机制"，都无一例外地彰显着执政党加强社会治理的决心和智慧。

　　在此意义上，作为一种运用行政权而实施的调解制度，"行政调解"也同其他调解类制度一样，"荣辱与共、同舟共济"，携手扮演着特定的历史性角色。但相形之下，行政调解因其制度实践中的问题更为突出，因而所

---

　　[*]　盛洪主编：《现代制度经济学》（下卷），北京，北京大学出版社，2003年版，第253页。

　　[①]　强世功主编：《调解、法制与现代性：中国调解制度研究》，北京，中国法制出版社，2001年版，导论第1页、正文第264页。

　　[②]　新中国成立后，浙江省诸暨市枫桥镇逐步创造出"发动和依靠群众，坚持矛盾不上交，就地解决，实现捕人少，治安好"的"枫桥经验"。1963年，毛泽东批示"要各地仿效，经过试点，推广去做"。2013年，习近平总书记作出批示："把'枫桥经验'坚持好、发展好，把党的群众路线坚持好、贯彻好。"今天，业已形成具有鲜明时代特色的"党政动手、依靠群众、预防纠纷、化解矛盾、维护稳定、促进发展"的枫桥新经验。有关分析，参见周长康、张锦敏主编：《枫桥经验的科学发展》，杭州，西泠印社出版社，2004年版；马卫光：《坚持和发展新时代"枫桥经验"》，《求是》2018年第23期。

面临的挑战也更大、困难也更多。然而，基于国家规范社会秩序、改善社会治理的迫切需要与公民解决矛盾、救济权利的强烈需求，当下中国已对行政调解的制度重建给予了前所未有的"高度重视"，并以构建包括"人民调解""行政调解"和"法院调解"在内的"大调解"机制的形式，持续表达并强化着"化解纠纷、定分止争、维护社会安定有序"的执政目标。

然而，问题也正在于，不论是在制度实践层面，还是在理论建构层面，当下行政调解制度这一"公共产品"的"供给"现状，并未能有效回应现实需求。显然，制度供求层面的"失衡"，有可能导致公民和国家基本制度预期的落空。在本章，笔者暂且不讨论公民对行政调解制度在"权利救济"层面的核心诉求，而是主要从国家实施"社会治理"的基本需求出发进行分析。① 在阐述行政法学相关理论问题并考察国内学术研究现状的前提下，有针对性地引入"制度供求均衡"理论框架作为新的研究路径，并论证引入这一理论框架作为研究路径的必要性与可行性，进而开始对理论层面实现行政调解制度的建构和完善进行讨论。

第一节 "大调解"机制背景下的行政调解制度

显而易见，在当下中国社会治理实践中推进"多元化纠纷解决机制"改革的特定语境下，涵盖行政调解、人民调解和法院调解的"大调解"机制之建构，已呈如火如荼之势。在此背景下，行政调解制度既有着可以赖以立足的历史文化基础，又面临着相较于人民调解制度和法院调解制度的尴尬处境。这也正是在研究和重构行政调解制度时，必须予以同等正视的两个方面。

一、中国行政调解制度的历史文化基础

调解以及行政调解制度在中国历史长河中的文化积淀，是推动其发展并彰显其制度优势的必要条件。下文就此简要述之。

（一）传统社会治理中的"调解"

笔者以为，"调解"可能是人类社会历史中最为原始的用来解决纠纷的模式。早期的人类既无正式的法律规范，也无专门的纠纷解决组织，出

---

① 笔者在此并无厚"国家"而薄"公民"之意。须知，社会的整体治理正是源于对公民个体的权利救济。只是笔者认为，相较于权利救济层面，制度供求在社会治理层面的失衡更为直观，也更具有冲击力。

于对秩序的追求,在面对生产生活中的各类纠纷时,或暴力解决,或调和平息。而"暴力"势必会"终局性"地损害原本就不发达的生产力,尤其是可能伤害乃至消灭最为稀缺的劳动力,这就自然使得"调解"成为当时社会治理所最为倚重的纠纷解决方式。可以说,调解制度孕育于独具特色的古代中国传统文化之中,特别是历经数千年儒家思想的持续影响,"中庸和谐"的处世之道,深深地渗入了中国社会,"调解"自然成为国人解决纠纷、进而实现社会治理的重要(甚至是首要)选择。①

与此相对应的是,在中国传统文化中,"讼"乃不祥之物:"讼,惕,中吉,终凶";且"正人君子"往往耻于为物质利益而争讼,即"良民以讼为祸,莠民以讼为能,且因而利之"。正如西汉思想家陆贾在其《新语·至德》中所言:"闾里不讼于巷,老幼不愁于庭",似乎这才是社会和谐恬静的美好境界。这也就从根本上决定了中国人的基本诉讼观:"听讼,吾犹人也,必也使无讼乎!"②因此,调解等法律外途径解决纠纷的丰富实践,在化解社会矛盾的同时,也强化了传统中国社会结构中的固有价值判断标准。③即便在现代中国,这种传统倾向仍然普遍存在,以致出现了"饿死不当贼,屈死不告状"④的极端化言行。⑤

在古代中国,调解依据的是法律和道德伦理规范,"礼法合流"成为法制建设的主旋律;"施以教化"既是调解所追求的功效,更是调解过程中的重要手段;调解并没有权利妥协的含义,调解的直接目标是息事宁人而非明断是非;调解的形式灵活多样,不拘一格;调解具有强制性,是诉讼的前置程序,尤其是官府调解更带有强烈的行政干预色彩。⑥必须看到,以上特点在现代社会治理实践中仍然依稀可见。

(二)"行政调解"在中国的沿革

在具有深厚历史文化底蕴的中国社会治理领域,作为调解制度在"主

---

① 洪冬英:《当代中国调解制度变迁研究》,上海,上海人民出版社,2011年版,第15—26页。

② 郭星华:《无讼、厌讼与抑讼:对中国传统诉讼文化的法社会学分析》,《学术月刊》2014年第9期。

③ 〔美〕吉尔伯特·罗兹曼:《中国的现代化》,国家社会科学基金"比较现代化"课题组译,南京,江苏人民出版社,1988年版,第231页。

④ 〔美〕罗伯特·尤特:《中国法律纠纷的解决》,周红译,《中外法学》1990年第2期。

⑤ 强世功主编:《调解、法制与现代性:中国调解制度研究》,北京,中国法制出版社,2001年版,第88页。

⑥ 胡旭晟、夏新华:《中国调解传统研究:一种文化的透视》,《河南省政法管理干部学院学报》2000年第4期。

体"层面的二次选择,"行政调解"制度便应运而生。行政调解作为一种力求建构公民权利之间以及公民权利与公共权力之间有机平衡的"东方经验",在中国可谓是源远流长。

1. 古代中国。尽管原始社会因历史条件所限,既无带有阶级专政属性的国家,也无体现为国家形态的法律,但这并不妨碍行政调解方式在其时的广泛运用。在当时的父系氏族(国家形成之前的人类社会共同体)之中,氏族内部成员一旦发生纠纷,则由"最高行政首长"即氏族首领根据其时的"规矩"、社会舆论和道德力量,通过协商、调和或者其他为氏族所认可的方式予以解决,以达到平息矛盾、排解纷争、调整相互关系,进而维持正常的生产生活秩序的目的。根据《史记》的记载,因先后发生了"历山之农者侵畔"与"河滨之渔者争坻"等多起重大纠纷,尚未接受尧之"禅让"的舜,依凭超强的胆识和人格魅力而亲临现场解决,经深入的言传身教,使"历山之人皆让畔""雷泽之人皆让居"。可以看到,舜正是借助于部落联盟首领的行政权威,通过晓之以理、动之以情的调解手段平息了一系列重大纠纷,舜也因此获得了尧的充分信任。[①] 显然,舜所具有的协调化解纷争的能力("明君"所必备的品质),正是其备受后人敬仰和赞颂的原因之一。因此,舜果断决定并有效运用调解方式化解纷争,既是基于人类自然形成的习惯,更是实现部落联盟内部和谐有序(政治统治利益)的选择。因而,这也成为中国古人运用行政调解方式化解矛盾纠纷、实现社会治理目标的经典案例,甚至可以说是行政调解的最初渊源。

与之相比,国家产生后的行政调解具有了新的性质和内容,"息事省讼"成为核心价值。西周时期"掌司万民之难而谐和之"的"调人",[②] 就是"专职"的行政调解员。与古代中国司法、行政合一之基本传统相契合的是,行政调解与司法程序相衔接,基层官吏必须"于亲戚、族党、邻里之间,则劝以睦姻任恤"。[③] 因此,尽管诉之于官府的案件,多为民间矛盾已然激化的纠纷或者轻微刑事案件,但地方行政长官依然以调处方式加以处理,并使之成为最为常见的断案形式。而且,除了官方的调解之外,还有民间调解(类似于今天的人民调解)的存在,并且都很快发展成为较为成熟的制度。不论是类似于汉代"三老"[④] 等特定人员主导的民间调解,还是

---

① 张晋藩:《中国法律的传统与近代转型》,北京,法律出版社,1997年版,第277页。

② 刘艳芳:《我国古代调解制度解析》,《安徽大学学报(哲学社会科学版)》2006年第2期。

③ 叶三方:《古代息讼经验的现代借鉴》,《武汉大学学报(哲学社会科学版)》2008年第2期。

④ "乡有三老,有秩、啬夫、游徼"。参见胡旭晟、夏新华:《中国调解传统研究:一种文化的透视》,《河南省政法管理干部学院学报》2000年第4期。

官府主持的行政调解，多种调解形式的共同作用，与当下中国各级施政者反复强调的各类调解制度相互衔接的"大调解"机制，颇有异曲同工之妙。

2. 现代中国。抗日战争时期，各边区政府都很重视行政调解，先后出台了一系列规范性文件，用以指导行政调解，如《晋察冀边区行政村调解工作条例》《陕甘宁边区民刑事案件调解条例》……① 这一系列制度规范及其实践，为未来行政调解的普遍推行奠定了坚实基础。在新中国成立后的计划经济时代，社会纠纷大都是通过党政权威主导下的行政调解或者其他运用行政权的纠纷解决方式加以平息化解的。尽管调解制度也曾在整体上遭到很大的破坏，但伴随着特定历史时期的结束和民主法治建设的不断加强，行政调解制度终究还是走上了一条相对良性的发展道路。

尽管 2007 年出台的《行政复议法实施条例》只是尝试性地明确了可以适用调解的两类案件，② 然而，这一尝试却在行政复议制度实践中里程碑式地保障了行政调解行为的可行性。甚至连《行政诉讼法》中关于"行政诉讼不适用调解"的法律规定，这一长期被视为制约"运用调解方式化解行政争议"、进而"制约行政调解制度发展"的主要法律瓶颈，③ 也最终被打破：2014 年，全国人大常委会对《行政诉讼法》的相关条款作出了重大修改。④ 可以清晰地看到，尽管这只是一种"局部性"的摒弃，但这一法律条文的变动，已经为行政调解制度的进一步发展创造了制度性条件。因为，尽管行政诉讼是在司法机关主导下解决行政争议的一种诉讼活动，而行政调解制度是在行政主体主持下解决纠纷的社会治理模式，但两项制度设立并运行的目的都是为了解决争议、化解纠纷，所以二者在制度安排的内在运行机理上，不应该相互排斥。

迄今为止，中国已有多部法律、法规、规章和行政规范性文件都对行政主体实施调解行为作出了规定。可以看到，行政调解制度在规范文本的意义上，已然覆盖了社会生活的方方面面。至新世纪，国家出于适应解决

---

① 蔡武：《略论当下国情中如何构建我国行政调解》，《中南大学学报（社会科学版）》2009年第 4 期。

② 《行政复议法实施条例》第五十条规定，"有下列情形之一的，行政复议机关可以按照自愿、合法的原则进行调解：（一）公民、法人或者其他组织对行政机关行使法律、法规规定的自由裁量权作出的具体行政行为不服申请行政复议的；（二）当事人之间的行政赔偿或者行政补偿纠纷"。

③ 刘武俊：《社会管理亟待激活行政调解的活力》，《第一财经日报》2012 年 5 月 17 日第 2 版。

④ 《全国人民代表大会常务委员会关于修改〈中华人民共和国行政诉讼法〉的决定》第四十一条规定："人民法院审理行政案件，不适用调解。但是，行政赔偿、补偿以及行政机关行使法律、法规规定的自由裁量权的案件可以调解。调解应当遵循自愿、合法原则，不得损害国家利益、社会公共利益和他人合法权益。"

纠纷和治理社会的新形势，提出并着力践行构建"大调解"机制的施政构想，①并将其定位为社会治理中国经验的重要组成部分。在此基础上，行政调解制度又成为新时期既面临重大机遇，又面临重大挑战的社会治理方式。毫无疑问，要全面把握行政调解制度在中国运行的真实状况，不仅要梳理国家法律和政策文本的制度化表达，更要观照其在社会治理实践中的具体成效。大体而言，中国行政调解在近几十年来的运行和发展过程中，显现出以下两方面的特征：

一方面，初步实现了从"专项行动"向"规范运行"的跨越。在"大调解"机制的整体复兴过程中，虽然人民调解和法院调解的起步相对更早一些，然而，其中实际作用更为突出的还是行政调解。②尤其是"有困难，找警察"的社会治安管理工作模式，尽管自始至终伴随着非议和争论，但是其客观上的确当仁不让地成为了夯实当代中国特别是城市区域社会治理体系及其基础的重要因素。③以 2009 年为例，仅仅全国公安机关治安调解的案件数就近乎人民调解案件数的一半，甚至超过了法院调解的案件数。④当然，也应该注意到，因为制度支撑的严重缺失，行政调解活动不得不仰赖于各个地方陆续颁布的"规定""办法"等行政规范性文件。这一过程，看似极其喧闹甚至还有些壮观，但实则非常无序甚至紊乱，因而本质上还是严重缺乏立法保障、严重缺乏规范性的"野蛮生长"，这也成为制约行政调解制度良性运行的根本性障碍。直到 2010 年国务院发布《关于加强法治政府建设的意见》，各地才开始逐步尝试摆脱对"红头文件"的依靠，转而加强对行政调解制度在立法层面的探索，该项制度安排及其实践才逐渐步入法制化、规范化的正轨。

---

① 在"大调解"工作体系中，党委、政府、各行业、各单位以及公民个体都能发挥作用，充分体现了社会多元参与的精神。基于解决矛盾纠纷的共同目的，多元调解主体联通互动，将原本分散配置在各单位不同性质的社会治理资源，汇聚成综合运用法律、政策、经济、行政等手段和教育、协商、疏导等办法化解社会矛盾的调解合力。这种动员和整合社会资源的强大力度，正是"大调解"的独有优势。参见肖建宏、陈洪锋：《构建"大调解"工作体系是推进三项重点工作有力措施》，《人民法院报》2010 年 8 月 17 日第 3 版。

② 王聪：《作为诉源治理机制的行政调解：价值重塑与路径优化》，《行政法学研究》2021年第 5 期。

③ 公安系统不少人认为，当年"有困难，找警察"以及"有求必应"等口号的宣传，都显得非常荒唐。特别是认为中国警察的执法现状，主要是拜上述不当口号所赐。参见左卫民、马静华：《110 警务体制中的纠纷解决机制》，《法学》2006 年第 11 期。

④ 该年度，全国人民调解案件数为767.6 万件，公安机关治安调解案件数为 372 万件，法院调解案件数为359.3 万件。参见张庆霖：《我国新时期行政调解制度研究——以民事纠纷的解决为视角》，湘潭大学 2014 年博士学位论文，第 101 页。

另一方面，出现了从"相对独立运行"到同其他纠纷解决模式"交融渗透发展"的转向。以 2010 年《人民调解法》的颁布实施为时间分界线，在此之前，依托其权威性和专业性的比较优势，行政调解制度被地方特别是基层政府及其部门付诸实施于市场经济和社会监管的多个领域，取得了较为明显的制度成效，进而呈现出"管理-服务-执法-调解"的治理结构和一定程度上相对独立的运行态势。然而，《人民调解法》的横空出世使得形势为之一变。各地政法、综治机构以该项立法为契机，依托于同级司法行政机关的支持和指导，势不可挡地在众多行政机构设立行业性、专业性人民调解委员会，并且邀请或者安排相关行政机构工作人员参与甚至组织人民调解工作。这就导致很多原来的"行政调解员"转而成为了人民调解员，原来很多经由行政调解的矛盾纠纷转而归入了人民调解的数据范畴。直到今天，行政调解还在身不由己地以这种方式为人民调解刷着存在感。^① 与此同时，行政调解与法院调解以及行政裁决、行政复议、行政仲裁等行政类纠纷解决机制之间也存在着交错融合式的功能发挥和价值显现。当然，其范围和程度都不似同人民调解之间这般"剪不断，理还乱"。单就人民调解而言，行政调解与其之间这种相对奇葩的"珠联璧合"，从社会治理的实际成效上确实值得肯定，因为对于纠纷当事人而言，其在乎的并不是什么名堂的调解，而是能不能解决自身的问题。与此同时，这种情形也的确造成了行政调解与人民调解在形式上的泛化和实践中的混乱：说得轻一点，既对人民调解的制度特色有所违背，又对行政调解的制度定位有所模糊；说得重一点，既误导了社会受众对人民调解的认知，又限制了行政调解应有的快速发展。当然，笔者以为，不能因此就简单地讲，究竟是独立运行"有利无弊"，还是交融发展"有弊无利"。社会受众对一项制度安排的评价，最终还是要看其能否真正有效地实现制度预期。

由上可知，同其他调解类制度安排相类似，行政调解制度在中国也已历经了数千年的演进和变迁。与此相应，这也就成为行政调解制度基于国家和公民的基本需求，得以深度践行并有序重构于中国治理进程之中不可或缺的历史文化基础。

二、失衡的"大调解"："集体复兴"中的"个别低迷"

当下中国的治理实践已经表明，单纯依靠正式的司法诉讼程序不可能满足社会的纠纷解决需求，它只是最后的，且不一定是最好的解决途径；

---

① 兰荣杰：《人民调解：复兴还是转型？》，《清华法学》2018 年第 4 期。

实施社会治理必须以法治为基础，实现纠纷解决在观念层面和实践层面的理性化、多元化与科学化，这才既符合社会治理可持续发展的需要，也更加有利于赋予当代中国法治建设以全新的丰富内涵与坚实的社会基础；同时，绝大多数社会成员一般也愿意通过讨价还价、相互平衡的方式解决纠纷，即自律、宽容和共存的理性诉求；进而，必须通过政府强力推动，重点培育社会自我消解纠纷的能力——社会自治力。基于此，国家的政策倾向已经发生了明显变化，越发重视非诉讼纠纷解决机制的构建，重新强调"调解"在转型时期的重要价值和意义，并大张旗鼓地开始了构建"大调解"机制的进程。

（一）调解制度复兴的现实基础

就制度的起源而言，在前述历史文化因素作用的基础上，社会治理进程及其即时状态，密切伴随着国家和民众因社会发展而在治理方式认知上的不断进化。也正是下述社会治理现实因素的持续作用，成为调解制度在中国强势复兴的根本原因。

1. 源于"制度缺位"与"制度非正义"的反思。在体制转轨、经济转型的历史性关口，国家与社会之间、政府与市场之间，既存在划清边界、明确疆域的必要性，也存在国家治理社会、社会监督国家与政府监管市场、市场制衡政府，即相互渗透和相互作用的现实状况。这种若即若离之互动关系的出现及其强弱变化，普遍地呈现于任何一个后发国家的发展历程之中。显然，要对此进行准确把握，并拿捏到位，对于任何国家的执政党来说，都是极其困难的。而这一点更是突出地呈现于当下中国。作为一个人口众多、发展不平衡不充分的大国，以市场经济为导向的体制变革更进一步加剧了这种不平衡。基于该国情的存在，加之转型时期社会治理经验的严重匮乏（无从借鉴于他国），执政党只能"摸着石头过河"式地一边探索、一边前进。在此过程中，在国家与社会之间，在政府与市场之间，就难免会出现"国家凌驾于社会之上"与"社会自治缺失国家制衡"，"政府有形之手拖住了市场无形之手"与"政府越位、缺位和错位"等诸多失范现象的"交相辉映"。

同时，改革开放以来，中国大地上呈现出于整个人类发展史而言堪称"奇迹"的全方位高速腾飞，尤以经济发展为最：自18世纪工业革命以来，世界工业强国的次序虽有变化，但一直为西方列强所垄断；而中国自2010年开始已成为仅次于美国的世界第二大经济体，且两国之间经济总量的差距正在逐年缩小，这是三百年来未有之现象。[①] 加之，由于现代法律试图使复

---

① 萧惑之：《吴敬琏由"吴市场"到"吴法治"的思想升华》，《中关村》2014年第9期。

杂社会处于稳定状态，不得不将自身变得日益抽象。但这种抽象性在使法律为各种预期提供更大可能性的同时，也使法律在面对日益复杂的社会时呈现出持续退缩的状态。因为法律只能逐步渐次地回应社会需求，而且这种回应必然总是"慢半拍"的。飞速的社会变迁，再加上法律本身所固有的、相较于现实的迟滞，使得国家在很多领域无从及时进行逐一立法并对其加以有效规制，社会治理依据的缺失进而导致社会成员的权益无以保障。此即"制度的缺位"。同时，即便进行立法，也因所立之法不能有效回应现实，以致引发治理依据与治理现状的相互脱节，并突显出国家法律的呆板和僵化，甚至造成规则与民众权益之间的冲突。此即"制度的非正义"。

因"制度的缺位"，国家无从制造且使得民众无法获得未来的正义；而"制度的非正义"，则使得国家无法有效实施社会治理进而剥夺了当下民众既有的正义。无论是丧失"期货"的正义，还是灭失"现货"的正义，都必然激起寻求正义的公民之间及其与各级、各类立法者和执法者之间的频繁冲突。由此，"纠纷爆炸"的结局也就在所难免，而既是执法者又可能是立法者的行政主体，则必将处于社会转型大潮的风口浪尖之上。

显然，在特定的历史发展阶段、特定的地域空间，针对特定的社会发展势态，尽管国家有可能通过对社会客观需求及其发展趋势的合理分析、预测和选择，以实现理性的制度建构，减少盲目抉择的风险和错误成本，并达致制度预期和各方利益的最大化，但毕竟制度建构与社会发展是不同步的，除去制度的设计水平和实施成本之外，制度实施情境的现实变化，也会改变制度的实施功效。唯有及时进行治理机制的调整和改良，才能实现制度模式与社会现实的协调互动。因此，正是制度建构与实施过程中的这一普遍特性在当下中国的现实表现，直接催生了国家对社会治理思维的及时调整，同时也强化了民众对既有制度的诟病，进而为"调解"等非诉讼社会治理方式提供了一显身手的舞台。

2. 对"法律中心主义"及其弊端的检讨。在饱尝了"法律虚无主义"及倒行逆施的严重危害之后，从最高领导层到普通老百姓，全中国都在期盼并积极努力实现规则与秩序的回归。进而，这种渴望和努力，使得曾经经历切肤之痛的中国，又一度在客观上强化了"法律中心主义"的盛行。在此背景下，国家倡导和施行依法而治，社会自治已初显峥嵘，而公民维权意识更是日益高涨。显然，"人治"→"法制"→"法治"的历史性跨越，已然明确了国家的前进方向和路径，赋予社会以勃勃生机与活力，恢复了公民曾长期失去的尊严和希望。但是，从"法律虚无主义"到"法律中心主义"，这种游走于极端的行进历程，在给国家和社会机体"祛病强身"、施以丰厚回报[①] 的同时，也必然会产生副作用。客观地讲，1990年代前后整体走向衰落的调解模式，其复兴恰恰就肇始于21世纪初期国家和社会对前述历程特别是对"强审判、弱调解"治理方式革新的重新思考。

依据现代法治理论，社会纠纷主要通过法院审判来解决。特别是自20世纪末期以来，受移植而来的西方现代法治思想的深刻影响，伴随着民事审判方式的改革，注重法律效果而忽略社会效果的诉讼判决形式一度为法律精英人士所推崇。与之相应，法院调解成为首当其冲的改革对象，明显步入了"下坡路"。[②] 与法院调解的命运相类似，因为社会治理的策略开始实施整体性调整和重心转移，"行政调解"与"人民调解"等诸多非诉讼纠纷解决机制，在经历了短暂的辉煌之后，也因其"漠视权利""缺失法治韵味"而被视为"人治的产物"，并由备受重视的"香饽饽"，很快再度沦为受国家忽视、遭学界质疑甚或贬斥的"边角料"。

在行政调解等非诉讼制度偃旗息鼓的同时，"法律中心主义"则借助国家力量一味地主张并实践着纠纷解决领域的"诉讼一元化"。在此基础上，国家司法权特有的一刀两断式的"竞技性裁判"[③] 和诉讼程序所固有的刻板僵化及其负面效应，在特定的中国国情下被进一步放大，诉讼制度"力不从心"的各类具体表现层出不穷且集中地"浮出水面"。亟欲"讨说法"的众多纠纷当事人，在他们"拿起法律的武器"满怀期待地步入法庭，并因此而付出了不菲的诉讼成本后，所得到的并不是预期的制度性收益，而是"秋菊"般的困惑和"山杠爷"式的无奈。[④] 至于曾高举维权大旗的"一元钱诉讼"等风行一时的"时尚之举"，更是在这个社会治理资源特别是司法资源本就极度稀缺的东方大国，留下了挥之不去的阴影。显然，对此错综

---

①　回报是显而易见、不容置疑的。中国公民维权意识的猛醒和高涨、司法制度的日趋规范化、国家法治建设的突飞猛进和创新等方面的成绩有目共睹。这一切必须加以肯定。

②　在此期间，全国法院一审调解结案率逐年下降：1980年代，法院调解结案率达到70%以上，而自1990年代以来已大不如前，至2004年已降为31%。可以看到，法院调解在诉讼活动中已呈被边缘化趋势。参见杨润时主编：《最高人民法院民事调解工作司法解释的理解和适用》，北京，人民法院出版社，2004年版，第23页。

③　所谓"竞技性裁判"，即指在诉讼过程中，法院和法官只是充当消极的裁判者，其任务就是根据双方当事人凭借诉讼技巧进行相互竞技的结果，最终宣布一方胜利、一方失败的诉讼裁判模式。在此模式中，最终的裁判结果是"一刀两断"或者"非黑即白"式的，法官只是就法定权利义务进行严格划分，而并不考虑实际纠纷是否真正得以解决。这种过分依赖于当事人各自所拥有的诉讼资源的诉讼结构，实际上预设了一个未经证明的理论前提：双方当事人的"诉讼武器"是完全对等的。而事实上并非如此。有关分析参见〔日〕棚濑孝雄：《纠纷的解决与审判制度》，王亚新译，北京，中国政法大学出版社，1994年版，第47页。

④　苏力：《法治及其本土资源》，北京，中国政法大学出版社，1996年版，第23—37页。

复杂的状况,"法律中心主义"主导下的社会治理及其理念、方式和机制,在认识上并不是很到位,准备得也不充分,应对效果更是不尽如人意。

特别是正处于社会变革期的当下中国,在由计划经济体制向市场经济体制转轨的过程中,曾长期因一元化体制被掩盖或者压制的大量争端,在新旧体制转轨之时如同打开了"潘多拉魔盒"而纷纷得以暴露甚或恶化。与此相伴生的是,社会结构面临重大调整和重构,社会整体的同质性日趋瓦解,社会成员的分层也越发明显,多元化的利益格局滋生了多元化的社会纠纷,对由调解等非诉讼机制和诉讼机制共同组成的多元化纠纷解决制度体系的需求自然也就日趋强烈。无疑,中国治理实践中源于法律中心主义的非诉讼机制的"疲软"和缺失,加剧了社会治理的不良态势,进而引发了理论界和实务界对社会治理方式以及治理效果的深刻反思,并最终促成了调解制度的适时回归。

(二)高调建构的"大调解"机制

尽管中国目前正在经历着发展势头迅猛的城镇化,然而,必须承认仍有大量人口生活在农村。[①] 尽管农村的人际关系远较过去更为复杂,但至关重要的是,这种人际关系在纠纷之后依旧需要继续维系。[②] 在这种由"熟人"主导的生活世界中,从国内外的研究状况来看,调解一般要比判决更为适宜。即使在城镇以及大城市的一些社区、家庭中,甚至在商界,也往往存在着这种长期稳定且特别值得保护的熟人关系,在这些地方、社区或者行业,他们同样对调解制度有现实需求,[③] 至于使用判决,从社会角度甚至从司法角度来看,则都可能得不偿失。因此,在当代中国社会中,针对目前司法界的现状,适度加强调解,将之涵盖民事纠纷和行政争议,使各种调解联动,并非只是国家及其司法工作者在政治意识形态主导下的主观愿望和追求,而必须理解为是在制度层面回应相当一部分社会民众需求的公共选择。

毫无疑问,前述中国转型社会治理进程中诸多特殊因素的并存,必然会激发权利、权力与利益之间的博弈,其间的严重对峙甚或剧烈冲突,则

---

① 2021 年 5 月 11 日发布的第七次全国人口普查结果显示,截至 2020 年 11 月 1 日零时,中国大陆总人口为 141178 万人。其中,城镇居住人口 90199 万人,占全国人口的 63.89%;乡村居住人口为 50979 万人,占 36.11%。参见陆娅楠:《第七次全国人口普查主要数据公布》,《人民日报》2021 年 5 月 12 日第 2 版。

② 苏力:《法治及其本土资源》,北京,中国政法大学出版社,1996 年版,第 25—39 页。

③ 苏力:《大国宪制——历史中国的制度构成》,北京,北京大学出版社,2017 年版,第 298 页。

在所难免。面对当下"案结事不了""官了民不了"这类令各个治理主体颇感棘手的现实状况，国家层面对纠纷解决和社会治理方式进行理念上的必要反思和策略上的及时调整，已成刻不容缓之势。所幸，这种反思和调整已然变成了具体且初显成效的行动。

在制度建设层面，笔者搜集到党中央、国务院以及国家最高司法机关、国家最高司法行政机关在特定场域针对调解制度所作的一系列要求和规范性文件，现就此作一简单梳理，以准确把握调解制度在当代中国社会治理中的基本脉络和发展轨迹。

——2005年10月，中共中央办公厅、国务院办公厅联名转发的《关于深入开展平安建设的意见》要求，"将人民调解、行政调解和司法调解有机结合起来"。[①]

——2007年12月，全国政法工作会议指出，"调解是适应国情的选择，是我们的政治优势"，要"充分利用调解手段解决社会矛盾"。[②]

——2009年1月，中央强调，要"综合运用人民调解、行政调解和司法调解的方式，……最大限度地整合社会资源参与化解矛盾纠纷"。[③]

——2010年年初，中共中央办公厅、国务院办公厅联名转发《中央政法委员会、中央维护稳定工作领导小组关于深入推进社会矛盾化解、社会管理创新、公正廉洁执法的意见》。在中央政法委"三项重点工作"的推动下，全国各地党委和政府愈发重视"大调解"工作，除港澳台地区之外，已在全国实现全覆盖。[④]

——2014年10月，中共十八届四中全会明确要求，"……完善人民调解、行政调解、司法调解联动工作体系"。[⑤]

——2016年6月，最高人民法院《关于人民法院进一步深化多元化纠纷解决机制改革的意见》（后文简称为：最高人民法院《多元化改革意见》）要求，各级法院要完善诉讼与非诉讼相衔接的纠纷解决机制。[⑥]

---

① 《中办、国办转发〈关于深入开展平安建设的意见〉》，《人民日报》2005年12月4日第2版。

② 《高举中国特色社会主义伟大旗帜，努力开创政法工作新局面》，《求是》2008年第6期。

③ 参见中共中央办公厅、国务院办公厅《关于把矛盾纠纷排查化解工作制度化的意见》。

④ 肖建宏、陈洪锋：《构建"大调解"工作体系是推进三项重点工作有力措施》，《人民法院报》2010年8月17日第3版。

⑤ 参见中共十八届四中全会《中共中央关于全面推进依法治国若干重大问题的决定》。

⑥ 参见最高人民法院《关于人民法院进一步深化多元化纠纷解决机制改革的意见》（法发〔2016〕14号）。

　　——2019 年 5 月，司法部在全国调解工作会议上明确提出了调解工作的总体目标，[①]明确了对"大调解"体系的预期定位。[②]

　　——2019 年 7 月，最高人民法院《关于建设一站式多元解纷机制一站式诉讼服务中心的意见》（后文简称为：最高人民法院《两个"一站式"意见》）要求，为群众提供纠纷预防、辅导分流、调解、司法确认、立案、速裁快审等一网解决纠纷、一站解决纠纷服务。[③]

　　——2019 年 10 月，中共十九届四中全会明确要求，"完善正确处理新形势下人民内部矛盾有效机制。……完善人民调解、行政调解、司法调解联动工作体系"。[④]

　　——2020 年 1 月 21 日，中共中央办公厅、国务院办公厅联合发文再次强调，"……加强矛盾纠纷调解人才队伍建设，提高调解水平"。[⑤]

　　——2020 年 12 月，中共中央印发的《法治中国建设规划（2020—2025 年）》明确要求，"充分发挥人民调解的第一道防线作用，完善人民调解、行政调解、司法调解联动工作体系"。

　　显然，调解制度及其社会功能再次受到了推崇，其在加强道德和精神文明建设、增强社会凝聚力方面的重要价值也得到了重视。与制度建设相对应，在实践运行层面，基于深厚的历史文化积淀和转型社会的特殊情境，国家直接发动地方党政组织和职能部门通过各种途径、动员各类调解组织、整合各种调解资源以建构"大调解"机制，一场以化解社会纠纷、协调社会关系为基本目标的全国性治理运动，早在 21 世纪初就拉开了序幕。

　　——2003 年，江苏省南通市在全国首创"党政领导、政法牵头、

---

　　①　该会议确定：到 2022 年，基本形成以人民调解为基础，人民调解、行政调解、行业性专业性调解、司法调解优势互补、有机衔接、协调联动的大调解工作格局。参见袁勃：《全国调解工作会议在海南召开》，《人民日报》2019 年 5 月 10 日第 7 版。

　　②　预期定位是："以人民调解为基础、以行政调解为主导、以司法调解为保障"。参见本书编写组编著：《党的十九届四中全会〈决定〉学习辅导百问》，北京，党建读物出版社、学习出版社，2019 年版，第 131 页。

　　③　张晨：《最高法发布文件对两个"一站式"工作作出部署　将诉前调解工作量纳入法官考核统计范围》，《法制日报》2019 年 8 月 2 日第 1 版。

　　④　参见中共十九届四中全会《中共中央关于坚持和完善中国特色社会主义制度　推进国家治理体系和治理能力现代化若干重大问题的决定》。

　　⑤　参见《中共中央办公厅、国务院办公厅印发〈关于防范化解和妥善处置群体性事件的意见〉的通知》（中办发〔2020〕3 号）。

司法为主、各方参与"的"大调解"机制。"大调解"这一概念首次出现。江苏省对此做法予以提炼和升华，2004 年，由江苏省委政法委出台、江苏省委办公厅和省政府办公厅联名转发《关于进一步加强社会矛盾纠纷调解工作的意见》。以"大调解"为核心的"江苏经验"很快被推广至全国。[①]

—— 2007 年 3 月，甘肃省定西市在全国率先实施"人民调解协议诉前司法确认机制"试点工作。[②] 该经验做法经不断完善后，被 2010 年颁布实施的《人民调解法》所吸收；在此基础上，相关立法成果又体现在了 2012 年修订的《民事诉讼法》之中。[③]

—— 2010 年，四川省建立各类调解组织 14.6 万个，其"哪里有人群，哪里就有调解组织；哪里有矛盾，哪里就有调解工作"的经验[④]受到中央充分肯定，并得以在全国推广。[⑤]

—— 2014 年，浙江省温州市司法局建成"人民调解数据管理平台系统"，通过对海量纠纷的分析汇总，为党委政府决策提供依据。该做法受到 2017 年中央政法工作会议肯定。2018 年，浙江省司法厅将"大数据＋人民调解"工作情况列入全省基层工作考核内容。[⑥]

---

① 吴英姿：《"大调解"的功能及限度》，《中外法学》2008 年第 2 期。

② 即"在调解组织对特定纠纷调解达成协议后，经双方当事人共同申请，基层法院审查认为协议内容符合法律规定，出具法律文书确认该调解协议，赋予该调解协议以法律强制执行效力"。参见周文馨：《定西诉前司法确认机制写入人民调解法》，《法制日报》2010 年 9 月 9 日第 2 版。本文第三章将对此予以详述。

③ 《人民调解法》第三十三条规定：经人民调解委员会调解达成调解协议后，双方当事人认为有必要的，可以自调解协议生效之日起三十日内共同向人民法院申请司法确认，人民法院应当及时对调解协议进行审查，依法确认调解协议的效力。人民法院依法确认调解协议有效，一方当事人拒绝履行或者未全部履行的，对方当事人可以向人民法院申请强制执行。

《民事诉讼法》第一百九十四条规定：申请司法确认调解协议，由双方当事人依照人民调解法等法律，自调解协议生效之日起三十日内，共同向调解组织所在地基层人民法院提出。第一百九十五条规定：人民法院受理申请后，经审查，符合法律规定的，裁定调解协议有效，一方当事人拒绝履行或者未全部履行的，对方当事人可以向人民法院申请执行；不符合法律规定的，裁定驳回申请，当事人可以通过调解方式变更原调解协议或者达成新的调解协议，也可以向人民法院提起诉讼。

④ 王小玲：《四川构建大调解机制》，《法制日报》2010 年 3 月 23 日第 1 版。

⑤ 由中央维稳办、中央综治办、最高人民法院、司法部、国务院法制办、新华社组成的中央工作组，于 2010 年初赴四川就其大调解工作进行专题调研。同时，中央电视台、法制日报等中央媒体及"新闻联播""焦点访谈""今日说法"等品牌栏目都对此作了专门报道。参见王雍铮：《中央工作组调研总结四川矛盾纠纷"大调解"工作经验》，《法制日报》2010 年 3 月 23 日第 1 版。

⑥ 陈东升、刘子阳、王春：《大数据＋人民调解"温州样本"》，《法制日报》2018 年 5 月 7 日第 1 版。

无疑,国家构建的大调解机制,就是力图通过三类调解制度的衔接联动,来"调解矛盾,调顺民心,调稳执政根基"。

(三)发展不均衡的"大调解"机制

可以看到,"大调解"机制的建构呈现出不均衡的发展态势。人民调解得以深入推进,法院调解更是借助司法权的职能优势得以"高调"复兴;至于行政调解,笔者以为,尽管也呈现出局部的亮色,但就其整体制度绩效而言,却仍在"低迷"前行。[①]

1.总体概况。如前所述,中央高层在文本意义上宣示的主要还是"人民调解"和"法院调解",而对于"行政调解"及其功能和价值的强调则相对较少。与之相应,在具体的制度实践中,尽管三种调解制度都依然问题多多,然而,通过比较就会发现,三者并非齐头并进,而是明显的"参差不齐"。

先来看法院调解制度。作为内附于诉讼制度的调解模式,其制度运行最成熟、程序最完备、效力最高、影响也最大。虽然关于法院调解制度的法律规定和司法政策因应时势而不断调整变化,但是在民事诉讼法律发展过程中,不论是"试行"时期的"着重调解",[②]还是后来的"调解优先,调判结合",[③]法院调解制度在"大调解"机制内的"老大"地位一直不可动摇。

再来看人民调解制度。新中国成立之初就正式确立了人民调解制度。[④]改革开放后,更是将其制度功能上升到了宪法层面。[⑤]更为重要的是,2010年颁布实施的《人民调解法》,以国家立法的形式明确了法院和司法行政部门指导人民调解工作的职责,[⑥]从而为人民调解制度及其实践注入了强大动

---

① 这里的"高调"与"低迷"都是相对的。就各自的制度预期而言,都不是十分理想。后文会对此加以论述。

② 《民事诉讼法(试行)》第六条规定:"人民法院审理民事案件,应当着重进行调解;调解无效的,应当及时判决。"该法自1982年五届全国人大常委会第二十二次会议通过并实施,至1991年七届全国人大第四次会议通过并颁布《民事诉讼法》后废止。

③ 最高人民法院2010年出台的《关于进一步贯彻"调解优先、调判结合"工作原则的若干意见》(法发〔2010〕16号)明确要求法院系统"牢固树立调解意识,进一步增强贯彻'调解优先、调判结合'工作原则的自觉性"。

④ 参见《司法部关于〈人民调解委员会暂行组织通则〉的说明》,1989年6月17日废止。

⑤ 1982年《宪法》第一百一十一条规定,居委会、村委会"设人民调解、治安保卫、公共卫生等委员会,……调解民间纠纷,协助维护社会治安,并且向人民政府反映群众的意见、要求和提出建议"。分别于1990年和1998年开始实施、以保障基层居民和村民自治为立法宗旨的宪法性法律《城市居民委员会组织法》和《村民委员会组织法》分别在其第三、十三条和第二、二十五条落实了该项宪法条款的基本精神。

⑥ 该法第五条规定:国务院司法行政部门负责指导全国的人民调解工作,县级以上地方政府司法行政部门负责指导本行政区域的人民调解工作。基层人民法院对人民调解委员会调解民间纠纷进行业务指导。

力。以 2017 年的广州市为例，其所拥有的人民调解组织以及取得的工作成效，真可谓是业绩昭彰！① 另外，该项制度安排的社会影响力还表现在其他方面，在此仅举一例：以"为人民传播法律"为工作主旨、具有深厚历史积淀的法律出版社，早在 1992 年就创办了名为《人民调解》的月刊，截至 2021 年年底，已经发表文献量接近 8000 篇；甚至一些以其他调解模式为研究对象的文献，还需要通过发表于《人民调解》这一刊物以实现自身的工作业绩。② 综合以上事实，足以表明人民调解制度已经成为中国纠纷解决机制中的"第一道防线"。③

最后，便是不尽如人意的行政调解制度。行政主体是国家政权体制中数量最多、分布最广、管理领域最宽泛、处理事务最繁杂的组织。它拥有雄厚的权力资源、多样的决策方式、有力的强制措施、持续的社会影响。因此，作为行政主体长期以来采取的重要纠纷解决方式，行政调解原本应该立足于强势的行政权而优于法院调解；而相对于人民调解以及其他民间调解所产生的优势地位，更是显而易见。然而，实际情况是，行政调解制度在"大调解"机制中并未真正确立其应有的地位，作用和效力也很不理想。"相对于近年来开展得红红火火的人民调解和司法调解（即法院调解），行政调解不尽如人意，甚至越来越成为'大调解'格局中一块用之不力、弃之可惜的'短板'"，④ 呈现出局部"急剧萎缩"和整体"混乱失范"相杂合的现状：调解主体缺乏必要的规范和保障；调解过程缺乏基本的正当程序；调解的范围，特别是行政争议能否适用行政调解制度尚存较大争议；尚未与诉讼以及其他纠纷解决制度形成配套体系；等等。总而言之，问题众多，不一而足。而将上述问题归结为一点，就是"行政调解工作的法律体系不健全"，特别是法律效力不明确，这是"行政调解工作面临的首要难题"。⑤

2. "高歌猛进"的法院调解制度与人民调解制度。显然，调解制度特别是法院调解制度和人民调解制度，其加强精神文明建设、增强社会凝聚力

---

① 2017 年，广州市共有各类人民调解组织 3253 个，人民调解员 15235 名。2017 年 1—11 月全市共调解各类纠纷 66323 宗，成功调解 65768 宗，调解成功率为 99.16%。预估全年调解案件量将超过 7 万宗，可连续 5 年保持调解成功率 98% 以上。参见魏丽娜：《广州人民调解化解案件超七万宗》，《广州日报》2017 年 12 月 26 日第 3 版。

② 参见中国知网。

③ 崔清新、周英峰：《盘点人民调解法七大亮点》，《法制日报》2010 年 8 月 28 日第 3 版。

④ 刘武俊：《别让行政调解成"短板"》，《人民日报》2013 年 11 月 6 日第 23 版。

⑤ 王斌：《法律效力不明制约行政调解发展》，《法制日报》2012 年 4 月 10 日第 6 版。

的社会功能再次受到推崇。就人民调解制度而言，这种推崇突出表现在出台法律、行政法规以及其他规范性文件的系列活动中。

　　—— 1989 年 6 月，国务院发布《人民调解委员会组织条例》。

　　—— 2011 年 1 月 1 日，《中华人民共和国人民调解法》开始施行。

　　—— 2020 年 12 月，《法治社会建设实施纲要（2020—2025 年）》明确要求："充分发挥人民调解的第一道防线作用"。

　　与前述立法活动的高调宣示相呼应，最高人民法院和司法部，或先行实践，或随后部署，紧紧围绕"人民调解"和"法院调解"，相继出台了一系列司法解释和指导性政策，成为执政党基本执政思路的有力铺垫和注脚。笔者就此规范意义上的制度建设再作一梳理，以进一步突显二者在当下中国高调"复兴"到了何种程度。

　　—— 2002 年 1 月，最高人民法院、司法部联合发文强调人民调解所具有的重要意义，并将其上升为"新形势下解决民间纠纷的更加坚实可靠的'第一道防线'"。[1]

　　—— 2002 年 9 月，最高人民法院司法解释明确，具备法定条件的"人民调解协议"具有民事合同性质，并将其中纠纷当事人的权利义务和人民法院的相应职责加以具体化。[2]

　　—— 2002 年 9 月，司法部明确要求，在村民委员会、居民委员会、企事业单位和行业协会中重建人民调解组织。[3]

　　—— 2004 年 2 月，最高人民法院、司法部联合发文要求，发挥人民调解正确处理人民内部矛盾和开展法治宣传教育优势，"哪里有民间纠纷，人民调解就在哪里发挥作用"。[4]

　　—— 2004 年 9 月，最高人民法院发文指出，法院对有可能通过调解解决的民事案件，应当先行调解。[5]

　　—— 2007 年 8 月，最高人民法院、司法部联合发文强调，要充分

---

①　参见《最高人民法院、司法部关于进一步加强新时期人民调解工作的意见》。

②　参见《最高人民法院关于审理涉及人民调解协议的民事案件的若干规定》（法释〔2002〕29 号）。

③　参见司法部《人民调解工作若干规定》。

④　参见《最高人民法院、司法部关于进一步加强人民调解工作切实维护社会稳定的意见》。

⑤　参见《最高人民法院关于人民法院民事调解工作若干问题的规定》。

发挥人民调解的特殊作用，确保将其强化成为促进社会和谐稳定的有效途径。①

　　——2009年3月，十一届全国人大二次会议《最高人民法院工作报告》指出，"坚持调解优先、调判结合的原则，将调解贯穿于立案、审判、执行的全过程"。②

　　——2009年7月，最高人民法院《关于建立健全诉讼与非诉讼相衔接的矛盾纠纷解决机制的若干意见》（后文简称为：最高人民法院《诉讼非诉讼衔接若干意见》）强调，要为完善诉讼与非诉讼纠纷解决方式之间的衔接和繁荣发展提供司法保障。这标志着国家最高司法机关对有效解决纠纷、实现社会公平正义之途径的战略性调整。

　　——2011年3月，最高人民法院发布文件，对人民法院在纠纷当事人依法申请确认人民调解协议过程中"应当依法受理"等法定职责，作了明确规定。③

　　——2016年6月，最高人民法院出台司法解释，系统规范了法院特邀调解制度，拓展了纠纷解决渠道，确保改革举措落地生根、改革成果惠及群众。④

　　——2017年9月，最高人民法院和司法部联合发布文件强调，"……健全完善律师调解制度，推动形成中国特色的多元化纠纷解决体系"。⑤

　　显然，上述"规定""意见"和"办法"等规范性文件，意在明确及统一实施法院调解和人民调解的工作思路，以消除可能阻碍制度实践的各类潜在分歧。特别是最高人民法院和司法部先后四次联合发文，在制度规范层面上，及时跟进、渐进有序地进行梯度建设，旨在系统规范人民调解制度在不同时期、不同形势下的特定功能，为基层的法治实践提供有章可循的文本依据，以突显和强化专业司法职能部门对这一传统非诉讼纠纷解决机制在新时期的职能定位。

　　3."相形见绌"的行政调解制度。从纠纷解决方式的未来发展方向来看，社会纠纷应该主要依靠社会自治力量，并配合多元化的纠纷解决机制

---

① 参见《最高人民法院、司法部关于进一步加强新形势下人民调解工作的意见》。

② 参见十一届全国人大二次会议《最高人民法院工作报告》。报告强调要全面创新和推进调解在办理各类案件中的作用。同时，加强审判工作与各类调解方式的衔接，合力化解纠纷。

③ 参见《最高人民法院关于人民调解协议司法确认程序的若干规定》。

④ 参见《最高人民法院关于人民法院特邀调解的规定》（法释〔2016〕14号）。

⑤ 参见《最高人民法院、司法部关于开展律师调解试点工作的意见》。

来化解，而非单靠国家力量实施"包圆"式的解决。但在当下中国社会自我消解纠纷的能力尚未形成之前，在诉讼模式的纠纷解决效果远未达到国家和民众的制度预期之时，积极建构行政主导型的纠纷解决制度并发挥其作用，依然十分必要。然而，现实表明，当前中国行政权主导下的纠纷解决机制运作状况并不理想。以总体上高调复兴的"大调解"机制为例，在人民调解和法院调解受国家强力推动而"高歌猛进"之时，行政调解的复兴却远不如前二者那般风光。也许，构建大调解机制的地方性实践，更能说明行政调解制度所遭遇的困境。笔者通过 H 省医疗纠纷的化解情况，来对此加以佐证。

表 1-1：2018—2019 年 H 省及其省会 M 市医疗纠纷化解情况一览

年度	医疗纠纷总量	第三方医疗纠纷人民调解委员会调解结案及其占比	第三方医疗纠纷人民调解委员会调解后撤案及其占比	诉讼结案及其占比	卫健委行政调解结案及其占比
2018 年（H 省全省）	1242	943/75.9%	133/10.7%	159/12.8%	7/0.6%
2019 年（H 省全省）	1267	952/75.1%	137/10.8%	163/12.9%	15/1.2%
2018 年（H 省 M 市）	323	256/79.2%	18/5.6%	49/15.2%	0
2019 年（H 省 M 市）	380	317/83.4%	23/6.1%	40/10.5%	0

从表 1-1 中可以看到，[①]2018 年，全 H 省接报医疗纠纷共计 1242 起，经 H 省第三方医疗纠纷人民调解委员会[②]（及其派驻工作站）调解结案的高达 943 起，占总量的 75.9%；经前述机构调解后患者撤案的 133 起；调解失败后由司法途径结案的也高达 159 起，占总量的 12.8%；经 H 省各级卫健委行政调解结案的，则只有区区 7 起，仅占总量的 0.6%。至于省会城市 M

---

①　表中相关数据系笔者于 2020 年在 H 省调研期间，由该省卫健委维权处提供。

②　H 省第三方医疗纠纷人民调解委员会（后文简称为：第三方医调委），是依据《人民调解法》《司法部、卫生部、中国保险监督管理委员会关于加强医疗纠纷人民调解工作的意见》（司法通〔2010〕5 号）等规定，经 H 省卫生厅、司法厅、保监局批准，在司法行政部门备案，于 2011 年揭牌的化解医疗纠纷的专业性人民调解组织。该机构由具备医学、药学、法学、心理学、保险等专业资质的人士组成，共有持证人民调解员 45 名，并在全省各地级市设立工作站，为解决医疗纠纷、构建和谐医患关系无偿提供专业化服务。经该机构调解达成的协议具有法律效力，医患双方经司法确认后，可强制执行。

市，通过市、县两级卫健委行政调解结案的医疗纠纷，竟然连 1 起都没有。2019 年，全 H 省接报医疗纠纷 1267 起，经 H 省第三方医调委（及其派驻工作站）调解结案的为 952 起，占纠纷总量的 75.1%；经调解后患者撤案的 137 起；调解失败后由司法途径结案的 163 起，占纠纷总量的 12.9%；通过 H 省各级卫建委行政调解结案的纠纷数量虽然略有增长，但也只有 15 起，仅占全部纠纷的 1.2%。至于 M 市，通过市、县两级卫健委行政调解结案的医疗纠纷，则依旧保持着"零记录"。从 H 省及 M 市两个年度的医疗纠纷化解情况来看，通过人民调解方式化解的纠纷数量，始终稳定地保持在 75%—83% 的高水平；就连国人一般不愿轻易启用的最后一道防线——诉讼方式，也化解了至少 1/10 至 1/7 的医疗纠纷；至于行政调解在其中所发挥的作用，则完全可以用"微不足道""忽略不计"这样的词汇来描述。

尽管常识也表明，某些特定类型的纠纷可能就适合采用某种特定的纠纷解决方式来化解，因此，不能仅凭化解纠纷的数量就武断地判定纠纷解决制度体系内的特定方式孰优孰劣。然而，类似于医疗纠纷这种专业性极强的纠纷类型，理应与卫健委这一专业管理部门及其主导的行政调解紧密挂钩。然而，应然与实然之间的强烈反差却充分表明，纠纷当事人不大愿意选择行政调解方式来化解自己所遭遇的医疗纠纷。医疗纠纷尚且如此，更遑论其他类型的纠纷。现实表明，行政调解在社会治理实践中的确处于不利境地。而且，这种境地不仅仅局限于数据层面的表象，其背后的本质性问题更让人担忧，后文将对此予以论述。当然，情况并非全然一团糟。国内多个省、自治区、直辖市，乃至个别地级市、市辖区在制度建构与制度实践中的进步，均有目共睹。在此，笔者就相关情况作一简要列举：

——2007 年 11 月，"北京市海淀区行政争议调处中心"成立，系全国首家行政争议调处机构，"开创了中国穷尽行政救济的先河"。2011 年 5 月，北京市政府《关于加强行政调解工作的意见》成为该领域国内首部政府规章。2015 年 9 月，《北京市行政调解办法》明确规定，以行政调解方式化解民事纠纷和行政争议。①

——自 2012 年起，浙江省温岭市政府逐步将行政调解作为化解民间纠纷的主要手段，辖区所有街道和镇都已设立行政调解机构。温岭

---

① "开创了中国穷尽行政救济的先河"，系北京大学法学院教授姜明安对北京市海淀区相关工作的评价。2017 年，北京全市共受理行政调解案件 832474 件，调解成功 306085 件，调解成功率达 36.8%。参见张维：《北京去年行政调解成功 30 余万件　建立行政调解委员会》，《法制日报》2018 年 4 月 11 日第 6 版。

市交警大队设立"损害赔偿调解中心"，行政调解案件占所有调解案件的98.5%，既发挥了行政调解优势，也缓解了交警工作压力。[①]

——2013年10月，江西省政府法制办设"行政调解工作处"，专职负责调解行政争议，调研行政调解工作情况，提出防范行政争议对策，指导全省行政调解工作。[②]

——2015—2019年，辽宁省、浙江省、江苏省先后发布实施本地有关行政调解制度的专门性地方立法文本。[③]

——2016年8月，河南省司法厅《关于成立行政调解委员会的通知》强调，由"行政调解委员会"履行"依法统筹领导省司法厅机关行政调解工作"的基本职能。[④]

——2019年3月，上海市卫健委出台《上海市医疗纠纷行政调解实施办法》，以及时处理医疗纠纷，有效维护医患双方合法权益。[⑤]

——2020年8月19日、2021年2月21日，内蒙古自治区司法厅、安徽省安庆市司法局先后出台规范性文件，分别就本地强化行政调解工作、深入推进社会治理进程中，各级政府如何履行职责、遵循基本原则、完善调解程序、加强日常监督和考核等重要内容进行了规定和要求。[⑥]

同时，还有广西、重庆、青海等省、自治区、直辖市以及广东、湖北、江苏、山西等多个省份的省会城市，也制定了旨在规范和加强行政调解的政府规章。这些地方性立法文本基本上都规定了行政调解制度的适用对象、运行程序以及法律效力。另外，2020年《海南省多元化解纠纷条例》、2021年《上海市促进多元化解矛盾纠纷条例》等多个省市的地方性法规，也都明确了各级政府在社会治理中的统筹主导作用以及各行政主管部门应当承担的行政调解职责。受篇幅所限，此处不再逐一列举。特别令人欣喜

---

①　陈东升：《温岭98.5%交通事故纠纷靠行政调解化解》，《法制日报》2015年5月15日第2版。

②　徐娆：《省法制办增设行政调解机构》，《信息日报》2013年10月23日第1版。

③　参见《辽宁省行政调解规定》（2015年）、《浙江省行政调解办法》（2016年）、《江苏省行政调解办法》（2019年）。

④　《河南省司法厅成立行政调解委员会》，《河南法制报》2016年8月27日第4版。

⑤　丁孙莹：《上海市医疗纠纷行政调解指南》，《上海法治报》2019年3月22日第3版。

⑥　王雅妮：《自治区司法厅印发〈关于加强行政调解工作的意见〉》，《内蒙古法制报》2020年8月19日第1版；《安庆市司法局关于加强行政调解工作的实施意见》，《安庆法制报》2021年2月22日第2版。

的是，除地方层面之外，中央层面已经开始在规范性文本中将行政调解制度单列出来加以重申和宣示：

    ——2010年10月，国务院发布的《关于加强法治政府建设的意见》明确要求："要把行政调解作为地方各级人民政府和有关部门的重要职责，建立由地方各级人民政府负总责、政府法制机构牵头、各职能部门为主体的行政调解工作体制，充分发挥行政机关在化解行政争议和民事纠纷中的作用。完善行政调解制度，科学界定调解范围，规范调解程序……"①
    ——2015年12月、2020年12月、2021年8月，中央先后出台《法治政府建设实施纲要（2015—2020年）》《法治社会建设实施纲要（2020—2025年）》和《法治政府建设实施纲要（2021—2025年）》等一系列重大规范性文件，就逐步扩大行政调解范围、规范行政调解程序、提升行政调解工作水平等重要内容进行了明确要求。②

尤其需要注意的是，前述最高人民法院《诉讼非诉讼衔接若干意见》，尽管没有明确的文字涉及"行政调解"，但还是"鼓励和支持行政机关依当事人申请或者依职权进行调解"；并且明确规定，"行政机关依法对民事纠纷进行调处后达成的有民事权利义务内容的调解协议或者作出的其他不属于可诉具体行政行为的处理，经双方当事人签字或者盖章后，具有民事合同性质"。③换言之，（调处民事纠纷的）行政调解协议就是一项符合合同法之规定、对双方当事人具有法律约束力的民事法律文书。很显然，各类行政主体自身的不懈努力和社会治理实践的强烈需求，特别是众多纠纷当事人的现实需要，促成了这一客观事实的及时出现。

尽管相关规定执行得并不是很理想，特别是制度改革的风险依然真实存在，但是无论如何，国家已经开始迈步前行。社会民众渴望解决纠纷、救济权利，但现行诉讼机制能力有限，非诉讼机制又尚待建构和完善；而国家在不同场域、通过不同形式的强调和重申，充分无疑地表达了其对行政调解制度寄予的殷切期盼。显然，官方和民众对该项制度安排都存有强

---

① 参见《国务院关于加强法治政府建设的意见》（国发〔2010〕33号）。
② 参见《法治政府建设实施纲要（2015—2020年）》，《人民法院报》2015年12月28日第3版；《法治社会建设实施纲要（2020—2025年）》，《法治日报》2020年12月8日第2版；《法治政府建设实施纲要（2021—2025年）》，《人民日报》2021年8月12日第1版。
③ 参见最高人民法院《诉讼非诉讼衔接若干意见》第8项之规定。

烈的诉求，这既是行政实务界不断实践进取的不竭动力，更是改造行政调解制度的优良智库。因为，最高人民法院在司法改革过程中实施的这一举措，既是对行政调解制度发展成果的认可，更是一种鼓励和期望。

当然，仅有上述努力还远远不够。另外，特别需要警觉的是，与此项改革相伴随的制度性风险也将不可避免地产生：如果行政调解制度实践未能取得明显的进步和良好的成效，基于该项制度安排的惯性作用而形成的"行政调解协议"以及社会大众乃至国家司法机关对其的认同度，也就不言自明了。与之相应，行政调解制度的公信力必然会受到致命性的打击和损害，其权威性自然也就会不可避免地呈现出下降和萎缩的态势。①

更需要注意的是，社会治理实践只有在科学理论的正确指引下，才有可能实现从"必然王国到自由王国"的跨越，才有可能实现最初的制度预期。而缺失了理论的指导，看似轰轰烈烈的实践，最后都将难逃偏离既定轨道甚或全盘失败的厄运。显然，如果学界还一味固守于法解释学的层面，只重视解决纠纷，而无视其他早已出现于社会治理实践中的价值取向；只关注自上而下的纠纷解决制度，而忽略自下而上的纠纷当事人的多元诉求；对社会治理模式以及行政权力的探讨，如果还依旧钟情于"理想类型"的追求，只集中于对"全能型政府"诸多弊端的口诛笔伐，而淡化对"服务型政府"履行社会管理职能方式的探索创新；只关注对行政权的"乱作为"进行消极被动的防范，而忽略对其"不作为"进行积极主动的补救；只重视"有限政府"的理想目标，而无视中国现实社会对政府"公共服务"的紧迫需求，如此，则未免在研究方法上失于落伍，在研究对象上失于狭隘，在研究价值取向上失之偏颇。这种"厚此薄彼"，甚至对现实"熟视无睹"式的理论研究，将无助于妥善解决当下中国在建立市场经济、实施服务行政的过程中，规范性的"法律效果"与实践性的"社会效果"相脱节、纷争持续存在甚至偶有激化的现实问题。

现在的问题就在于，在党中央大力发动、地方各级党政组织贯彻实施、广大民众翘首期盼的同时，学理层面是否为构建"大调解"机制这一丰富社会治理方式、改善社会治理现状的实践，做好了充分的理论准备？相对于高调复兴的人民调解和法院调解而言，现实中蹒跚而行的行政调解更需要法学理论界在学术层面给予的支持。那么，相关领域是否为该项制度安排在当前的良性运行以及未来的预期成效，做好了必要的学理铺垫？

非常遗憾！上述问题的答案都是否定的。

---

① 蒋惠岭：《行政调解的"座次"之争》，《人民法院报》2009 年 8 月 7 日第 6 版。

第二节　行政调解制度的理论基础与学术研究现状

笔者以为，基于构建"大调解"机制的时代背景，行政调解制度理应成为当下中国的一个理论热点，理应达致较高的学理研究层次。然而事实却表明，学界更多地还是在分析讨论法院调解和人民调解，相对缺乏对行政调解进行的系统深入研究。这与当下中国的治理实践异乎寻常地一致。当然，这一现状的客观存在，也进一步强化了在此领域运用全新研究路径、提升研究水准的必要性。

一、基础理论相关问题

有关行政调解制度基础理论的学术研究，国内已有不少，其中不乏高质量成果，后文还要就此作归纳和梳理。笔者以为，仅就对行政调解制度的需求而言，无论是国家层面的社会治理，还是公民层面的权利救济，都必须以具体纠纷的解决为前提；而纠纷的解决必须立足于"行政调解"系由"行政主体实施的行政行为"这一基本点。与此同时，近年来中央反复强调"非诉讼纠纷解决机制"的重大现实意义，这就必然预示着中国所要建构和完善的多元化纠纷解决机制并非均衡的"并列式"结构，而是逐层跃升的"金字塔"结构。诉讼方式居于顶端，行政调解等非诉讼纠纷解决方式居于底部，塔基越牢固，整个金字塔就越稳定。鉴于此，就非常有必要更新行政理念，重新审视行政调解制度的价值。[①] 笔者在此无须重复和赘述学界已有的法理分析，只从行政法学基本理论出发就相关问题进行阐述，以便为后文的讨论和分析作一必要的铺垫。

（一）"行政权扩张"——行政调解制度产生的时代背景

毋庸置疑，"现代国家权力中最强有力者在于行政权，而不是立法权或者司法权"。[②] 与坚持恪守立法、行政、司法"三权分立"之欧美传统政治理念不同的是，当代国家正在逐步打破固有的权力分工界域，不断尝试由行政机关承载其他公权力的部分功能，进而开始扮演"司法者"的特殊角色。[③] 发端于 1990 年代欧美发达国家对行政权及其功能和行使方式的重新评估，公共行政开始从"管理型"理念向"服务型"理念转变，公民可以

---

① 王聪：《作为诉源治理机制的行政调解：价值重塑与路径优化》，《行政法学研究》2021年第 5 期。

② 陈新民：《公法学札记》，北京，中国政法大学出版社，2001 年版，第 21、29 页。

③ 颜昌武：《行政国家：一个基本概念的生成及其蕴涵》，《公共行政评论》2018 年第 3 期。

要求行政权干预纠纷，行政主体对纠纷由"行政不介入"转向对"行政介入请求权"的确认，[①]"行政性纠纷解决机制已被视为社会福利资源，成为政府的服务功能和责任"，"行政处理的激增与司法诉讼的谦抑甚至下降形成鲜明的对比"。[②]以此为历史契机，仲裁、裁决和调解等一系列可以由行政主体实施的"行政司法化"行为，作为对各类社会成员彼此之间矛盾纠纷的一种特殊介入方式，完全改变了过往"命令-服从"式的传统行政格局，并适时地与旨在定分止争、追求公正的司法产生了价值共鸣。[③]因此，当下中国对行政调解制度的规范和强化，既是契合于ADR[④]一般发展趋势的应时之需，更是立足于现实国情和治理优势而深入推进现代行政法治建设的重要举措。

（二）"恢复性行政"——行政调解制度的法律思维模式

众所周知，《行政复议法实施条例》创新意义最大并且也可能是影响最为深远的，即为调解方式在行政复议制度实践中的运用。笔者以为，将行政调解引入解决行政争议的制度体系，体现了类似于"恢复性司法"（restorative justice）的法律思维模式。[⑤]针对犯罪行为都可以进行"恢复性司法"，那么对广泛存在的行政违法实施"恢复性行政"（restorative administration）又何尝不能呢？因此，尽管存在具体的制度性差异，但行政复议制度中调解机制的建立却毫无疑问地体现了一种与"恢复性司法"基本逻辑相类似的"恢复性行政"的法律思维模式。

所谓"恢复性行政"的恢复功能，即通过行政争议相关的行政主体、相对人及相互之间的参与，在正式复议决定外寻求和解，争议双方相互妥协，以期修复被行政违法破坏的社会关系。"恢复性行政"不单纯关注纠纷

---

① 赵银翠、杨建顺：《行政过程中的民事纠纷解决机制研究》，《法学家》2009年第3期。

② 范愉：《多元化纠纷解决机制与和谐社会的构建》，北京，经济科学出版社，2011年版，第380页。

③ 耿玉基：《超越权力分工：行政司法化的证成与规制》，《法制与社会发展》2015年第3期。

④ 所谓"ADR"，即英文Alternative Dispute Resolution的缩写，意为"解决争议的替代方式"。该概念起源于美国，原指自20世纪逐步发展起来的各种诉讼外的纠纷解决方式，现已引申为普遍存在于世界各国社会治理实践之中的非诉讼纠纷解决程序或者机制。参见范愉：《非诉讼纠纷解决机制研究》，北京，中国人民大学出版社，2000年版，第2页。

⑤ 这种新兴的司法模式与"报应性司法"相对应，"以修补被犯罪所破坏的社会关系为目的……更重视被害人、被告人、社区和国家利益的平衡"。因此，"恢复性司法"在司法的法律空间中加入了一个社会学的维度，从而与传统司法呈现出迥异的风景。但这并不是意味着法治的转向，更不是法治的倒退，而是法治的成熟。参见狄小华、李志刚编著：《刑事司法前沿问题——恢复性司法研究》，北京，群众出版社，2005年版，第9页。

的法律答案，而侧重在更宽阔的社会视野中关注纠纷解决的社会效益。运用行政调解方式平息纠纷特别是行政争议的制度创新，无论是对"社会治理现代化"的政治响应，还是对长期社会纠纷解决实践中逐步认识到纠纷解决完全司法化或者完全行政化的不可能，或者意识到"恢复性"的法律新思维，其在法律思维模式上都值得理论上的阐释。因此，新时代相关法律制度安排及其实践的持续出现，提供了这种理论阐释在制度上的实证化证据，而理论的发展有可能进一步推动制度的革新和完善。①

（三）行政调解制度的类型划分

行政调解并非单一性的制度或者程序，根据其在社会治理实践中的不同表现形式，可对其作如下分类：

1. 专门常设性调解与附带临时性调解。前者属于行政主体的法定职责，例如交通管理部门对交通事故赔偿纠纷的调解；后者则系同日常行政管理活动密切相关的附带性职能，如民警在处理治安案件时，对双方当事人之间民事纠纷的调解活动。

2. 独立运行的调解与同其他行政程序相关联的调解。前者如设置于政府内部的独立调解机构；后者如在行政复议、行政裁决、行政仲裁等行政性纠纷解决机制中附带性的调解活动。笔者以一案例对后者进行说明。

案例一：行政裁决附带行政调解
及时化解因专利侵权引发的民事纠纷②

H省公民王某，系一种新型扫把机实用新型的专利权人。该专利于 2018 年 10 月 18 日提出申请、2019 年 11 月 12 日获得实用新型专利授权、2020 年 5 月 29 日缴纳专利年费，专利权至今有效。2019 年 11 月 29 日，王某发现张某、李某等 6 人使用至少 15 台涉案专利产品从事扫把生产制作。2019 年 12 月，王某通过拨打 12315 进行维权投诉，但并没有完全制止侵权行为。

2020 年 11 月 2 日，王某向 H 省 Q 市市场监管局提交"专利侵权处理请求书"及相关证据材料，③该局于同日审查并立案。11 月 3 日，

---

① 制度先行还是理论先行，这实在是一个"鸡生蛋，蛋孵鸡"的逻辑悖论，重要的是在理论上重视任何新的制度现象，并提供规范化的理论解释和制度进一步完善的理论方案，毕竟制度事实上不产生于理论，而产生于社会需要。

② 该案例系笔者在 H 省 Q 市调研期间，由其市场监管局提供。

③ 2019 年机构改革后，原地方各级知识产权局合并到新成立的市场监管部门，在保留"××省（市、县、区）市场监管局"牌子的同时，加挂"××省（市、县、区）知识产权局"的牌子。

Q市市场监管局当面向被请求人张某、李某送达"立案通知书""答辩通知书"及"请求书"和相关附件。11月6日,被请求人张某、李某向Q市市场监管局提交"答辩状"及相关证据材料,并当面陈述意见。11月9日,Q市市场监管局将被请求人张某、李某提交的"答辩状"及证据材料当面送达请求人王某,并当面听取王某的陈述意见。11月9日至24日期间,Q市市场监管局多次与争议双方进行电话和当面沟通,在初步查明争议事实,依法受理、固化证据后,为了达到以案说法,以法明理,通过宣传普及法律政策,促进系列案件整体解决的目标,决定依照《专利侵权纠纷行政裁决办案指南》①相关要求成立合议组,对本案进行公开裁决审理。

2020年11月25日,在公开裁决审理中,除双方当事人及其代理人之外,H省市场监管局知识产权保护专家,Q市市场监管局法律顾问及执法人员约30余人旁听审理。依法成立的三人合议组,当庭宣布审理纪律,宣读当事人权利义务,在充分听取争议双方请求事项、答辩陈述、证人出庭、双方质证、侵权比对、焦点辩论、最后意见陈述和合议组合议后,最终形成如下合议意见:

第一,请求人的请求事项符合法律法规,被请求人不能提供其于申请日前拥有涉案产品的有效证据,应承担举证不利的责任,其要求在先合法使用的主张不应予以支持。第二,通过将权利要求书中的技术特征与照片上涉案产品的技术特征逐一进行比对,涉案产品落入专利保护范围的概率极大。第三,如果双方愿意协商解决,将暂停裁决审理,通过调解方式力促纠纷解决;如果不同意协商解决,则要求其在指定期限内继续补充证据材料。同时,委托有资质专业机构或者由相关专家组成鉴委会,对涉案产品是否落入专利保护范围出具鉴定意见,力争在一个月内办结此案。

由于争议双方在裁决审理现场均表达了和解意愿,希望通过协商解决争议,合议组遂中止口头审理,依据《专利纠纷行政调解办案指南》②进行调解处理。2020年12月2日,在Q市市场监管局主持下,争议双方签订"专利侵权纠纷调解协议书",被请求人张某、李某承认侵权,各向专利权人王某支付3000元专利使用费,专利权人许可被请

---

① 参见《国家知识产权局关于印发〈专利侵权纠纷行政裁决办案指南〉的通知》(国知发保字〔2019〕57号)。

② 参见国家知识产权局《专利纠纷行政调解办案指南》(国知发保字〔2020〕26号)。

求人在原有的生产规模下使用涉案专利技术产品。2020 年 12 月 3 日，Q 市市场监管局审核结案。

很显然，在上述案例中，市场监管部门实施的主导性行政行为是行政裁决，行政调解只是同行政裁决相关的附属性行政行为。然而，也恰恰是这一附属性的调解行为化解了纠纷。如果只是简单化地通过"刚性"的行政裁决方式，恐怕就不会取得这种案结事了的良好治理效果。且不说纠纷双方当事人都表达了和解意愿，市场主管部门实践也表明，行政主管部门在履行服务和管理等行政职能过程中，往往能够通过调解行为很好地解决争端，这也正是行政调解的价值所在。

3. 不同主体主持的调解。或由专职行政人员主持的专门化行政调解；或由行政机构临时指定人员主持进行的行政调解；或委托社会人士、专家主持的行政调解。

4. 合意促进型调解和指导评价型调解。前者更注重服务性，旨在为当事人提供协商对话的条件；后者则注重发挥行政主体的专业性优势，以中立立场为当事人提供事实、技术和评价规则，以促成当事人合意解决纠纷。[①]

综上所述，对于行政调解制度的建构及其实践的优化，既需要对其不同理论类型的科学界分和丰富完善，更需要诸如"非强制行政"和"恢复性行政"等行政法学基础理论的有力支撑。当然，正如后文所述，这一方面的"孱弱"表现，连同其他制度内外因素的综合作用，恰恰就是严重制约行政调解制度供给的现实症结。

二、国内理论研究的贡献和不足

自 20 世纪 50 年代以来，众多西方学者在对司法权主导的诉讼制度解决矛盾纠纷、实现权利救济这一传统法治实践加以考察的基础上，[②] 既充分认识到了行政权之于社会治理的特殊需要，正所谓专门设计包括行政调解在内的行政性纠纷解决机制，"即便耗用现代行政法的大量精力，都是有价

---

① 范愉：《行政调解问题刍议》，《广东社会科学》2008 年第 6 期。

② 有关国外纠纷解决及其制度建设，迄今已有大量介绍性文献，如朱景文：《现代西方法社会学》，北京，法律出版社，1994 年版；王亚新：《纠纷、秩序、法治——探寻研究纠纷处理与规范形成的理论框架》，《清华法律评论》1999 年第二辑；范愉：《非诉讼纠纷解决机制研究》，北京，中国人民大学出版社，2000 年版；范愉：《纠纷解决的理论与实践》，北京，清华大学出版社，2007 年版；康枫翔：《荷兰的行政调解制度——兼论对我国行政调解制度的启示》，《理论界》2012 年第 2 期；殷守革：《日本行政调解法律制度研究》，《日本研究》2016 年第 2 期；等等。

值的",① 也认识到了调解之于社会治理的价值,正所谓"几乎没有哪个法律纠纷领域能够将调解的潜在应用排除在外",② 但是,相对于围绕"调解制度"展开的整体性研究③,就中国的"行政调解制度"建构及其实践而言,迄今为止,在笔者的视域之内,尚未发现国外学者对此有相关文献出炉,而国内学者对其的专门性研究也不是很理想。笔者现就中国行政调解制度的国内研究现状作一简要梳理。

（一）处于主流地位的"制度供给"的研究思路

1. 已有的学术贡献。究其本源,行政调解制度是一种行政性的"非诉讼纠纷解决制度"。针对行政调解制度在中国的实际运行状态,学界（目前主要是在诉讼法学和法社会学领域,后文还会对行政法学领域的研究状况加以梳理）呈现出的是一种"制度供给"的研究思路。简单地讲,目前的研究文献更多地侧重点在于为决策者提供一种"自上而下"的改革建议,以实现行政调解制度在应然层面的基本预期。这也是学界研究中国行政调解制度的"主流"范式。具体而言,上述研究及其成果体现在以下几个方面:

一是对行政调解制度的综合性论述。在学术界,包括诸如范愉的《行政调解问题刍议》（《广东社会科学》2008 年第 6 期）、韩舸友的《法治视域下行政调解进路选择与优化》（《贵州社会科学》2013 年第 5 期）、于浩的《行政调解与中国法律传统的契合与断裂》（《云南大学学报（法学版）》2014 年第 1 期）、莫于川的《行政调解法治论——以北京市行政调解制度创新为研究重点》（中国人民大学出版社 2021 年出版）、王聪的《作为诉源治理机制的行政调解:价值重塑与路径优化》（《行政法学研究》2021 年第 5 期）、曾艳的《我国行政调解的溯源、发展与困境突破》（《沈阳工业大学学报（社会科学版）》2021 年第 2 期）。除此之外,还有实务工作者的深入探讨,例如周继东的《发挥行政调解工作优势促进首都社会和谐稳定》

---

① 〔英〕卡罗尔·哈洛、理查德·罗林斯:《法律与行政》,杨伟东、李凌波等译,北京,商务印书馆,2004 年版,第 73 页。

② 〔澳〕娜嘉·亚历山大主编:《全球调解趋势》,王福华等译,北京,中国法制出版社,2011 年版,第 7、269 页。

③ 国外有不少研究中国法的学者都曾对中国的调解制度投去了关注的目光,其中有日本的滋贺秀三、寺田浩明、高见泽磨,美国的科恩、陆思礼、郭丹青和英国的彭文浩等学者。其所体现出来的学术规范性和独创性令人瞩目,有着较高的借鉴意义。而且,在他们的著述中,一般并不刻意区分人民调解、法院调解、行政调解以及各种民间调解。国内的朱苏力、季卫东、范愉、强世功也对调解制度做了大量卓有成效的研究。相关文献包括强世功主编:《调解、法制与现代性:中国调解制度研究》,北京,中国法制出版社,2001 年版;王铭铭、王斯福主编:《乡土社会的秩序、公正与权威》,北京,中国政法大学出版社,1997 年版;〔日〕高见泽磨:《现代中国的纠纷与法》,何勤华等译,北京,法律出版社,2003 年版;等等。

（《法学杂志》2011 年 S1 期《首届京津沪渝法治论坛获奖论文集》），陆才华、孙亚超的《行政调解的现状及思考》（《中国司法》2020 年第 11 期），福建省司法厅的《福建省行政调解工作步入快车道》（《人民调解》2021 年第 9 期），四川省广元市司法局的《加强行政调解工作　推进市域社会治理》（《人民调解》2021 年第 11 期），等等。

二是从纠纷解决、救济权利的视角，对行政调解制度功能的分析。诸如何兵的《和谐社会与纠纷解决机制》（北京大学出版社 2007 年版）、林莉红的《行政救济基本理论问题研究》（《中国法学》1999 年第 1 期）、陆益龙的《纠纷解决的法社会学研究：问题及范式》（《湖南社会科学》2009 年第 1 期）、周健宇的《行政调解协议之强制执行力探析——基于效力位阶、政治传统、文化传统的视角》（《中国行政管理》2012 年第 10 期）、梁秋花的《多元化纠纷解决机制中的行政调解研究》（《学术论坛》2015 年第 2 期）、李晴的《行政调解与诉讼对接机制研究》（《广西政法管理干部学院学报》2017 年第 6 期）、陈建华的《需求与回应：环境纠纷行政调解问题探析》（《应用法学评论》2020 年第 1 期），等等。

三是从解决行政性争议的角度对行政调解制度以及相关制度的专门探讨。诸如马柳颖的《行政纠纷调解机制构建的法理分析》（《法学杂志》2009 年第 4 期）、朱辉的《略论行政民事争议关联案件调解》（《人民论坛》2014 年第 32 期）、王东伟的《论我国行政争议的行政调解解决机制》（《华南理工大学学报（社会科学版）》2016 年第 3 期）、施立栋的《行政争议调解过程信息的保密性规则之构建》（《法商研究》2018 年第 4 期）、谷骞的《论行政诉讼调解的适用范围》（《行政法学研究》2021 年第 3 期）、章志远的《作为行政争议实质性解决补充机制的司法调解》（《学习与探索》2021 年第 12 期），等等。

四是对特定行业领域治理实践中行政调解制度功能和状态的讨论。部分学者从纠纷解决实践出发，对行政调解制度在医疗纠纷（如舒广伟的《现行医疗纠纷行政调解制度的实证分析》，《安徽大学学报（哲学社会科学版）》2015 年第 6 期）[1]、市场监管（如苏容招的《完善价格争议行政调解机制的几点思考》，《海峡科学》2015 年第 11 期；梅帅的《论价格纠纷行政调解的法治化》，《中国物价》2021 年第 1 期）、交通管理（如周佑勇的《以新发展理念引领城市交通法治新发展》，《学术交流》2018 第 1 期）、环境保护（如计洪波的《环境行政调解的法律依据、制度框架和法律效力》，

---

① 该领域还有其他研究成果，诸如王露等人的《我国医疗损害责任纠纷案件统计分析》，《中国卫生统计》2016 年第 6 期，等等。

《郑州大学学报》2018年第2期；钭晓东、奚潇锋的《论环境纠纷复杂化下的环境行政调解机制诉求及路径优化》，《环境与可持续发展》2021年第3期）、知识产权（如姜芳蕊的《专利纠纷行政调解之困境与完善》，《求索》2018年第6期；刘友华、朱蕾的《专利纠纷行政调解协议司法确认制度的困境与出路》，《湘潭大学学报（哲学社会科学版）》2020年第6期）[①]等专门领域的纠纷解决现状作了理论分析。

以上研究，或是从纯学理的角度出发，系统论述行政调解制度及相关领域的基本概念、原则、范畴和理论框架；或是从纯实践的角度出发，全面分析行政调解制度运行中存在的问题及其解决路径。持这种思路的学者们往往基于阅读国内外文献，采用规范的研究方法，对行政调解制度加以文本比较，结合制度运行实际状况，在价值评判之后予以借鉴。无疑，无论是"理论层面"的研究，还是"实务层面"的分析，"制度供给"的研究思路对于洞察中国行政调解制度及其纠纷解决效果，都提供了非常重要的信息和启示，其中不乏品质很高的学术文献。

2. 亟待修正的不足。通过对既有研究现状的梳理分析，可以看到，在"制度供给"研究思路主导下的理论研究还存在着一些缺陷：

第一，部分研究对行政调解制度的相关理念、功能和发展现状，特别是对中国社会环境及其特殊性缺乏全面和动态的把握。有些文献尽管也分析论述了行政调解制度的运作现状、法律地位、比较优势等环节，甚至还尝试重新设计了行政调解制度，但依然只限于"就事论事"，没有深入论证该项制度的社会历史文化基础，及其与当前社会治理现状的相关性，更缺乏对该项制度与其他纠纷解决制度进行衔接之必要性，以及与其自身具体设计之相互关系的探讨。

第二，众多研究仅仅局限于因所谓的"诉讼爆炸"[②]，另辟蹊径以解决纠

---

① 再如何炼红《论中国知识产权纠纷行政调解》，《法律科学》2014年第1期；姜芳蕊《专利纠纷行政调解司法确认机制研究》，《湖南社会科学》2014年第5期；等等。

② 所谓"诉讼爆炸"，是美国学者奥尔森在《诉讼爆炸》一书中提出的概念，指出其原因是诉讼数量太多、超出诉讼制度的正常承载量，而且诉讼及其运作机制已对国家社会生活产生了深刻影响。与欧美国家不同，尽管随着经济社会的发展，中国民众的法律意识大大增强，但是还没有发展到有事就打官司的地步，多数情况都是迫不得已而选择了诉讼途径；同时，司法实践中，"小额诉讼"占用诉讼资源的现象也比较突出，在推进法治进程的同时，也加重了法院的负荷。参见彭兴庭：《中国"诉讼爆炸"是个伪问题》，《中国青年报》2005年4月26日第2版。笔者并不认同所谓"诉讼爆炸"这一说法。当今中国许多地方的诉讼数量不断增加，这只是市场经济发展的必然结果而已，根本谈不上所谓的"爆炸"，充其量也只是一种"相对爆炸"。其主要根源并非权利意识背后的"好讼"思想，而是中国司法资源的稀缺与分配不合理。

纷等推动行政调解兴起的表面原因，而忽略了对其内在多元价值取向，特别是社会治理功能的探讨。有些文献立足于社会转型的时代背景，借助于对行政调解制度内涵的界定，并通过中外制度实践的比较，对行政调解制度的重构进行了有益的探索。无疑，这些都是非常值得肯定的。但是，相关文献却严重忽视了民众诉诸该项制度特别是国家倡行该项制度的深层次原因，缺乏对行政调解制度除缓解诉讼制度"纠纷解决压力"之外的其他功能的思考和分析。显而易见，此种研究对于将行政调解制度真正有效地践行于中国治理进程而言，依然缺乏助推力。

第三，对于行政调解在社会治理进程中的制度实践，部分研究文献既不能正确看待，更无从科学引导。运作于纠纷解决过程中的行政调解出现参差不齐的制度实践，本属正常现象。这其中不乏或将行政调解法庭化，或将行政调解市场化等违反行政调解制度基本规律的极端做法。前者潜伏着在多元化旗帜下向"国家法一统"回归的危险，而后者则显现出调解过程中过于随意的不良趋向。然而，对此现状，部分研究文献却不能进行客观的认识和对待，进而使其理论分析或严重脱离实际，或过于迁就实际，致使个别建议和主张不但不具有可行性，反而可能对制度的设计和创新产生不利影响。以一篇有关治安调解的文献为例，该文尽管也对公安机关运用调解方式解决纠纷的程序、调解协议的效力化作了必要的分析和论证，但同时却一再强调公安部门调解须以"当事人申请为前提"，公安机关不得依职权主动调解。这种无视社会治理严峻现实的主张，不但使其自身难以为受众所认可，更有可能误导制度实践者。而且，类似于此的观点也出现在了环保、知识产权等其他以特定行业、特定领域之纠纷解决为研究对象的部分文献中。

（二）严重缺失的"制度需求"的研究思路

1. 不容忽视的亮点。从应然意义上讲，与上述通过经验方法研究行政调解"制度供给"之路径既相呼应又相交叉的，还有一种"制度需求"的研究维度，即研究国家、社会或者公民是否需要、为何需要，以及如何利用行政调解制度以实现对纠纷的解决进而达到治理社会或者救济权利的目的。在这一研究思路主导下应当深入思考如下问题：在现有的制度框架内，当事者如何利用既有途径来解决自己的纠纷？何种因素决定了中国公民是否以及如何利用行政调解来化解矛盾、救济权利？在社会治理的具体实践中，执政党是否需要以及如何利用行政调解来协调社会关系、规范社会秩序、提升执政行为的公信力，以达致其执政目标？

针对上述问题，理论界应当关注可能对国家和公民是否利用以及如何利用行政调解制度产生影响的诸多因素：对该制度的"认同程度"以及利用该制度的"行动能力"；该"认同程度"以及"行动能力"与国家和公民分别相对应，便是国家的"意识形态""治理能力"与公民的"法律意识""法律能力"。不可否认，在行政调解制度之外的学术研究领域中，运用"制度需求"之研究路径的理论文献已依稀可见，甚至包括部分上乘之作；[①] 同时，范愉等知名学者也已经认识到，在研究行政调解制度时，应当充分考虑社会大众的纠纷解决心理与具体诉求。[②]

显而易见，这是一种坚持"自下而上"、更为关注处于社会基层的民众和当局主导下的社会治理实践的研究路径。毫无疑问，从制度需求的角度研究行政调解制度的意义，并不在于试图取代甚或否定其他研究视角，而是在于研讨思路的丰富和完善以及研究能力的提升和强化。特别是尽管越来越多的行政主体日益感受到提升社会治理效果的紧迫性，也越来越意识到运用法治思维和法治方式处理社会矛盾纠纷的必要性，但是这种感受和意识未必就一定会转化为推进社会治理的有效举措。因此，从这个意义上讲，在已有制度供给研究视角的同时，再辅之以制度需求的研究思路，才能确保对行政调解制度理论研究及其成果的提升和强化。

2. 单一研究思路缺陷的扩大化。遗憾的是，由于"制度供给"研究思路在上述领域的强大惯性和深远影响，使得"国家在特定领域对行政调解制度的具体预期"，以及"民众对行政调解制度的切实需求及其具体内容"等相关问题，并未能引起学界特别是行政法学界应有的关注。因此，迄今为止，运用"制度需求"分析思路的研究文献依然比较缺乏。更为严重的问题还在于，这一现状又反过来进一步加剧了"制度供给"思路的研究呈现出"无的放矢"的境况：对于当下行政调解制度的改良或者重构，是否能够满足国家和广大民众的基本需求？主导行政调解制度的各级行政主体是否具有践行该项制度所必需的制度认同和原动力，以及实施相应行政行为的必备能力和素养？……正是失于对上述相关问题的准确解答，使得法学理论界对于"制度供给"与"制度需求"之间相互关系的考察和分析也无从谈起，进而导致下述问题无法得到及时且有效的回应：

——在当前及未来时段，行政调解的制度供给，在多大程度上能够满

---

① 诸如程金华：《中国行政纠纷解决的制度选择——以公民需求为视角》，《中国社会科学》2009 年第 6 期；关健、盖小荣、郑宇同：《ADR 解决中国医患纠纷的可行性分析：医患双方的调查》，《医学与哲学》（人文社会医学版）2008 年第 10 期；等等。

② 范愉：《行政调解问题刍议》，《广东社会科学》2008 年第 6 期。

足公民解决纠纷、救济权利等基本需求？在多大程度上能够满足国家科学调整和配置行政权能、加强社会治理等基本需求？

——如果制度供求呈现出失衡的态势，究竟是单纯的制度供给不足或者制度需求过高所致，还是两者兼而有之？究竟是何种原因导致了制度供给不足？除其制度自身的设计缺陷之外，是否还有其他制度外在因素的制约和影响？

——现有的行政调解制度其内在设计应当如何调整，以实现其制度自身的"个体性供求均衡"？如何在行政调解制度与其他调解制度以及诉讼、仲裁等非调解的纠纷解决制度之间建构一个有机体，进而实现纠纷解决制度体系内的"整体性供求均衡"？……

可以说，尽管国家和公民对行政调解制度所赋予的强烈预期早已跃然纸上，然而，该领域的学理建构却依然深陷"窘境"：就既有的纠纷解决机制整体而言，相较于其他制度，对行政调解制度的研究很不尽如人意；就行政调解制度自身而言，其理论研究相对于其制度实践也呈现出了明显的脱节，甚至不但无助于实践问题的有效解决，还有可能会误导实践。

第三节　"制度供求均衡"理论的合理运用

笔者以为，国内对行政调解制度的研究现状，既对行政调解制度理论乃至实践的发展造成了一定障碍，但同时也为行政法学的理论研究向社会治理实践贡献知识提供了契机。务实的法律人必须思考：现有的纠纷解决机制如何才能更好地发挥作用？行政主体及其行政权如何才能更好地协调社会关系、规范社会秩序？如何才能在社会治理中更好地彰显行政调解制度优势？……针对一系列源于现实情境的疑问，理论界必须开展科学有效的学理研究，以努力找寻到能够有效回应中国现实的一剂"良方"。因此，当前必须解决的问题就是：在行政调解制度的研究领域中，需要尽快确立新的理论研究路径。

一、引入"制度供求均衡"理论的可行性

"制度供求均衡"这一研究路径，显然不同于既有的"制度供给"或"制度需求"这种单一化的研究思路：它必须全面考察行政调解制度的供给状况，但又不限于制度供给，还需关注制度需求及其对制度供给的多重影响；它必须综合分析国家和公民对行政调解的具体制度需求，但又不限于

制度需求，还需探讨制度供给及其对制度需求的主导性作用；最为重要也是最为根本的，它必须以探求行政调解制度"供给"与"需求"之间的辩证关系和有机互动为核心目标，并为实现二者在中国社会治理进程中的动态均衡提供必要的理论基础和智识储备。因此，为弥补前述理论研究层面的缺陷，笔者通过这一理论研究框架，立足于应然意义上科学界定行政权力边界、充分发挥行政调解制度优势之目标，实然意义上推动行政调解在社会治理进程中的制度重构，进而实现该项制度的"供求均衡"。引入该路径的必要性自不待言，那么可行性究竟如何？

正所谓，"万变不离其宗"。归根结底，行政调解终究是一种客观存在的"制度"，必然会涉及制度的设计、调整、改良乃至重构以及"需求-供给"等多重环节。因此，就可行性而言，运用"新制度经济学"的"制度供求均衡"理论来研究行政调解制度，本就不该有障碍。在此基础上，依托于行政调解制度实践中各类相关主体的经验积累，则更进一步强化了这种可行性。众所周知，社会进步的成果需要以制度的形式加以固化，而特定制度的最终形成则需要点滴的社会进步加以累积。行政调解制度也不例外。在具体的社会治理实践中，为实现制度由不均衡到均衡的变迁，不同社会主体通过自身独有的方式，为重构并实现最佳的制度选择，而有意无意、不同程度地贡献着自身的力量。也正是行政调解制度实践中各类主体的努力，以及因这种努力而形成的经验积累，为"制度供求均衡"理论的引入并探求行政调解制度的重构提供了可行性。具体分述如下：

第一，理论研究者、制度设计者和实务工作者及其贡献。既有的纠纷解决机制就总体而言效果不尽理想，这其中必然涉及意识形态的建构、集团利益的冲突以及社会科学知识的限制等多方面原因。一旦国家认识到制度失效的原因所在，则必然会基于"趋利避害"的动机，有意调整意识形态，协调集团利益格局，并改良和丰富社会科学知识。更何况，有目共睹的经济社会变迁——无论是正面上行的，还是负面下行的——都将由于制度性服务的供求发生变动，而在客观上推动国家调整甚至废弃某些现行的制度安排，新制度将因此而为国家创造伴随经济增长和社会进步而至的获利机会。就当下中国而言，包括理论研究者、制度设计者和社会治理实务工作者在内的相关主体基于现有的体制性资源，毕竟还是初步建构了运用行政调解制度解决纠纷、实施社会治理的理论分析框架，探寻出了一些在特定时空、特定领域中行之有效的运作模式，积累了一些实用可行，且具有一定推广和借鉴价值的经验做法；而且应该肯定和值得期许的是，这种"制度供给"层面的"建构""探寻"和"积累"，不但在持续不停地扩大和延伸着，也的确能够部分地回应和引导现实的制度需求。

第二，遭遇社会纠纷、寻求权利救济的广大公民及其贡献。尽管在他们中间，不乏因纠纷发生、私权利受侵而实施过激举动甚或违法犯罪之人，但是伴随着"法治社会"建设的深入推进，大多数民众还是日益显现出了合法表达纠纷解决诉求、有效实施"理性维权"的意识和行动。特别是习近平总书记在2014年中央政法工作会议上明确指出，"维权是维稳的基础，维稳的实质是维权"。[①] 与国家层面的高调宣示相映衬，贯穿和渗透于维权过程之中的民间智慧（当然也包括特定情境下不得已而为之的"急中生智"），越发突显出维权方式的日臻成熟。这种可喜的变化，既可以弱化公民"仇官""仇富"甚至"仇警"的极端情绪，又有助于改变公权力主体视对方为"刁民"或者"暴徒"的非常心态，无疑有助于实现公民维权实践与"以合法方式表达合法诉求"这一社会期待之间的契合。[②] 同时，在纠纷解决暨维权的实践中，可能造成两败俱伤的司法裁判显然不如双方妥协后的调解更加符合社会和当事人的利益，这无疑又有助于实现当事人既尊重制度规范，又考虑经济利益之理性思维与新制度经济学"成本-收益"关系[③] 基本原理之间的契合。显然，上述种种"契合"在"制度需求"的层面必然会切实地引发"制度供给"的调整、改良和加强，会有力地促进社会治理实践迈向良性的发展轨道，从而有利于制度供求均衡的实现。

第三，各类公权力主体及其贡献。公权力主体特别是行政主体不但可能是特定纠纷特别是行政争议中的一方当事人，而且在化解特定民事争议

[①] 孟建柱：《新形势下政法工作的科学指南——深入学习贯彻习近平同志在中央政法工作会议上的重要讲话》，《人民日报》2014年1月29日第7版。

[②] 就近年来的情况而言，维权民众的诉求绝大部分都是合法合理的。国家信访局原局长周占顺对此问题有过非常经典的评论："群众信访80%以上是有道理的或者一定实际困难的，应予解决；80%以上是可以通过各级党委、政府的努力加以解决的；80%以上是基层应当解决也可以解决的。"同时，民众维权方式也亟待规范。温家宝在十届全国人大四次会议闭幕之后的记者招待会上指出，处理新时期的社会矛盾，既要采取有力措施，依法维护群众合法权益；又要教育和引导群众，通过合法形式表达合理诉求。参见龚忠智：《谁在为民说话？》，http://www.chinavalue.net/Article/Archive/2009/4/6/168970.html，最后访问时间：2016年1月22日；杨洁：《温家宝：处理矛盾要引导民众合法表达合理诉求》，http://www.cctv.com/news/china/20060314/101072.shtml，最后访问时间：2017年8月15日。

[③] 传统的"成本-收益"分析只考虑生产成本，而在制度安排选择成本中则还包括组织、维持以及强制执行这种特殊制度安排所含规则的费用，此即"交易成本"。参见李松龄：《制度供给：理论与实证》，《湖南财经高等专科学校学报》1999年第3期。

的过程中，他们也往往是肩负"治理社会"使命的纠纷解决主体。尽管解决社会纠纷和救济公民权利可能并非其自觉行为，[①]而是在于为其自身创造能够便捷高效地行使公权力并获取"政绩"的氛围和环境。但"当事人"和"纠纷解决者"二重身份的兼备，迫使他们既会因"纠纷解决者"的制度性定位而不断摸索预防和化解纠纷的方法和渠道，同时，也会以"当事人"的特定身份，去了解和熟悉相对人即广大公民的纠纷解决诉求，并因之而"有的放矢"地践行纠纷解决活动，由此取得更为明显的纠纷解决实效。毫无疑问，这既是对"制度供给"层面的特殊贡献，也会对"制度需求"产生积极的影响。

在任何社会中，任何个人都有可能面临一些不确定性甚至突发性灾难。作为社会成员所遵循的共同行为规则，制度完全可以被设计成人类应对各种"变数"和增加个人效用的手段。显然，源于反思并解决社会纠纷等相关问题的制度以及制度变迁，可以为社会及其成员提供有用的服务。就此而言，需要通过经验研究，真切了解并认真对待各类相关主体的需求和意愿，并最终在社会治理过程中给予及时有效的回应。进而言之，就很有必要将这一过程中产生的各种经验特别是各种进步持续不断地累积起来。更何况，体现中国人民社会治理智慧的传统思想观念，进一步强化了不可或缺的历史文化积淀。

可以看到，在中国社会转型以及社会治理机制的形成和完善过程中，包括决策者、执行者和广大民众在内的各类社会主体的主观努力和积极建构都成为必备要素。以上三类主体在纠纷解决实践中的各种积极行动，从客观上推进了对既有制度的改良或者革新，并在此基础上有利于形成和巩固新兴的行政调解制度。显然，他们都在以自身的具体行为践行着"自下而上"的制度变迁。同时，他们积极而有效地实践，又无形中强化了国家的决心和信心，从而在根本上促进了国家主导的"自上而下"的制度变迁。[②]更何况，产生于上述社会治理实践和制度变迁过程中公民之间以及公权力主体与公民之间在"制度供给"与"制度需求"层面的一系列"互动"和"博弈"，既是长期性的，也是建设性的。而这一切正是从"制度供求均衡"的进路出发，以制度供给和制度需求为分析视角，为改造行政调解制度而展开理论研究的实践基础。当然，特别需要注意

---

① 同其他社会主体一样，政府特别是地方政府也有自己的特殊利益，"逐利"是其经济人理性的必然行为。对此的相关分析，可见于笔者在后文对"制度认同"的具体论述。

② 有关"制度变迁"的特征、类别和内涵，详见后文论述。

的问题是，以制度的有效供给来回应制度的特定需求，绝不是单纯地去迎合需求，否则，那就不是真正的制度建构，充其量也只是一种扭曲变形的"制度改造"。[①]

二、"制度供求均衡"理论的基本框架

"制度供求均衡"理论，源于"新制度经济学"（New Institutional Economics），[②] 即一门"运用主流经济学方法分析制度"的学科。迄今为止，该学科已形成交易费用经济学、产权经济学、委托-代理理论、公共选择理论、新经济史学等重要支流，并涵盖"交易费用""产权""企业"[③] 和"制度变迁"等四大基本理论。其中，处于该学科核心地位的"制度变迁"理论，涉及制度变迁的起源、动力、过程、形式、制度移植等诸多要素。其理论精髓在于：所谓"制度变迁"，即为制度的创立、变更以及伴随着时空变化而被打破的方式，各种制度的交错变迁构成了一定时期的制度演进史；作为一种稀缺要素，制度在国家经济增长和社会发展的过程中，具有决定性作用；究其本质，制度变迁就是高收益制度取代低收益制度的演进过程，可以运用微观经济学的"需求-供给"框架来分析和探讨制度是否均衡。[④] 无疑，可以以"制度均衡与否"为核心，从整体上来理解和分析行政调解制度及其相关要素之间的互动关系。

（一）"制度供给"与"制度需求"

1. 核心概念。因特定研究路径所需，在本书的行文叙述中涉及"新制度经济学"的相关概念。由于其源于非法学领域，现又被笔者运用于法学文献而具有了特别含义，可能会令阅读本书者感到陌生。为保证本书的基本文意不被误读和曲解，需要对"制度供给"与"制度需求"加以必要的界定。众所周知，"供给"（supply）与"需求"（demands）均

---

① 冯之东：《行政调解制度的供求均衡——一个新的研究路径》，《四川师范大学学报》2010年第6期。

② 一般认为，英国经济学家罗纳德·科斯所著《企业的性质》是"新制度经济学"的开山之作。参见卢现祥、朱巧玲主编：《新制度经济学》，北京，北京大学出版社，2007年版，第一章。

③ "交易费用"理论即一定的制度必须提高经济效率，否则旧的制度将会被新的制度所取代。这样，制度分析才被认为真正纳入了经济学分析之中。"产权"理论即产权是一种权利，是一种社会关系，是规定人们相互行为关系的一种规则，并且是社会的基础性规则。"企业"理论即企业和市场机制都是配置资源的手段，二者可以相互替代。参见卢现祥：《西方新制度经济学》，北京，中国发展出版社，1996年版，第167页。

④ 〔美〕道格拉斯·诺斯：《经济史中的结构与变迁》，陈郁、罗华平等译，上海，上海三联书店1994年版，第195页。

为经济学概念,"供给"与"需求"之间的均衡,即"市场均衡"(market equlibrium)。关于"制度供给"与"制度需求"以及二者之间的关系,下文将立足于本书主题逐一加以论述和分析。

制度供给(institutional supply):是为规范人们的行为,而提供的法律、伦理或者经济等多方面的准则或者规则以及其他各项制度安排。必须要明确的是,一切制度供给都有可能影响收入的分配或者资源配置的效率。[①] 本书的"制度供给",即为有效实施社会治理和解决各类纠纷,由国家和社会公权力主体提供的具体制度安排。研究的重心是,组织和推进改革的权力中心,在现有宪法秩序和行政行为的伦理道德规范下,有多大的制度创新意愿和能力,它根据何种原则作出新的制度安排和制定具体操作规则,以及新的制度安排对收益及其分配和资源的配置效率产生何种影响。笔者将于后文论及,对该领域的制度安排绝对不能由国家垄断,"公共治理"的本质以及人们对"美好生活的向往"等因素,都决定了行政调解的制度供给及其影响因素应该实现"多元化"。[②]

制度需求(institutional demands):指某一时期内在不同的制度纯收益水平下,人们对特定制度安排的需要。[③] 人们之所以对商品有需求,是因为商品能够满足人的欲望和需要;反过来,消费者对未来商品的价格预期,以及人口规模等诸多要素都会对需求产生实质性的影响。同理,人们之所以对制度(变迁)有需求,也是因为制度(变迁)不但能给个人或集团带来收益,维护其声誉和地位,而且能够维护和稳定执政党之统治及其既得利益。人们对制度的需求受预期收益的支配:如果他从制度安排中得到的实际收益小于预期收益,就会出现收益的机会损失,这种损失也可以被认为是一种机会成本。因此,尽管制度被人们称为公共物品,但人们仍然需要付出一定成本才能获得制度收益。

本书的"制度需求",源于国家和公民两个层面。前者是指在实施社会治理的过程中,国家对于能够有助于提供"协调社会关系、规范社会秩序"等公共产品的行政调解——特定"社会治理方式"——的需要;后者是指公民在社会纠纷发生后,对借助于以解决纠纷、救济权利、实现利益最大

---

① 杨瑞龙:《论制度供给》,《经济研究》1993年第8期。

② 在社会经济发展和制度变迁过程中,影响制度供给和创新的因素主要包括:宪法秩序、制度具体设计的成本、现有知识的积累及其社会科学知识的进步、实施新制度安排的预期成本、现存制度安排、规范性行为准则和上层决策者的净利益。参见姚作为、王国庆:《制度供给理论述评》,《财经理论与实践》2005年第1期。

③ 李松龄:《制度需求的概念》,《经济研究与评论》1999年第3期。

化为目标的行政调解——特定"纠纷解决方式"——的期待。国家与公民从实施社会治理和解决社会纠纷的制度安排中所能获得的收益与他们对制度的需求所要付出的成本之差，就是制度的纯收益。制度的纯收益越大，二者对制度需求的欲望就越高，对制度安排的需求量就越大；反之亦然。如果行政调解制度的纯收益为零，人们就丧失了对其的需求积极性；如果对制度需求的成本高于制度的收益，人们不但会丧失积极性，反而还会抵触，甚至力求改变现行的制度安排。

特别需要注意的是，"制度供给"与"制度需求"二者是彼此相互对应的概念。由于制度（变迁）的实现源自于制度需求与制度供给之间的相互博弈和相互影响，所以绝不能将二者特意割裂开来，而是应该在制度变迁及"需求-供给"的分析框架之中进行讨论和探究。对于上述概念之具体内涵和外延及其运用，详见笔者在后文中的论述。

2. 影响"制度供给"与"制度需求"的因素。"制度"在新制度经济学中被视为一种"公共物品"，因而，公共物品所内涵的"搭便车"（free riding）[1]等种种特性，在制度的供给中也必然会表现出来。就制度的"缘起"而言，制度大致有"内在"与"外在"之区分。前者是自社会生活中的经验和教训沿袭演进而来；后者则由一批借助于特定政治过程获得权威的代理人设计和确立，进而被自上而下地强加和执行。

影响"制度供给"的相关因素。就影响制度供给的因素而言，主要包括两大类：一是涵盖文化传统、宪法秩序、知识积累、现有制度或者行为规则的制度环境因素；二是利益集团和成本收益因素（涉及利益集团净收益、制度内在设计成本、预期实施成本等）。其中的核心是成本收益分析，只有在制度成本小于制度收益时，制度才会被提供。[2]

影响"制度需求"的相关因素。假如遵循既定制度安排，相关社会主体难以实现收益的增加，或者发现潜在制度能够实现既定制度所不能实现的收益，人们就会向往新的或者潜在的制度，此即"制度需求"的实质。与微观经济学的"商品需求"基本原理相类似，对制度有需求也在于制度

---

[1] 在制度变迁过程中，社会个体总是认为：公共利益的增减反正都不会增减自身利益，所以自身努力没有意义，还不如让别人去做，自身只须坐享其成。可见，个人理性不是实现集体理性的充分条件，理性的个人在实现集体目标时往往有有"搭便车"的倾向。除非集体的人数很少，并且集体内有迫使或者诱使集体利益的选择性刺激机制，搭便车现象才会得到遏制，否则，分利集团的天然倾向就是宁可牺牲国家的前途也要为自己牟取利益。参见俞可平：《权利政治和公益政治》，北京，社会科学文献出版社，2000年版，第245页。

[2] 杨瑞龙：《论制度供给》，《经济研究》1993年第8期。

能给人们带来好处。[①] 影响制度需求的因素主要在于以下几点。一是宪法秩序：由于宪法秩序深刻地影响到创立新制度的预期成本和利益，因而也就会深刻地影响对新制度的需求。[②] 二是技术：技术变化决定制度结构及其变化。技术水平对制度变迁的影响是多方面的。三是市场规模：如果市场规模扩大，将会大大降低一些制度的运作成本。在这种情况下，制度创新可以降低交易费用，从而会增加对制度的需求。[③]

3. 需要注意的问题。在运用新制度经济学相关理论分析制度均衡与否时，应该将其置于制度变迁及"需求-供给"的分析框架之中来进行。在此过程中，因跨学科的因素，可能存在着分析框架的构成元素在不同学科之间无法逐一对应的现实缺陷。如果对此不加以明确，一旦将之生硬地套用于法学研究之中，就完全有可能将既有缺陷进一步放大。最为典型的表现就是，用"供给-需求"的理论框架来探讨制度均衡，可能会误导受众人为地将制度的供给与制度的需求割裂开来。例如，在社会治理领域特定制度的酝酿、形成乃至于付诸实施，与之相关的主体都可以被看作是这项制度的供给者，然而，现实状况却充分表明，一项具体制度要真正发挥作用，主要还是有赖于社会主体之间的博弈互动，制度决定者本身也要在该制度下存续和运作，并受其约束。因此，可以说，制度决定者实际上既是具体制度的供给者，也是具体制度的需求者。然而，一旦机械运用制度供求理论的研究范式来分析上述问题，却很有可能严重忽视上述真相。

因此，在借用该分析框架来研究行政调解的制度均衡抑或非均衡时，一定要灵活且合理地运用该分析框架，进而确保分析结论的正确性。具体到行政调解制度的研究过程中，就必须明确，行政调解制度的"供给"与"需求"不能简单地分割为不同主体的行为。国家可以被视为行政调解制度

---

① 在实际经济活动中，某些经济主体的经济行为影响了其他经济主体，但却并未因此承担应有的成本或者未获得应有的报酬。这种"影响"即外部效应（externality），既可能有益，也可能有害。有益者被称为外部效益、外部经济性或者正外部性，例如养蜂人得到的蜂蜜收入并不包括蜜蜂授粉给毗邻果园主带来的收益，果园主即得到外部效益。有害者被称为外部成本、外部不经济性或者负外部性，例如汽车尾气对路人的健康影响，车主并未向受到影响的路人支付补偿，路人即遭受外部成本。"外部收益内部化"，就是要将外部效益加到私人效益之中，例如果园主给养蜂人支付传授花粉的费用，从而使物品或者劳务的价格得以真实反映全部社会效益；"外部成本内部化"，就是把外部成本加到私人成本中，例如汽车车主缴纳尾气污染费给路人，从而使物品及其价格得以真实反映全部社会成本。参见李冬妮：《公共经济学》，广州，华南理工大学出版社，2007年版，第45—50页。

② 丁利：《从均衡到均衡：制度变迁的主观博弈框架》，《制度经济学研究》2005年第3期。

③ 李松龄：《制度需求的概念》，《经济研究与评论》1999年第3期。

的当然供给者，但行政调解制度的形成和实施显然还有赖于在该制度下存续运作，并受其约束的各类社会主体之间的博弈互动。当下中国的各类社会成员乃至国家及其各级施政者，都可能均沾和共享因该制度的有效实施而带来的制度收益，同样也都可能共同担负因该制度发生变迁而增加的交易成本和交易费用，更应该共同面对和承受因该制度实效不佳而带来的负面效应。

（二）制度变迁中的供求"均衡"与"非均衡"

在新制度经济学中，从制度需求与制度供给的角度看，制度均衡是指影响制度需求和制度供给的因素一定时，制度的供给能够适应制度的需求。与之相应，制度非均衡的类型主要是制度供给的"不足"与"过剩"两种形态。"不足"是指对新制度的需求，往往先于该制度的供给，从而造成供给不足。其中，一个非常典型的例证就是，因"搭便车"等特殊情形可能导致的供给不足。"过剩"是相对于社会需求而言，一些过时的制度以及无效的制度仍在发挥作用。[①]

1. 制度均衡与非均衡的实质。就本质而言，制度均衡是人们对既定制度安排和制度结构处于一种满足或者满意状态，因而无意也无力改变现行制度，也就是一种"帕累托最优"（Pareto optimality）[②]的状态。[③]从上述定义出发，可以总结出制度均衡时的三个要素：人们在主观上是满意的；人们无意且无力改变现有制度安排；这是一种基于人们行为相互作用而产生的僵持平衡状态。由此可知，制度非均衡就是对上述制度均衡条件的破坏，是人们对现存制度不满意的制度状态。[④]

当然，道格拉斯·诺斯也曾就此强调，制度变迁有可能被锁定到一种非绩效的路径上去，而且愈陷愈深，最终闭锁在某种无效率状态而无法摆

[①] 如利益集团为维护既得利益或者为了进行政治创租，不愿改变而宁愿维持现行制度的无效率状态。

[②] "帕累托最优"，即"帕累托效率"（Pareto efficiency），是资源分配的一种状态，在不使任何人境况变坏的情况下，不可能再使某些人的处境变好；而帕累托改进（Pareto improvement）则是一种变化在没有使任何人境况变坏的情况下，使得至少一个人变得更好。帕累托最优是没有进行帕累托改进余地的状态，而帕累托改进是达到帕累托最优的路径和方法。该概念由意大利经济学家维弗雷多·帕累托最早运用于经济效率和收入分配的研究之中。参见涂志勇：《博弈论》，北京，北京大学出版社，2009 年版，第 54 页。

[③] 岳锋、王智慧、周国新：《制度均衡与制度非均衡》，《天府新论》2005 年 6 月。

[④] 卢现祥、马洪：《西方新制度经济学》（修订版），北京，中国发展出版社，2006 年版，第 98 页。

脱，此即制度变迁过程中的"路径依赖"（path dependence），① 也称制度的"悖论"或者"非理性"。路径依赖类似于"惯性"，事物一旦进入某一路径，就可能对这种路径产生依赖。惯性的力量会使得先前的选择不断自我强化，并使之很难走出去。②

2. 时空维度下的制度均衡与非均衡。在明确制度均衡与非均衡的实质之后，就需要从制度演化与制度结构体系的时空维度上来认识和把握其内涵。作为新制度经济学中的"普遍知识"（common knowledge），技术反映的是人与自然之间的关系；而与此不同，作为相关知识的物化形式，制度反映的是人与人之间的关系，是人们在特定的制度规则下彼此影响、相互作用。纵观不断演进的人类历史，制度的演化是其重要组成部分。因此，必须从制度演化的整体中去理解制度均衡与非均衡。

从时间维度看，制度演化是一个渐进与突变辩证统一的过程。制度的均衡与非均衡是制度变迁中的基本表现形式，而制度的需求与供给则是制度变迁过程的两个侧面。制度变迁的基本链条是：非均衡→均衡→新的非均衡→新的均衡。制度非均衡是引起制度变迁的动力，制度变迁是联结制度非均衡与均衡的中介。从制度变迁的历史过程来看，非均衡是常态，而均衡则是暂时的。甚至可以说，制度均衡只是制度非均衡的特殊表现形态。

从空间维度看，制度是多层次多类型的系统结构，制度均衡意味着整个制度结构的均衡。但制度结构整体同时实现变迁很困难，往往先从最薄弱的环节和次级制度开始变迁，从制度结构的边际上进行微调，从而导致局部制度的非均衡与变迁。积累到一定程度时就会引起基础性制度的非均衡与变迁，最终引致整体的制度非均衡与变迁。③

三、制度变迁的动力机制：理论框架与行政调解制度的联结点

在新制度经济学理论中，存在着"诱致性"和"强制性"两种类型的制度变迁。二者的根本区别在于，就现行制度安排实现变更或者创新的动力机制而言，前者侧重于依靠公民在响应获利机会时的自发倡导、组织和

① "路径依赖"是指一种制度一旦形成，不管是否有效，都会在一定时期内持续存在并影响其后续的制度选择。好似一旦进入某种特定路径，制度变迁就只能按照该路径渐行渐远。"路径依赖"有"良性"与"恶性"之分：前者即为有利于经济增长和社会发展的制度变迁；后者指为维护既得利益，进而引致社会陷入无效的制度状态。参见盛洪主编：《现代制度经济学》（下卷），北京，北京大学出版社，2003年版，第293页。

② 〔美〕道格拉斯·诺斯：《经济史中的结构与变迁》，陈郁等译，上海，上海三联书店，1994年版，第195页。

③ 同上书，第167页。

施行；与此相反，后者则倾向于依靠政府（广义的"政府"）出台的法令推进实施。[①]

（一）强制性与诱致性：制度变迁的基本特性

强制性制度变迁是以国家为主体、自上而下的制度变迁类型。一般来说，经由国家推动设计和实施制度的力度较大，制度出台耗时较短，因而，政府权威能够保证较好的制度运行。但这种制度变迁方式不是相关利益主体通过重复博弈形成的，决策者或者利益集团往往会利用制度供给的机会为自身牟利。另外，由于政府的制度安排往往基于经验而非单纯根据现实需要，以至于常常会出现低效率的、不适应制度环境的现象。

与此不同，诱致性制度变迁必须由某种在原有制度下无法得到的获利机会引起，而这种获利机会就蕴含于既有的制度不均衡之中。因为制度体系是由诸多制度构成的，而且相互之间具有密切关联性，所以，其中的一项特定制度处于不均衡状态，就可能导致整个制度体系的不均衡；同时，一项特定制度的失序，也将引起其他相关制度的失范。更何况，人的理性是有限的，而设计最佳制度和实现所有必要的制度变迁，又非常地耗费成本。而此时的问题正在于，即便制度体系中的某一项基本特性，在特定制度变迁累积到一个特定节点时会发生变化，但整体性的制度变迁肯定是一种漫长的演化过程，社会不可能立即从一种均衡结构转到另一种均衡结构。[②]毫无疑问，这种缺乏国家主导作用且必然会增大社会交易成本的制度变迁过程，对于当下中国而言是无法操作更是无力承受的。

同时，还需要注意的是：国家层面是否有必要的动机和能力去设计和强制推行诱致性制度变迁所不能提供的制度安排，这本身就值得怀疑。作为垄断者，国家可在特定时空内"自然垄断"性地合法使用强制性手段，其基本功能是提供法律和秩序，并保护产权以换取税收。当然，尽管国家层面几乎很难决定某项制度应该如何实施具体的运作，但却完全可以决定特定制度的"存"与"废"。[③]

（二）强制性为主、诱致性为辅：当下中国行政调解制度变迁的动力机制

归根结底，制度变迁的根本动力就是一项全新的或者改良后的制度安排能够相对节约交易费用、降低制度成本、提高制度收益。简言之，制度

[①] 盛洪主编：《现代制度经济学》（下卷），北京，北京大学出版社，2003年版，第255页。

[②]〔美〕道格拉斯·诺斯：《经济史中的结构与变迁》，陈郁等译，上海，上海三联书店，1994年版，第174页。

[③] 同上书，第195、203页。

变迁实质上就是从低收益制度转变为高收益制度的渐进演化过程。众所周知，当下中国的社会治理始终聚焦制度及其变迁的重大问题。可以说，中国社会治理领域内任何一项制度变迁，都具有深刻的历史演化逻辑和理性的动力机制。面对社会主要矛盾和发展方式的巨变，面对高质量发展这样一个涉及经济、政治、文化、社会、生态等多领域协同发展和高效互动的复杂系统，无论是主动选择，还是被动应对，都必然会引发整体性制度变迁，而非单纯的分散式的自发型制度演进。[①]

由前述可知，在处于社会转型期的中国，对包括行政调解制度在内的多元化纠纷解决机制所产生的制度需求，不仅源于"社会治理"层面的国家，而且也源于"权利救济"层面的广大公民。因此，必须承认，无论是多元化纠纷解决机制的构建，还是相关领域的深度改革，以及行政调解等非诉讼制度的复兴，作为社会治理进程中的特定"公共产品"，既不是单纯的强制性制度变迁，也不是单纯的诱致性制度变迁，而是一场特殊的、伴有"诱致性"创新因素的"强制性"制度变迁。毫无疑问，行政调解制度是一种公共产品，所以，源于国家强制性力量的适时介入甚或发挥主导性作用，就显得非常必要。进而言之，从国家长治久安的根本执政目标出发，如果一项新的制度建构产生了执政收益高于执政成本的执政效果时，理性的执政党必将努力建立新制度，以矫正和补充制度供给的不足。当下中国"大调解"机制如火如荼般的构建，以及执政党对行政调解的再次垂青，都充分印证了这一点。

以上中国社会治理进程中的客观要素，恰是"行政调解"这一具体制度安排与"制度供求均衡"这一具体理论模式之间的基本联结点，也正是本文以后者为研究路径探讨前者之建构的基本理论基础。依据新制度经济学的基本原理，特定制度安排从特定制度集合中突显而出的前提条件是，在生产和交易费用层面，它比该集合中的其他制度更为有效；同时，特定制度安排之间是彼此关联的，如果不利用其他制度安排作为参照系，也就难以甚至无法判断具体特定制度安排的功效。与此相照应，由于诉讼制度在治理社会的实践中，未能实现国家和社会民众对其的制度预期，因而迫使其放下身段，明确了自身的合理定位，进而在形式意义上放弃了对解决纠纷和社会治理的垄断权。由此，促成了诉讼制度与行政调解等行政性纠纷解决机制以及其他非诉讼机制相互衔接的多元化纠纷解决体系和社会治理模式的建构。显然，在这一过程中，除去国家借助体制优势发挥强制性

---

① 黄凯南：《制度系统性建构的演化逻辑与动力机制》，《光明日报》2020年1月21日第6版。

的主导作用之外，司法权、行政权等公权力主体以及其他各类非权力主体之间的博弈，也是不可或缺的。特别是国家对现行纠纷解决理念和制度安排的调整、变更甚或替代，都不乏对广大社会民众尤其是纠纷当事人向往非诉讼纠纷解决机制的观照；对行政调解制度实践中经验做法的肯认和推广，都不乏对个人或者群体在响应获利机会时自发倡导、组织和践行之现实的正视。

进而言之，强制性与诱致性的良性互动，顶层设计与基层首创的辩证统一，就是当下中国制度变迁的基础动力。顶层设计为基层首创提供了有效的"呵护"，基层首创又进一步发展和完善了顶层设计。实际上，"一管就死、一放就乱"，也正源自于顶层设计与基层首创的对立、强制性与诱致性的脱节：顶层设计如果缺乏基层实践基础，就会抑制基层的活力和创造力；反之，基层探索如果缺乏顶层的统筹和协调就会陷入无序和混乱。① 由此可见，既立足于当下的时代特征，又放眼于未来的发展趋势；既内含主观理性判断的科学设计，又源于客观社会实践的历史演化，这也正是新时期中国社会治理领域充分推动制度变迁、实现治理体系和治理能力现代化的基本动力和坚强保障。当然，尽管"有些缘于经济增长的制度不均衡可由诱致性创新来消除，但作为经济学最基本的假设，经济生活中的'理性人'② 在面对现实选择时，他将挑选'较多'而不是'较少'"。③ 更何况，纵使是自发性的制度变迁，通常也需要国家实施促进和规范。

因此，当下由国家借助政治权威推动——同时也契合于民众意愿的——行政调解制度的复兴，正是在经历着一场基于制度供求不均衡而生发的以强制性为主导，并伴有诱致性创新因素的"制度变迁"：公民基于解决社会纠纷、实现权利救济而激发的实现利益均衡的执着期待，正是实现"诱致性"制度创新的根本源泉；而国家基于提升治理能力、强化治理效果产生的强烈愿望，更是实现"强制性"制度变迁的强大推动力。

---

① 显而易见，仅仅依靠民众探索、自发形成的秩序，其合作半径往往较短，而且自发秩序的形成通常需要经历较长的时间才可能实现。因此，中国作为世界上最大的发展中国家，加强顶层设计极端必要。

② 经济学里，"合乎理性的人"通常简称为"理性人"或者"经济人"。理性人是对经济社会中从事经济活动的所有人及其基本特征的一般性抽象。被抽象出来的基本特征就是：每一个从事经济活动的人都是利己的。也可以说，每一个从事经济活动的人所采取的经济行为都是力图以自己的最小经济代价去获得自己的最大经济利益。有关论述和分析，参见杨春学：《"经济人"的三次大争论及其反思》，《经济学动态》1997年第5期；汪丁丁：《经济学理性主义的基础》，《社会学研究》1998年第2期；等等。

③ 胡军、盛军锋：《强制性、诱致性制度变迁及其它》，《南方经济》2002年第9期。

制度安排的需求量是制度纯收益的
函数，制度的纯收益越多，对制度安排
的需求量就越大。[*]

第二章　制度需求视角下的行政调解

　　"需求"与"供给"是"制度供求均衡"理论中的核心概念。二者本是一体之两面，的确很难，也不应该将之截然分开。经济生活中，究竟是"供给决定需求"，还是"需求引致供给"，[①]虽然尚无定论，但是在制度供求关系之中，人们却能够依据特定条件找到问题的"主导"方面。就本书主题而言，本该成为多元化纠纷解决体系中重要一元的行政调解制度，其在当下中国的复兴，既是一种渗透着强制性因素、经由在政治力量与资源配置权力上均处于绝对优势地位的国家所主导、希冀改善社会治理的"供给型"制度变迁，也是一种伴有诱致性因素、经由追求利益最大化的公民个体所推动、期望实现权利救济的"需求型"制度变迁。而且，在需求层面，国家因"社会治理"所产生的需求，与公民因"权利救济"而产生的需求具有"殊途同归"式的密切关联。

　　详而言之，在公民和国家的制度需求之间，"社会治理"是"权利救济"的宏观表征，更为抽象，更为笼统，其意在实现社会的整体公正；而"权利救济"是"社会治理"的微观基础，更为具体，更为实在，其主要关涉公民的个体正义。而且，这两类需求的满足均以"纠纷解决"为必要条件（但非充分条件），而这也正是纠纷解决的社会功能所在，即"改善社会

---

　　[*]　李松龄：《制度需求的概念》，《经济研究与评论》1999 年第 3 期。

　　[①]　法国经济学家让·萨伊主张："供给创造自己的需求"（supply creates its own demand），资本主义经济社会一般不会发生生产过剩的危机。此即"萨伊定律"（Say's Law）。而英国经济学家约翰·凯恩斯则认为："需求创造自己的供给"（demand creates its own supply），政府应当采取措施刺激需求，以增加供给，进而保障经济的稳定增长。此即"凯恩斯定律"（Keynes' Law）。但伴随着西方国家经济发展的历史变迁，两种学说均因其片面性而已风光不再。参见刘江会：《中国选择"渐进式制度变迁模式"的原因分析》，《江西财经大学学报》2000 年第 5 期。

治理"，须以众多纠纷的逐一平息为基础，"救济公民权利"，也须以具体争端的妥善化解为前提。就此来看，三者之间体现为以纠纷解决为介质、社会治理与权利救济"互为表里"的同一过程，具有基本一致的价值取向。

因此，笔者从本章开始，将因循"制度供求均衡"理论的基本路径，在围绕行政调解制度之"需求"和"供给"的分析中，在兼论权利救济和社会治理的同时，主要从公民的视角、从"纠纷"及其"解决"的层面上展开论述。特别值得注意的是，在政治、经济、文化、社会发展均不平衡的中国，由于社会的分层，诸多公民对制度的需求一定是不同的；这种不同的客观存在，以至于制度的"原旨"（original intent）都已变得不再那么重要了，重要的是要发现引发制度变迁的社会变量，特别是源发于公民相互冲突的各类需求。[①] 这也正是笔者于本章要着重关注的问题。

第一节　当下中国的社会纠纷

纠纷，或者称"争议""冲突"，是特定主体基于利益争端而产生的一种双边或者多边的对抗行为。无疑，只要有人类活动，就会有纠纷产生。尽管难以对改革开放40多年来中国社会的矛盾纠纷及其变迁进行精确描述，但法院系统审结的诉讼案件数量、信访部门受理的案件类型与群体性事件的发生频率、行为激烈程度等方面的显著变化，却能真实地映射出在国家转型和社会变迁的时代背景下，中国社会纠纷无论是性质与数量，还是内容与形式，都早已今非昔比。

一、纠纷的社会根源

伴随着市场经济体制的逐步建立，当下中国社会正在经历着由传统一元化向现代多元化的转变和更替。与价值取向和利益主体日渐多元相伴生的，就是各种社会矛盾纠纷在近年来的交织和激化，尤其是群体性事件和突发性事件的长期存在。面对如此现实，必须对纠纷产生的社会根源加以探讨，以求纠纷解决之道。

（一）经济体制转轨为纠纷的多发提供了"温床"

在中华人民共和国成立后的很长一段时期内，中国实行高度集中的计划经济体制，与该体制紧密配套的是"单位制"社会体系。因此，几乎所

[①] 苏力：《曾经的司法洞识》，《读书》2007年第4期。

有的社会成员都被整合到了某种特定的组织之中。在实现了几千年来从未有过的全方位的社会福利（但总体上受保障的生活质量并不算高）的同时，单位制也极大地压缩了个体的自由选择权利，这自然也就杜绝了公民的行为动机；而个体行为的极端"稀缺"，必将使得源于行为冲突的纠纷大幅度减少。其时，即便是产生了包括夫妻矛盾、家庭纠纷等私密事务在内的各类争议，一般也必然是先由其所在单位加以化解；单位可以通过多种方式强制当事个人接受纠纷的解决方式及其解决结果，并影响甚至改变其诸多重大切身利益。总之，单位体制有一种消弭纠纷的特殊机制；而一旦离开了所在单位，作为公民个人又必将会无处容身。同时，很多现在为人所熟知的纠纷类型在当时根本就没有产生的可能，或者即便偶然产生了也不可能长期存在。[①] 这也就不难理解 20 世纪 60 年代的中国政法机关，为何会在当时大胆提出若干年内"消灭犯罪"的口号。[②] 这样一种基于当今现实和常识出发而令人感到匪夷所思的"奇葩现象"，在当时看来却似乎是触手可及的目标。刑事犯罪尚且如此，一般性纠纷的极度稀少也就成为了必然。

改革开放以来，特别是在建立市场经济体制之后，上述情境几乎完全被颠覆。公民由"单位人"变成了"社会人"，在摆脱了体制性的束缚之后，个体行为的自由化也为相互之间的纠纷冲突提供了必要的条件。特别是伴随着经济领域的日趋活跃，纷繁复杂的各类经济活动在提高民众生活水准的同时，也为潜在的利益纠葛提供了丰厚的土壤。特别是在政府等公权部门监管不力甚或缺失的情况下，与市场经济如影随形的"市场失灵"，必然会滋生大量因利益分配不合理、资源配置不合理而引起的纠纷。显然，体制的转轨成为当下中国纠纷多发的重要原因。

（二）经济转型过程中利益分配状况是酿积社会纠纷的基础性原因

显然，必须要对转型时期的中国社会及其特质有一个客观的把握和认识。经济体制的转轨必然引发原有经济结构和社会结构的重大调整，特别是伴随着改革开放日益步入"深水区"和市场经济的快速发展，势必会越来越多地触及并改变深层次的利益格局。在这样一个充满了重大调整、重大变动的转型过程中，中国的政治、经济、社会、文化、生态等各个领域都发生了深刻的变化，继而又引发了持续强化的社会分层，这都成为滋生

---

① 王亚新：《中国社会的纠纷解决机制与法律相关职业的前景》，《华东政法学院学报》2004 年第 3 期。

② 中国人民公安大学付立忠教授认为，"以前我国政法机关曾经提出过'消灭犯罪'的概念，但后来发现这根本不现实"。参见《北京首次破获 ATM 机诈骗案》，《北京晚报》2010 年 6 月 21 日第 2 版。

矛盾纠纷的根本因素。而且，经济转型时期的固有特征，进一步刺激和放大了中国"政治经济发展不平衡"这一长期存在的基本国情，使得中国民众的生产生活在地理区域（东、中、西部）、生活空间（城市与乡村）、行业系统、男女性别等多个层面呈现出全方位的不平衡，进而可能引发公民在实现个体价值之不同发展阶段的不公正。在经济大发展、社会大开放、人员大流动的时代背景下，滋生和诱发纠纷甚或违法犯罪的各类因素依然全方位存在，甚至在特定时空条件下还会有所强化。另外，城市失业人口和农村剩余劳动力等社会问题日益凸显，使得维系社会秩序的难度进一步增大；暴力恐怖活动以及疫病、自然灾害、跨国犯罪等"非传统安全威胁因素"①，已对中国的社会秩序构成了严峻的现实挑战；刑事案件依然多发且高位徘徊，②严重暴力犯罪在特定地域、特定时段依然猖獗，重特大安全事故也时有发生，各类涉外纠纷状况依然不容乐观；域外敌对因素的渗透和干预以及域内黑恶势力的破坏和危害，也无形中增大了中国社会秩序局部失范的可能性。特别是黑恶势力的客观存在及其现实危害，成为执政党高层下定决心，以史无前例的力度和方式推进为期三年（2018年1月至2020年12月）的"扫黑除恶专项斗争"的现实背景和基本动因。③

常识表明，一个国家在缺乏科学有效的市场经济管理和调节控制机制的前提下，如果失范恣意的公权力又试图对各类社会财富加以严密控制，这就必然会导致各种寻租现象。以黑恶势力为例，正是因为其背后有各类

---

① 相对于"传统安全威胁因素"而言，"非传统安全威胁因素"是指除军事、政治和外交冲突以外的，其他对主权国家及人类整体生存与发展构成威胁的经济安全、生态环境安全、信息安全、资源安全、恐怖主义、武器扩散、疾病蔓延、跨国犯罪、走私贩毒、非法移民、海盗、洗钱等因素。对于该问题的分析，参见姜川：《论我国所面临的非传统安全威胁及主要应对策略》，《贵州师范大学学报（社会科学版）》2008年第6期；范传贵：《〈中国国家安全研究报告（2014）〉称：非传统安全问题威胁国家安全》，《法制日报》2014年5月8日第2版；等等。

② 2013—2017年五年间，全国各级法院审结一审刑事案件548.9万件（年均109.78万件），判处罪犯607万人（年均121.4万人）；2018年，全国各级法院审结一审刑事案件119.8万件，判处罪犯142.9万人。将2018年的两项数值与前五年的两项年均数值相比较，可以看到这两项数值均呈上升态势，增幅分别高达9.13%、17.71%。参见《十三届全国人大一次会议上最高人民法院工作报告（摘要）》，《人民日报》2018年3月10日第2版；《十三届全国人大二次会议第三次全体会议 听取"两高"报告》，《人民日报》2019年3月12日第2版。

③ 2018年1月11日，中共中央、国务院印发《关于开展扫黑除恶专项斗争的通知》全面部署为期3年的扫黑除恶专项斗争。通知要求，要聚焦涉黑涉恶问题突出的重点地区、重点行业、重点领域，把打击锋芒始终对准群众反映最强烈、最深恶痛绝的各类黑恶势力违法犯罪。参见《中共中央国务院发出〈关于开展扫黑除恶专项斗争的通知〉》，《光明日报》2018年1月25日第1版；《郭声琨在全国扫黑除恶专项斗争领导小组会议上强调 抓好督导问题整改 认真开展专项整治》，《法制日报》2019年7月25日第1版。

公权力打造而成的形形色色的"保护伞"和"关系网"，其才得以存活和壮大，进而持续危害社会、称霸一方、无恶不作。如果不能真正做到"打伞破网"，万众瞩目的"扫黑除恶"也只能是治标不治本。[①] 进而言之，在当下中国，应运而生的社会大众的"仇官仇富"情绪，绝不是什么"偶然性"事物，而是具有较为广泛且深厚的"社会心理基础"，"重庆草帽姐"等极端事件的发生，就充分地印证了这一点。[②]

特别是在国家现代化进程中，一些地方和单位严重漠视和危害劳动者的基本福利和权利，不但导致恶性安全事故频频发生，而且引发了严重环境污染问题。更有甚者，个别政府部门以"打好三大攻坚战、[③] 加强生态环保"为名，"歪嘴和尚念歪经"，有意无意曲解中央施政宗旨，罔顾人民群众的基本民生保障，进而造成恶劣影响，严重危害国家政治权威及其公信力……显然，这些都是源于前述诱因，进而逐步得以形成并被强化为当下社会的重要表征。

案例二："环保形式主义"作祟
河南一村民农忙时节被禁用收割机[④]

众所周知，二十四节气中的"芒种"，是天气容易突变的农忙时

---

① 据 2019 年 10 月全国扫黑除恶专项斗争第 2 次推进会披露，截至 2019 年 9 月 25 日，全国打掉涉黑组织 2367 个，打掉涉恶犯罪团伙 29571 个，34792 名涉黑涉恶违法犯罪人员投案自首。截至 2019 年 9 月底，全国纪检监察机关立案查处涉黑涉恶腐败和"保护伞"案件移送司法机关 5500 人。2019 年上半年，全国刑事案件同比下降 6%，八类严重暴力案件下降 11.1%，涉枪案件下降 44%，社会治安环境明显改善，群众安全感、满意度明显提升。同时，党风政风明显好转，有效净化了政治生态，全国组织部门排查整顿软弱涣散村党组织 7.38 万个，清理黑恶势力干扰、渗透的村组织 1700 余个，基层政权进一步巩固。参见高语阳：《全国扫黑除恶专项斗争开展以来 3.4 万名涉黑涉恶违法犯罪人员投案自首》，《北京青年报》2019 年 10 月 13 日第 A03 版。

② 2019 年 7 月 30 日，重庆市女司机李月驾驶其保时捷与一名男司机发生行车冲突进而打对方耳光并被对方回打的视频，在网络上引发持续高度关注。随后，李月丈夫童小华及其担任重庆市渝北区公安分局石船派出所所长的信息也被曝光。重庆市公安机关对此社会舆情丝毫不敢怠慢，迅速调查其财产、从业、交通违规等情况并及时公布调查结果。同时，免去其丈夫童小华派出所所长职务，并对其立案调查。参见巴扎黑：《重庆保时捷女司机为何这般嚣张？》，《南方日报》2019 年 8 月 1 日第 2 版。

③ 习近平总书记在中共十九大报告中提出：要坚决打好防范化解重大风险、精准脱贫、污染防治的攻坚战，使全面建成小康社会得到人民认可、经得起历史检验。参见习近平：《决胜全面建成小康社会　夺取新时代中国特色社会主义伟大胜利——在中国共产党第十九次全国代表大会上的报告》，《人民日报》2017 年 10 月 28 日第 1 版。

④ 参见《河南就禁用收割机事件发紧急通知：反对环保形式主义》，https://news.ifeng.com/c/7nJhNcx5FFQ，最后访问时间：2019 年 10 月 2 日。

节，抢收庄稼往往被称为"虎口夺粮"。然而，就在 2019 年麦收形势迫在眉睫的"三夏"重要时节，河南省驻马店市上蔡县村民刘女士却向河南电视台民生频道《大参考》热线紧急求助，自家 70 亩小麦本就因刮风下雨出现大面积倒伏，致使部分小麦开始发霉，需要加急收割，可是上蔡县城市管理综合执法局却不让她用收割机收割，必须用手割。原因是她家麦田附近有一个空气质量监测站，因为担心使用收割机收麦产生的扬尘，会影响监测站的环保数据，所以上蔡县有关部门要求她们为防污染只能用手割。但显而易见的问题是，手割的速度太慢，势必会严重影响今年的收成。这对于依靠种田安身立命的农民来说，可是"天大"的事情。《大参考》栏目记者在采访城管局时对此举提出质疑，该部门一工作人员说："不能为了少数几个人的利益，而影响大家的环境。"此消息一经报道，引发广泛质疑。截至该节目播出时，执法局还是禁止刘女士用机器收割。直到 2019 年 6 月 7 日，有关部门基于应对舆情以及其他因素，才下发了一纸所谓的"紧急通知"，要求坚决反对环保形式主义。至此，上蔡县城管局的这一错误行为才得以真正被纠正。然而，至于给村民带来的物质损失乃至经济赔偿问题，以及相关公职人员是否被批评教育或者是否被问责，却不见下文，自然也就无从知晓了。

诚然，用收割机收麦的确会产生扬尘，对监测数据产生不利影响，但有关部门就能据此强迫无法及时收麦而心急如焚的农民放弃机割、使用手割吗？毫无疑问，为了环保数据好看，而下达"禁用收割机"的指令，即便是为了打赢环境污染防治攻坚战，也是一种典型的应付差事的形式主义，更是一种权力任性与权力滥用。"民以食为天"，农业大省肩负着国家粮食安全的重任。但有关部门如此无视农时之急之迫、如此因噎废食的管理方式，既无政策依据，也无法律依据，既不符合天理，更是有违人情。为了一两天的空气指数，就敢无视农民大半年的心血！这一事件表明，对一些公权机构及其公职人员而言，其对"政绩"的追求远甚于对人民群众切身利益的维护。如此一来，民众焉能心平气顺？因此可以说，国家公权漠视乃至侵犯民众利益的意识和举动，也是社会纠纷产生的源头之一。

（三）公权力行使不当导致施政者权威及社会控制能力的相对弱化

"权力"作为一种社会现象，是人类作为群体存在的伴生物。无疑，在承认权力对于人类社会不可或缺的同时，必须对其保持警惕和防范。"权力易使人腐化，绝对权力绝对使人腐化。19 世纪最伟大的英国历史学家阿克顿爵士的这句名言一针见血地道中了问题的要害。"①不论是国家公权力，还是社会公权力，只要行使失当，都会侵越公民个体的合法权益，而纠纷的产生也就在所难免。但在"官本位"思想沿袭日久的中国，对权力监督和制衡的成效亟待提升。尽管伴随着国家监察体制改革的强势推进，纪检监察机关监督执纪问责和监督调查处置职能的逐步强化，对公权力的规范已成必然之势。然而，在社会转型的当下，在土地征收、房屋拆迁、工程移民、企业改制等诸多公权力与私权利相互博弈、公益与私益相互交织的领域，要减少专权、擅权、越权、滥权等各类公权力不当行使的现象，绝非一蹴而就之事。特别是秉持着"先易后难""先经济后政治"主导思路的中国改革在经历了 40 年的风雨历程之后，"成就世人瞩目，任务却依然艰巨。容易的、皆大欢喜的改革已经完成了，好吃的肉都吃掉了，到今天剩下的都是难啃的硬骨头"。②尤其是一些政府机构为了突显政绩，唯经济高速发展马首是瞻，严重忽视社会民生。一些地方政府自始至终秉持着"今朝不理前朝事"的工作态度，以致无人理睬历史性的欠账，进而导致"小事拖大、大事拖难、难事拖炸"。③尽管国家始终在努力试图借助"将蛋糕做大"的途径，以解决上述问题，然而，事与愿违的是，"越是加快发展，这些问题越是起着副作用"。④

更为突出的是，伴随着依法治国基本方略的推进，法律调整的领域不断拓展，大量的社会矛盾和问题都以案件的形式进入到司法领域，法律手段已成为调节社会关系的主要手段。同时，公民个体的政治参与意识和维护自身合法权益的法治意识明显增强，对社会公平正义也提出了更高的要求。显然，这种态势在网络媒体的推动之下，必然使得政法单位的执法、司法活动处于更为广泛、更为严格的社会监督之下。在此新的历史条件下，一旦发生执法不当或者司法不公，当事人不但会向办案人员、政法单位讨说法，有时还会向党政机关讨公平。这本是无可厚非之举。但从实际情况看，中国相关部门的执法理念、执法方式、执法能力与处理矛盾纠纷的现实要求尚有差距。处置不当，不但不会平息当事人的原有纠纷，反而有可

---

① 〔美〕安东尼·德·雅赛:《重申自由主义——选择、契约、协议》,陈茅、徐力源、刘春瑞等译,北京,中国社会科学出版社,1997 年版,"引言"部分第 1 页。

② 参见钱景童:《习近平改革"喻"言》,《中国青年报》2018 年 8 月 10 日第 1 版。

③ 语出自时任中共贵州省委书记石宗源。参见童大焕:《"实属必然":瓮安事件沉甸甸的警示》,《新京报》2008 年 7 月 6 日第 3 版。

④ 纽东昊:《"2010 年〈社会蓝皮书〉发布暨中国社会形势报告会"实录》,《南方都市报》2009 年 12 月 22 日第 3 版。

能激化矛盾，甚至会引发群体性事件。

特别是在市场经济条件下，保持执法、司法人员忠于国家、忠于法律之本色正面临着拜金主义和权力商品化的挑战，防止和杜绝司法不公、执法不严、徇私枉法等为民众所深恶痛绝之丑恶现象的难度进一步增大。与此相应，公权力的种种不当之举，尤其是负有定分止争、维护正义之责的相关职能部门的权力寻租和创租行为，不但不会维系和规范反而会极大损害和危及现有的社会秩序，国家的政治权威及其公信力势必会受到损害，其所具有的社会治理能力特别是对社会纠纷的抑制力无疑会打折扣，甚至有可能会因为极端个案而激起民众对权力主体的仇视和痛恨。上述情境的例证是，当下中国一旦发生涉及公权因素的公共事件，公权部门及其成员大都会成为大众舆论中的"弱势群体"，甚或成为媒体口诛笔伐的对象。

毫无疑问，国家能否拥有较强的社会治理能力和结构，本质上取决于能否尊重并保障公民的基本权利特别是宪法性权利。[①] 显然，如何有效地应对社会公共事件，如何规范准确及时有效地行使公权力，如何真正地提高维护社会公平正义的能力，从而在源头上根绝纠纷发生的萌芽，这一重大课题已经突出地摆在了各级施政者面前。

（四）国际经济政治形势变化为中国社会纠纷高发推波助澜

一个国家的现代化进程本身就是一个不断产生大量不稳定因素的过程。旧有的矛盾尚未得到解决，影响社会稳定的新生因素却日益增加。处于转型期的中国社会，在经过 40 年的改革开放之后，已经进入了一个矛盾纠纷碰头叠加的社会冲突多发期，[②] 这是一个不容置疑的现实状况。与此同时，当前的国际环境变化更是加剧了这种现实。在奇迹般地保持了长期的经济高速增长之后，在转变经济增长方式的历史性任务完成之前，中国的经济结构和社会结构还可能遇到更大的冲击。更何况，经济安全在国家安全中的比重日益增大，国际经济竞争活动的加剧，给中国未来的经济安全带来了更多的风险和不确定因素。基于此，中国在未来的一段时期内，有可能出现更多的社会纠纷并因此给国家的社会治理能力带来更大的挑战。

因此，面对上述形势，必须破除"具体问题具体思考"的桎梏，而应整体地观察形势的发展。可以看到，这一切，除了极有可能在宏观层面影

---

① 于建嵘：《社会泄愤事件反思》，《南风窗》2008 年第 15 期。

② 实际上早在 21 世纪初，就有一些海外媒体预言中国将于 2009 年或者稍后发生大的社会动荡，一些敏感的时间点被认为有可能成为社会动荡的导火索。参见杨军：《惯性维稳破局》，《南风窗》2009 年第 9 期。

响甚至改变国际政治经济格局以及中国在这一格局中的地位之外，还可能在微观层面导致中国处于产业链底端的部分生产者濒临失业。这不仅可能对中国各类经济实体造成巨大伤害，还会引起不特定人群产生挫折感和焦虑感。特别是部分尚未解决就业或者依旧承担高额债务的社会成员，他们的基本生活都成问题，很难保证在多重压力之下不会成为危害社会稳定的不良因子。

二、纠纷的基本特征

与传统社会纠纷及其治理的基本情状相比，在体制转轨的特定历史发展阶段，一边是国家长期耗费巨大人力、物力与财力以求社会和谐，另一边却是特定社会群体"疏离感"[①]的客观存在，以及因其诉求难以解决、预期难以满足而令国家及其施政者不敢有丝毫怠慢。只是缘于一方对长治久安的不懈追求与另一方对安身立命的基本预设，才使得二者之间维系着"微妙"的、不容盲目乐观的平衡。就当下中国而言，社会纠纷除了前文提及的数量持续增加、表现形式多样、诱因日趋多元等特点之外，还具有以下特征：

（一）形式和内容的剧烈变化："常规性"与"非常规性"纠纷并存

1. 两类纠纷区别明显。"常规性纠纷"是在经济生活或者行政管理活动中发生的规模较小、冲突方式较为和缓、影响较小的民事纠纷和行政争议；或者冲突方式虽然较为激烈但比较单一，而且影响不大的刑事案件。较为典型的是一般意义上的刑事犯罪以及婚姻家庭、债务、邻里等民间矛盾。需要关注的是"非常规性纠纷"，即涉及局部稳定与安全，以常规性手段难以解决的纠纷。[②]这类纠纷是中国现实社会矛盾的集中表现形式，是影响中国社会稳定的突出因素。相较于常规性纠纷，非常规性纠纷的发生往往具

[①]　在当下中国社会转型特别是城市化进程中，不同的社会群体之间的多元化差异正在日益凸显，并逐渐形成一定的"社会距离"，社会学家称其为"社会疏离感"。这一社会距离显现了不同群体相互之间的融合程度与和谐程度，而且特定群体的社会经济地位、社会交往层次、制度和文化融合程度等因素会对其社会疏离感的生成产生影响。研究发现，社会经济地位对社会疏离感变化的影响并不显著；提高群体间社会交往和文化融合程度，能够显著消减社会疏离感的产生；户籍和居住证等正式制度因素不是影响社会疏离感的关键，而负载于户籍制度之上的公平待遇和政策满意度等非正式制度因素却作用显著。有关问题的具体分析，参见孔祥军等：《农村留守初中生疏离感与自我伤害的关系研究》，《中国西部科技》2014年第2期；李艳兰、高国华：《有留守经历大学生疏离感特征分析》，《宜春学院学报》2015年第11期；丛玉飞、任春红：《城市外来务工人员社会疏离感影响因素分析——以长三角和珠三角为例》，《中共福建省委党校学报》2016年第8期。

[②]　顾培东：《试论我国社会中非常规性纠纷的解决机制》，《中国法学》2007年第3期。

有触发性特征,^①而且,行为方式日趋激烈,表现了利益冲突群体间的紧张与对抗。^②

2. 两类纠纷并存乃至常规向非常规的转化,增大了社会治理难度。由上述基本特征可知,非常规性纠纷一般牵涉的社会主体相对较多,其社会危害程度相对较大。与此同时,常规性纠纷易转化为非常规性纠纷。显然,两类纠纷的并存以及前者向后者的转化,极大地增加了国家巩固和维护既有社会秩序的难度。

（二）"官民"纠纷持续增加,社会影响日趋增大

改革开放以来,执政党的政策和国家法律处在不断调整和完善的过程中,因劳资关系变动、农村征地、城市拆迁、企业改制重组、移民安置补偿、复转退伍军人安置等体制性因素引发的私人利益与公共利益^③的冲突时有发生;而特定行政主体及其执法人员的执法不严和执法不公、特定司法机关及其司法人员的徇私枉法和非法裁判,也严重侵害了广大民众的合法权益。因体制转轨而生的政策更迭以及国家公权力的行使不当导致了公权力与私权利之间的冲突,"民告官"的行政案件,特别是国家赔偿案件逐年增加。相较于2008—2012年这一五年期,^④随后的2013—2017年,全国各级法院审结一审行政案件共计91.3万件,同比增幅高达46.2%。^⑤

---

① 这些纠纷主要包括:由土地征用、房屋拆迁引发的纠纷;由体制改革和企业改制引发的纠纷;军人、失独家庭等特定群体因利益受损所引发的纠纷;由环境污染、非法集资等危害不特定多数人利益引发的纠纷;因移民问题发生的纠纷;因宗教、民族问题发生的纠纷;因官员腐败、失职渎职等行为引发的群体冲突;因权益得不到合法保障,公民自行采取非正常方式维权而导致的纠纷;因执法、司法机关不作为、慢作为、乱作为甚或假作为引发的社会纠纷等。参见胡仕林:《非常规性纠纷的政治性解决——以群体性事件为中心的考察》,《前沿》2018年第5期。

② 这体现在两个基本方面:从时间上看,非常规性纠纷较为集中地发生在重要节日或者重要政治活动前夕或者期间;从内容上看,非常规性纠纷常常以负面形式表现社会管理者在不同时期中的各种社会倡导。参见龙宗智:《关于"大调解"和"能动司法"的思考》,《政法论坛》2010年第4期。

③ "公共利益"是一个很难界定的概念。现今普遍存在的一个误解是:可在法律上明确规定或者列举"公共利益"的范围。但事实上这种假定是不能成立的;即便成立,这种列举也是十分任意的。界定"公共利益"的主要困境在于不可能在"公共"和"私人"之间一刀两断地划清界限,私人是公共的一部分,"公共利益"就是由众多个体私人利益组成的,因而不存在独立于私人利益之上的"公共利益"。这也就造成了实践中经常出现的"以公共利益之名行满足私人利益之实"的行径。

④ 2008—2012年,全国各级法院审结一审行政案件共计62.4万件,同比上升32.4%;审结国家赔偿案件8684件,决定赔偿金额2.18亿元。

⑤ 相关数据分别参见十二届全国人大一次会议和十三届全国人大一次会议的《最高人民法院工作报告》。

与此同时，基于行政诉讼、行政复议等维权途径中现实同预期之间的巨大反差，民众又通过申诉、上访以实现自身诉求。越级上访表现出上访人数增加、次数增多、时间增长的特征，有些上访群众几乎成了通晓相关法律知识的专家级"上访专业户"。就此可以明确的是，地方各级法院涉诉信访总量的下降并非是因为各类纠纷得以在基层解决，而是地方将矛盾转移至了中央。为解决这一问题，中央政法委于 2013 年启动了旨在实现"诉访分离"的"涉法涉诉信访改革"，将此类信访纳入法治轨道，由政法机关依法按程序解决信访问题。必须肯定的是，该项改革自推进以来，全国涉法涉诉信访呈现出总量减少、结构向好的态势，各地党政部门接待涉法涉诉信访群众的比重逐年下降。然而，总体态势依然不容乐观。[①]

（三）"非阶层性、无直接利益冲突"的社会泄愤事件时有发生

作为中国当前社会矛盾的一种，"非阶层性、无直接利益冲突"的社会泄愤事件，[②] 是指参与冲突的人员，来自社会多方面，因企业改制、房屋拆迁、土地征用、非法集资、环境污染等特定因素，其权益严重受损而又长期未能解决，随而在特定诱因激发下借机表达和发泄对社会强烈不满情绪的社会冲突。[③] 其同时具有以下各项或者其中若干重要特征：

一是事件因偶然因素引起，事前几无征兆，但突发性极强，从意外事件升级到恶性冲突的过程相当短暂；二是没有明确的组织者，参与者身份多元，且一般没有直接利益关系，但情绪激烈，心态动机复杂，对抗性强，破坏性大，各种性质的矛盾和利益诉求相互交织，主要表达对社会不公的不满，以发泄为主，"无直接利益冲突"或者"泄愤性冲突"是社会泄愤事件区别于维权事件和其他事件的最主要特点；三是在事件发生和发展过程中，借助网络传播的各种信息，对事件的发生和发展起到了推波助澜的重要作用；四是其中掺杂了一系列恶性违法犯罪行为，严重破坏了国家以及社会秩序，对国家的政治权威和治理能力造成了极大的负面效应。[④]

事实上，在众多"无直接利益冲突"的背后，因自身权益无以保障而

---

① 《中央政法委出台三个文件　解决涉法涉诉信访突出问题》，《人民日报》2014 年 9 月 12 日第 23 版。

② 中国社科院的于建嵘教授将目前中国发生的群体性事件分为维权抗争、社会纠纷、有组织犯罪和社会泄愤事件四大类。参见于建嵘：《社会泄愤事件的成因及应对》，《财经》2007 年第 8 期。

③ 钟玉明、郭奔胜：《社会矛盾新警号："无直接利益冲突"苗头出现》，《瞭望》2006 年第 42 期。

④ 相关问题分析，参见于建嵘：《中国的社会泄愤事件与管治困境》，《当代世界与社会主义》2008 年第 1 期；聂军：《社会泄愤事件的谣言及其治理》，《吉首大学学报（社会科学版）》2014 年第 4 期。

又苦于无处宣泄的冲突参与者，其实都有着实现"直接利益"的动机。"看似偶然，实属必然，迟早都会发生。"① 现实表明，国家必须大力推进服务行政，下大气力解决诱发"无直接利益冲突"的诸多不利于社会稳定的突出问题。②

（四）个别刑事案件性质日趋复杂，影响更加恶劣，波及范围愈加广泛

还有无需深入论述但仍有必要提及的问题，即某些刑事犯罪案件，或者涉案人数众多，或者金额巨大，或者影响恶劣，或者兼而有之，如浙江杭州"莫焕晶纵火案"（2017.6.22）、陕西汉中"张扣扣凶杀案"（2018.2.15）、陕西米脂"赵泽伟砍杀学生案"（2018.4.28）、甘肃会宁"郭某某特大凶杀案"（2019.2.5）等一系列极端刑事案件。上述以暴力犯罪形式表现出来的社会纠纷虽然是极少数，但却呈现出对社会生活秩序的严重威胁。

正如早已被中国治理实践所证明的那样，对于呈现出上述特征的各类纠纷，特别是集非常规性、非阶层性于一体，兼具历史性问题、体制性因素、政策性因素，且涵盖"无直接利益冲突"的官民纠纷的妥善解决，单纯借助司法权、运用诉讼手段显然已不足以应对。正是在此种情境之下，要求国家层面必须充分发挥行政权所特有的高效、便捷、掌控丰富资源的传统优势，以克时艰。基于此，对于非诉讼的行政调解制度等行政性纠纷解决机制的积极尝试和运用便势在必行。

三、纠纷解决的社会功能与行政调解制度的核心价值

显而易见，纠纷的发生，就意味着一定范围内社会秩序的均衡状态被打破了。"在明显存在社会各部分和各等级划分的结构中，对抗具有一定的积极整合作用。"③

（一）对纠纷及其"积极价值"的正确认识

毫无疑问，不能轻易否定纠纷及其产生所具有的特定积极意义，并且可以将特定的纠纷视为保障权利与革新制度的良好机遇。④ 然而，尽管可以承认纠纷在社会生活中的客观性和普遍性，但却不能接受纠纷积极功能

---

① 童大焕：《"实属必然"：瓮安事件沉甸甸的警示》，《新京报》2008 年 7 月 6 日第 3 版。

② 刘勇：《改善民生：化解"无直接利益冲突"的根本立足点》，《长白学刊》2009 年第 3 期。

③ 〔美〕刘易斯·科塞：《社会冲突的功能》，孙立平等译，北京，华夏出版社，1989 年版，第 17 页。

④ 范愉、李浩：《纠纷解决——理论、制度与技能》，北京，清华大学出版社，2010 年版，第 12 页。

的必然性。"纠纷整合功能"的发挥，一定存在着诸多前提条件。对于社会发展而言，纠纷是对既有社会秩序的一种局部否定："具体的利益冲突"和"权利实现和社会治理中的重大障碍"，这才是更为真实的纠纷。进而言之，与此密切相关的公民及其基本权利的切实保障，国家及其对社会的有效治理，都是国家正常运作特别是社会良性发展的必备要素。这都有赖于纠纷解决制度对具体社会纠纷的及时化解。因此，正确认识纠纷的积极价值，自然就显得至关重要。

（二）纠纷解决：权利救济和社会治理的实践基础

纠纷解决，即在纠纷发生之后，纠纷当事人依据一定规则（或者在特定的纠纷解决主体主导下），所从事的以消除冲突、救济权利、恢复秩序为最终目标的社会活动。纠纷解决既可以凭借民间社会力量的努力来获致，也可能需要依靠国家公器的权能来实现，甚至还可能通过纠纷当事人自己协商来达到目的。无论是通过何种途径，公民实现权利救济和国家实施社会治理的现实需求都将建立在纠纷解决的基础上。

1. 纠纷解决与权利救济。在概念的内涵和外延上，"救济"实际上可以被"纠纷解决"的范畴所涵盖。一般而言，现代国家都已经经历了从追求高度的法律统一到认同多元化的发展历程。在当代，多元化的纠纷解决机制、健全的权利救济机制和科学的社会治理模式已经共同成为社会健康有序发展的制度性基础。就"权利救济"的本质而言，作为法律上的基本命题和制度，它具有重要的理论和实践价值以及独立存在的空间。然而，从事实层面看，对权利的救济却无法完全脱离对纠纷的解决："纠纷解决"与"权利救济"二者互为表里、互为前提，不可分割地存在于具体的纠纷解决过程之中。从理论角度看，二者也已融合为追求共同价值取向的同一性问题，即如何通过多元化的权利救济抑或纠纷解决方式以获致基本的社会公平正义。

具体到行政公权的运行领域，行政主体自身在行使行政职权、实施行政管理的过程中，必然会涉及大量的公民之间的纠纷，以及部分以"公民不服行政活动"为基本形式的公民同行政主体之间的争端。在此意义上，解决纠纷的实质就是通过行政过程以实现对公民之某种不利的救济。[①] 尽管就实际个案而言，也不能否认下述情形的存在：权利虽得以救济，但纠纷却并未能有效解决（尤其是在"息事宁人"的意义上）；纠纷虽得以解决，但并不意味着权利实现了救济（往往是一方当事人为求得纠纷的化解，而

---

① 〔日〕盐野宏：《行政救济法》，杨建顺译，北京，北京大学出版社，2008年版，第1页。

甘愿做出妥协、让渡自身权利）。然而，就总体而言，纠纷的解决毕竟会有利于公民权利的救济，有利于公民合法权益的保障；而权利的救济也可促进对纠纷的解决，并推动正义的实现。

2. 纠纷解决与社会治理。毫无疑问，在社会治理进程中，必然要面对形形色色的纠纷。笔者以为，对社会的治理既依附于纠纷的解决，又深刻地存在于具体的纠纷解决过程之中。因此，纠纷解决有利于整体社会公正的实现，有利于社会凝聚力的增强，是社会治理的现实基础。结合本书主题，"纠纷解决"与"社会治理"不可分割地存在于行政调解制度及其实践之中。

就"社会治理"的本质而言，它是国家、政府或者社会组织通过一系列决策、制度和措施，对社会关系和社会秩序进行调整、控制的机制和行为。当代社会治理并不是仅仅依靠国家权力和法律规定进行，而是一种由各类正式及非正式的公共管理手段和调整方式所构成的综合体系和机制。社会治理模式及其被运用的可能性，取决于社会调整或者控制的客观需求和现实条件，包括社会自治能力；而特定社会及其政府的科学与民主决策能力，则可以决定其决策和制度的合理性及运行效果。在社会治理实践中，有关政策、规则和制度的最终形成和付诸实施，往往是各种利益相互博弈之后的结果。各种利益主体在这一过程中进行选择、相互协调或者妥协，直至达成相对一致的决策和行动。这种博弈的过程及其结果，尽管有各种偶然因素的作用，但本质上却取决于社会现实条件，具有不以人的意志为转移的客观性。这就决定了在社会治理机制中，不可能只单一地存在法律机制，尽管它是公认的逻辑最严谨、技术最复杂、效力最高的机制。基于社会治理的复杂性和综合性，必然需要法律之外、同样能够有效运作的其他社会治理机制。显然，国家"如果对那些非正式合作的社会条件缺乏眼力，他们就很可能造就一个法律更多，但秩序更少的世界"。[①]

具体到行政调解制度的运作实践，行政主体运用调解手段以解决发生于公民之间的民事纠纷，不但可以消除实际的个体矛盾，实现对公民个体的权利救济，而且可以从根本上避免纠纷的进一步恶化和可能发生的性质突变（例如法治实践中的"民转刑""刑转命"等恶性案件），有效地恢复和维系原有的社会关系，初步实现国家实施社会治理的目标。同时，行政主体还会以调解人的特定身份，借助于调解方式以解决发生于公民与行政

---

① 〔美〕罗伯特·C.埃里克森：《无需法律的秩序——邻人如何解决纠纷》，苏力译，北京，中国政法大学出版社，2003 年版，第 354 页。

公权力之间的行政争议，不但可以化解官民之间的对立，而且通过对公权力与私权利之法律关系的协调和规范，实施对公权力主体一方权力行为的监督、修正、防范并杜绝其不良行政，还可以在根本上提升政府的公信力和执政党的执政能力，并有力巩固执政党的执政地位。

联系中国社会，缘于对"刚性"诉讼制度及其纠纷解决现实的反思，公民产生了对以行政调解制度为代表的行政性纠纷解决机制等非诉讼方式的强烈诉求。各类行政主体也正是借助于此，不仅对眼前既有纠纷进行事后性处理，而且往往基于一般性预防侵害发生的意识，对尚未暴露的纠纷也进行积极的事前干预，并且将二者有机地结合起来。同时，他们还以灵活机动的方式将中立性的纠纷解决与积极发挥的行政作用结合起来；不仅对个别纠纷的解决会产生实效性，而且能够对其政策的形成产生重要影响。[①]

因此，结合本书主旨而言，在当下中国的社会发展实践中，行政调解制度既可以被视为一项由行政主体具体操控的纠纷解决方式，也可以被看作国家所需要的社会治理方式和公民所需要的权利救济方式。同时，在公民"救济权利"的需求与国家"社会治理"的需求之间，二者互为依托、互为凭借，都可能借助于行政调解等纠纷解决制度得到必要的回应和满足，而两种需求的满足都无疑会成为并强化中国构建法治社会的基础和动力。

（三）纠纷解决：行政调解制度的核心价值

回溯人类社会的不同发展阶段，其纠纷解决模式通常体现了特定的社会结构、经济发展程度、政治体制及权力配置以及文化传统的不同特点，不同的时代、不同的民族和不同的社会形态，会产生各具特色的纠纷解决机制，其相互之间不可避免地存在着或大或小的差异。时至现代社会，法律虽然是极其重要的社会治理手段，然而，与前期的"法律中心主义"不同，当代社会已经不再将法律以及诉讼制度视为唯一的纠纷解决途径。对于正在致力于深入发展社会主义民主、切实推进政治现代化的当代中国来说，借助科学合理的多元化纠纷解决制度以妥善有效地解决社会纠纷，并在此基础上救济公民权利和改善社会治理，必然成为新时代建构"服务型政府"的核心内容。

由前文可知，在过往的社会治理进程中，执政党面对具体的社会冲突，更倾向于以国家威权为依托，凭借单一化的国家法度，运用"机械性"浓烈的管理手段，以实现封闭性的刚性控制。而社会治理的本质并非是一套

---

① 〔日〕棚濑孝雄:《纠纷的解决与审判制度》，王亚新译，北京，中国政法大学出版社，1994 年版，第 83 页。

规则，也不是一种正式制度，而是国家和广大民众之间持续的互动过程。进而言之，作为现代政府提供给纳税人的服务产品，现代公共治理本身走的是阳光化的官民互动之路。在此模式下，其解决社会纠纷、实施社会治理的基础，就不再只是简单粗暴的刚性控制和机械弹压，而是伴有丰富多样的柔性协调和沟通；不再是片面的封闭式、单向型管理，而是全面的开放式、双向型互动；政府的公信力并不体现在对"绝对一致"的价值追求之上，而是体现在将"和谐"即"和而不同"奉为现代服务型政府的核心价值。

基于上述理念，再结合中国改革开放以来逐渐深入的，公民之利益诉求反应强烈、不同群体之利益冲突业已成为"常态"的基本现状，在社会治理进程中，行政主体及其行政权必将更多地以"行政调解"等柔性行政的方式发挥作用。显然，行政调解的制度功能恰恰就在于，它有利于破除"威权—命令"式的体制性梗阻，有利于疏通并拓宽民众的诉求渠道，有利于公民主动性的发挥以及知情权、参与权、表达权和监督权的充分实现，有利于运用对话合作的积极方式化解消极对抗，从而将利益冲突纳入到合法、有效且不失权威性的协商调整平台，以最终避免出现利益纠葛演变为对抗性社会冲突的不幸结局。

显然，上述功能自然就成为国家和公民对行政调解制度产生需求的现实基础。详而言之，"对行政调解制度的需求"，可进一步分层递进式地解构为"对调解制度的需求"和"对行政调解制度的需求"。调解制度之"柔性治理"而非以类似于诉讼等对抗性方式解决纠纷的特性，正好契合于当代公共治理的基本精神内核，因此为当下国家和公民所推崇。进而言之，在调解制度体系内，"人民调解"虽然格外注重纠纷的"合意"解决，但却缺失了权威性和专业性，以至于调解效果不佳；"法院调解"虽然有审判机关的司法权威和专业力量作为后盾，但终因其已涉足法院，从而在根本上违背了众多纠纷当事人之中（不愿意"打官司"的）原告和（更不愿意"吃官司"的）被告"只解决纠纷而不撕破面皮"的最初意愿。而行政调解兼顾了"合意解决""专业优势"与"行政权威"的制度特性，[①]正好凸显了其相对于人民调解、法院调解等其他调解制度的比较优势。无疑，下文所论及的国家和公民对该项制度的期待，也正是建立在这种比较优势的基础上。

毫无疑问，依托于强制权力的"命令—服从"型传统行政管理模式，正在逐步演变为建立在市场原则、公共利益和相互认同基础之上的"协商—合

---

① 此处只是对行政调解制度功能的简单化描述。实际上，其功能优势并不局限于此。

作"型现代公共治理模式。与此相应，传统的"控权行政法"也正在逐步演变为以实现治理目标为导向且同时规范公权和私益的"新行政法"。这也正是法学理论工作者特别是行政法学者进行理论研究的基本出发点。基于此，践行行政调解制度即行政主体运用公权力协调解决和处理包括公益和私益在内的诸多社会纠纷，就成为行政法学者必须予以认真对待和思考的社会治理实践。当然，这必须以明确国家和公民对社会治理方式特别是行政调解制度的具体诉求为基本前提，这也是有针对性地改造现实行政调解制度的重要基础。

第二节　改善社会治理、强化公共服务以回应国家需求

认真观察并深入分析当代中国社会治理机制的转型，有一条基本的轨迹是清晰可辨的，那就是持续了数千年之久的"礼治"之传统型社会管理机制，经历了新中国前 30 年政治变迁的深刻洗礼和后 40 多年经济改革的强烈冲击，其根基现已被基本瓦解；而新中国成立之初形成的社会管理机制，在市场经济的压力下也已经出现了全面退缩的态势。但是，这种机制的变迁或者替代是有一定条件的，即新的治理机制必须具备理性化的规约能力。然而，当下的种种迹象充分表明，由于依旧缺乏与当代中国社会相适应的规范化与理性化内质，作为被强烈期待的社会治理体系的主导形式，诉讼结构在社会治理层面出现了一系列功能性障碍，实践表明其目前还不完全具备这种能力（后文将对此加以论述）。因此，为了有效因应"准确把握时代特征、有效化解社会纠纷、努力提升治理成效"这一历史时段的重大课题，对行政调解制度等非诉讼手段的合理运用和及时完善，就必然成为国家改善社会治理、强化公共服务的正当且迫切的现实需要。

一、改善社会治理的需求

无疑，国家的特定社会治理能力及其强弱，必然影响并决定着社会存在和发展的态势。作为维系和促进人类文明发展的手段，某一特定社会现有的治理机制是特定文明形态的有机组成部分，既是历史长期发展的结果，也是各种现实社会关系相互作用的产物。这是考察当代中国社会治理的方式、功能和现状的一个基本理论前提。[①]

---

① 程竹汝：《司法改革与政治发展》，北京，中国社会科学出版社，2001 年版，第 183 页。

（一）"社会治理"于当下中国的基本内涵

1. 从"社会管理"到"社会治理"：概念层面的升华。在经济体制转轨时期，党中央早于 2005 年就正式作出了有关"建立健全社会管理格局"的政治宣示。[①] 自 2013 年以来，"社会治理"以及"社会治理现代化"等相关重大概念日益深入人心。[②] 中共十九大明确强调，要进一步"加强社会治理制度建设，完善党委领导、政府负责、社会协同、公众参与、法治保障的社会治理体制"。[③] 可以说，"社会治理"是当今世界寻求"公共管理新模式"进程中提出的、超越"公共管理"理念本身的新型构想，[④] 强有力地质疑和挑战了公共事务由国家独家垄断的传统模式。它体现了一种能够通过行政管制外方式提供公共产品、享受公共服务，从而适应社会发展新型趋势的努力方向。[⑤]

2. 社会治理与国家治理的关系。"国家治理"即治国理政：在纵向上，涵盖从中央到地方，再到基层以及组织、个体层面的治理；在横向上，涵盖政府、市场、社会等领域的治理。[⑥] 因此，社会治理是国家治理的重要组成部分，社会治理现代化是国家治理体系和治理能力现代化的题中应有之义。与之相应，"坚持和完善共建共治共享的社会治理制度"，自然也就成为党中央提出的坚持和完善中国特色社会主义制度、推进国家治理体系和治理能力现代化的制度体系中的一项重要内容。[⑦]

这里需要注意，社会治理具有"社会治理体制"和"具体社会事务治理"这两层内涵。如为前者，即"党委领导、政府负责、社会协同、公众参与、法治保障"；如为后者，则大部分时候，社会治理与基层治理相重合，即"基层社会治理"。进而言之，作为国家治理的总方略，"依法治国"

[①] 党中央提出，"建立健全党委领导、政府负责、社会协同、公众参与的社会管理格局。同时，推动建立政府调控机制同社会协调机制互联、政府行政功能同社会自治功能互补、政府管理力量同社会调节力量互动的社会管理网络，形成对全社会进行有效覆盖和全面管理的体系"。彭宇文：《社会治理创新与和谐社会构建——兼论新形势下人民调解制度的发展》，《中国行政管理》2007 年第 1 期。

[②] 自中共十八届三中全会以来，中央文件逐步用"社会治理"取代了"社会管理"的概念。

[③] 习近平：《决胜全面建成小康社会 夺取新时代中国特色社会主义伟大胜利——在中国共产党第十九次全国代表大会上的报告》，《人民日报》2017 年 10 月 28 日第 1 版。

[④] 贺龙栋：《社会治理：中国政府治理模式的逻辑延伸》，《唯实》2005 年第 12 期。

[⑤] 杨鸿江：《现代社会治理的困境及其出路》，《理论前沿》2007 年第 8 期。

[⑥] 郁建兴：《辨析国家治理、地方治理、基层治理与社会治理》，《光明日报》2019 年 8 月 30 日第 6 版。

[⑦] 参见中共十九届四中全会《中共中央关于坚持和完善中国特色社会主义制度、推进国家治理体系和治理能力现代化若干重大问题的决定》，《人民日报》2019 年 11 月 6 日第 1 版。

的基础在基层，社会治理的重心也在基层。然而，基层往往是法治建设的薄弱环节，也是社会矛盾的高发地和聚集地。解决好基层的社会治理问题，就解决了中国法治建设的主要问题。与此同时，基层也恰恰是法治中国建设的活力源泉所在。只有建立社会治理重心下移、力量下沉的行政调解等法治工作机制，切实发挥基层社会自我调节、自我治理的功能，打造全民共建共治共享的社会治理格局，才能实现国家治理特别是政府治理与社会调节和居民自治的良性互动，从而最终实现国家治理体系和治理能力的现代化。[①]

显而易见，治理层级越高，治理目标应当越发侧重于公平性、合法性；治理层级越低，治理目标则应当越发侧重于实效性。因此，国家治理强调人人均等地享有公共产品，以及实现地方治理、区域治理相互之间的协调，这就决定了国家治理主要致力于提供统一的体制机制和政策体系；（基层）社会治理当然要兼顾国家治理的统一性，但更重要的则是强调"地方性"，即必须在特定社会背景下因地制宜地探索切实可行、卓有成效的治理模式。

总之，"社会治理"概念的诞生是以"政府与市场、政府与社会、政府与公民"等多重基本关系被明确定位为前提的。它改变了长期以来国家支配社会的模式，缓解了社会转型过程中来自于国家的顽强阻力；同时，培育了社会的自主性和自治性。在计划经济向市场经济的转轨过程中，政府的职能从"重政治统治"向"重社会治理和公共服务"转换。[②]可以说，面对全新的社会格局与构建法治社会的历史使命，立足于行政主体及其职能的调整和规范，建立和完善新型的社会治理方式已成刻不容缓之势。

3. 新时代改善社会治理的必要性和可行性。构建"和谐"的法治社会是当代中国的重要时代主题。[③]然而，"按照世界发展进程的规律，当一个国家或者地区的人均 GDP 处于 1000 美元至 3000 美元的发展阶段时，往往是经济容易失调、社会容易失序、心理容易失衡、社会伦理需要调整重建的关键时期"。[④]体制转轨所激发的经济社会的飞速变迁，使得转型时期中

---

① 郁建兴：《辨析国家治理、地方治理、基层治理与社会治理》，《光明日报》2019 年 8 月 30 日第 6 版。

② 贺龙栋：《社会治理：中国政府治理模式的逻辑延伸》，《唯实》2005 年第 12 期。

③ 中共十九大明确提出，"坚持四项基本原则，坚持改革开放，自力更生，艰苦创业，为把我国建设成为富强民主文明和谐美丽的社会主义现代化强国而奋斗"。参见习近平：《决胜全面建成小康社会　夺取新时代中国特色社会主义伟大胜利——在中国共产党第十九次全国代表大会上的报告》，《人民日报》2017 年 10 月 28 日第 1 版。

④ 平川：《危机管理》，北京，当代世界出版社，2005 年版，第 1 页。

国的社会治理需求呈现出紧迫的时代特征。笔者以为，在市场失灵和政府失灵的"缝隙"中萌发生成的"社会治理"，既不是一种单纯的治理模式，也不是一种解决所有公共问题的灵丹妙药。然而可以明确的是，社会治理应当为社会的稳定和发展创造有效的前提。就推进社会治理而言，其可行性体现在以下三个方面：

第一，政治文明建设的深化，为推进社会治理提供了必要空间。以国务院于 2016 年开始推进的"放管服"改革为例，其旨在实现由计划经济条件下无所不包的"全能政府"，向市场经济条件下有限政府、责任政府的转变。"放"即简政放权、降低准入门槛；"管"即公正监管、促进公平竞争；"服"即高效服务、营造便利环境。[①] 与社会主义市场经济相适应的政府行为，也由突出政府管理活动、以政府主体之规则为导向，向突出以社会公众需求为依归转变。

第二，公共权威结构的变迁，为推进社会治理提供了前提条件。随着社会转型的日趋深刻，各级政府都需主动转变职能和创新履职方式，这就为权威结构的变迁提供了条件。而且，这种变迁既有利于强化公共治理成效，也有利于推进社会主义民主建设，更有利于促进行政管理体制改革。就此而言，可以说中国的社会治理模式已经开始发生结构性的转型。

第三，公私法治模式的融合，为推进社会治理拓宽了发展空间。现代中国社会已显现出"公法私法化"与"私法公法化"相互融合的特征。公法与私法的交融使得对二者的严格区分变得不再那么重要，显然，两者之间严格意义上的界限需要重新调整。更重要的是，这一法治发展的新趋势使得"纠纷解决在法治层面上应当属于公法范畴"的传统观念受到了强烈冲击，进而为集公法、私法色彩于一身的行政调解等纠纷解决制度提供了充分发挥作用的必要空间。

（二）国家于社会治理实践中的具体需求

毋庸置疑，中国的"国家制度和国家治理体系具有多方面的显著优势"。[②] 现在的问题在于，究竟如何全面彰显这种优势？究竟如何在巩固优势的同时进一步完善社会治理体系？究竟如何健全社会治理机制，"统筹协调各方面利益关系，妥善处理人民内部矛盾，维护群众合法权益"？[③] 究竟

---

① 2016 年 5 月 9 日，国务院召开全国推进"放管服"改革电视电话会议，国务院总理李克强就此发表重要讲话。参见《总理说｜以敬民之心行简政之道，总理说这些事必须要做！》，http://www.gov.cn/xinwen/2016—08/11/content_5098862.htm，最后访问时间：2017 年 12 月 31 日。

② 《中共十九届四中全会在京举行》，《人民日报》2019 年 11 月 1 日第 1 版。

③ 胡锦涛：《在深圳经济特区建立 30 周年庆祝大会上的讲话》，《人民日报》2010 年 9 月 7 日第 2 版。

如何准确界定行政主体应当扮演的社会治理角色？……特别是，究竟如何"突出坚持和完善支撑中国特色社会主义制度的根本制度、基本制度、重要制度，着力固根基、扬优势、补短板、强弱项，构建系统完备、科学规范、运行有效的制度体系"？[①] 一系列现实问题都使国家的社会治理能力面临着严峻考验，进而使其在社会治理层面产生了以下现实需求：

1. 如何科学继承中国传统社会政治文化精髓，以强化社会治理模式的认同度。在当代中国，传统社会政治文化观念虽然曾经受到了很大的质疑和冲击，但依然具有深厚的社会基础，短期内不会消失，甚至有可能在特定时段内呈复兴之势。仅就社会治理领域而言，调解等传统治理模式就已经成为诉讼制度以及行政复议等准诉讼制度的有效补充。当下，摆在各级施政者面前的问题是，如何既能够不违反现代法治精神，又能够合理继承传统治理文化精髓，从而在根本上有益于丰富社会治理体系，强化社会治理能力，使纠纷解决更为有效，并最终提升社会治理效果。这是国家层面非常迫切的现实需要。

2. 如何进一步契合由传统的"国家-民众"二元结构向"国家-公民社会-民众"三元结构转化的发展趋势，以实现和维护实施社会治理所期待的长治久安。毫无疑问，这种从"二元"到"三元"的结构转化，必将有利于增强"第三部门"[②] 等社会主体的能动性。因此，为有效解决一系列社会问题，必须借助于特定制度以充分反映各方面的利益诉求，通过其日益规范化的服务，促进社会主体之间的有效交流和深度融合，加快社会纠纷解决机制的形成和完善。眼下，如何充分利用基层群众自治组织、基层政权及相关机构等既有条件，特别是如何有效贯彻落实习近平总书记关于"推动社会治理重心向基层下移，发挥社会组织作用，实现政府治理和社会调节、居民自治良性互动"[③] 的基本要求，是执政党必须要妥善解决的问题。

---

① 《中共十九届四中全会在京举行》，《人民日报》2019年11月1日第1版。

② "第三部门"又称为志愿部门（Voluntary sector），是一个社会学与经济学名词，意指在"第一部门"（Public sector，或称为政府部门、公部门）与"第二部门"（Private sector，或称为市场部门、私部门）之外，既非政府单位，又非一般民营企业的事业单位之总称。虽然各国对第三部门的定义各有不同，但一般常见的社团法人、基金会或者非政府组织（NGO 或 NPO）通常都属于第三部门的范畴。虽然每个第三部门单位成立的背景与营运方式都有不同，但普遍来说，第三部门一般以实现公共利益为目标，独立于政府和私人部门之外，强调非营利性和志愿性。有关问题分析，可参见秦晖：《政府与企业以外的现代化——中西公益事业史比较研究》，杭州，浙江人民出版社，1999年版，第17—29页；朱梦琪：《〈中国第三部门观察报告（2017）〉发布》，《中国青年报》2017年5月26日第3版。

③ 参见习近平：《决胜全面建成小康社会　夺取新时代中国特色社会主义伟大胜利——在中国共产党第十九次全国代表大会上的报告》，《人民日报》2017年10月28日第1版。

3. 如何兼顾权威与合意，彻底化解矛盾，实现真正的"案结事了"，从而维护社会关系的可持续发展。社会纠纷中的很多民事案件都发生在具有相对密切关系的主体之间，而行政争议一般产生于普通民众与同其生活息息相关的各类行政主体之间。由于生活时空环境作用下所具有的特殊元素，显然，对待此类纠纷，务必要立足于长远，立足于防范纠纷的深化、蔓延甚或激化。因此，只有借助于兼顾"权威性"与"合意性"的纠纷解决制度，通过既恰当又稳妥的调处手段，既借助于国家权威以维护根本法治原则，又立足于彼此合意以适时灵活处分权益，才有可能透过表面冲突而发现并消除纠纷的真正根源，从而实现对矛盾的最终解决，以利于社会格局的长期有序。

4. 如何有效降低社会治理成本，实现社会治理资源的合理配置与可持续利用。当下中国，在中央强调"发展是第一要务"的同时，维护社会的稳定也自然成为各级施政者的第一责任。在此大背景下，如何构建梯次分明的纠纷解决体系，如何将非常有限且很可能分配不均的司法资源更加合理地运用于重大、疑难、复杂、敏感案件的解决之中，如何从根本上强化司法能力、提升司法权威，这些都是亟待解决的问题。正如近年来最高人民法院所反复宣示的那样，"促进（诉调）对接机制规范化、精细化……进一步形成纠纷解决合力，提高社会各方参与度、协同度"。[①]

然而，现状却令人担忧：当下中国的社会治理成本之高，早已是不争的事实。究其实质，社会治理成本是维护社会稳定的必要支出。需要特别注意的是，这其中也包括了一些地方政府"法外解决"所耗费的大量"特殊成本"，一般都具有超乎寻常的高数额。[②]不妨将这种"特殊成本"视为衡量社会治理方式科学与否的评估参数。众所周知，通过常设性制度来化解社会矛盾，是比较稳妥、成本相对较低、效果相对较好的方法，因此也是国家及其各级施政者都必须始终如一坚持的正确方向。这其中的关键问题在于，如果要借助于常设制度来解决社会问题，就必须确保常设制度作为国家体制中的基础性设施能够切实有效地发挥作用。但是，高昂的维稳成本却表明，这恰恰是在中国社会治理进程中需要刻不容缓地加以解决的问题。[③]笔者借助一具体案例来对此进行说明。

---

① 周瑞平：《李少平：不断提升多元化纠纷解决机制改革法治化水平》，《人民法院报》2017年2月17日第1版。

② 例如轰动一时的"邓玉娇案"，参见笑蜀：《天价维稳成本为何降不下来》，《东方早报》2009年6月26日第4版。

③ 有关问题的讨论和分析，参见国家长期战略研究小组：《最严重的警告——中国社会状况调查与分析》，《书摘》2008年第1期。

案例三：省际边界纠纷案件①

H 省下辖的 V 县与 A 省下辖的两县相邻，省际边界长达 97 公里。自清末以来，在这一发展极端滞后、以畜牧业为基本经济命脉、几乎全民信教的特殊区域里，因草山草场划界、盗抢牲畜等系列相关问题而引发的两省以及 H 省内部牧民之间的纠纷乃至械斗常年不断。自 20 世纪 60 年代以来，该民族自治地方内仅群体性械斗致死者就达 23 名，而每一次械斗中的受伤人员及伤亡人员的家人亲朋则又成为积极发起或者参与下一次械斗的始作俑者甚或中坚力量。因为该类纠纷以及其他大部分争端多发生于省际边界区域，而且又涉及民族宗教因素，所以当地法院（法庭）、人民调解组织等国家常规性机构的介入以及公安机关单纯的强制性打压均未取得预期的治理效果。同时，由于当地民众存在"轻法厌讼"的陈年积习，以致几十年来，众多纠纷当事人和受害人几乎无一诉诸上述机构和渠道来解决既有纠纷、实现权利救济。更为突出的问题是，当地的不少牧民缘于贫困或者因械斗致残，为维持生计而逐渐开始从事吸食、贩卖毒品或者仿造、贩卖枪支等犯罪行为。

2017 年 8 月，H 省党委政法委在动员当地宗教界人士做好辖区牧民思想工作的同时，成立了由公安、财政、宗教管理、民政和农牧等多家行政力量组成的专门工作组，主动前往与之相邻的 A 省进行沟通协商，签订了《边界地区治安联防协作协议书》，借助相互之间的"治安协作"进行联防联治，共建平安边界。面对当地民众"轻法厌讼"而笃信宗教的实际状况，双方共同筹建了"边界矛盾纠纷协调小组"，由相邻各县综治部门负责人和当地宗教人士构成，以共同调解处理跨界纠纷。同时，V 县为从根本上实现社会稳定，由专门工作组协调相关部门以及"寺管会"（当地寺院内部成立的自治体）等组织，区别实际纠纷的不同类型，对一般性纠纷及时进行调解，明确纠纷当事人的具体权利义务关系；对恶性纠纷坚决采取行政强制措施或者司法审判，以实现定分止争。最后，也是最有特色的措施，即相关部门在政府的牵头组织下，为本县区域内病残、贫困的牧民家庭提供"低保"，解决牲畜配种改良、子女入学等实际存在的民生问题，从而降低了其因病残、贫困等原因而违法犯罪、引发纠纷，进而严重危害社会稳定的概率。

对于地方当局的治理工作而言，上述情形无疑是相当严峻的。尽管不

---

① 该起案例系笔者于 2019 年 7 月赴 H 省调研期间，由 H 省委政法委维稳指导处提供。

能说这一切直接缘于该地域牧民的好勇斗狠，但无可否认，这里既有长期械斗、伤及人命的严酷历史背景，又有跨省越界、涉及民族宗教等多重敏感因素的现实状况；既有经费短缺、装备落后、政法干警奇缺的执法司法困境，又有物质生活层面上的长期贫困落后和思想意识层面上的严重"轻法厌讼"。以上因素使得既有的公安、法院、司法行政等法治化的常规性机构及相关常设性制度，均无力从根本上有效改变上述状况。显然，无论是为了践行维护社会稳定的"第一责任"，还是为了完成发展经济、保障民生的"第一要务"，地方当局面对此情此景，都必须有所作为，都必须尽快将其纳入社会治理体系和社会治理能力现代化的正轨。

不可否认，对于上述治理实践也是有不少质疑之声的：面对复杂纠纷，动辄就组织专门工作组，是否有兴师动众、"浪费资源"之嫌？该案中是否存在"党政不分"以及"法权不分"的现象？是否存在公益与私益、实体与程序、实质公正与形式公正、普遍正义与个案正义等多重范畴之间的冲突和抵触，以及因此而形成的、可能严重损害甚至违背法治精神的"此消彼长"？

尽管上述质疑可能都有一定合理性，甚至有的理由充分、"底气十足"，但如果从现实的角度对之进行观察，就可以看到，贯穿于这一过程始终的便是执政党、行政、司法等国家权威以及宗教力量之间的交流互动与互助合作，是各类公权力主体与纠纷当事人之间的妥协与博弈。当地政府借助于现行常设制度赋予的职能，基于纠纷众多、全民信教的基本县情，以刚性的国家法律政策、追求和谐正义的宗教教义以及宣扬"善恶有报"的公序良俗为依据，化解纠纷、维护秩序，取得了单纯由政府力量无法取得的、事半功倍的社会治理效果，使社会关系恢复到了一种和谐、稳定、有序的状态。显然，在上述社会治理的实践中，已经初步体现了治理主体、治理依据和治理方式的多元化。此种情境，完全契合于公共治理的基本精神。H省这种"防患于未然"的一系列现实做法，以较低的治理成本，通过对社会治理资源的合理配置，基本上化解了一批积淀长达几十年甚至上百年的矛盾纠纷，取得了颇为丰厚的"制度性收益"。毫无疑问，这是一个应予积极肯定和推广的治理实践。

因此可以说，对上述各类基本需求的有效回应，完全有可能成为国家在社会治理层面对行政调解等一系列柔性治理方式所形成的强烈制度预期，也势必成为科学重构该类社会治理方式的动力所在。

二、强化公共服务的需求

新经济史学派的代表人物道格拉斯·诺斯认为，"对经济增长起决定性作用的，是制度因素而非技术因素"。[①]与此同时，经济学基本原理也早已表明，建立市场经济体制须以"利益均衡"为基本原则。结合市场经济生活中因利益纠葛而生的万千纠纷，笔者以为，市场经济体制在中国的建立与完善，既必然会对由行政权主导的纠纷解决制度之构建及其实践产生深远的影响，也会进一步强化其自身对相关制度特别是"服务型政府"及其功能完善的迫切需要。

（一）越位→缺位→到位：行政权力界域的变迁

经济基础决定上层建筑。与高度集中的计划经济体制相适应，新中国成立伊始就确立了"全能型"的行政运作机制，而且其的确在国家建设中发挥了巨大的作用。但是，随着时间的推移，这一政府模式逐渐导致企业丧失自主性、个体缺乏独立性、资源难以有效利用，整个社会欠缺协调发展。与此同时，此类政府模式也日益显露出效率低下、机构臃肿、人浮于事、权力过分集中、人治盛行、法治残缺等诸多弊端。这就充分说明，在高度集权的统治模式下，全能型政府时常越权，进而导致"政府失灵"。毋庸讳言，全能型政府与市场经济已格格不入，它显然已经无法适应中国社会发展的基本势态。

为有效回应这一客观现实，就势必要重新界定现代政府的角色。中共十八届三中全会对政府和市场及其相互关系的明确定位充分表明，[②]只有正确且合理地行使行政权力，才能真正建构与完善市场经济体制。在此历史节点，"有限政府"的理念及实践在中国闪亮登场。作为有限政府，其是"小而精"、低赋税的微型政府，是实行政务公开、透明行政的阳光型政府。[③]无论是根据中央要求，还是社会发展趋势，它都必须严格界定自己的权力范围。[④]

但是，市场经济对有限政府的内在要求，绝非是无所作为的政府，而是通过一定程度上的"有所不为"，以尽力追求能够"有所为"的政府。这是不容忽视的基本原则和事实。然而，在政府运作实践中，如何准确地把

---

①　〔美〕道格拉斯·诺斯、罗伯特·托马斯：《西方世界的兴起》，厉以平、蔡磊译，北京，华夏出版社，1989年版，第3页。

②　中共十八届三中全会指出，"经济体制改革是全面深化改革的重点，核心问题是处理好政府和市场的关系，使市场在资源配置中起决定性作用和更好发挥政府作用"。参见中共十八届三中全会《中共中央关于全面深化改革若干重大问题的决定》。

③　谢庆奎：《当代中国政府与政治》，北京，高等教育出版社，2003年版，第182页。

④　中共十八届三中全会指出，"紧紧围绕使市场在资源配置中起决定性作用深化经济体制改革，坚持和完善基本经济制度，加快完善现代市场体系、宏观调控体系、开放型经济体系，加快转变经济发展方式"。参见中共十八届三中全会《中共中央关于全面深化改革若干重大问题的决定》。

握"有所为"与"有所不为"，以实现二者之间的平衡，却是一件极其困难的事情。特别需要认真反思的问题是，是否真如自由派经济学家所主张的那样，政府越小就越好？管事最少的政府就是真正最好的政府？政府权力的任何扩张难道都是非正义的吗？一切形式的行政干预都必须消除吗？[1] 不可否认，从理论层面到实践领域，都存在着对有限政府之内涵及精髓的一系列扭曲和误读，进而直接导致了政府及其行政权在建构市场经济体制的过程中，出现了行政缺位等诸多不良现象。[2]

市场和政府作为人类的制度安排，各具优缺点。这两种制度的"单兵作战"都难以达到各自预期，只有二者联手才是"王道"。显然，政府是不可或缺的，对政府行为及其权能的简单排斥甚或否定都是极端幼稚和错误的。特别是随着滞胀、失业、垄断以及严重经济危机特别是类似于新冠肺炎疫情等公共卫生事件的出现，人们更加深刻地意识到一个强有力的责任政府、服务政府的重要性。市场虽然在调配社会资源、优化市场结构、保持企业竞争力等方面非常有效，但是在提供公平竞争条件、维护弱者权益、促进社会协调发展、完善市场环境、化解主体纷争、应对重大突发灾难等方面却无能为力，"市场失灵"（market failure）之难题由此而生。因此，政府的权力虽然应当主要被限定在公域之内，但却可以为"由市场主导"的私域提供公共服务。总而言之，市场经济条件下的政府既是有限政府，但更是有为政府，它必须承担起经济调节、社会管理等一系列重大职能，其主要职责和作用就是"保持宏观经济稳定，加强和优化公共服务，保障公平竞争，加强市场监管，维护市场秩序，推动可持续发展，促进共同富裕，弥补市场失灵"。[3] 实际上，诸如"最好的政府是管事最少的政府""守夜人国家"等传统理念早已成为明日黄花，现已深入人心的是"最好的政府也是提供服务最多的政府"和"服务行政"的现代行政理念。[4]

简单地讲，市场经济条件下的政府应当做好以下三个方面的事情：第一，着力优化经济社会发展所必需的营商环境、城市宜居环境等外在条件；第二，及时提供包括教育、医疗、文化等在内的公共服务产品；第三，有效维护社会和市场的安全、公平、正义。除此之外，其他的基本上都可以交给市场和社会。总之，一定要厘清政府与社会、政府与市场、市场与社

---

[1] 〔美〕迈克尔·罗斯金等：《政治科学》，林震等译，北京，华夏出版社，2001 年版，第 385 页。

[2] 俞可平：《权利政治和公益政治》，北京，社会科学文献出版社，2000 年版，第 245 页。

[3] 参见中共十八届三中全会《中共中央关于全面深化改革若干重大问题的决定》。

[4] 参见陈新民：《公法学札记》，北京，中国政法大学出版社，2001 年版，第 39—46 页。

会的基本界域。

（二）价值取向的契合：市场经济体制背景下社会治理方式的调整

显而易见，用"失灵的政府"去干预"失灵的市场"，必将引发饮鸩止渴式的恶性循环。然而，无论如何，政府又绝对不能对"失灵的市场"熟视无睹。换言之，对市场特别是市场失灵无所作为或者干预无效的政府与过度干预、盲目干预的政府，均是不符合现实需要的政府、是极不称职的政府。现实而合理的"政府-市场"关系，应当是相互之间取长补短、相得益彰的互助关系。[1] 这就要求政府必须从消除政府失灵之根源准确入手，确保政府行为在市场面前的规范性和有效性。笔者通过一起个案来说明这一问题。

案例四：出租车围堵市政府事件 [2]

2018 年 5 月 13 日上午 9 时许，H 省 N 市 C 区的数百辆出租车司机突然实施"集体罢运"，继而驾车前往 N 市市政府并将其团团围住。随后，又有上千名不明身份者也相继加入，场面一度非常混乱。在此期间，数位"的哥"代表向市政府提出了数项要求，这其中既包括"规范本地出租车市场营运秩序""减免不合理收费""打击无证黑车""提高司机工资标准"等一系列合理诉求，同时也夹杂着"拆除城市主干道电子警察""删除其道路交通违章记录"等无理主张。

N 市地方政府先是对上述局面错误定性，然后错误预估了事态的发展趋势，进而采取了错误的处置方式。他们既没有将此事及时准确地向 H 省委、省政府进行报告，也没有耐心地向围堵群众做解释说服工作，更没有及时召集出租车运营公司、交通管理部门等相关当事方赶到现场，使其在市政府主持下与罢运司机进行协商谈判，而是即刻协调当地武警，并调动公安民警，导致与数千名群众形成了对峙之势。一系列的决策错误，导致了事态的骤然恶化升级，以至其最终无以应对。待上级党委、政府知晓此事件并作出相应处置决策后，国家、社会乃至广大民众所遭受的巨大损失已经无法挽回。

上述案例中当地施政者极其拙劣的表现充分说明，该地方政府还缺乏对经济体制转轨后社会治理思维的必要调整，更缺失妥当、灵活且有效的

---

[1]　吴敬琏：《中国政府在市场经济转型中的作用》，《国民经济管理》2004 年第 9 期。

[2]　该起案例系笔者于 2020 年 9 月赴 H 省调研期间，由 H 省委政法委维稳指导处提供。

应对方案。实际上，在市场经济模式的冲击下，公民基于自身利益最大化的内在冲动，无论是产生合法的诉求，还是滋生无理的主张，均属正常现象。然而，令人悲哀的是，一些"与时不俱进"的地方政府却对此缺乏必要的心理准备，一时间竟然不知所措，以致低级错误不断，甚至昏招迭出。毫无疑问，当下中国的社会主义市场经济体制，必然蕴含着不同于西方市场经济的独特价值理念，这些价值理念又内化为推动市场经济高速发展的重要动力。同时，伴随着市场经济模式的逐步确立，在中国社会的各个领域都不同程度地出现了各类新型纠纷。这些纠纷的出现是市场经济发展的伴生品，对之加以稳妥及时的解决是市场经济良性发展的必要条件。因此，上述个案充分表明，国家各层级施政者必须改变原有治理思维，尽快树立并强化"服务"的施政理念，调整并健全与之相适应的特定社会治理方式，以使其内在价值契合于市场经济的基本理念，使之成为解决这些新型纠纷的上佳途径。事实上，国家已经在这一领域开始了带有强制性的探索和尝试甚至是重大革新。

2019 年 4 月，中共中央办公厅、国务院办公厅出台规定明确要求，"充分发挥督察工作对法治政府建设与责任落实的督促推动作用"。① 而且，为进一步细化中央关于法治政府建设与责任落实督察工作的相关要求，切实有效推进法治政府建设，甘肃等省、自治区和直辖市随即出台了本地区的规范性文件，确保"让法治督察长牙、立威"。② 基于上述政府实践活动，可以很清楚地看到，当务之急就是要有力督促各级行政主体特别是基层政府及其部门强化并努力践行服务行政的理念，以真正实现上述制度预期。具体而言，当下中国的社会治理方式必须契合于市场经济体制的下述基本价值取向。

1. 权利。如果说计划经济在实现人类社会的公平价值时，往往以弱化个人的基本权利发展为代价，那么市场经济（包括势在必行的市场改革大业）也并不能必然保障个人权利的最大化。建立市场经济本身并非社会发展追求的终级目标，恰恰相反，它仅仅是一种制度性的手段选择。如果任由不受控制的、抛弃平等与公平原则的市场（恶性）竞争大行其道，那么它又有何价值和意义呢？如果市场经济的制度性选择是有价值的，那么其

① 《中办国办印发法治政府建设与责任落实督察工作规定》，《人民日报》2019 年 5 月 7 日第 1 版。

② 2019 年，甘肃省出台了《甘肃省法治政府建设重大责任事项约谈和挂牌督办试行办法》和《甘肃省法治政府建设重大违法行政问题线索调查核实转交试行办法》。参见朱婕：《甘肃省实施"两个办法"助推法治政府建设》，《甘肃日报》2019 年 10 月 25 日第 1 版。

价值就是保障人权。[①]事实上，在市场经济条件下，市场主体在竞争过程中相互之间发生争端实属必然。但在相关行业自律机制尚不健全，且该纠纷已损及民众利益之际，如果政府不能采取相应治理措施，或者已经有所行动但却无助于恢复正常的市场秩序，则其必有失职之嫌。[②]因此，就需要特定制度从社会主体特别是普通公民的基本权利出发，采取最为有效的方式，以确保其权益实现最大化。

2. 效益。"效益"一词原本为经济学用语，即以最小的成本来获得最大的产出。但在此处却不仅仅局限于经济层面的效益，更重要的是社会治理层面的收益。实际上，在市场经济条件下，一旦将"效益"置于社会治理领域，就意味着必须借助于适当的纠纷解决制度，以最少的治理成本投入获得最好的纠纷解决效果，以充分体现效益这一价值取向。

3. 自由。作为在法律规定范围内依从自己主观意志活动的权利，自由是市场经济模式下的题中应有之义。因此，特定的社会治理方式以及纠纷解决制度，必须契合于自由的社会价值。尽管平等是现代政治自身及其赋予市场经济的本质要求，然而，自由才是现代政治和市场经济的最高价值。无论是现代政治，还是市场经济，都需要制度设计者们去认真思考究竟如何驯化和规范可能危及自由的、旨在过度宣扬平等的民主化过程。毫无疑问，平等是市场经济的天性，而自由才是市场经济的艺术。天性固然不可遏制，但艺术方是其精髓。因此，笔者以为，最起码应当给予自由如同给予平等一样的重视，特别需要强调的是，必须懂得自由的宝贵以及运用制度捍卫自由的技艺。

4. 纠纷解决的专业化。现代市场经济在中国的快速发展，引发了社会化大生产中各个专业领域的进一步具体分工。在经济发展层面，技术性与专业化要求日益增强的同时，国家逐步提高供给公共服务和公共产品的技术性、专业化水平，也自然成为大势所趋。因此，社会治理主体不但要推进依法治理，更要依托专业知识实施"专业治理"。无疑，经济社会发展过程中所产生的、同特定领域及行业密切相关的各类纠纷，必将进一步突显

① 余南平：《市场经济制度的根本价值是保障与发展人的基本权利》，《社会科学》2006年第11期。

② 例如，自2010年9月开始，中国软件行业的"奇虎360"公司与"腾讯"公司因商业利益之争，先后推出一系列极端措施以攻击对方，这种直接因企业一己私利而绑架消费者当"人质"的行径遭到了广大网民的一致批判。而与此同时，政府相关部门对此纷争及其恶劣影响的长时间"沉默"，也引起了社会的广泛质疑。参见周斌：《软件业应依法竞争　莫拿用户当筹码》，《法制日报》2010年11月5日第3版。

对纠纷解决制度及纠纷解决主体的专业化要求。

显然，源于建构市场经济、强化公共服务层面的各类现实需求，需要得到行政调解制度等柔性社会治理方式的有效回应。而这种回应，也正是此类治理方式的重要价值体现。

第三节　解决纠纷、救济权利以回应公民需求

"有权利必有救济。""救济"（remedies）本身就意味着纠正或者补救，与纠纷解决有着极其密切的关系。尽管救济并不完全等同于纠纷解决，在法学界其更多地指涉"法律救济"，然而，"救济法"所确定的法律责任及其承担方式，则完全可以作为纠纷解决的准据。与此同时，在广义的纠纷解决中，基于法律权利以外的自然权利或者各种利益诉求所引发的纠纷，同样也需要寻求救济。因此，公民对纠纷解决与权利救济的需求，就成为行政调解等纠纷解决制度的共同价值体现。

一、公民在纠纷解决中的意识与能力

正如前文所述，制度需求的研究路径更为关注公民的具体纠纷解决活动，以及基于此种实践对纠纷解决制度所产生的基本预期和具体诉求。由于特定的纠纷解决制度与纠纷发挥其正向功能之必要条件有内在联系，所以在密切关注现实纠纷究竟如何产生、如何解决、将引发何种社会效果的同时，应当基于"社会关联"（social context）的视角，探讨纠纷、当事人、秩序与社会之间的内在关系，特别是应当重视公民对纠纷解决制度产生的具体需求及其原因，以及这种需求对纠纷解决制度供给造成的影响。

毫无疑问，对"公民"主体的学理考察，在纠纷解决理论研究中有其独立的价值。特别是公民的纠纷解决意识和纠纷解决能力，以及具体纠纷解决实践中频繁发生的"意识"对"能力"的无奈妥协，都会将直接或间接的影响施加于其对特定纠纷解决途径的选择偏好之上。必须明确，这种偏好以及影响偏好的各种因素，都将最终构成特定纠纷解决制度得以践行的民意基础，因此是不容忽视的重要环节。

（一）纠纷解决理论研究中"公民"的价值

众所周知，司法审判既非拘囿于法律规定的单一规范形态，也不是脱离法学理论的纯粹事实问题。司法审判应当被视为具有各自利害关系的程序参加者相互作用、以实现各自目标的一个"过程"。与之相应，相关的理

论分析，也就是典型的"过程分析"。①实际上，除诉讼审判之外的其他各类纠纷解决实践，又何尝不是纠纷解决主体与纠纷当事人特别是公民个体之间互动的过程呢？社会变化的必然性以特殊性、偶然性为基础，如果将学术视野局限于制度或者强制命令式的规范就会导致片面性，必然难以把握法治运行复杂多样的实际状态，甚至误入"一断于法"式的强制性法律模式的歧途，特别是往往会对能够有力影响甚或改变现实发展进程和方向的公民个人及其相互作用的群体性效应，呈现出视而不见或者"选择性失明"的糟糕状态。

同时也须注意到，强调当事人在正义实现过程中的主体性作用，并不意味着可以不要规范和强制、可以否定法律职业存在的价值和必要性。当然，无可置疑的是，公民的主体性以及合意的形成，正在日益引发社会的广泛关注，甚至业已成为理论层面着重思考和分析的焦点问题；而实务工作者基于社会治理现实需要的迫切性，往往从纠纷实际入手，进而因人施策、对症下药，早已将其视为纠纷解决实践中的重要理念。

与上述情形相对应，纠纷解决理论工作者一改对相关制度规范的"情有独钟"，也开始了对纠纷当事人的密切关注。就此而言，尽管有不同的学术观点，但是其目的都在于改变"公民"这一特定角色在纠纷解决理论研究中长期以来的无为状态，进而提升其在纠纷解决实践中的重要价值。②进而言之，如果在更广阔的社会背景下考察纠纷当事人与纠纷解决主体之间的关系，特别是在纠纷当事人系公民个体、纠纷解决主体系公权力主体的情况下，则进一步反映了社会治理进程中公民与国家之间的特殊关系。事实上也的确如此。一般而言，被国家治理现代化宏伟实践所深刻改变的，往往是公民的思维方式和行为方式，而并不单纯是公权机构的治理模式。现在就需要将公民摆到主体的位置，把国家的权威机构作为变革的对象。需要强调的是，在改革实践层面上一时难以实现上述目标的情况下，学术界应当在理论研究层面上尽快实现这一方面的突破。

结合本书主题，在行政调解制度实践中，作为纠纷解决主导者的各级行政主体，应当给予纠纷当事人，特别是行政争议中的公民一方必要的观照。唯有如此，行政调解制度的运作实践才有可能更加有效，更易于为社

---

①　于宏：《纠纷解决过程的法社会学分析：读〈纠纷的解决与审判制度〉》，《河北法学》2002年第11期。

②　季卫东：《当事人在法院内外的地位和作用》。参见〔日〕棚濑孝雄：《纠纷的解决与审判制度》，王亚新译，北京，中国政法大学出版社，1994年版，代译序第5页。

会大众所接受。无论如何，公民个体之间、公民个体与公权力主体之间合意的提出及形成，对于全面理解和正确把握现代国家的社会秩序及国家-社会关系的本质，对于弥补和修正"强制命令型"的法治范式，对于克服法权主义纠纷解决方式的弊端都是大有裨益的。

（二）意识对能力的妥协：公民的纠纷解决实践

前文已述，制度需求的研究路径，更为在意影响纠纷当事人运用纠纷解决制度的两个突出因素：认同度和行动力。如果运用法律相关的术语来表述，即为公民的"法律意识"和"法律能力"。

长期以来，公民的"法律意识"以及诸多相关问题，始终都是众多法学理论工作者重点关注的对象。从 1990 年代开始，部分中国学者就运用实证方法调查公民的法律意识或者权利意识。[①] 此后，对于该领域的研究成为一个方兴未艾的重要课题。[②] 从现有的研究成果来看，中国公民法律意识的形成和发展可谓是喜忧参半：喜的是，自中共十一届三中全会确定以经济建设为中心以来，普通民众的法律意识已经得到了明显的强化，纠纷双方对簿公堂乃至于"民告官"的行政诉讼层出不穷；忧的是，中国公民的法律意识在整体上却非常淡漠，[③] 这已经成为严重阻碍抑或限制其利用诉讼等现有治理资源以维护自身合法权益的重要现实根源。[④] 如果将法律意识和法律能力具体到纠纷解决层面，那便是公民的纠纷解决意识和纠纷解决能力。究其本质，对纠纷解决意识的讨论，是一种认识纠纷解决制度的历史文化

---

① 代表性文献包括郑永流等：《中国农民法律意识的现实变迁——来自湖北农村的实证研究》，《中国法学》1992 年第 1 期；王佐龙：《中国西部社会法律意识现状分析及现代培植》，《青海社会科学》2001 年第 3 期；夏勇主编：《走向权利的时代——中国公民权利发展研究》（修订版），北京，中国政法大学出版社，2000 年版；史清华、陈凯：《现阶段农民法律素质与法律意识分析——对山西省农民政策法规了解情况的问卷调查》，《中国农村观察》2002 年第 2 期；郭星华、王平：《中国农村的纠纷与解决途径——关于中国农村法律意识与法律行为的实证研究》，《江苏社会科学》2004 年第 2 期。

② 在现有的讨论法律意识的文献中，绝大部分是在规范意义上探讨法律意识，经验研究相对较少，例如吕姝洁：《公众参与行政决策法律意识的分析》，《社会科学家》2018 年第 3 期；刘美：《依法治企背景下的国有企业职工法律意识培养研究》，《黑龙江省政法管理干部学院学报》2018 年第 5 期。

③ 杨明：《中国公众法律知识水平现状之分析》，《北京大学学报（哲学社会科学版）》2007 年第 3 期。

④ 刘道远：《走出行政诉讼困境重在提高法律意识》，《湖南公安高等专科学校学报》2002 年第 2 期；李勇、刘明：《少数民族区域高校学生就业法律意识缺失问题探讨》，《贵州民族研究》2018 年第 10 期；卫莉莉：《公民法律意识对警察信任影响之实证研究》，《中国人民公安大学学报（社会科学版）》2019 年第 3 期。

视角；而对纠纷解决能力的讨论，则是一种准确认识纠纷解决制度的理性选择视角。

与此相应，如果立足于解决纠纷的实用主义态度，通过较为细致的观察和描述，特别是如果将理论研究的重心集中于诉讼制度和上访制度之后就可以发现，在对利用法律解决纠纷的制度认同和行动能力上，强势群体与弱势群体之间具有明显的"优劣之分"。[1]同时，相关理论研究通过经验材料描述行政诉讼的整个过程之后认为，行政诉讼就是中国公民一种特殊的"依法抗议"。另外，诸多学术研究在对数据和资料进行分析后发现，中国公民的纠纷解决意识并非如通常所认为的那样淡漠。[2]但是，由于种种现实制约，公民的纠纷解决意识常常被迫妥协于纠纷解决能力。尽管的确存在因纠纷性质不同而诉诸不同纠纷解决途径的实际，但无论面对何种纠纷，都会不同程度地出现纠纷解决意识与能力之间的反差，这是无可置疑的事实。

当然，从纠纷解决意识与纠纷解决能力及其关系的角度研究纠纷解决的意义，并不在于可以替代其他纠纷解决理论研究，而是在于为相关研究提供补充。显而易见，对行政调解制度的研究也不例外。

（三）公民选择纠纷解决途径的偏好：行政调解制度实践的民意基础

立足于前述讨论，可以设计出如下两类问题：前一类问题涉及已经发生的实际纠纷，后一类问题涉及尚未发生的虚拟纠纷。对于那些已经被实际卷入纠纷的公民，将会涉及他（们）在纠纷发生之后采取了哪些解决途径？对于多种可供选择的解决途径，作为纠纷当事人的公民既有可能只采取了其中的一种，也有可能采取了两种以上。对于那些尚未被实际卷入纠纷的公民，将会涉及在假定发生了纠纷之后，他（们）可能首先会采取哪一种纠纷解决途径？进而言之，在面对实际纠纷时，公民的纠纷解决能力会得以全面展现，而在针对虚拟纠纷时，公民的纠纷解决意识则将得以充分表露。基于此，对公民选择纠纷解决途径的不同偏好可作如下分析：

1. 对某种制度需求的意愿远远大于该制度的供给实践。现实表明，社会中针对实际纠纷采取容忍态度的比例，远远高于面对虚拟纠纷可能采取容忍态度的比例。与此同时，相对于较多公民在意愿上把（准）司法渠道视为首要的纠纷解决途径，但在所有纠纷解决实践中，它却只得到了少数

---

[1]　应星：《草根动员与农民群体利益表达机制》，《社会学研究》2007 年第 2 期。

[2]　例如程金华：《中国行政纠纷解决的制度选择：以公民需求为视角》，《中国社会科学》2009 年第 6 期。

公民的青睐。另外，还可以看到，从主观上讲，人们并不情愿通过"赴省进京上访"的非常规方式来化解矛盾、救济权利，但在客观上很多人却乐此不疲，甚至"以访求富"。在上述制度需求与供给实践反差的背后，存在着一种依稀可见的"ADR"策略。这就充分说明，中国社会治理实践中客观存在着一种对诉讼之外纠纷解决程序比如对调解程序的价值认同。[①]

2. 广大公民对纠纷（特别是行政争议）的解决方式存在着"双轨"制度需求。就整体而言，笔者在实际调研中发现，愿意把（准）司法途径（包括向法院提起诉讼或者向政府及其部门申请行政复议、行政裁决、行政仲裁等途径）当作首选纠纷解决途径的公民虽然不少，但未能占据多数。更为重要的是，不论是面对虚拟纠纷，还是面对实际纠纷，相当多的民众既在主观上，也在实践中寻求通过党政系统（寻求当事一方所在地的党政机关及其领导解决，单独或者集体上访）来解决问题。这一结论已经得到了其他研究文献及相关数据的支持。[②]

因此，在这个意义上讲，中国人的所谓"厌讼"可能只是表面现象：并不是认同上的排斥，而只是理性的规避。特别是"农民当事人会因为地理距离、支付费用、对制度的陌生、法官对农民的歧视等原因，而不愿意启动常设于农村的一系列国家法律机构。然而，规避法律的主要原因肯定还是经济上的……而且，法制越是规范，程序越是正规，证据要求越严，法律过程的成本就越高，农民当事人的负担就越重，自然就越想回避法律。因为，显而易见的事实是，法治的确需要一定的经济基础"。[③]

尽管上述分析及结论，只是建立在笔者调研过程中对局部地区的局部人群进行考察的基础上，但这并不必然就意味着"以偏概全"。至少可以得出如下初步结论：相对而言，现实主义主导下的公民更加信赖拥有权威的纠纷解决主体，而与此同时，在国家力主构建服务型政府、强化公共服务、改善社会治理的时代背景下，公权力主体更加倾向于提供柔性的社会治理

---

① 参见范愉：《以多元化纠纷解决机制保证社会的可持续发展》，《法律适用》2005年第2期；王萍：《需求·回应·公信：论司法公开的技术保障——基于当事人权利保护与预防、化解矛盾纠纷的视角》，《渤海大学学报（哲学社会科学版）》2015年第1期。

② 程金华：《中国行政纠纷解决的制度选择——以公民需求为视角》，《中国社会科学》2009年第6期。

③ 对相关问题的深入讨论和分析可参见傅华伶：《从乡村法律制度的建设看法律与发展：纠纷的解决与经济发展》，梁治平主编：《国家、市场、社会：当代中国的法律与发展》，北京，中国政法大学出版社，2006年版，第157页；张泰苏：《中国人在行政纠纷中为何偏好信访？》，《社会学研究》2009年第3期；王瑾：《西北地区民众对当前纠纷解决机制的感受和需求——以甘肃为例》，《陇东学院学报》2011年第5期。

方式。因此，在多种纠纷解决途径中，不论是依公民提出申请或是由公权机关依职权启动的渠道，还是涉事公民诉诸涉案一方的领导甚至上级机关解决纠纷以及无休止的反复上访，都有可能在具体的纠纷解决过程中频繁出现如下事实：主观上对于行政调解制度的强烈需求，客观上实施行政调解制度的明显痕迹。这既体现了涉案当事人对党政权威的认可，又体现了当事人特别是公民协商解决问题的现实态度。毫无疑问，这也正是重构和完善行政调解制度的民意基础。

二、公民需求的分解：一般性需求和特殊性需求

笔者认为，上述状况都是制度设计者必须正视的客观现实。而在此现实中，尽管受纠纷解决能力所限，实际的纠纷解决行动往往被迫进行调整和改变，但相较于强势群体，弱势群体的纠纷解决意识更倾向于诉诸党政渠道；而即便是强势群体，在面对实际纠纷时，相较于（准）诉讼渠道，也更多地侧重于选择司法权之外的其他公权力途径。显然，不同的公民群体针对具有公权性质的党政渠道而表现出的纠纷解决意识与纠纷解决能力之间的强烈反差，即他们基于理性选择、不同程度地钟情于诉讼外的党政渠道来解决纠纷，所造成的制度供给与制度需求之间的非均衡状态，成为探讨运用行政公权力解决纠纷的行政调解制度并对之实施科学重构的基本立足点。

实践中，社会纠纷的产生与解决，实质上始终沿着或隐或现的两条脉络在同时进行：明确的主线是，能够对社会秩序产生实质性影响的纠纷当事人之间的实体权利（权力）义务关系的变化；而隐含的主线则为，纠纷当事人特别是行政争议中公民一方的"心理秩序"，伴随着纠纷解决过程所呈现出的从心理失衡到心理修复（如果纠纷未能完全解决或者效果不佳，则可能再度失衡）的过程。显而易见，基于特定纠纷解决制度的独特价值，公民对其产生特定的现实需求是必然的。而基于公民个体的差异，面对具体实在的纠纷，不同公民个体诉诸特定纠纷解决制度的需求也是多元各异的：或是一种，或是多种；或是此（几）种，或是彼（几）种。即便是针对同一纠纷解决制度，也会产生多种需求；即便纠纷解决需求都是此几种或者彼几种，但是不同需求的强烈程度，即需要该纠纷解决制度予以满足的需求及先后次序也是有区别的。这就构成了一个需要该制度予以回应的"纠纷解决需求体系"。毋庸置疑，现有的各类纠纷解决制度均毫无例外地面临着同样的问题。因此，必须切实加强对纠纷当事人解决纠纷、权利救济等期待和追求即"制度需求"的关注。就本书主题而言，解

构行政调解的制度供给，必须结合公民对行政调解的制度需求来加以深入分析。

（一）纳入纠纷解决制度回应范畴的一般性需求

当然，尽管需求各异，但公民为解决纠纷而诉诸任何一项纠纷解决制度时都会产生一些共同的即所谓的一般性需求。众所周知，纠纷的形成，既是一种社会运动过程，同时更是纠纷当事人相互行为的过程。纠纷一旦产生，社会主体关系的均衡状态在特定范围内将被打破：就宏观意义而言，社会整体利益关系的局部将出现不平衡；就微观意义而言，纠纷当事人之间的特定利益关系将趋于失衡。为了切实消除此种失衡，作为纠纷当事人的公民出于多种原因，很有可能先采取忍让的态度，以求息事宁人。除此之外，公民必然会诉诸一定的途径以有效解决纠纷，进而最终一并实现其他目标。在此情境下，公民会产生以下一般性需求：

1. 实现纠纷的公正解决。无论是缘于何种因素被卷入纠纷，处于纠纷之中的当事人都必然期盼着特定的纠纷解决制度在化解既有冲突时能够确保公平正义。[①] 这其中会涉及如下几个环节：

一是纠纷解决主体。在解决纠纷时，除非是纠纷当事人之间自行协商、和解以了结纠纷，其他的纠纷解决过程都需要有特定第三方作为解决纠纷的主体。这就涉及以下问题：在该特定制度中主持纠纷解决进程的主体是法定的，还是由纠纷当事人商定的，或者是由特定机构经由特定程序指定的；是一定的组织或者机构，还是特定的个人；是多人合议解决纠纷，还是一人独立解决纠纷；等等。但无论是何种主体，都必须具有纠纷解决者的中立性和权威性。

二是纠纷解决依据。该制度在解决纠纷过程中所依据的是国家法律法规，还是一般性政策；是成文的制度，还是不成文的公序良俗；是既有规则，还是"事后立法"；或者是以上情形兼而有之，等等。当然，无论是何种依据，都必须是纠纷当事人共同认可的规范。

三是纠纷解决程序。众所周知，由于主客观多种原因的综合作用，纠纷解决结果的公正性往往难以借助客观标准加以衡量和判断，以至于人们不得不把注意力集中在程序公正上。[②] 一般而言，特定制度在解决纠纷过程中所适用的程序会涉及如下几个方面问题：是正式的法定程序，还是一般

---

① 顾培东：《社会冲突与诉讼机制》（修订版），北京，法律出版社，2004年版，第56—62页。

② 〔美〕马丁·戈尔丁：《法律哲学》，齐海滨译，北京，生活·读书·新知三联书店，1987年版，第232页。

习惯性步骤；是"繁文缛节"，还是简易程序；纠纷解决过程是公开，还是不公开；等等。但无论是何种纠纷解决程序，都务必要确保双方当事人的参与权、知情权和表达权。

2. 实现对权利的及时救济。这既涉及如何切实提升纠纷解决效率的问题，也涉及如何有效节约社会治理资源的问题。一般来讲，双方当事人都希望纠纷能够早日得到解决，旷日持久的纠纷解决过程必然会严重影响双方未来收益的取得，甚至导致最终得不偿失。而且，如果纠纷长期处于悬而未决的状态，不但影响既有社会关系的修复，也会耗费过多的社会治理成本和资源。尽管如法谚所云，"迟到的正义非正义"，但是也不排除特殊情况的存在。部分纠纷当事人由于各种因素的综合作用，在纠纷解决过程中只需付出极小的时间成本，甚或无时间成本可言，其优势就在于"有的是时间！"因此，其对于纠纷能否及时解决始终抱着一种无所谓的态度，甚至希望纠纷解决过程拖得越长越好，以充分发挥其所特有的"打持久战""耗时间也要耗死你"的"比较优势"。

3. 纠纷解决结论具有明确可行的最终法律效力。特定纠纷解决制度就具体纠纷形成的最终结论具有明确可行的法律效力，是纠纷当事人乃至全社会对该项纠纷解决制度的基本诉求。纠纷解决结论的最终法律效力，既表现为对纠纷当事人的拘束力，也表现为对社会成员的影响力，即纠纷解决结论既能使纠纷当事人按照该结论行使权利、履行义务，也须为社会公众所认同。作为重要的纠纷解决方式，调解、诉讼等对于特定纠纷所形成的最终解决结论，无论是调解协议，还是裁判文书，都被赋予了一定的法律效力，但是其效力大小、强弱究竟如何，却有着明显的差异。总而言之，解决纠纷最终处理结论的实质性法律效力如何，就成为衡量纠纷是否最终得以真正解决的根本标志。

4. 有效实现纠纷解决层面的"溢出效应"和"回波效应"①。所谓"溢出效应"（spillover effect），本是西方经济学中的概念，意指一国总需求和国民收入的增加对别国经济发展的影响。如果将其引申开来，即指事物在一个方面的发展，带动了该事物其他方面或者其他事物的发展。而与"溢出效应"相对应的概念是"回波效应"（echo effect），是指别国由于"溢出效应"所引起的国民收入变化，又会通过进口的变化使最初引起"溢出效应"的国家的国民收入再次发生变化。

---

① 有关概念的详细解读和分析，参见〔美〕约瑟夫·斯蒂格利茨、卡尔·沃尔什：《经济学》（第3版），黄险峰、张帆译，北京，中国人民大学出版社，2005年版，第19页。

就纠纷的解决而言，即在具体的纠纷解决过程中，能否于解决当事人纠纷、救济公民权利——各类纠纷解决制度意欲实现的原初目标——的同时，借助特定纠纷解决制度起到对纠纷当事人及其行为加以规范的作用，特别是对行政争议中行政主体一方的公权力行为进行规范和制约，使其依法行政；而借助于对纠纷当事人行为的规范，特别是对行政主体公权力行为的监督，反过来即可达到防止和减少纠纷的目的，实现真正的源头治理。由此，可最终获致多重的纠纷解决效应，进而实现社会治理整体效益与个人合法利益的最大化。

在笔者看来，以上均是当事人在纠纷发生后，针对任何纠纷解决制度都会产生的正当且合理的一般性需求。当然，也并不限于笔者所列举的这几种。无疑，行政调解只有对上述需求以及其他未能逐一陈述的一般性需求都能够加以有效的回应，才无愧于一项被国家和广大民众寄予厚望的纠纷解决制度。

（二）纳入行政调解制度回应范畴的特殊性需求

显而易见，有别于针对任何纠纷解决制度而产生的一般性需求，公民为解决纠纷而在诉诸行政调解制度时，必然会基于该制度的独有功能和特征而产生不同于其他纠纷解决制度的特殊性需求。笔者以为，只有在进一步明确公民对行政调解制度的特殊性需求之后，才能对该项制度的现实供给状况，特别是对其制度弊端有一个更为深刻和准确的定位；同时，也才能对如何有效消除其制度弊端、切实改善其制度供给以充分满足其制度需求有一个更为清醒和紧迫的认识。

1. 关于调解主体。较之于人民调解制度和法院调解制度，行政调解制度具有较强的专业性和权威性。因此，正如前文所述，人们在遇到纠纷时，很多情况下会优先考虑请求行政主体解决。然而，行政调解制度中调解组织的独立性不够、人员欠缺、能力不足、行为失范等一系列问题也不同程度地存在于中国社会治理的客观实践中。更何况，由于调解主体的失当行为特别是调解人员的失范言行，很可能在导致纠纷当事人合法权益受损的同时，也使得行政主体处于极其不利的境地。因此，行政主体是否已经实现了调解主体的专门化和职业化，就成为构建行政调解制度必须具有的现实基础，进而成为提高行政调解制度功效的根本保障。是故，在正式调解开始前，能否在现实条件允许的前提下适度选择调解主体，从而确保素质较高、能力较强的调解人员主持调解，自然就成为纠纷当事人的一项重要需求。

案例五：因行政调解人员的不当言行
间接引发的行政诉讼和舆情危机

2020 年 5 月的某日，B 市市民 W 女士与他人因琐事发生争吵和肢体接触，双方均在第一时间选择报警，B 市公安局 S 区分局 D 派出所接警后安排 C 警官调查处理。C 警官征得纠纷双方当事人同意后居中调解，在第一次调解失败后，又于同年 6 月 18 日晚间 19 时 20 分许，电话通知 W 女士前来派出所继续进行调解。W 女士以自己没有时间不便前往进行了回复，C 警官则要求 W 女士当晚必须赶来，否则就要对其进行传唤；W 女士当时就对其反驳道："作为公职人员说话得合理合法"；C 警官则回之以"不要以为你是研究生就很懂"。随后，W 女士拨打 110 报警电话，投诉 C 警官言行不当，希望上级部门处理此事。不料当晚 19 时 57 分，C 警官带着另外 3 名警察在没有出示任何证件和传唤手续的情况下，来到 W 女士家中将其用手铐反手铐起实施所谓"强制传唤"。其间，W 女士父母试图阻拦，C 警官先后对 W 女士父母喷射辣椒水，并用警棍抽打 W 女士父亲。[①]

2020 年 6 月 18 日当晚，W 女士与其母被民警押到派出所接受调查；其父由于被警棍击打无法正常行走，在家休息一会儿后自行拄拐前往派出所接受调查。随后，B 市公安局 S 区分局指示以"妨碍执行公务"为由将 W 女士及父母移交 E 派出所处理。E 派出所对 W 女士父母以涉嫌妨害公务罪立案侦查，并对两人采取监视居住。根据 6 月 19 日就诊记录显示，W 女士父亲被诊断为"多处软组织挫伤、左手大指掌趾关节扭伤"，W 女士母亲被诊断为"全身多处软组织挫伤、左手大指扭伤、右足趾踩踏伤"。同年 8 月中旬，公安机关向检察机关提请批捕 W 女士父母，S 区人民检察院经审查作出了不予批捕的决定。8 月 28 日，公安机关以没有犯罪事实为由，撤销该案并解除了对 W 女士父母的监视居住。同年 10 月和 12 月，W 女士及父母分别向 S 区人民法院提起行政诉讼，要求确认 D 派出所对 W 女士的传唤行为违法，对 W 女士父母使用辣椒、警棍等反复喷射和殴打的行为违法。

经过近一年的调查审理后，2021 年 7 月 23 日，S 区人民法院作出了一审行政判决：D 派出所民警对 W 女士父母使用催泪喷射器、警棍等警械的行为，不符合使用警械的条件，其行为已构成违法；对 W 女

[①]　陈艳婷：《重庆渝中警方就"民警违法传唤"事件致歉》，《北京晚报》2021 年 9 月 12 日第 3 版。

士未使用传唤证而进行口头传唤的行为，违反了法定程序，确认为违法。随后，D 派出所表示不服一审判决，遂提起上诉。2021 年 9 月，该案经多家媒体曝光后，引发社会舆论对警方违法执法行为的严厉批评。在巨大的舆论压力之下，B 市公安局 S 区分局于 2021 年 9 月 12 日发出通报：针对"S 区法院判决 D 派出所民警口头传唤 W 女士违法，派出所提起上诉"一事，处警民警对 W 女士进行口头传唤的行为违反法定程序，对 W 女士父母使用警械的行为不符合相关规定。决定对 C 警官等处警民警停止执行职务，接受纪检、督察部门调查处理。同时，责令派出所撤回上诉。S 区公安分局对 W 女士及其父母深表歉意，并衷心感谢社会各界的监督。[①]

通过上述案例可以看到，调解主体的正确选择对于有效实施行政调解制度有着不言而喻的至关重要性。原本是一项非常简单的治安管理工作，恰恰是因为作为行政调解主体的公安机关及其民警的一系列不当言行甚至违法行为，而异化为相当低级的舆情事件；与此同时，无形中又不知耗费了包括检察、审判、行政、新闻等多个领域在内的、原本就稀缺的多少社会治理资源。

梳理该案例的整个流程：C 警官主持行政调解中的不当言行→"公报私仇"式的强制传唤→对警械的违法使用→对当事人父母以涉嫌妨害公务罪立案侦查→对当事人父母采取监视居住的刑事强制措施→被检察机关拒绝批准逮捕→撤销案件并解除对当事人父母的监视居住→行政诉讼中公安民警的执法行为被审判机关认定为违法→上级公安机关在面对负面舆情时"矫枉过正"式的应对。该案例中的 C 警官以及其所在的派出所乃至 S 区公安分局，前前后后的种种表现都堪称"低级"。就 S 区公安分局而言，笔者以为，其虽然有权向当事人表示道歉、有权认定其民警执法行为违法、有权决定该民警停职并接受有关部门调查、有权感谢社会公众监督，但却无权责令作为行政诉讼被告的望龙门派出所撤回上诉。客观地讲，这种行政命令，既是对其下级单位享有的、宪法所赋予的基本诉讼权利的蛮横剥夺，更是对国家行政诉讼制度正常运行的粗暴干预，因此是极其错误的。

从 C 警官在行政调解中的不当言行，到其违法传唤，再到其违法使用警械，指望这样一名法治素养低到极点的警察作为调解主体，通过行政调

---

① 郭吉刚：《重庆一研究生投诉民警后被上门"铐走"？法院判决派出所传唤行为违法》，《济南时报》2021 年 9 月 8 日第 2 版。

解依法妥善解决社会纠纷、为社会治理做贡献，实在是有些"与虎谋皮"了。可以看到，在本案中，就当事人对于行政调解主体这一基本需求而言，是根本无法得到满足的。

2. 关于调解范围。就应然意义上的制度设计而言，行政主体依法可以调解的纠纷种类还是比较多的，既包括民事纠纷，也涵盖行政争议。[①] 在此基础上，特定行政主体行使行政调解权力的范围到底有多大，该范围是否确定，特定类型的纠纷是否在该行政主体调解的权限之内，是纠纷当事人始终关心的问题。

3. 关于调解程序。尽管多样性、灵活性是行政调解制度的重要特点，然而，这并不意味着行政调解的制度实践就可以不需要程序。如果缺失了正当程序的保障，当事人显然就无法及时充分地参与到调解过程之中，其知情权、表达权等一系列基本权利就无从行使，进而导致其难以实现真正自由的合意，至于所预期的公正解决纠纷、获致理想的调解结果等基本诉求，自然也就无从谈起了。以时限问题为例，这一程序性要素对于行政调解制度的实际效果来说非常重要。与各类诉讼制度均对诉讼时限加以明确规定不同的是，目前国内涉及行政调解制度的法律、法规以及其他规范性文本都未规定调解时限。实践证明，调解的时限是否确定，能否避免久调不决、耗费治理成本，能否尽快解决纠纷，已成为纠纷当事人乃至调解主体都颇为关注的、与公正解决纠纷同等重要的制度环节。

4. 关于行政调解制度与其他纠纷解决制度的一般性对接。在行政调解实践中，往往会遇到复杂难解的"老大难"纠纷。基于具体纠纷的特殊性，在开始调解之后，才会发觉该纠纷并不适合于调解。此时，行政调解机构就应当尽快结束调解，告知当事人转而寻求其他纠纷解决途径。但问题在

---

① 此外还涉及少量显著轻微的刑事纠纷。笔者认为，由公安机关主导的对于"轻微刑事案件"的和解或调解活动，应当依照《刑事诉讼法》以及最高人民检察院《人民检察院刑事诉讼规则》（第五百条、第五百零一条、第五百零二条）和公安部《公安机关办理刑事案件程序规定》（第三百三十六条、第三百三十八条）等有关规定办理，不再属于行政调解制度的范畴。判断此类行为，应该主要看该行为的"权属"性质，而非实施行为的"主体"性质。虽然公安机关也属政府序列，但当其面对轻微刑事案件时，其所实施的权力行为，应该是受刑事诉讼法律制度规范的侦查权行为即司法行为，而非行政行为。当然，也有个别学者认为，应该将轻微刑事案件视为行政调解制度的对象，以此彰显对中国社会治理实践最起码的观照与尊重。其对行政调解的定性是："由我国行政机关主持，通过说服教育的方式，民事纠纷或轻微刑事案件当事人自愿达成协议，解决纠纷的一种调解制度，通常称为政府调解"。相关分析，可参见陈卫东、程晓璐：《当事人和解的公诉案件诉讼程序配套规定之评析与建议》，《中国刑事法杂志》2013年第4期；左卫民主编：《中国司法制度》（第三版），北京，中国政法大学出版社，2012年版，第332页。

于，在行政主体的调解开始之后、终结之前，甚或行政调解终结以后，如果当事人或者调解主体希望通过诉讼程序继续实施对该纠纷的解决，特别是在行政裁决、行政仲裁、行政复议等附带行政调解的准诉讼纠纷解决制度实践中，更会频繁出现调解与裁决、仲裁、复议等制度的对接、互补与转换等一系列问题。那么，在上述情况下，能否顺畅有效地将原有的纠纷解决过程转入诉讼或者准诉讼轨道，当事人在调解过程中所进行的陈述和辩论以及所展示的证据，在后续的诉讼或者准诉讼过程中是否继续有效、能够产生何种效力等，都会成为纠纷当事人在诉诸行政调解制度以解决纠纷时着重考虑的重大问题。

5. 关于行政调解制度与诉讼制度的特殊性对接——行政调解协议的法律效力问题。法律效力保障问题是非诉讼纠纷解决机制的重中之重。笔者以为，行政调解协议的法律效力问题，目前已经成为导致行政调解制度徘徊不前的最突出因素。就现状而言，行政调解协议既不像人民调解协议那样，经法院确认后具有强制执行力；更不像司法裁判那样，具有直接的法律（强制）执行效力。这也成为众多纠纷当事人在纠纷产生之后对行政调解制度"敬而远之"的重要原因。长期以来，行政调解协议不但没有获得应有的法律（强制）执行效力，甚至连与行政处理决定（即行政行为）相同的法律地位也没有获得。尽管如前文所述，最高人民法院《诉讼非诉讼衔接若干意见》明确规定，经双方当事人签字或者盖章的行政调解协议，"具有民事合同性质"，然而，在具体执行过程中，这一规定已经被许多基层法院重重地打了折扣。纠纷当事人如果对业已达成的协议反悔，或不予履行，或迟延履行，则之前的调解成果将归于无效，纠纷将重新回到调解之前的状态。换言之，在此之前纠纷当事人与行政主体所付出的一切纠纷解决成本及社会治理资源都有可能付之东流。显然，就此而言，行政调解制度仍有很大的提升空间。作为纠纷当事人的公民，在寄希望于行政调解制度解决纠纷时，必然会产生对行政调解协议法律效力化的基本需求，这也对行政调解制度以及行政主体及其工作人员提出了挑战。对此问题，笔者通过一起具体个案来加以充分说明。

案例六：王甲与倪乙相邻纠纷及倪丙故意伤害案 [①]

H 省 M 县 K 乡的村民王甲与倪乙两家，因水路纠纷长年关系不和，多次发生争执甚至肢体冲突，邻里矛盾非常尖锐。在 2017 年 6 月

---

① 该起案例系笔者于 2019 年 7 月赴 H 省 M 县调研期间，由 M 县委政法委提供。

9 日的一场争执中，双方再次发生打斗。其间，倪乙之子倪丙致王甲面部受伤，经法医鉴定为轻伤。因此，倪丙已经涉嫌触犯故意伤害罪。案件发生后，M 县公安局 K 乡派出所根据《刑事诉讼法》及其司法解释有关刑事和解的规定，[①]考虑到倪丙系初犯，且该伤害因民事纠纷引发，意图使双方达成刑事和解。然而，虽经公安派出所多方努力，但因双方的诉求差距过大，未能获得成功；而与此同时，王甲已经委托律师准备对倪丙提起刑事附带民事诉讼以及两家之间的相邻权民事诉讼。年方 17 岁、正读高中的倪丙事后悔恨万分，担心如果法院追究他的刑事责任，其人生将因此受到致命影响。倪乙闻听王甲欲将其子告上法庭并有可能使其身陷牢狱之灾以致情绪非常激动，并扬言如果王甲影响倪丙的前程，他誓将斗个鱼死网破，与王家不共戴天。王甲也不甘示弱，表示必将奉陪到底。双方互不相让，关系进一步恶化，极有可能引发更为严重的刑事案件。

针对此案刑事附带民事和民事诉讼两案交错并处，以及犯罪嫌疑人倪丙尚未满 18 周岁等系列特殊情况，公安局决定加大工作力度：一方面组织有经验的公安民警尽全力就刑事伤害及其附带民事赔偿促成两家实现刑事和解；另一方面协调本县司法局指派 K 乡司法所主持、K 乡派出所予以协助配合，共同调解双方的相邻权纠纷，并制定了"先民后刑、以民事为前提和基础"的工作策略。尽管双方已经认识到内在的利害关系并同意通过调解方式化解纠纷，但都担心调解协议达成后因对方反悔而功亏一篑。为有效消除双方的顾虑，调解人员以相邻权民事纠纷的解决为突破口，依托"调解协议诉前司法确认"机制向当事人做出保证。双方最终达成以下妥协：第一，在公安机关主持下，双方达成刑事和解协议，王甲自愿放弃追究倪丙的刑事责任，由监护人倪乙赔偿王甲医疗费等经济损失 5000 元。公安机关向 M 县检察机关移送起诉时提出从宽处理建议，M 县人民检察院依法决定对倪

---

① 《刑事诉讼法》第二百八十八条规定：下列公诉案件，犯罪嫌疑人、被告人真诚悔罪，通过向被害人赔偿损失、赔礼道歉等方式获得被害人谅解，被害人自愿和解的，双方当事人可以和解：（一）因民间纠纷引起，涉嫌刑法分则第四章、第五章规定的犯罪案件（即涉嫌侵犯公民人身权利、民主权利和侵犯财产的犯罪案件），可能判处三年有期徒刑以下刑罚的；……

《公安机关办理刑事案件程序规定》第三百三十三条规定：下列公诉案件，犯罪嫌疑人真诚悔罪，通过向被害人赔偿损失、赔礼道歉等方式获得被害人谅解，被害人自愿和解的，经县级以上公安机关负责人批准，可以依法作为当事人和解的公诉案件办理：（一）因民间纠纷引起，涉嫌刑法分则第四章、第五章规定的犯罪案件，可能判处三年有期徒刑以下刑罚的；……

丙不起诉。[①] 第二，王甲保证倪家水路畅通。在接到双方对此调解协议进行确认的共同申请后，M 县人民法院于当日即进行立案，确认行政调解协议有效。倪乙当即履行了赔偿义务，相关办案人员会同 K 乡司法所长到现场对水路划线指界，由司法所长监督施工。至此，一起极其尖锐的矛盾纠纷最终得以彻底化解，双方均表示今后一定要互谅互让、和睦相处。

在该起案例中，无论是公安机关单独实施的刑事和解，还是公安机关协同司法行政部门共同开展的行政调解，都具有明确的法律依据。然而，就是因为当事人顾及行政调解协议的执行效力而直接影响到了其接受行政调解的意愿和决心。就此案而言，值得庆幸的在于以下两点：一方面，如前所述，2012 年修订的《民事诉讼法》及时吸收了 2010 年《人民调解法》的最新立法成果，明确规定了诉前司法确认机制，从而为行政调解行为及其法律效力形成了制度保障；另一方面，当地公安机关非常富有智慧地及时协调（以指导人民调解工作为其法定职责的）司法行政部门参与行政调解，并以其中的民事纠纷为突破口，这就使得一项纯粹的行政调解活动具有了些许人民调解的色彩，从而顺利获得了法院的正式确认，最终取得了所期待的治理效果。

可见，如若没有此类法定的诉前司法确认机制，则双方可能因调解成果的中途流产甚或根本无从展开调解而对簿公堂，将毫无疑问地给两家近邻的未来长期相处笼罩上一层浓重的"阴霾"，进而也会对当地的乡村社会秩序构成严重威胁。进而言之，如若没有基层司法行政部门的有效参与，只是公安机关单独实施行政调解，则即便有此法定的诉前司法确认机制，当地法院也未必欣然接受这样的确认申请。所以说，公安机关邀请当地司法行政部门参与调解，不单纯是出于增强行政调解过程本身工作成效的考虑，还有对后续行政调解协议效力的关注（至于为何如此行事，笔者将于后文进行分析）。因此，透过本案可以看到，在行政调解活动终结时所产生的行政调解协议，能否经由基层法院予以司法确认从而赋予其法律（强制）执行效力，就成为行政主体特别是纠纷当事人重点关注的现实问题。换言之，只有法定诉前司法确认机制能够得到有效运行，才能确保行政调解协

[①] 最高人民检察院《人民检察院刑事诉讼规则》第五百零二条规定：人民检察院对于公安机关移送起诉的案件，双方当事人达成和解协议的，……符合法律规定的不起诉条件的，可以决定不起诉。……

议的执行效力，以及受此因素影响的行政调解的制度预期具有实现的可能，也才能确保当事人基于自身利益的合理考量而对行政调解制度产生的这一特殊性需求获得满足。通过此案也可以看到，公民对于行政调解协议及其法律效力的特殊性需求要得到满足，在眼下依然困难重重。

6. 该制度能否实现纠纷解决的特殊预期。除上述特殊性需求之外，处于纠纷之中的当事人还会对行政调解制度产生其他特殊的预期，其中，除纠纷解决成本之外，主要还涉及"纠纷后遗症"的问题。纠纷一旦发生，原有的社会关系和局部秩序必然会遭到不同程度的破坏，这就是不可避免的"纠纷后遗症"问题。关键在于，行政调解制度在解决纠纷以后，是否还能够恢复并巩固纠纷发生之前的社会关系和局部秩序，或者是在纠纷解决之后对其加以有效改良，这是纠纷当事人一般都会非常关注的问题。这一点在行政争议中表现得尤其突出，特别是相对于较为强势的行政主体而言，作为弱势相对方的公民极其渴望能够在纠纷解决之后依然与对方保持良好的社会关系，起码不至于因"撕破面皮"而导致关系恶化。因为对于普通民众来说，这是其有效实现未来诸多预期收益的基本前提和现实基础。

在笔者看来，以上均是当事人在纠纷发生之后，基于行政调解制度之特质而必然对之产生的正当且合理的特殊性需求。与一般性需求相类似，特殊性需求也不限于笔者所列举的这几种。不论是一般性需求还是特殊性需求，均是需要行政调解的制度供给对之加以有效回应的现实需求。

三、公民纠纷解决需求的内在张力及其动态平衡

毋庸置疑，公民多元性的纠纷解决需求之间因个体差异而存在着区别，其价值取向并不必然一致；即便价值取向基本一致，为实现该价值取向的途径和方法也并不必然相同，甚至有可能完全相反；即使就特定纠纷当事人而言，基于自身利益最大化的综合考量，也必然会在其不同需求之间进行理性化选择。而这些因素都会导致纠纷解决需求体系之内在张力的产生。尽管在公民寻求解决具体纠纷以实现权利救济的过程中，也不乏殊途同归的现象，然而必须看到，这种客观存在的张力必然会影响公民对纠纷解决途径的选择，会影响其合法权益的实现，甚至会影响特定纠纷解决制度功能的发挥。那么，该如何有效缓解这种张力以实现其动态的平衡呢？特别是在当下中国纠纷解决领域的制度供给在实然意义和应然意义之间存在强烈反差的背景下，如何由自下而上即制度需求的维度，对公民的纠纷解决诉求加以重新审视和准确界定并加以科学的类型化？这些都会涉及后文对行政调解制度之利弊和功能进行合理定位，进而对其实施改良等制度供给

层面的问题，而这恰恰又是有效回应公民需求的重要现实基础和理论基础。

（一）纠纷解决需求的内在张力——完善纠纷解决制度的重要动力

笔者以为，对于纠纷解决需求之间的内在张力，既需要正视它的存在，以充分发挥其客观作用，但也不能对其无限夸大，以致影响特定纠纷解决制度正常功能的充分发挥。

以公民对纠纷解决制度的公正性需求与及时性需求为例，可以清晰地发现，如以公正性为首要目标，那就很可能会影响对及时性的追求。即便是追求公正解决纠纷，也需要明确区分是纠纷解决结果的公正，还是纠纷解决过程的公正。正如前文所述，诸如化解矛盾、行政执法、司法办案等相关法律行为的结果是否公正，既难以预判，也难以评估，因为此类公正缺乏科学且精准的评判体系；① 而作为与冲突解决关系最为直接、联系最为紧密的纠纷解决过程的公正性，却几乎可以使纠纷当事人完全实现"看得见的正义"。因此，公正与效率之间的张力是突出存在的。与此同时，公正解决纠纷的需求还有可能与其他需求产生抵触。很典型的就是，如欲公正解决纠纷，则很有可能无法实现纠纷解决成本的最小化。此外，公正解决纠纷的需求也有可能引发严重的"纠纷后遗症"：对纠纷当事人之法定权利和法定义务"较真"式的界定和裁断，可能会影响纠纷解决之后双方当事人原有社会关系的有效恢复和巩固，以及未来社会关系的快速形成和改善。

显然，纠纷解决需求之间内在张力的客观存在，极有可能导致特定纠纷解决制度的实际功效被打折扣。这不仅会显著影响既有纠纷的当事人对权利救济程度的基本预期，也会使得纠纷之外的公民改变对该纠纷解决制度的原有看法和定位，进而可能会动摇制度供给者对该项制度的原有信心和态度。换言之，内在张力的重大负面影响，与内在张力本身一样，也是客观存在甚至是相当突出的。但也必须看到，正是因为这种张力的存在，进一步强化了有效完善特定纠纷解决制度的欲求，而这种欲求恰恰是建构和完善该项制度安排最原初、最强劲的动力。毫无疑问，不可能奢求一项特定的纠纷解决制度能够满足不同公民的所有需求，因为这明显违背常理。尽管如此，这并不妨碍去执着地追求较为理想的、能够尽可能满足更多需求的纠纷解决制度。"没有最好，只有更好！"这种源于纠纷解决需求之间内在张力而迸发的强大动力，会激发并推动更为审慎地去关注公民由于特定纠纷而产生的各种纠纷解决需求，进而更为积极地去改良既有的纠纷解决制度，以追求更为理想的制度实效、实现更为规范的社会秩序。

---

① 参见徐胜萍：《调解的解决纠纷效果评析》，《西北师范大学学报》2010 年第 1 期。

（二）内在张力的动态平衡——纠纷解决制度功能发挥的重要条件

尽管在客观上，公民各类纠纷解决需求之间的内在张力会发挥正面效应，然而，在这一正面效应以及因此而产生的良性社会治理效果正式呈现之前，其在短期内的负面影响还无法消除。为了获致更好的化解效果，在特定纠纷解决制度发生改变之前，所能做且必须做到的就是，尽可能缓解各类纠纷解决需求之间的张力以使其达致平衡。而具体的纠纷解决实践和既有的纠纷解决理论已经表明，一定程度上的平衡是完全有可能实现的。

1.“调解协议效力化”与“避免纠纷后遗症”两种需求之间的平衡。众所周知，行政调解以其行政公权力背景而区别于人民调解以及其他形式的调解。而事实上，行政调解制度在“大调解机制”中并没有真正树立起应有的地位，其制度性作用和功效目前依旧十分有限。究其根源，正如前文所述，行政调解协议缺乏法律（强制）执行效力是一个重要原因。尽管基于双方当事人的合意而达成行政调解协议，将有利于纠纷解决以及此后双方社会关系的有效恢复，并使得当事人产生诉诸行政调解制度的需求；然而，基于行政调解协议无（强制）执行效力的客观现实，当事人必然会产生赋予行政调解协议（强制）执行效力的强烈需求。如果过度主张这种“调解协议效力化”的诉求，则很有可能激发对方当事人的对抗情绪，进而影响到当事人双方社会关系的继续维持和改善，即出现不可轻视的“纠纷后遗症”。而对这一现象的竭力避免，也自然会成为纠纷当事人的理性需求。显然，这两种需求之间产生了突出张力。那么，此种张力又该如何平衡呢？

笔者以为，尽管行政调解协议不具有法律（强制）执行效力，但由于行政调解是一种相对民主和开放的机制，特别是行政主体也大致清楚，纠纷双方当事人及其各自诉求，哪些是彼此之间绝对没有商量余地的，哪些则是还可以继续探讨并可能作出一定妥协和让步的，因此必然会进一步努力寻求纠纷双方的利益平衡点。[1]基于此，笔者以为，对于因行政调解协议无法律（强制）执行效力而被反悔，进而诉诸司法途径的种种担心，并不必然成为现实。而其中的一方（甚至于双方）希望实现行政调解协议效力化的诉求，也恰恰说明了他（们）渴望对方履行调解协议规定义务的迫切心理状态，这无疑会向对方传递自己必将遵守调解协议的强烈信号。因此，在某种意义上可以说，行政调解制度的实效性往往取决于诉诸行政调解的

---

[1]　〔美〕马丁·戈尔丁:《法律哲学》，齐海滨译，北京，生活·读书·新知三联书店，1987年版，第222页。

当事人对该项制度安排及其相关构成要素的信任程度，以及因此而产生的决心和态度。

2. "充分参与调解、自由达成合意"与"纠纷解决依据规范化"两种需求之间的平衡。众所周知，与司法审判人员集中关注法律条文的准确适用和普遍法律规则的依法确认所不同的是，行政调解程序通常相对简单，甚至在某种程度上带有一定随意性，其所强调和侧重的是面向客观社会事实的商谈和对话。① 显而易见，在此种情境下，陷入纠纷的公民，既希望自己能够充分地参与到行政调解过程当中，以有效表达自身的观点和意愿，最终形成与对方当事人的合意；同时，他（们）也会非常担心行政主体在适用特定纠纷解决依据进行调解的过程中，为了刻意追求合意的形成，而淡化既有的规则依据。由此，在公民的"充分参与调解、自由形成合意"与"纠纷解决依据规范化"这两种需求之间，自然就不可避免地产生了张力。

笔者以为，行政主体在调解过程中如果能够对相关原则进行科学合理的把握，则上述两种需求是完全可以实现兼容的。这里必须要明确的是，需要规范化的纠纷解决依据不但包括实体性制度，也必然涵盖程序性规则。虽然说行政调解的内在规范性制度因素相对较少，然而，为了能够最终形成合意，行政主体依然需要或多或少地仰赖程序性规范。客观地讲，行政主体灵活运用包括程序性规范在内的各类规范实施调解的过程，就是依据相关规范以助力当事人摆脱困境、直面未来的过程。特别是行政主体在实施调解过程中所显现出来的其对规则的基本尊重以及对合意的努力追求，无形中也会极大地感染纠纷当事人，进而对其行为和意愿产生积极的影响。行政调解的制度实践必须实现社会治理这一共同体秩序与私人之间合意的平衡。进而言之，在行政调解制度实践中，纠纷当事人之间只有理性地进行对话并最终达成合意，且在纠纷解决的内容和程序上不违反国家法律法规、党政政策以及公序良俗，纠纷解决方案才能够较快且准确规范地出笼并付诸实施，才能够实现纠纷在客观意义上的有效解决；与此同时，也正是依托于合意的形成、矛盾的化解，才能真正有力地推动社会整体道德水平的增长。

笔者此处所说的"平衡"，绝非是出于缓解纠纷解决各类需求之间张力的目的，而对公民某一种或几种纠纷解决需求予以放弃或牺牲，从而成全

---

① 〔英〕罗杰·科特威尔：《法律社会学导论》，潘大松等译，北京，华夏出版社，1989年版，第239页。

另外一种或几种需求的主张。实际上，在纠纷解决过程中，纠纷当事人完全可能基于"经济理性人"的特质，而在各类纠纷解决需求之间适时作出必要的权衡和取舍，以求实现利益最大化。尽管这不是纠纷解决效果上的理想境界，但在特定纠纷解决制度完善之前，却是相对较好的选择。更何况，即便是一项自身已相对完善的纠纷解决制度，也依然不可能满足纠纷当事人的所有纠纷解决需求。因为，特定制度安排是相对恒定的，而纠纷及其解决需求却是变动不居的。无论如何，上述情境已经充分说明有效缓解公民纠纷解决需求之间的内在张力、以充分实现其有机平衡的必要性与可行性。

综上所述，正在经历空前变革的中国当代社会，纠纷在产生根源、表现形式、解决方式以及化解后果等环节均呈现出了多样性。因应转型时期社会的剧烈变迁，在国家层面实施社会治理、强化公共服务的需求不断进行调整的同时，公民层面解决纠纷、救济权利的需求也是表现各异。因此，必须尽快建立健全多元化的纠纷解决机制抑或社会治理模式。即便是特定的一种制度模式，也很有必要通过不同的外在形式和内在要求来发挥不同的作用。而且，受制于当下中国社会治理进程中客观现实条件的制约，对于特定类型的制度需求，每一种制度模式及其内在的各类具体方式，其制度功效的发挥都必然是有限度的，很难说哪一种制度或者哪一种方式，在制度功效上就一定比其他的更为优秀、更为卓越。毫无疑问，必须通过有效供给全方位的权利救济渠道和多层次的社会治理手段，赋予公民以丰富多样的选择途径，才能合理有效地实施社会治理、维护社会秩序。这也正是下一章要全面阐述的"制度供给"问题。

系。[1]在国家治理层面，这种特定关系的存在，于国家、于社会、于个人都绝对是利好因素。

尽管国家对行政调解制度在当下中国的现实重要性进行了高调宣示，尽管理论研究者、制度设计者和实施者对于行政调解回应社会需求的能力和实效以及制度实践中的诸多问题也有大致客观的认识，但是，行政调解的制度功能在应然意义与实然意义之间的巨大反差，行政调解制度在规范层面被"边缘化"、在实践层面被"模糊化"[2]的程度，还是让很多人感到意外。鉴于此，笔者将在本章借助于对其他现行纠纷解决制度及其实践的分析，先从应然意义上解读行政调解制度的功能优势，继而从实然意义上逐层解析行政调解制度在当下中国的供给现状，努力探寻其自身在制度实践中发端于制度内在因素的多种问题，以及弱化该项制度安排比较优势的外在因素。在充分认识导致该项制度供求失衡之根源的基础上，以期最终能够有针对性地实现对行政调解制度的科学重构。

第一节　对其他纠纷解决制度的分析

综观当下中国的社会治理实践，正处于建构完善之中的多元化纠纷解决机制，无论是由国家行政机关主导的、带有"准诉讼"性质的复议、裁决、仲裁等行政性纠纷解决模式，还是由国家各级法院主导的司法模式，或是其他各类纠纷解决模式，均在一定程度上发挥着其制度优势。但是，也必须看到，因尚不完善的制度内在设计，以及固有且自身无法克服的根本性制度缺陷，再加上转型社会的时代特征和纠纷的多元复杂性等各种客观因素，导致各类制度安排都不同程度地未能实现其应有的制度预期。因此，尽管笔者从未主张、将来也不会主张以行政调解制度取代其他纠纷解决制度，但还是认为很有必要就其他纠纷解决制度及其运作现状进行分析，以此显现行政调解制度的相对优势。笔者以为，这无论是对于实现其他纠纷解决模式的逐步重构，还是对于行政调解制度自身的有效改良，均有着积极的理论意义和实践意义。

---

① 苏力:《关于能动司法与大调解》,《中国法学》2010 年第 1 期。

② 即许多地方政府或者行政部门尽管所从事的就是行政调解的制度实践，却往往冠之以其他名目来表征，有意无意地使其"模糊化"。笔者将于后文对此现象进行分析和探究。

一、司法诉讼制度

众所周知，当代中国的法治建设伴随着逐步深入的改革开放已经走过了四十多年的风雨历程，司法领域的改革也实施了二十余年并已取得了不小的进步。特别是 2013 年以来的最新一轮司法改革，无论是其改革力度，还是其改革内容，更是史无前例。尽管通说认为，国家各级法院的职能是定分止争，然而，生活常识表明，倘若只是单纯为了化解矛盾，老百姓大可不必苦心费力地将自己的那些"窝心事"诉诸司法机关。当下中国社会治理的现实也已经清晰地表明，大量的矛盾争议并不是由法院来化解平息的。[①] 据此而言，即便法院化解纠纷的职能被广大社会民众所深切感知，这也不是其唯一的职能，甚至在笔者看来也不是其最重要的职能。在此基础上，于诉讼案件审理过程中，通过对法律的解释和宣告，为立法补充漏洞、制定细则，对法律进行拾遗补缺，即构成了法院的第二项重要任务。此外，作为程序上最为科学合理、权威至上、担当"维护社会公平正义最后一道防线"使命的纠纷解决最终机构，法院还负有监督和规范其他纠纷解决机制的重要使命。总而言之，对矛盾争议的化解、对法律法规的解读、对非诉讼纠纷解决模式的监督和指导，就成为了国家司法机关的三项主要任务。当然，这三项任务绝不是并驾齐驱，而是在不同的时空环境下，各有主次轻重。

（一）实现社会控制——中国司法诉讼难以承受之重

笔者以为，完全可以运用"社会控制"[②] 这一学说来描述和分析司法与社会之间的特殊联系。社会控制通常被法社会学理论工作者运用于广义和狭义两种意义之上。在广义的层面，社会控制指的是社会主体接受社会价值或者规范的全部过程。[③] 在此意义上，社会控制与社会规范、社会秩序，甚至与社会化是同义的。在狭义的层面，社会控制则指的是社会主体如何确定异常行为，并对异常行为作出特定反应。在此意义上，社会控制与纠纷解决研究领域涉及的诸如消除社会冲突、恢复社会秩序等问题大致重合。[④] 本书采用狭义。

---

① 苏力:《农村基层法院的纠纷解决与规则之治》,《北大法律评论》第 2 卷第 1 辑。

② 〔美〕爱德华·A. 罗斯:《社会控制》,秦志勇等译,北京,华夏出版社,1989 年版,第 81—95 页。

③ 刘永红、刘文怡:《中国传统纠纷解决机制的现代启示》,《社会科学家》2011 年第 10 期。

④ 朱景文:《现代西方法社会学》,北京,法律出版社,1994 年版,第 171 页。

1. 源自社会控制的超负荷运转。中国司法机关"在一定层面上并非传统法学教科书中的'法院',而仅仅是党政领导下一个解决法律纠纷的'部门'"。[①]在社会治理领域,尽管建构多元化纠纷解决机制已成为大势所趋,但是就目前(乃至于可以预期的未来)而言,司法诉讼依然是社会控制力的重要(甚至是核心)组成部分,是其中不可替代的主导型制度结构。然而,长期以来被寄予厚望的司法诉讼,在纠纷依然高发、频发的当下中国及其社会治理进程中却是"尽显疲态",同有效适应社会发展现状并基本满足社会纠纷解决需求的制度预期还有较大差距。立足于社会治理的大背景,再对照司法制度的这一现状,就可以看到,"能动司法"和"大调解"的高调提出和深入发展,乃至新一轮司法改革的强势推进,这一系列重要举措既是出于解决当下中国社会整体性、综合性问题的考虑,更是出于消除透过社会视角就能发现的司法领域中的特殊障碍的考虑。[②]

习近平总书记强调,努力让人民群众在每一个司法案件中感受到公平正义。[③]毫无疑问,只有全力深化司法领域的各项改革,才能真正实现这一目标。因此,全国法院系统必须积极运用各种能够被现行体制允许的合理方式,来实现司法所特有的政治职能和社会职能。特别是最新一轮司法责任制综合配套改革突出审判方式的革新,强调"让审理者裁判、由裁判者负责"的司法责任制度,推进司法人员的分类管理,强化法官的职业保障等等,通过这一系列改革措施,旨在克服制约司法能力、妨碍司法公正的种种制度性弊端。必须承认,这些改革举措已经取得了重大进展,但同时还有一些老大难问题依然存在;另外,还有一些因改革而引发的新问题需要面对并最终得到有效解决。[④]这一改革尽管在宏观层面的顶层设计即"四

---

① 耿宝建:《"泛司法化"下的行政纠纷解决——兼谈〈行政复议法〉的修改路径》,《中国法律评论》2016年第3期。

② 宋和:《以维护群众合法权益为根本出发点:中央政法委有关负责人就〈关于进一步加强和改进涉法涉诉信访工作的意见〉答记者问》,《长安》2009年第9期。

③ 习近平:《决胜全面建成小康社会　夺取新时代中国特色社会主义伟大胜利——在中国共产党第十九次全国代表大会上的报告》,《人民日报》2017年10月28日第1版。

④ 相关问题的论述和分析,可参见苏力:《送法下乡——中国基层司法制度研究》,北京,中国政法大学出版社,2000年版;陈光中、龙宗智:《关于深化司法改革若干问题的思考》,《中国法学》2013年第4期;陈瑞华:《司法改革的理论反思》,《苏州大学学报(哲学社会科学版)》2016年第1期;陈卫东:《司法改革之中国叙事》,《中国法律评论》2016年第1期;陈卫东:《司法改革应坚持科学理念》,《人民日报》2016年7月13日第7版;冯之东:《中国司法改革背景下审判责任制度研究》,北京,中国社会科学出版社,2018年版。

梁八柱"①已经搭建起来，但在微观层面的具体内容即"司法责任制综合配套改革"，②尚处于不断调整、不断完善的过程之中。

就司法制度而言，其整体功能和价值主要体现在以下几个方面：第一，司法制度有效兼顾了法律规范与组织化力量两方面的价值追求。第二，司法制度是直接控制个别行为与间接控制普遍行为的有机结合。依法实施的严厉惩戒导致非法行为必须付出高昂的代价，而正义的恢复性机制则导致不轨行为无利可图。③第三，司法制度有效兼顾了法律权威与司法角色行为。对于社会治理现代化这一价值目标而言，尽快形成并有效巩固法律权威，是最为便捷、最为高效的举措。第四，司法制度有效兼顾了公正价值与司法结构体系。具体而言，司法机关正是通过国家司法权所特有的强制力量来实现和维护社会的公平正义，这也正是司法"社会控制"功能的直接体现。④总之，以上认识就是对司法制度的功能性定位。⑤

然而，就社会控制而言，传统上无论是在意识形态层面，还是在制度建构层面，都与上述情形大相径庭。首先，在规范约束社会行为的过程中占据主导地位的是伦理规范，它在中国社会中大量存在且发挥着重要作用，甚至成为宗法等级制度和政治规范的基础。其次，正式社会控制作用的范围是非常有限的，特别是作为专门性的组织机构，国家各级法院的控制方式非常单一甚至机械。再次，司法实施社会控制的价值取向实际上是"无讼"，而并非司法公正。具体来讲，法律或者司法控制在中国社会控制体系中所处的地位以及所起的作用，在改革开放之前与之后存在着较大区别。在新中国成立的最初30年，各种社会控制形式都经历了一定程度的变迁，但它们仍然明显地受到了各种传统控制形式的重大影响。在中国现代化发

---

① 所谓法院系统司法改革的"四梁"，即以司法责任制度为核心的体制性改革，以审判为中心的诉讼制度改革，以立案登记制度为代表的司法便民机制改革，以多元化解、繁简分流为标志的审判工作机制改革。所谓法院系统司法改革的"八柱"，即法官员额制度、审判权运行机制、立案登记制度、繁简分流机制、审判中心制度（庭审实质化）、矛盾纠纷多元化解机制、履职保障与违法惩戒机制、智慧法院机制（司法信息化智能化）。有关信息参见丁国锋：《司法改革"四梁八柱成型"专家研讨新时代中国法治改革发出强音》，《法制日报》2018年10月31日第12版；安凤德：《深入推进司法改革　不断夯实基层基础》，《人民法院报》2017年7月12日第5版。

② 中共中央办公厅2020年印发的《关于深化司法责任制综合配套改革的意见》；李少平：《深化司法责任制综合配套改革　推动审判体系和审判能力现代化》，《人民法院报》2020年4月23日第1版。

③ 程竹汝：《社会控制：关于司法与社会最一般关系的理论分析》，《文史哲》2003年第5期。

④ 〔美〕弗里德曼：《法律制度》，李琼英等译，北京，中国政法大学出版社，1994年版，第19页。

⑤ 程竹汝：《司法改革与政治发展》，北京，中国社会科学出版社，2001年版，第187页。

展历程中，只有 1978 年改革开放以来的这 40 余年，才是中国社会控制形式真正转向以法律或者司法控制为主的时期。但是，种种迹象表明，作为替代传统社会控制手段的主导形式，当下的司法结构并不完全具备这种能力。由于缺乏与社会相适应的规范化与理性化的特质，司法结构已经出现了一系列社会控制的功能性障碍：司法同社会的亲和度较差，司法救济的成本过高，普通民众看不见、听不到、摸不着的"幕后交易"也的确时有发生；司法过程中大量不确定因素的存在，致使民众很难预测，进而也很难接受司法的结果。

2. 司法腐败严重损害了司法公信力。就此而言，最为典型的表现是：司法过程中权力监督制约、司法责任体系等方面的制度低级化和扭曲化，以及因此而引发甚至加剧的司法腐败，使得一些司法机关在履行社会控制功能的同时，也极其不幸地造成了大量新的社会控制问题；本来用以维护与巩固社会秩序的力量，反过来却催生了一定数量的无序结果。党中央也坦承"司法不公对社会公正具有致命破坏作用"，"群众对执法司法不公和腐败问题反映强烈"。[1] 特别是"当前法官素质参差不齐，司法公正度和公信力不高，人民群众对司法腐败和冤假错案反映强烈"。[2] 以人神共愤的司法腐败为例，尽管法官的职业特点决定了其如果存在贪腐行为将会面临相较于其他公职人员更大的职业风险，但依然有不少司法人员铤而走险。[3]

案例七：近年来引发社会高度关注的法院系统腐败典型案例

—— 2006 年，湖南省高级人民法院包括原院长吴振汉在内的多名审判人员因涉嫌多项犯罪，先后被移送司法机关。其中，吴振汉以受贿罪被判处死刑缓期两年执行。

—— 2006 年，广东省深圳市中级人民法院腐败窝案。

—— 2010 年，湖南省衡阳市中级人民法院腐败窝案。

—— 2010 年，最高人民法院原副院长黄松有以受贿罪和贪污罪被判处无期徒刑。

—— 2017 年，最高人民法院原副院长奚晓明以受贿罪被判处无期

---

① 参见中共十八届四中全会《中共中央关于全面推进依法治国若干重大问题的决定》。

② 江必新：《关于法官审判责任追究若干问题的探讨》，《法制日报》2015 年 10 月 28 日第 9 版。

③ 笔者以为，法官从其所办案件中取利，可能得罪一方当事人，从而引起尖锐矛盾；如果对方不是等闲之辈，那风险就更大。其他领域官员贪腐的同时可以实现"互利多赢"，从而形成利益共同体，不易被揭发，比如买官卖官，土地开发，项目审批等等。

徒刑。[1]

——2020年，海南省高级人民法院原副院长张家慧以受贿罪、行政枉法裁判罪、诈骗罪被判处有期徒刑18年。

——2023年，最高人民法院原副院长沈德咏以受贿罪被判处有期徒刑15年。

无疑，上述包括司法腐败在内的一系列功能性障碍，严重亵渎甚至践踏了司法权威，进而加剧了部分社会成员对法院本就存在的信任危机。与此同时，近年来法院工作报告未能获得人大会议表决通过的新闻事件，也时有发生。跟踪观察近年来的全国两会，不难发现，反对司法腐败的成效和力度以及裁判尺度的同一性如何，与全国人大代表对最高人民法院工作报告的表决和评价密切相关。[2]

因此，必须正视上述司法制度的各种功能性障碍，以及正确认识当下中国法院系统所具有的实施社会控制的实际能力。让一个从长期的"礼治"和"人治"环境中发育起来的司法制度，立即承担起社会控制的结构转型重任进而解决社会纠纷、实现社会和谐，实在是勉为其难。尽管当代中国的社会经济发展已经进入到司法在社会生活舞台中扮演重要角色的阶段，但法院系统依旧不够强大，法官队伍依然不够成熟。简而言之，法律尚未能深深扎根于社会土壤中获得社会广泛正义观念的强有力支撑，更没有坚实且公正、有力且健全的司法制度作保障。于是在"'权大还是法大'是真命题"的社会政治结构产生的强大压力下，在"一切向钱看"的社会思潮尚未得到根本改观的社会环境中，在几千年来"人情网络"型社会结构中"情大于法"的传统文化深刻影响下，司法队伍因缺乏应有的基础、能力、素质、条件和环境等诸多必备要素，眼下还根本无力迎接和面对这个历史性角色的严峻挑战。[3]

当然，全国法院系统特别是最高审判机关已经注意到了上述问题的客观存在，并且通过一系列强力措施，以有针对性地解决法院系统客观存在的司法能力不足、司法形象不佳等现实问题。毫无疑问，恢复形象是重中

---

[1] 有关问题的论述，参见冯之东：《中国司法改革背景下审判责任制度研究》，北京，中国社会科学出版社，2018年版，第109—110页。

[2] 有关论述和分析，可参见郭建勇：《区分司法品质：法院、法官与判决——司法场域中信号的传递与信任的生成》，《法律适用》2013年第7期。明星：《湖南衡阳中级法院工作报告决议未获通过 开门整顿》，http://news.qq.com/a/20070202/html，最后访问时间：2016年4月9日。

[3] 参见蔡定剑：《历史与变革》，北京，中国政法大学出版社，1999年版，第344页。

之重。最高人民法院以建设一支"让党放心、让人民满意、忠诚干净担当"的过硬法院队伍为奋斗目标，多措并举、精准施策、坚决整改，[1]已经取得了显著的成效。

与此同时，最高人民法院还正在着力强化由法院主导的多元化纠纷解决机制，以有效缓解（"立案登记制度"改革[2]等多重因素影响下的）案件数量呈几何式增长和（"法官员额制度"改革[3]等多重因素影响下的）办案人数阶段性减少两种情形相互作用下形成的案多人少这一突出问题。正如前文所述，最高人民法院2016年同时发布的《多元化改革意见》和《关于人民法院特邀调解的规定》，成为贯彻落实中央深化多元化纠纷解决机制改革精神的重要举措。[4]随后，最高人民法院又于2017年2月在安徽省马鞍山市召开了"全国法院深入推进多元化纠纷解决机制改革暨示范法院经验交流会"，进一步深入总结经验、强力部署推进。正如最高人民法院李少平副院长所言："统筹推进多元化纠纷解决机制，才能做到优化司法资源配置，满足人民群众多元司法需求，促进社会治理体系和治理能力现代化。各地法院应当积极借鉴推广多元化纠纷解决机制改革试点法院特别是示范法院创造和形成的成果经验，坚持党政主导，构建多元纠纷解决工作格局，形成纠纷解决合力。"[5]

（二）考核指标及制度理念困扰下的司法实践——法院调解的境况

经过长期持续的司法体制改革特别是审判方式改革，已经取得了包括

---

[1] 《坚持党对人民法院工作的绝对领导》，《人民法院报》2019年2月23日第1版。

[2] 所谓"立案登记制度"，即法院接到当事人提交的民事起诉状时，对符合法定条件的起诉，应当登记立案。从2015年5月1日起，法院立案审查制变革为登记制。此项改革旨在缓解人民群众起诉难的问题。有关信息参见《关于人民法院推行立案登记制改革的意见》（法发〔2015〕6号）。

[3] 所谓"员额"，即人员的定额。新一轮司法改革中的"法官员额制度"，即在将法院内部司法人员分为法官、审判辅助人员和司法行政人员，并采用有别于普通公务员管理模式的基础上，根据法院辖区经济社会发展水平、人口数量、案件数量和案件类型等基础数据，结合法院审级职能、法官工作量、审判辅助人员配置、办案保障条件等因素，科学确定四级法院的法官员额。简言之，法官员额制度改革旨在制定一套标准、通过严格考核，确保综合业务素质最好、审判工作能力最强、具有审判资格的人员最终成为员额法官，从而保障审判队伍的公正高效权威。有关信息参见中国社会科学院语言研究所词典编辑室编：《现代汉语词典（第6版）》，北京，商务印书馆，2013年版，第1599页；最高人民法院白皮书：《中国法院的司法改革》，北京，人民法院出版社，2016年版，第37页；中央政法委《关于司法体制改革试点若干问题的框架意见》（中政委〔2014〕22号文件）第三项规定；最高人民法院《关于全面深化人民法院改革的意见——人民法院第四个五年改革纲要（2014—2018）》（法发〔2015〕3号）第49项规定。

[4] 罗书臻：《最高人民法院发布深化多元化改革意见》，《人民法院报》2016年6月30日第1版。

[5] 周瑞平《李少平：不断提升多元化纠纷解决机制改革法治化水平》，《人民法院报》2017年2月17日第1版。

正式确立基本司法原则、诉讼工作机制步入契合司法规律之正轨等一系列阶段性成果。与此同时，同法院调解工作相关的民事诉讼法律制度也日益规范和健全。客观地讲，法院主导的调解实践已经贯穿于民事诉讼活动的全过程：从起诉之初到开庭之前，从开庭之后到判决之前，从一审环节到上诉阶段，只要诉讼当事人同意，法院都可以进行调解。[①]法院调解在国家司法诉讼工作中的地位和分量，由此可见一斑。当然，也必须看到，法院调解在充分运用司法权威、有力彰显司法权自身优势的同时，也存在着不少问题。特别是作为上位制度的调解所具有的规范性不足、稳定性不够等一系列问题以及司法权的内在固有弊端，在作为其下位制度的法院调解实践中也有全方位的暴露。除此之外，还需要正视的现实问题是，现行绩效考核体系中个别考核指标以及经其所强化的部分制度理念，正在强势主导着当下法院系统的司法实践，从而进一步加剧了法院调解制度的内在缺陷。

众所周知，特定制度的核心理念就是其内在灵魂，也是该项制度安排能否得以及时更新和有效维系并充分发挥正效应的关键所在。然而，目前主导法院司法工作的"结案率"等考核指标，以及被其进一步强化的理念，却使法院调解实践呈现出与当下中国社会治理目标极不相符的"逆向性"。其突出表现就是，功利主义倾向大行其道，以至于法院调解制度的功能未能得到合理的发掘，而是畸形地呈现于世。

1. 从调解的数量上看，法院调解往往会被地方各级法院过度运用。司法实践中，大量的矛盾纠纷以案件的形式进入法院后，很多（甚至完全）不适合于调解的案件，也被堂而皇之地通过调解结案，从而营造出了法院调解"热闹非凡"的场面。具体而言，法院调解在借助发扬传统优势而"高调复兴"的同时，也不可避免地被掺杂和吸附了调解制度所特有的某些弊端。而且令人担心的是，这些弊端经过国家司法权的包装和粉饰，变得在形式上更为隐蔽、在实质上危害更大。法院工作人员往往以争议的暂时性化解和形式上的结案即"调解率"为直接追求，而未能有效体现法院调解是"国家司法人员在国家审判机关内部主导进行的治理实践"这一根本特征，以此推动法

---

① 《民事诉讼法》第九条：人民法院审理民事案件，应当根据自愿和合法的原则进行调解；调解不成，应当及时判决。第一百二十五条：当事人起诉到人民法院的民事纠纷，适宜调解的，先行调解，但当事人拒绝调解的除外。第一百三十六条：人民法院对受理的案件，分别情形，予以处理：……（二）开庭前可以调解的，采取调解方式及时解决纠纷；第一百四十五条：……判决前能够调解的，还可以进行调解，调解不成，应当及时判决。第一百七十九条：第二审人民法院审理上诉案件，可以进行调解。

治秩序与社会和谐氛围的有效形成。

尤其是许多应当以裁定或者判决结案的案件，也或主动或被动地成为提升法院调解率的有效"注脚"，这就明显与法院调解的制度预期背道而驰了。以近年来数量急剧攀升的民间借贷案件为例，一些审判人员在办理以现金交付的民间借贷案件过程中，对极有可能涉嫌虚假诉讼、恶意诉讼的违法情形熟视无睹，对于交付凭证、支付能力、交易习惯、借贷金额的大小、当事人之间的相互关系以及当事人陈述的交易细节等综合因素未能给予必要的综合性判断，最终竟然仍以调解方式随意结案，[①]致使国家司法机关以及司法诉讼制度有可能沦为违法犯罪分子非法牟利的工具，进而为社会和谐稳定埋下重大隐患。

2. 从调解的质量上看，法院调解往往会沦为司法诉讼实践中的"走过场"。经调研，令笔者感到意外的是，包括离婚等案件在内的许多本身适于调解，而且《民事诉讼法》及有关司法解释也明确规定调解为必经程序的案件，相关司法人员却往往没有全身心地投入调解案件，更没有对案件当事人做细致入微的思想工作。他们是否会积极主动地实施调解，完全取决于该类案件是否更便于通过调解结案。否则，即便是作为审理环节的法定前置程序，调解往往也只是应付法院系统内部绩效考核的"形式"而已。既然如此，其他类似于"法官既要注重提升法律业务，还要强化综合素质；法官既要懂得分析当事人心理，又要善于抓住有利时机，巧妙运用语言技巧；法官既要亲力亲为，更要善于借助社会各方力量来化解矛盾"这一系列有关助推法院调解制度实效的实质性要求，自然也就无从谈起了。

实践中，很多法院只好通过聘任调解员来刻意改变这一状况，但效果并不理想。笔者在 H 省 D 市 T 县人民法院调研时发现，该法院在工作经费非常紧张的情况下，从社会上聘请了 8 名退休法官和律师担任调解员，以协助其开展法院调解工作。然而，面对各色令人头疼的矛盾争议和有些"难缠"的纠纷当事人，每天 80 元、调解一起纠纷 100 元的酬劳，对于这一群体来说，实在是没有什么吸引力。正如其中一位被聘的调解员所说，"我们在这里干调解工作，一方面是看院长的面子，另一方面也就是因为法律人的情怀"。特别值得一提的是，该法院的诉前调解委员会，作为法院开展调解工作的重要内设机构，其核心组成人员是县司法局派驻法院的公职律师。然而，这些人的工作积极性相对更差，根本原因在于，虽然同在法

---

① 姜海军、薛春燕：《民间借贷纠纷中可能隐藏涉黑犯罪的"表现"》，《江苏法制报》2019年6月18日00C版。

院工作，却不被同等看待，无法享受有关待遇。

上述现实问题的客观存在，导致法院调解制度的内在功能难以得到充分的发挥，与其他制度相衔接的规模效应也受到了很大影响，使其很难适应当下中国司法制度发展和运作的客观需要，并从根本上严重妨碍了中国法院调解制度乃至大调解机制的现代化转型，因而必须从形式到内容、从载体到精神、从静态到动态等多维度着手对其进行改造，使其能够尽快适应社会治理现代化的现实需求。

综上所述，司法审判作为主导性的社会控制手段，存在着明显的功能性障碍；而法院调解亦有其突出的弊端。一些法官在司法实践中已经产生了究竟是秉持"被动谦抑"的司法本性，还是肩负"能动介入"的时代使命的困惑。司法诉讼制度自身及其广大社会受众，均处于因制度实践的不确定性以及制度实践与制度预期之间的巨大反差而引发的迷茫之中，其社会治理效果的提升空间依然很大。

二、民间 ADR——以人民调解制度为例

就 ADR（解决争议的替代方式，简称"ADR"）而言，从广义上来讲，包括后文的行政性纠纷解决机制和民间 ADR，具体指在司法权之外，通过调解、和解、申诉、仲裁、谈判等非诉讼形式，有第三人参加或者自主解决纠纷的方法、机制的总称。其中的民间 ADR，它不同于由行政权或者司法权等国家公权力所主导的救济途径，而是由公权力之外的社会主体（涵盖组织或者个人）主持的非诉讼纠纷解决机制。[①] 当下国内外关于民间 ADR 的理论研究文献可谓是汗牛充栋，其中，一些国内学者对其特征、作用和弊端等相关问题都已做了相当完备且详尽的论述和梳理。[②] 因此，笔者就上述问题不再作简单重复，只就其中的一个主要类型——人民调解制度进行分析。

（一）与其法律地位不相匹配的制度实践

就"交易费用"而言，国家主导的强制性制度变迁能够在很大程度上节约组织成本、学习成本和实施成本，而且政府权威能够有效地克服制度

---

① 对于行政性纠纷解决机制是否属于 ADR 的范畴，尽管理论界尚存在一定争议，但大多数学者还是倾向于肯定意见。因为，ADR 究其本源还是以非诉讼纠纷解决制度为其内核，更何况，它还是一个开放的概念体系。有关 ADR 的详尽论述，可参见范愉：《纠纷解决的理论与实践》，北京，清华大学出版社，2007 年版，第 141 页。

② 相关学术成果很多，如范愉：《非诉讼纠纷解决机制研究》，北京，中国人民大学出版社，2000 年版；沈恒斌：《多元化纠纷解决机制原理与实务》，厦门，厦门大学出版社，2005 年版；等等。

变迁中存在的阻力。然而，由于强制性制度变迁语境下的特定制度安排，是由国家层面专门设计出来的，而不是通过利益主体反复博弈产生，因此，其背后可能存在不容忽视的制度性弊端或缺陷。因此，首先要考虑和关注的问题是，特定制度安排本身在实践运行中的具体情况。

从人民调解制度的文化基础、发展历程、运行实效以及《宪法》和《村民委员会组织法》《居民委员会组织法》等的立法初衷来看，人民调解制度至少承载着解决基层社会矛盾纠纷、协调社会成员关系等诸多社会性任务和推进基层社会治理、规范基层社会自治、维护基层社会和谐等系列政治性使命。①事实表明，作为一项已经上升到宪法高度的纠纷解决制度，在其制度实践中，人民调解的确因其具有民间性、便捷性、平等性和协商性等诸多明显优势而已经发挥并将继续发挥重大作用。特别是伴随着"大调解"机制的闪亮登场，人民调解制度再次受到了国家和社会等多个层面的垂青。尽管具备诸多有利条件，但其纠纷解决实践却充分表明，依然不能盲目乐观。

1. 认识层面依然有偏差。现实表明，依然有不少地方和部门一如既往地轻视人民调解的制度功能，固执地将人民调解看作是可有可无的"软性职能"，过分地倚重带有强制色彩的司法制度和行政强制等"硬性措施"。这不但导致了人民调解相关工作难以列入这些地方政府的重要议事日程，也使得该地、该领域无法真正形成普遍关心、认可和支持人民调解工作的社会氛围，以及各部门、机构与人民调解组织之间共同参与、齐抓共管的社会治理工作格局。而且，更为危险、更需要警惕和防范的是，纠纷解决实践中的刚柔失衡、软硬失序，使得众多纠纷当事人动辄便走上行政复议、司法诉讼乃至"赴省进京"的上访之路，或者干脆"用拳头说话"；而孤军作战的调解人员对此类矛盾纠纷却无可奈何，当然也就无所作为。

2. 保障层面依然不到位。必须看到，当前一些地方尤其是中西部地区的基层地方政府以及司法行政机关对本地人民调解工作的支持力度亟待提

---

① 《宪法》第一百一十一条第二款规定："居民委员会、村民委员会设人民调解、治安保卫、公共卫生等委员会，办理本居住地区的公共事务和公益事业，调解民间纠纷，协助维护社会治安，并且向人民政府反映群众的意见、要求和提出建议。"《村民委员会组织法》第二条第二款规定："村民委员会办理本村的公共事务和公益事业，调解民间纠纷，协助维护社会治安，向人民政府反映村民的意见、要求和提出建议。"第七条规定："村民委员会根据需要设人民调解、治安保卫、公共卫生与计划生育等委员会。村民委员会成员可以兼任下属委员会的成员。"《居民委员会组织法》第三条规定："居民委员会的任务：……（三）调解民间纠纷"。第十三条规定："居民委员会根据需要设人民调解、治安保卫、公共卫生等委员会。"

升，在工作软硬件的配备和业务能力的培训指导等方面做得都很不到位。特别是人民调解委员会的工作经费长期难以得到保障，而调解员的工作补贴更是难以落实。①一些地方连制作调解文书的费用都无法解决，更遑论调解员的学习和培训费用。经费困难不但严重制约了调解工作的正常开展，也极大地挫伤了调解员的工作积极性。同时，一些地方政府及其部门对人民调解缺乏近距离的、切实有效的业务指导。一些乡（镇）、街道仍然是依靠司法所"单打独斗"，致使一些并不是很复杂的纠纷也无法得到圆满解决。总而言之，基层地方政府的工作方式仍然是传统的宏观式的制度性指导，没有将重心下移并在社会基层建立专司排查调处苗头性纠纷的指导小组，当然也就没有提供制度实践所需求的有效供给。

人民调解工作当前面临的核心问题还不是如何排除和克服所面临的诸多不利外部因素，而是如何尽快实现有效的制度转型，特别是如何解决好自身存在的问题以适应时代的现实需要。在《人民调解法》已然出台、《民事诉讼法》已经作出明确规定，即人民调解工作有法可依的情况下，当前最为重要、最需要解决的问题，是尽快强化该制度的组织建设和提高调解员队伍的综合素质。

（二）权威缺失——亟待强化的调解员队伍建设

笔者以为，基于中国社会的总体状况以及现阶段的纠纷特点，人民调解制度的权威性和公信力以及纠纷解决的效果关键在于调解人员。然而，人民调解员队伍的现实状况却非常不乐观。②特别是乡（镇）、街道以及村（组）的人民调解员，不少人法律知识贫乏、政策水平较低，有些甚至连制作调解记录和调解文书都有困难，工作力不从心。同时，受基本能力和素质所限，调解员的工作方法非常陈旧，已经大大落后于现实需要，基本上还停留在说教和情感影响上，停留在传统的"和稀泥"式的劝架水平上，甚至只知道倾听，不能解决问题。尤其是在处理一些稍显复杂的纠纷时，调解员更是手足无措，根本无法使纠纷当事人心服口服，以致调解效果不尽如人意。调解员文化程度较低、年龄结构不合理等现实问题，已成为目前制约人民调解队伍建设乃至实现其制度预期的主要瓶颈。

---

① 笔者经调研获知，即便是数额本来就很低的村委会委员（含负责调解工作的委员，即下设调委会的主任）的误工补贴，也存在着拖欠现象，能否及时兑现还得视各村集体经济状况而定。

② 司法部出台的《人民调解工作若干规定》第十四条规定："担任人民调解员的条件是：为人公正，联系群众，热心人民调解工作，具有一定法律、政策水平和文化水平。乡镇、街道人民调解委员会委员应当具备高中以上文化程度。"但笔者所在的经济发展相对落后的西北某市辖区，目前还有近30%的调解员系高中以下文化程度。

更为严重的是，人民调解的组织建设任务依然艰巨。众多企业和行业的调解组织覆盖率还比较低；有些乡（镇）、街道的人民调解组织十分松散，力量非常单薄，几乎没有固定工作人员，绝大多数都是兼职，工作极易顾此失彼。不少村级调解组织几乎形同虚设，遇到矛盾纠纷能推则推、能拖则拖。调解员队伍很不稳定，人员产生的程序也极不规范，且更换频繁，几乎无法做到专职专用，调解工作的熟悉程度以及工作连续性都很差。特别是人员队伍的新陈代谢机制尚未形成，难以实现队伍构成的新老交替，更无力吸引优秀人员从事此项工作。同时，由于人力紧张、缺乏程序意识等主客观原因，调解员在调解办案中经常单独行动，调解过程失去了必要的监督，使得本来就缺乏权威的人民调解制度在公正性和社会公信力上均受到了更大的质疑。

案例八：面对未成年人监护权纠纷而无可奈何的人民调解员[①]

H省Z市G县郑女士和王先生于2015年结婚，婚后育有一女。自2018年起，双方因家庭琐事多次发生争吵，遂于2019年底协议离婚，郑女士取得对孩子的监护权。离婚后，郑女士将孩子交由父母抚养，自己出外打工。2020年，王先生探望孩子时明确主张由自己行使对孩子的监护权，郑父就此与王先生发生激烈争吵。郑女士所在"村组"[②]的人民调解委员会掌握该纠纷线索后，主动安排夏调解员介入开展调解工作。

在夏调解员的初次调解中，王先生认为郑女士外出打工将孩子交给其父母抚养，根本就没有尽到抚养义务，要求将孩子由自己带回抚养；郑父则认为自己在尽心尽力抚养孩子，至于王先生则从不关心孩子日常生活，不是一个合格的父亲，并要求王某不得再来探视孩子。双方情绪非常激动，彼此之间互不相让。夏调解员只能按照当地"四级七天"调解工作机制[③]的基本要求，将该纠纷上报至该村的人民调解委员会。

村调委会受理纠纷后，责成黄调解员负责调解。黄调解员告知郑

---

① 该案例系笔者在H省调研期间，由H省Z市G县党委政法委提供。

② 在中国农村地区，行政村是基层群众自治组织。为了便于管理，各行政村往往依据地形地貌等因素，由村民委员会将该行政村划分为若干"村民小组"（简称"村组"，有些地区也称之为"社"）。村民小组不是一级组织，不具有法人资格。

③ H省Z市G县党委、政府于2014年出台规定，要求"村组、村、司法所、镇"四个层级必须在七个工作日内完成对纠纷的调处化解工作。

父：男女离婚后任何一方对婚生子女的探视权均受法律保护，任何人都无权阻止亲生父亲探视孩子。郑父表示，自己也明白这一点，但对方要将外孙女带走实在舍不得，而且也没法给郑女士交代。与此同时，王先生因故无法到村调委会参加调解，而且表示他一定会接走孩子，此事没有商量余地。黄调解员眼见双方依然僵持不下，只得把纠纷上报至镇司法所人民调解委员会。

2020年8月14日，因郑女士在外打工无法及时赶回，镇司法所调委会的华调解员召集王先生和郑父再次进行调解。调解中，王先生认为孩子已经成为事实上的留守儿童，长此以往会严重影响孩子身心健康，坚持要将孩子带走；而郑父始终坚持原有意见。然而，令华调解员颇有"挫败感"的并非双方的僵持不下，而是彼此攻击的双方当事人竟然一致认为，其作为调解员，根本就不适合主持该调解工作：华调解员虽已三十多岁，但尚未成家，其既无法理解体会孩子对于他们这种特殊家庭的重要性，更无法预知和想象因缺失父（母）爱可能给孩子带来的伤痛。眼见双方依然无法达成一致，华调解员只能中止调解，并告知双方，待郑女士回家后再协商解决抚养权的归属问题，在此期间郑父不得阻碍王先生正常探视孩子，王先生也不可冲动行事。

2020年8月23日，郑父突然到镇派出所报案称自己外孙女不见了，并怀疑是被王先生偷走了。派出所处警后，立即传唤王先生询问情况，在得到王先生的肯定答复后，当即对其进行了严厉批评，同时也将案件反馈至镇综治中心。由镇综治中心牵头，联合镇司法所、镇派出所、镇基层法律服务所、镇妇联和镇基层法庭组成联合调解小组，召集王先生和郑女士之父母就孩子抚养权归属问题再次进行调解。调解小组从《宪法》《民法典》《未成年人保护法》等多项法律法规入手，对成长环境、教育水平、生活条件等多方面进行了全面对比，并征求郑女士和孩子的意见后，最终在镇派出所、镇司法所、镇调委会见证下，王先生与郑女士父母达成口头协议：第一，孩子交由王先生抚养，郑女士可以不承担抚养费；第二，王先生保证郑女士及其父母探视权，不得以任何理由拒绝、干扰其正常行使此项权利。

农村留守儿童的健康成长是当前全社会高度关注的重大问题。《未成年人保护法》第二十四条、《民法典》第一千零八十六条等法律相关条款，以及国家最高司法机关围绕适用《民法典》出台的司法解释，就夫妻离婚后对子女的探视权、监护权以及监护权变更等方面的内容都已经作出了明确规定。上文案例中，在纠纷双方当事人因孩子的监护权问题引起的矛盾中，双方实际上都存在过错，但双方的行为也都是基于为了孩子的良好初衷。联合调解小组准确抓住父母、长辈的心理特点，以孩子的茁壮成长为突破口进行了全面对比评估，并就双方最关心的探视问题及其权利和义务进行了明确，从而达到了案结事了的目的，也使孩子有了更好的生活、学习环境。

然而需要注意的是，在该案例中，从村组到村，再到镇司法所，三个层级的人民调解委员会都无法解决这一看似情节简单、事实清楚、症结明了的婚姻家庭纠纷，特别是其中处于最高层级的镇司法所的人民调解员还遭到了双方当事人的强烈质疑。直到孩子父亲实施了"偷盗"孩子的违法行为、处置违法行为的镇公安派出所将此案件反馈至镇综治中心之后，才使得纠纷的解决出现了转机。最终由镇综治中心牵头派出所、司法所、妇联、法庭等多个基层治理主体形成的联合调解小组，才将纠纷化解。行文至此可以看到，最终解决这一纠纷的主体早已不是人民调解组织了，而是一众肩负普法宣传、治安管理、司法裁判、妇女儿童权益保障等法定职能的公权机关及其联合体；其解决纠纷所依托的也早已不是合意、自治等贯穿人民调解制度的精神和原则，而是上述公权主体基于国家法律刚性规定所特有的威权色彩和强制性。

就这一特定家庭纠纷的化解工作而言，从过程来说，当地人民调解组织的有效排查预防、主动介入调解、及时上报转交诸多环节的工作都非常值得肯定。这也表明，经过近年来的持续努力，中国的基层社会治理水平确实得到了有效提升。然而，从结果来看，多个层级的人民调解委员会及其工作人员尽管也付出了很多努力、作了很多尝试，但最终还是无法解决问题，显得非常无奈，甚至连调解员个人的职业权威都受到了纠纷当事人的严重质疑，其工作积极性特别是本就不高的职业尊荣感必然会受到沉重打击。因此可以说，在这一婚姻家庭纠纷面前，人民调解实际上已经实实在在地打了一场"败仗"。

上述问题的存在充分说明，人民调解制度的现实作用与其制度预期是极不相称的。既如此，在面对纠纷时，又何以要求众多纠纷当事人将其解决纠纷、救济权利的基本需求托付于人民调解制度及其组织和人员呢？

三、行政性纠纷解决机制——以行政复议制度为例

行政性纠纷解决机制，即设立于国家行政主体之内、运行于行政过程之中的纠纷解决制度，包括行政申诉、行政复议、行政裁决、信访以及本书的研究对象——行政调解等基本形式。众所周知，在纠纷解决制度的选

择上，"司法最终"并不意味着"司法最优"，更不意味着"司法唯一"；赋予行政主体以解决纠纷的资质和权力，能够为当事人提供更多的、有时甚至是更好的制度选择。在当代社会治理现实需求的催生下，行政性纠纷解决机制提供了一条区别于司法制度的公权力救济途径，[①]反映了行政权力与社会治理方式及其关系的调整和转变。当然，此类机制的功能和正当性以及社会对其的需求，都与行政权力的运用方式及其理念的变化息息相关。尽管同属于非诉讼型的 ADR 制度，尽管都存在固有的制度性缺陷，但以人民调解为代表的民间性 ADR 在国家的强力推动下，已经进入了一个新的发展阶段。相较于此，出于对行政权力扩张性的忌惮，以及受其他因素的影响，中国行政性纠纷解决机制的功能和优势始终未能达致其制度设计的初衷，即未能完全实现社会民众对其的制度预期。

以行政裁决制度为例，作为一种准司法性质的行政行为，纠纷当事人并不总是希望将纠纷交由行政机关进行"一刀两断"式的裁断，而行政机关对于履行法定的裁决职能也是瞻前顾后、徘徊不前。正是基于以上客观因素的存在，中国行政裁决的制度优势并未充分显现出来。特别是现有的法律未能对行政裁决制度作出全面、具体、翔实的专门性要求，仅有一些模糊而笼统的规定，诸多环节都存在重大的制度缺失甚至法律空白。例如，在《土地管理法》《森林法》等国家立法之中，只是在法理上赋予行政机关可以依法实施行政裁决的权力，但是对于裁决过程中是否需要搜集证据、如何确认证据等关键环节的内容却没有作任何的规定和要求。[②]可以看到，该项制度的程序性规定依旧很不完备。甚至无论是在规范性法律文本中，还是在具体行政实践中，对于行政机关作出的行政裁决的称谓都非常随意，既不统一也不规范。如此造成的严重后果是，多样化的混乱表述严重影响了行政裁决在社会民众心目中的权威性和公信力。更为突出的问题是，作为纠纷当事人的公民、法人或其他组织，如果对行政机关作出的行政裁决不服，这时候究竟是提起行政诉讼还是民事诉讼呢？根据《行政诉讼法》第十三条第（四）项之规定，法院对于"法律规定由行政机关最终裁决的行政行为"不予受理。换言之，如果是行政机关可以依照职权裁决但并非裁决终局的争议，假定当事人不服行政机关的裁决结果，法院对于以该裁决机关为被告提起的行政诉讼

---

① 当然，行政复议、行政裁决、行政仲裁等制度均具有一定的准司法性，特别是行政复议制度，因而被许多学者直接称为"准诉讼制度"。参见蔡仕鹏：《法社会学视野下的行政纠纷解决机制》，《中国法学》2006 年第 3 期。但它们毕竟与司法诉讼制度还是有着诸多区别，绝不可混为一谈。

② 例如《土地管理法》第十四条规定，"土地所有权和使用权争议，由当事人协商解决；协商不成的，由人民政府处理"。

事项就应当受理。那么，如此规定会带来何种后果呢？当然，除此之外，还有很多突出问题，受篇幅所限，此处就不再一一列举了。总而言之，这些制度性弊端和不足如果不能尽快消除的话，所谓"发挥化解民事纠纷的分流阀作用"的制度预期，也就只能渐行渐远了。

可以看到，对行政性纠纷解决机制进行调整和重构，已经成为当下社会治理的迫切需求。笔者于下文针对行政复议制度进行的分析，就是对此类机制运作境况的具体说明。客观地讲，中国行政复议制度具有公正高效、便民为民的制度优势，也的确发挥了化解行政争议的重要作用。其基本功能经历了从内部监督、自我纠错到解决行政争议、实现权利救济、促进社会和谐的嬗变。显然，这是该项制度安排为了回应行政争议激增而做出的务实性转向。制度功能的转变，就必然要求建构与之相配套的具体制度设计，否则就只能停留在理论设想之上。从纠纷解决功能的视角来看，行政复议的制度实践应该既能够发挥行政功能、克服司法审查的不足，又能够吸纳司法制度的特点、扬弃纯行政的缺陷，有力推动在政府系统内部及时纠正违法或者不当行政行为，从而将行政争议化解在基层和萌芽状态。[①] 然而，现实充分表明，行政复议的制度实践与该项制度的基本预期之间，依然存在着较大的差距。

（一）复议机关的独立性依然不足

诚如威廉·韦德所言，"不做自己案件的法官"这一原则并不仅仅局限于国家司法权，而是也同样适用于国家行政权。[②] 必须看到，就中国行政复议制度而言，复议机关独立性的欠缺，几乎成为整个制度运行中最为致命的缺陷。长期以来，行政复议被简单地等同于行政机关的一项管理活动，在行政管理制度惯性作用下对"行政首长负责制"的突出强调，导致行政复议机关及其具体办案人员并无独立的判断权。因而，这就必然注定了行政复议机关会或多或少地带有依附性特征。很显然，如果这一弊端不能尽早消除，通过实施该项制度以实现"复议为民"宗旨的制度预期也将必然落空。[③]

透过《行政复议法》相关规定可以看到，行政复议机关与具体行政行为的实施者即行政复议被申请人的关系较为特殊：二者要么是上下级关系，

---

① 孟鸿志、王欢：《我国行政复议制度的功能定位与重构》，《法学论坛》2008年第3期。

② 〔英〕威廉·韦德：《行政法》，徐炳等译，北京，中国大百科全书出版社，1997年版，第95页。

③ 赵大程：《提升行政复议公信力促进社会公平正义》，《学习时报》2019年9月18日第3版。

要么就完全重合。① 如此一来，行政复议机关及其复议行为的中立性就很难得到保证，其复议结果的公正性则更是难以得到保障。这一情形在由作为县级以上各级政府办事机构的法制办担当行政复议机关的时代尤显突出，无论是申请人还是被申请人，均将行政复议机关当作政府本身对待，甚至认为行政复议机关所作的复议决定，往往就是政府负责人个人意志的体现，因此，其公正性难免受到强烈质疑。既然各级行政复议机关都被认定为政府内设机构而难以真正"独立"行事，因此也就很难获得行政争议当事人特别是行政相对人的信任。

尽管根据 2019 年国家机构改革精神，由同级司法行政部门和法制办职责整合之后成立的新的司法行政部门担当行政复议机关，② 其独立性要相对更强一些，但在实际工作中依然面临亟待消除的窘境。特别值得警醒的现实情形是，不论是作为申请人的行政相对人，还是作为被申请人的行政机关，均在很大程度上认为行政复议机关与复议被申请人是"一伙儿的"，因此，对复议结果的公正性并不完全认可。具体而言，从复议申请人的角度出发，其申请行政复议，就是为了让政府和复议被申请人一起成为后续行政诉讼的被告，以期达到提级管辖和变相给政府及其有关部门施加压力的目的；从复议被申请人的角度出发，作为复议机关的司法局也是政府部门，大家同受本级政府领导，作出"维持"的复议决定就是对其工作的支持，否则就是"拆自己的台""坏自己的事"，就是"不给政府分管领导面子"。长此以往，行政复议机关必将不敢纠错甚至不愿纠错，行政复议制度势必流于形式。

（二）合意性纠纷解决方式依然运转不畅

笔者以为，中国行政复议制度的最大亮点就是，有机结合了合意性纠纷解决机制的特长与准诉讼制度的优势。特别是"解决行政争议不适用和解与调解"的制度坚冰，已经被《行政复议法实施条例》所打破，从而适应并推动了复议制度功能的重大转变。然而，尽管如此，在行政复议制度的有关具体规定及其实践中却依然存在着重大缺陷。

1. 适用范围过窄。根据法律规定，运用"和解"的方式来解决行政争议，一般出现在行政相对人对行政机关行使裁量权作出的具体行政行为不服而申请行政复议的情形之中；运用"调解"的方式来解决行政争议，则除了适用于前述情形之外，还涉及行政赔偿和行政补偿纠纷。显然，这里

---

① 参见《行政复议法》第十二、十三、十四条之规定。

② 张维：《全面深化司法行政改革再次吹响冲锋号》，《法制日报》2019 年 1 月 29 日第 1 版。

遗漏了行政合同行为。尽管理论界对于行政合同的有关问题依然存在着较大分歧，但起码已经达成了一个基本共识，即行政合同必须具备"合同"的基本属性，行政机关应当在与行政相对人协商并取得其同意的基础上达成协议。因此，当行政相对人因行政合同产生的纠纷而申请复议时，行政复议制度应当明确行政复议机关将其纳入行政复议范围，并通过调解或者和解的方式加以解决。

2. 程序规范严重缺失。关于当前中国行政复议制度实践中的调解活动，令人意外的是，纵观其基本法律依据——即使是2023年新修订的《行政复议法》，也少有程序性规定；至于《行政复议法实施条例》，也只是在其第五十条第二款和第三款中，对于行政复议调解书应当载明的内容以及加盖印章、法律效力等事项进行了极其简约的表述。如此"惜字如金"、如此节约立法资源的立法风格，最为直观的后果就是由于基本法律规定的空白而引发的基层社会治理实践中的乱象。无疑，缺乏程序有力保障的"强制性合意"，最终很有可能沦落为严重违背和解与调解初衷的"合意"。尽管程序简约是行政复议制度效率性的重要保证，然而，如果因为没有相应的基本程序规范，使得居中的第三方失去了基本的约束以及纠纷当事人及其权利失去了基本的保障，那么行政复议机关甚或作为一方当事人的行政主体，强迫行政相对人接受和解或者调解的非法行为也就在所难免。

3. 实践操作难度大。笔者调研发现，在行政复议制度实践中，行政主体因为行使裁量权作出的具体行政行为被申请行政复议时，行政复议机关往往并不愿意通过调解解决争议。其根本原因就在于，行政复议调解书的法律效力依然不够明确。虽然早在机构改革前由地方政府法制办承担行政复议工作的时代，国务院法制办行政复议司通过其编著的《行政复议办案规程与法律文书范本》这一"工作指南"就已经明确指出，经过双方签字的行政复议调解书具有法律效力，可以作为申请法院（强制）执行的依据。[①]然而，笔者通过走访市县行政复议机关及其工作人员发现，法院的行政庭往往是把行政复议调解书作为行政机关作出的具体行政行为来受理；但在行政机关申请强制执行时却将其挡在门外。同时，很多从事行政复议工作的实务人员也认为，此类案件的调解一旦放开，行政复议机关将面临巨大压力。特别是环保领域、食品药品领域行政处罚类案件的处罚金额一般较大，行政复议申请人为了达到自身目的，可能通过各种方式和渠道向

---

① 参见国务院法制办行政复议司编：《行政复议办案规程与法律文书范本》，北京，人民出版社，2008年版。

行政复议机关施加压力；作为行政复议被申请人的行政机关及其工作人员也可能为了缓解自身压力，鼓动申请人要求行政复议机关实施调解。如此将导致行政复议阶段的调解最终被异化为另一层面的执法"放水"，只不过，此时承担法律责任的主体，已经由最初的行政机关及其执法人员，变成了行政复议机关及其工作人员。

（三）行政复议体制改革带来了严峻挑战

正是基于以上种种突出问题，2020 年 2 月，中央全面依法治国委员会第三次会议正式审议通过了《行政复议体制改革方案》，旨在优化行政复议资源的配置、强化行政复议制度的实效。其中，最为核心的改革举措就是：除实行垂直领导的行政机关（包含税务机关和国家安全机关）之外，由各级政府统一行使行政复议权。简而言之，省、市、县三级政府分级统一履行行政复议职责，集中办理行政复议案件，政府部门将不再受理新的行政复议案件。即，一级政府只有一个复议机关。然而，任何一项制度改革都有可能是双刃剑。怀有美好理想的行政复议体制改革，依然不可避免地对行政复议制度及其实践带来以下挑战。

1. 行政复议工作量将大幅增加，省市县三级行政复议机关难以承受改革之后的工作重任。行政复议体制改革后，行政复议领域必然呈现出案件种类更多、涉及范围更宽、复议监督领域更大进而案件数量大幅上升的趋势，行政复议的工作负担将更加沉重，当下的行政复议机关和人员势必很难适应和解决改革之后出现的新情况、新问题。以西部的 H 省为例，2019 年，该省省直各部门及省政府管理的法律、法规授权组织共办理各类行政许可、行政处罚案件等共计 42567 件；然而至 2020 年，仅 1—7 月 H 省省直各部门及省政府管理的法律、法规授权组织已办理各类行政许可、行政处罚案件等共计 101950 件。[①] 随着行政执法数量的剧增，必将会有更多的行政争议进入行政复议渠道。行政复议职责统一行使后，国家部委不再行使对省级政府工作部门的行政复议职责，以省政府各部门、各部门管理的法律法规授权组织和地级市政府作为被申请人的行政复议将统一由省政府（司法厅）审理。可以预见的是，由省政府（司法厅）受理的行政复议案件数量必然呈现剧烈上升的趋势。另外，省级行政复议机关在承担前述工作重担的同时，还必须从事对全省范围内行政复议以及行政应诉工作的管理、指导、监督、协调等大量工作，其工作内容之多、工作负担之重将超乎想象。

[①] 有关数据，系笔者于 2020 年 11 月在 H 省司法厅调研期间，由该单位行政复议与应诉处提供。

同时，随着"放管服"改革的深入推进，省直部门的行政执法权大量下放至市县两级部门，尤其是市场监督管理、交通运输、文化旅游、生态环境、农业农村等多个领域的综合行政执法权由市级行政机关集中行使，部分县区部门的行政执法权相对向市州部门集中，必然导致市一级的行政执法案件数量剧增。以中部 G 省省会 S 市为例，2019 年以来，全市办理各类行政许可、行政处罚案件以及实施其他行政行为达到 42 万多项（其中行政处罚 20 余万项），由此引发的行政争议呈爆炸式增长。伴随着民众维权意识的不断提升，以及国家对行政复议制度宣传力度的不断加大，行政相对人对行政复议制度及其高效、便民、快捷的功能认识程度不断提高，大量的行政争议会被行政相对方选择以行政复议程序解决，案件的多样性、复杂性及其所涉及的利害关系等问题必然会更加突出。相关部门能够承担这样的重任吗？仍以 S 市为例，该市司法局行政复议应诉科共有专职工作人员 3 名、兼职人员 2 名。2019 年，该机构全年办理行政复议案件共计173 件；然而至 2020 年，仅 1—7 月就已办理行政复议以及应诉案件多达150 件。[①] 客观形势表明，市县两级政府行政复议机关及其人员将难以有效承担改革后的工作任务。

2. 行政复议工作难度逐步加大，复议审查呈现司法化。改革之后，行政复议程序审查把关必将更加严格。一是要对行政复议案件进行全面审查，不仅审查行政行为的合法性，还要审查行政行为的合理性；既要审查行政行为是否符合法定程序，还要审查行政行为是否符合正当程序。二是作出行政复议决定之时，认定事实必须更加充分，说理必须更加透彻，对行政行为的评价必须更为客观全面。这对行政复议工作人员的专业化水平提出了更高的要求，许多没有取得法律职业资格以及兼职人员势必难以胜任该项工作。[②] 至于部分已经取得法律职业资格的人员则可能因为工作待遇低、职业保障不明确而转至其他岗位甚或辞职。三是对行政复议案件的证据认定和法律适用，将更趋专业化、司法化，行政复议机关特别是市县两级司法局在前往作为复议被申请人的行政机关开展调查、取证等工作时，其难度将会更大。一些作为复议被申请人的政府部门往往会认为，"大家都同属

---

① 有关数据，系笔者于 2020 年 11 月在 G 省司法厅调研期间，由该单位行政复议与应诉处提供。

② 根据 2017 年 9 月 1 日第十二届全国人大常委会第二十九次会议《关于修改〈中华人民共和国法官法〉等八部法律的决定》，对《行政复议法》作出修改，在第三条中增加一款，作为第二款："行政机关中初次从事行政复议的人员，应当通过国家统一法律职业资格考试取得法律职业资格。"

于政府序列，你司法局凭什么对我们指手画脚、查这查那的？”

综上可知，当下中国既有纠纷解决体系中的诉讼、非诉讼制度基于种种内因和外因，都形式不同、程度不等地呈现出了逊于其制度预期的运行现状。当然，对此加以归纳梳理，不是为了否定，而是为了能够对其加以完善。相形之下，对行政调解制度的理论基础、制度实践及其相关问题进行细致的分析和讨论，其必要性和现实性也就不言自明了。

第二节　对行政调解制度内在因素的解析

在明确了公民针对各类纠纷解决制度而产生的一般性需求，特别是针对行政调解制度而产生的特殊性需求之后，如何回应上述需求，即行政调解制度的供给，就成为必须加以讨论的核心问题。基于此，笔者将于下文分别从应然意义和实然意义的层面，对行政调解制度特别是其内在因素进行分析，以期探寻行政调解制度供求失衡的原因所在。

一、对行政调解制度比较优势的应然解读

任何制度都有其劣势和短板，当然，也有其比较优势。传统观念认为，"行政"应当与"调解"相对立而存在："行政"体现的是国家干涉主义，在程序上以职权主义为主导，行政机关与行政相对人之间的关系具有"管理"与"被管理"的纵向性；而在"调解"中，私人自治贯穿于整个过程，程序上以当事人主义为主导，调解机构与当事人之间是横向性的平等关系。[1]相较于前述纠纷解决制度，特别是与同属于调解制度范畴的人民调解、法院调解以及其他调解方式相比，行政调解制度集"行政"与"调解"二者之特色于一身，从而兼具了公权强制性、权威性和私权自治性、合意性的明显特质。应该看到，现代社会的转型，显著地引发了行政任务的扩展及其任务结构的转变。为适应行政任务的多元化，现代行政的作用手段和组织形态呈现出有别于传统行政的多样化特征。现代行政法治也因此面临着结构性的变革，以回应社会发展对行政任务多元化的诉求。是故，在行政职能多元化进而推动行政法治发生结构性变革[2]的时代背景下，行政调解活

---

[1] 刘靖华：《行政调解概念之实在法分析》，《安徽警官职业学院学报》2011年第3期。
[2] 必须承认，在一定程度上实现从"控制行政"取向的行政法学向"行政任务"取向的行政法学的转变，已经成为现代行政法学发展的一种趋势。有关分析，参见徐健：《行政任务的多元化与行政法的结构性变革》，《现代法学》2009年第3期。

动具有了不可替代的内生性制度优势，理应在多元化纠纷解决机制中占有一席之地。因此，笔者于下文在应然意义上对行政调解制度的比较优势及其功能进行论述。

（一）建构多元化服务型政府——彰显比较优势的宏观环境

众所周知，无论是何种制度安排，都必然立足于一定的客观环境，而且其与该环境之间有着极其密切的相关性。就行政调解制度而言，不论是判断其存在的必要性与合理性，还是评估是否具有便于其优势发挥的具体条件，或是确定其未来的发展方向以及前景，都必须依托于客观存在的宏观环境。经过 40 多年的改革开放，中国的经济体制改革已经逐渐步入"深水区"；政治和社会结构改革也进入了更为关键的攻坚期。如何建构"善治"政府，如何界定政府在社会治理进程中的角色定位，已然成为备受关注的重大问题。显而易见，党中央的执政思路及其系列宣示已经明确了上述问题的答案。

　　——2005 年，在十届全国人大三次会议上，时任国务院总理温家宝在《政府工作报告》中正式提出了建设"服务型政府"的目标。[①]

　　——2006 年，中共十六届六中全会明确强调，"健全党委领导、政府负责、社会协同、公众参与的社会管理格局，在服务中实施管理，在管理中体现服务"。[②]

　　——2007 年，中共十七大明确提出，"加快行政管理体制改革，建设服务型政府"。[③]

　　——2008 年，十七届中共中央政治局第四次集体学习，时任中共中央总书记胡锦涛指出，要"认真借鉴国外有益做法，促进服务型政府建设"。[④]

　　——2010 年，针对"社会管理和公共服务比较薄弱"的现状，在十一届全国人大三次会议上，时任国务院总理温家宝在《政府工作报告》中强调，"大力推进服务型政府建设……加快健全覆盖全民的公共

---

　　① 国务院研究室编写组：《十届全国人大三次会议〈政府工作报告〉辅导读本》，北京，人民出版社，2005 年版，第 145 页。

　　② 参见《中共中央关于构建社会主义和谐社会若干重大问题的决定》。

　　③ 胡锦涛：《高举中国特色社会主义伟大旗帜　为夺取全面建设小康社会新胜利而奋斗——在中国共产党第十七次全国代表大会上的报告》，《人民日报》2007 年 10 月 24 日第 1 版。

　　④ 《胡锦涛在中共中央政治局第四次集体学习时强调扎扎实实推进服务型政府建设　全面提高为人民服务能力和水平》，《人民日报》2008 年 2 月 24 日第 1 版。

服务体系，全面增强基本公共服务能力"。①

　　——2015 年，《法治政府建设实施纲要（2015—2020 年）》明确要求，"法治政府建设与创新政府、廉洁政府、服务型政府建设相结合……简政放权、放管结合、优化服务"。

　　——2016 年，在十二届全国人大四次会议上，国务院总理李克强在《政府工作报告》中强调，持续推进简政放权、放管结合、优化服务，不断提高政府效能。②

　　——2017 年，中共十九大再次重申，要"转变政府职能，深化简政放权，创新监管方式，增强政府公信力和执行力，建设人民满意的服务型政府"。③

　　——2019 年，中共十九届四中全会明确提出，"国家行政管理承担着按照党和国家决策部署推动经济社会发展、管理社会事务、服务人民群众的重大职责。必须坚持一切行政机关为人民服务、对人民负责、受人民监督，创新行政方式，提高行政效能，建设人民满意的服务型政府"。④

　　——2021 年，《法治政府建设实施纲要（2021—2025 年）》明确要求："加快建设服务型政府，提高政务服务效能。全面提升政务服务水平，完善首问负责、一次告知、一窗受理、自助办理等制度。加快推进政务服务'跨省通办'……"

　　显而易见，建构服务型政府，为经济、社会、文化发展提供更好、更加多元的公共服务，已经成为国家必须解决的重大实践课题。它既是各级政府及其职能部门的基本价值目标，也是公法学人必须加以深思和研究的重大理论课题。

　　就服务型政府的基本内涵而言，应当包括以下几个方面：以人为本是其治理理念；由全能政府向有限政府转变是其发展目标；依法行政是其行

---

　　①　国务院研究室编写组：《十一届全国人大三次会议〈政府工作报告〉辅导读本》，北京，人民出版社，2010 年版，第 34 页。

　　②　《总理说｜以敬民之心行简政之道，总理说这些事必须要做！》，http://www.gov.cn/xinwen/2016−08/11/content_5098862.htm，最后访问时间：2019 年 12 月 31 日。

　　③　习近平：《决胜全面建成小康社会　夺取新时代中国特色社会主义伟大胜利——在中国共产党第十九次全国代表大会上的报告》，《人民日报》2017 年 10 月 28 日第 1 版。

　　④　参见中共十九届四中全会《中共中央关于坚持和完善中国特色社会主义制度　推进国家治理体系和治理能力现代化若干重大问题的决定》。

为准则；违法必究是其问责机制。就服务型政府的主要职能而言，应当涵盖以下几个方面：在经济上，制定公平规则，确保市场经济的有效运行，弥补市场之不足，为社会提供市场不能够提供的公共产品和服务；在政治上，树立以民为本的治理理念，为社会各阶层提供一个安全、平等和民主的制度环境；在社会上，从长远眼光、全局利益出发，协调社会冲突，提供社会福利，确保社会健康发展。[①] 笔者以为，上述服务型政府的基本要素及其价值取向的实现，既离不开行政调解制度的良好实践，又为其彰显制度优势提供了必要条件。

（二）公共行政多元化职能——彰显比较优势的现实基础

透过行政法治的视角，从服务型政府的特定功能出发可以明确，"服务"是指导公权力行使的基础性公法原则，为社会提供良好的公共服务，是其公权行为的出发点和落脚点；除"秩序价值"之外的其他行政理念与服务理念相冲突时，应当优先考虑后者。进而言之，脱离法治驾驭的"绝对权力"的任意驰骋，无论如何都将是一种危险，即便是动机良善的政府行为也有可能伤害行政相对人的权利。[②] 因此，服务型政府要求当代的公共行政必须具备以下几种行政职能：

第一，兼具双重目标的规制行政。规制行政是通过限制个人以及社会组织的权利和自由，来实现政府目标的行政活动。例如，"交通规制、建筑规制、经济规制"等。[③] 规制行政经历了从消极维持社会秩序的"警察行政"，到当代兼有"消极行政"与（为形成良好的自然环境和社会环境，而对私人权利自由施加制约的）"积极行政"双重目标的跨越。在市场经济条件下，政府的公共权力需要从市场和社会适当地退出，但同时又要保留一定的管理职能，为经济活动和公民权利提供可靠的秩序保障。

第二，给付行政。大陆法系历来主张现代国家的任务就是为行政相对人的生存和发展提供尽可能完善的公共产品和公共服务。经过多年的工业化发展，"生存照顾"的内涵早已发生重大变迁，现在更加注重"政府及其他行政主体必须提供各种不同的服务措施，例如建立妥善的公共事业、社会救济……同时也着眼于国家经济之盛衰，往往是国家命脉及民生福利所系"。[④]

---

①　王丛虎：《我国服务型政府的行政法分析》，《中国行政管理》2007 年第 6 期。

②　陆伟明：《服务型政府的行政裁决职能及其规制》，《西南政法大学学报》2009 年第 2 期。

③　〔日〕盐野宏：《行政法》，杨建顺译，北京，法律出版社，1999 年版，第 9 页。

④　陈新民：《中国行政法学原理》，北京，中国政法大学出版社，2002 年版，第 3 页。

第三，非权力行政。国家行政机关通过行政协议、行政调解等多种柔性方式与公民、法人或者其他组织形成兼具公法与私法性质的法律关系，最大概率地挖掘社会潜能，通过政府与社会的平等协作，以更为有效地达致行政目标。

第四，解决纠纷行政。当代中国社会的利益主体及其纠纷日趋多元，其中，部分影响社会和谐的严重争端，都不同程度地与政府管理行为相关联，有许多矛盾纠纷既复杂又难解。而依靠诉讼制度耗时费力，由法院单独处置纠纷的可能性早已不复存在。特别是社会的飞速变迁与科技的日新月异，使得大批矛盾纠纷拥有了较高的技术含量。作为专司法律的职能机构，法院虽然精熟于诉讼条款，却因其所固有的保守性而对新型纠纷及其专业特性缺乏更为敏锐和精准的把握。在此背景下，在服务行政的框架之内，在规范行政管理的基础上，建立行政性纠纷解决机制已成为当务之急。就此而言，行政调解制度因具有专业性、主动性和权威性等制度优势，在解决纠纷、救济权利中具有其他制度难以替代的作用，应该有广阔的发展空间。

由上可见，在建构服务型政府的时代背景下，行政调解具有纠纷解决、行政指导和政策形成等一系列功能，充分体现了"当事人自治为主，国家干预为辅"的社会治理原则，完全契合于现代行政的服务理念、合作理念和非强制理念。因此，构建行政调解等行政类非诉讼纠纷解决机制，显然是政府适时调整行政职能、及时转换行政模式，进而符合现代行政发展趋势的必然要求。

（三）多元化价值取向——彰显比较优势的内在基因

社会治理是否优化、社会氛围是否和谐的判断标准，并非在于是否有矛盾纠纷的存在，而是在于能否借用特定的制度或者途径有效预防潜在的纠纷以及妥当解决现实的纠纷。因此，要实现社会治理体系和治理能力现代化，进而实现社会和谐稳定，其中重要的一点就是要及时化解社会纠纷，而行政调解的制度性优势，也正是在于其具有契合于社会治理目标的多元价值取向。具体而言，主要表现在以下几个方面：

1. 平等价值。平等是正义社会存在的前提和基础。[①] 在纷繁复杂的社会纠纷中，双方当事人极有可能呈现一方强势、一方弱势的状态。特别是在发生于官与民之间的行政争议中，这一特点则更为凸显。在司法程序中，尽管诉讼当事人双方须严格遵循"谁主张、谁举证"等一系列旨在落实纠

---

① 〔法〕皮埃尔·勒鲁：《论平等》，王允道译，北京，商务印书馆，1988年版，第12页。

纷当事人平等原则的基本法定规则和法定程序进行博弈，甚至在行政诉讼中法律明确规定，作为被告的行政主体必须承担举证责任，以此来保护弱势的行政相对人一方，然而，纵使如此，强势一方依然有可能凭借其所拥有的诉讼资源以及话语权等综合实力，特别是基于其所享有的强势地位及其强大惯性，进而将国家司法机关的庭审环节异化为"诉讼技巧的竞技场"，[①] 从而导致二者在实质上的不平等，并造成公共利益与私人利益的"双输"。而行政调解制度则是充分运用协商方式谋求纠纷当事人的合作，因此，极有利于平等价值的实现。[②]

2. 和谐价值。社会治理的目标是构建和谐社会。因为社会关系的和谐，是社会"又好又快"发展的根本前提。在法律人的视野中，行政调解制度有助于纠纷当事人特别是行政主体与行政相对人之间良好合作关系的建立，从而有助于实现政府与公众之间的和谐状态。众所周知，官与民之间的和谐，是社会整体和谐的重中之重。因此，行政调解制度的运用，既能与中国的传统文化相融合，又顺应了构建和谐社会的当代目标。

3. 契约精神。由于受苏联意识形态的影响以及国内外多种因素的制约，中国传统行政法理论和实践曾一度漠视契约精神。[③] 但是，伴随着市场经济即"契约经济"在中国的逐步建立，行政主体与公民的关系、行政权的发挥以及行政行为的方式都已大为改观。虽然还不能说契约在中国法律生活中已经占据了主导地位，但契约精神已经毫无疑问地被引入到了行政法治的制度建构及其具体实践之中，行政主体与行政相对人之间的关系也因此发生了明显而深刻的变化。显而易见，自始至终贯穿妥协与合作理念的行政调解制度的积极实践，是对契约精神在社会治理层面的合理运用，必将有利于和谐社会关系的最终形成。

（四）比较优势的具体体现

在中国，古往今来人民群众就有找政府解决问题的传统风尚。基于此，行政调解就拥有其他调解模式所无法拥有的比较优势。关于这一点，有学者已经进行过详细的论述分析，具体而言，包括以下四个方面：第一，具有专业性优势；第二，有利于纠纷的预防、纠纷解决经验的积累，进而形成相关政策和行政规章；第三，可以兼顾规范性与灵活性；第四，对复杂

---

① 参见肖扬：《在全国高级人民法院院长座谈会上的讲话》，《人民日报》2007年7月6日第3版。

② 于晓辉：《行政调解价值分析》，《法制与社会》2008年第22期。

③ 崔卓兰：《契约、服务与诚信——非强制行政之精神理念》，《社会科学战线》2005年第4期。

纠纷的综合性处理。① 除此而外,笔者以为,行政调解制度的特有功能和优势还体现在以下三个方面:

1. 兼顾行政执法、监督行政与纠纷解决,具有权威性、合法性和正当性。虽然在目前的诸多行政管理领域中,严重缺乏有关实施行政调解制度详细且具体的法律规定,特别是程序性规定,这也使得行政调解正面临着制度建构和整合的重大课题,但是,行政调解制度的法律地位和法定功能已经由一系列国家立法或者行政法规进行了一般性的确立,具有主体的专门性和职权的法定性。② 另外,在行政复议制度实践中开展调解工作,使得行政相对人与行政主体之间的纠纷,由处于第三方的另一个行政主体来进行调解,可以发挥行政主体特别是上下级之间的内部监督作用。因此,在迅速解决纠纷的同时,还能够及时发现和修正行政职能活动中的不当行政行为。

2. 高效、及时、直接、经济的效益优势。毫无疑问,在其他相关因素一定的条件下,如果纠纷解决的成本越高,则这种纠纷解决方式的效果就会越差。作为政府以及其他各类行政主体的内设职能,行政调解不同于诉讼、仲裁、裁决等其他制度设计,一般来说不需要经过复杂、繁冗的程序;与此同时,作为由公共财政支持的公共服务,原则上对纠纷当事人是免费的。如此一来,既可以减轻当事人的负担,又因为"替代诉讼"从而有效降低了社会治理的公共成本。特别是行政调解面对的主要是同行政职能活动存在(紧密)关联的纠纷,行政争议一般都是由于行政系统内部的因素而引发,而行政主体不但可以调查事实、裁量处分,而且还拥有协调整合各方资源的能力,完全能够发挥其他调解类纠纷解决方式不可能拥有的权能优势促成调解。③

3. 实现了"权威"借重与"合意"解决的有机结合。众所周知,诉讼制度也好,准诉讼制度也好,一般情况下都很难避免使得纠纷当事人处于对抗的状态之中。特别是官民之间的行政争议一旦产生并进入"竞技性"的(准)诉讼程序中,行政相对人往往会秉持着"破罐子破摔"甚或"豁出去"的心理,誓与一众的"官老爷们"抗争到底;至于行政主体,也往

---

① 有关分析,参见范愉:《行政调解问题刍议》,《广东社会科学》2008 年第 6 期。

② 该特点已体现于多部法律之中。例如《治安管理处罚法》第九条规定:"对于因民间纠纷引起的打架斗殴或者损毁他人财物等违反治安管理行为,情节较轻的,公安机关可以调解处理。"《道路交通安全法》第七十四条第一款规定:"对交通事故损害赔偿的争议,当事人可以请求公安机关交通管理部门调解……"。

③ 曹鎏:《作为化解行政争议主渠道的行政复议:功能反思及路径优化》,《中国法学》2020 年第 2 期。

往往会在不经意间形成"强势地位不得被挑战"的非常态心理。由此，很有可能导致当事人之间形成情感对抗，进而造成可悲的"双输"。尤其是对于相对弱势的公民一方，还有可能"赢了一场官司，输了一世安宁"。然而，行政调解制度则与此不同。它立足于行政权威和专业优势，以居间第三者的特定身份，通过行政主体与行政相对人之间的沟通和协商来达成双方的合意，进而有效解决纠纷尤其是行政争议。特别是当下在诸如征地、环保、劳资等众多领域产生了一大批因利益格局深刻调整甚至严重失衡而引起的结构性矛盾，人民调解和司法调解对此一般都是"心有余而力不足"；即便是司法机关虽然也能够作出是非明确的裁判，但却无法实现真正的定分止争。相对而言，行政调解既具有行政权能所特有的主观能动性和灵活高效性，又能够依托调解模式协商与合作的特性，也就是说，它既拥有比诉讼途径更强的统筹兼顾历史与现实、法律与政策、专业技术与特殊情况等复杂因素的能力，又比人民调解更具备国家权威，因此往往能够从根本上解决问题，进而在行政管理环节就能够彻底消除引发恶性事件的风险和隐患。

这一制度优势，在以力争成为化解行政争议主渠道为目标、以准诉讼为制度本体、附带行政调解的行政复议制度实践中表现得相当突出。下面，笔者通过一起具体案例来对此进行说明。

案例九：行政复议制度衔接行政调解制度
有效化解因工伤认定引发的行政争议 [①]

2019 年 1 月 15 日下午，H 省某国有企业职工刘某，驾车搭载两位同事到附近商场为单位购买零配件并于随后吃晚饭。当日晚 21 时许，三人晚饭后由刘某驾车一起返回单位，途中不幸发生了道路交通事故。刘某本人和两位同事均不同程度受伤，同时造成了对方司机受伤。经交警部门依法认定，由刘某负全责。刘某所在地基层法院以其犯交通肇事罪判处其缓刑，刘某不服提起上诉，当地中级法院裁定维持原判。事后，刘某向 H 省人力资源和社会保障厅申请认定工伤。2020 年 1 月，H 省人社厅作出了"不予认定工伤"的《决定书》。刘某不服，其认为自己是在为单位购买零配件过程中受伤，其行为具有履行职务的正当性与合理性，遂向 H 省司法厅申请行政复议。

H 省司法厅认为，根据《工伤保险条例》第十四条第（五）项规定，职工由于工作原因在外出期间，受伤或者发生事故下落不明的，

---

① 该案例系笔者在 H 省司法厅调研期间，由其行政复议与应诉处提供。

应当认定为工伤。就本案而言，根据法院生效裁判依法认定的事实，刘某系在执行职务返回单位途中因为交通肇事导致其受伤，符合前述认定工伤的法定情形。同时，《工伤保险条例》第十六条规定，尽管职工符合本条例第十四条、第十五条之规定，但是有下列情形之一，不得认定为工伤或者视同工伤：（一）故意犯罪；（二）醉酒或者吸毒；（三）自残或者自杀。刘某所犯交通肇事罪属于刑法规定的过失犯罪，同时，也没有证据证明刘某于当日发生交通事故前存在醉酒、吸毒以及自残自杀的情形，因此，不符合法定排除认定工伤的条件。

　　根据查明的以上事实以及有关工伤认定的法律规定，经与行政复议双方当事人私下沟通，再结合本案的具体情形，行政复议机关对此案及其解决方式进行了重新研判。行政复议机关认为，双方实际上都处于极其微妙的境地，完全可以在复议中通过调解方式解决案件。一方面，作为行政复议申请人的刘某，为实现认定其工伤的目的，在近两年的时间内，以"戴罪之身"已经付出了巨大的物质代价和精神成本，如果在行政复议环节不能解决这一问题，那就只能憋着一股劲"战斗到底了"，行政复议之后必然还会通过行政诉讼与省人社厅对簿公堂。至于"民告官"的官司最终会有何种结果，显然很难预判，只能听天由命了。另一方面，作为行政复议被申请人的H省人社厅，因为一时定性不准作出了拒绝认定刘某工伤的错误决定，眼下如果没有一个可下的"台阶"，就因为刘某申请行政复议而直接撤销原决定，无异于自打嘴巴，只好硬着头皮等待着行政诉讼的到来。届时不但要放下省直单位的"面子"和"架子"出庭应诉，而且更为严重的是，一旦败诉，必将给其带来更大的负面效应。

　　行政复议机关基于以上分析，遂召集H省人社厅与刘某前来，由其居中实施调解，向双方释法明理，分析其中的利害关系。行政复议机关严肃声明，法院的生效裁判应当作为认定案件事实的基础性依据，相关法律规定以及刘某因为交通事故所受伤害的情形均非常明确，因此建议H省人社厅自行撤销"不予认定工伤"的《决定书》，重新对刘某作出工伤认定；建议刘某尽快撤回行政复议申请。2021年1月11日，H省人社厅在接到行政复议机关的书面建议之后，撤销了"不予认定工伤"的《决定书》，并于2021年2月5日重新向刘某作出了"认定工伤"的《决定书》，正式认定刘某因为交通事故所受伤害为工伤；刘某则自愿撤回对H省人社厅的行政复议申请。至此，一起行政争议得到了实质性的化解。

　　通过上述案例可以看到，作为行政争议中处于"天然弱势"地位的行政复议申请人，从因为车祸受伤到被定罪判刑，从申请工伤认定被拒绝到无奈提起行政复议申请，尽管其已经经历了精神与肉体的双重磨难，但却难以实现认定其工伤这一并不过分的愿望，只能很不情愿地寄希望于行政复议甚至通过行政诉讼来达到维护其合法权益的目的。至于行政复议被申请人，尽管其处于强势地位，却很有可能因为其前期的定性失误而不得不遭受体制内的否定性评价。令人欣慰的是，行政复议机关依托国家有关工伤认定的具体规定和前期刑事诉讼的生效裁判，准确把握双方所处的困局与行政复议附带行政调解这一制度设计优势的结合点，合理分析，因势利导，充分利用自身"权威"，有效强化争议双方已经有所萌动但也可能稍纵即逝的"合意"，进而实现了争议双方兼具相机合作与适时妥协的良性互动，从而在根本上避免了一场看似不可避免的行政诉讼，及时有效地消除了官民之间的对立关系。显然，行政复议机关作出的上述一系列行为和举措，既全面彰显了法治权威，又有力推动了社会和谐；既充分凸显了行政调解行为的制度优势，又切实维护了纠纷当事人的合法权益。可以说，真正实现了"一举多赢"的社会治理效果。

二、域外行政调解制度的建构与实践

　　综合考察域外有关国家的社会治理进程，笔者以为，行政调解制度及其实践在其中扮演了非常重要的角色。[①]大体而言，美国、日本、法国等国已基本建立了各司其职、相互制约、注重调解、纵横交织的纠纷解决机制。其基本架构是：由国会制定解决纠纷的相关法律，依法设立相关的纠纷解决部门；由行政部门和独立行政机构执行法律解决纠纷；由法院通过司法程序解决纠纷，并监督国会有关部门和行政部门解决纠纷。此外，一些非政府组织也依法承担着一定的纠纷解决职能。

　　（一）各具特色的制度实践

　　1. 美国。美国联邦以及各州政府长期以来都在不遗余力地实践行政调解制度，行政部门是最为重要的纠纷解决主体，这成为美国纠纷解决体制的一个显著亮点，其主要特征具体表现在以下几个方面：

---

　　① 下文有关行政调解在美国的制度实践的阐述，源自于对原国务院法制办 2010 年赴美国调研考察材料的归纳整理。在此衷心感谢刘大伟同志对于本书写作的支持。

第一，从机制上看，调解已经成为美国政府解决纠纷的首选方式。美国国会1990年制定的《行政争议解决法》及其1996年的修正案（Administrative Dispute Resolution Act of 1996）对替代性纠纷解决机制（即ADR）作了明文规定；1998年，国会正式通过了《替代性纠纷解决法》（Alternative Dispute Resolution Act of 1998，即"ADR法"）。也正是依托于立法层面的不断完善与强化，调解制度及其实践在美国政府运行机制内部的可操作空间正在变得越来越广、越来越大。可以说，既可以针对民事纠纷，也可以涵盖行政争议。

第二，从数量上看，行政主体通过调解方式解决的纠纷，无论是绝对数量，还是相对占比，二者都非常可观。其中，美国国内60%—90%的行政争议、60%—90%的劳资纠纷最终都是由行政主体通过调解方式解决的。以劳资纠纷为例，美国"联邦调解与调停局"（Federal Mediation and Conciliation Services）尽管也频繁涉足培训劳资双方、参与劳资双方的集体谈判、主持劳动仲裁等多个领域，但调解和调停劳资纠纷还是其核心职能。另外，依据1964年《民权法》而成立的联邦平等就业机会委员会（Equal Employment Opportunity Commission），在全美各州共设有53个办公室。该机构及其各州办公室均由若干名调解员、合同制调解员和自愿调解员组成，专门管辖联邦劳工部不予受理的、劳工关系纠纷中有关平等就业歧视的纠纷。对于纠纷当事人的投诉，该委员会首先进行调解，这是所有工作的起点，调解不成功才会进入后续的调查、听证、申诉、诉讼（如果投诉一方希望能够惩罚对方，则需要提起诉讼）等环节。每年大约有70%的案件可以通过调解得到解决。[①]

第三，从发展前景看，诉讼成本高这一美国社会长期以来的基本特征，势必会倒逼ADR成为其国内解决纠纷的主流渠道。特别是在饱受"纠纷爆炸"的沉重负担以及对司法诉讼客观性、公平性的质疑之下，美国先后出台的《行政争议解决法》《替代性纠纷解决法》等多部法律，均鼓励和规范行政主体积极采用行政调解等替代型纠纷解决方式。[②]需要指出的是，尽管中美两国的各类行政主体在其行使行政权力、实施行政调解的过程中，在遵循自愿平等原则上，在高效、快捷、便利、低成本等方面，以及在促进

[①] 青锋、袁雪石：《美国纠纷解决的体制机制及其借鉴意义》，《行政法学研究》2011年第3期。

[②] 肖建华、杨兵：《对抗制与调解制度的冲突与融合——美国调解制度对我国的启示》，《比较法研究》2006年第4期。

社会和谐的作用发挥上，均存在着不少共同之处，但其间的差异也非常明显。一是是否拥有独立的调解程序。美国的情形是，如果纠纷当事人愿意调解，有关行政主体可以在行政程序之外通过独立的调解程序化解纠纷。而中国的情形是，调解往往只是行政程序（如行政复议、行政裁决、行政仲裁等）中的附属环节，有关行政主体受理特定纠纷后，必须将调解活动纳入行政程序之中来进行。二是调解员是否拥有独立性。美国的情形是，调解员是独立的，与行政法官并非同一人。而中国的情形是，调解工作是由主持行政程序的行政官员来主持，调解员与其基本上就是同一人。

2. 日本。为了有效解决伴随经济社会高速发展而出现的公害、疾病等突出社会问题，以及为了缓解因此而深陷于困境之中的国家司法诉讼制度之危局，日本依据《国家行政组织法》之规定，由首相府的中央直属机关设置了独立行使职能的公害等调解委员会（后文简称为"公调委"）和都道府县公害审查会（后文简称为"审查会"）两级机构，与此同时，市、镇、村都必须配置公害怨情调停人员。[1] 为了确保公害等社会突出问题得以公正及时解决，日本国会还于 1970 年制定并颁布了《公害纠纷处理法》，使之成为上述机构在相关领域开展和实施专业活动的法律依据。其中，公调委在其行政权限的高度独立性得到有效保障的同时，还拥有准立法权限（制定规则）以及准司法权限（裁断纠纷）；其主要任务是公害纠纷的处理以及矿业开采与土地利用等一般公共利益的调整。公调委由委员长以及 6 名委员构成，必须经过参议院和众议院即两院的同意后由内阁总理大臣任命，均要求必须为人格高尚、见识卓越之人；而且还规定，除了受到监禁以上刑罚处分等法定事由之外，不得随意被罢免。同时，为了确保公调委在政治上的中立性，其在参与或者从事政治活动方面受到了严格限制。另外，该委员会还可以设置 30 名以内的非专职委员，以便进行对于专门事项的专业调查。[2]

除此之外，日本还设有专门处理雇用人与工会之间劳动关系（集体劳动关系）的行政委员会，其中包括中央劳动委员会（受制于劳动大臣管辖的国家机关）和由都道府县设置的地方劳动委员会。日本国会在 1945—1947 年间相继出台的《劳动组合法》《劳动基准法》和《劳动关系调整法》（即用来调整劳资关系的"劳动三法"），翔实具体地规范了上述有关机构

---

① 潘乾：《行政调解制度之比较法启示》，《行政与法》2008 年第 12 期。

② 〔日〕小岛武司：《诉讼外纠纷解决法》，丁婕译，北京，中国政法大学出版社，2005 年版，第 73 页。

的基本构成、主要职能、权利义务和法律责任。相关法律明确规定，中央劳动委员会由公益机构、雇用人、劳动者"三方各 13 位、共计 39 位委员构成。其中，劳动者委员必须由工会推荐、雇用人委员必须由雇用人团体推荐后由内阁总理大臣任命，公益机构委员则必须来自劳动大臣经雇用人委员和劳动者委员双方共同同意制作形成的"委员候补人名单"上记载的人员，而且必须在首相任命之前由国会同意。至于地方劳动委员会的委员，则均由都道府县的知事任命。也正是在上述结构严谨、程序规范、职能独立的相关行政主体的主持下，两级劳动委员会在调解劳动争议、处理劳动纠纷和审查不当劳动行为案件等领域中均发挥了重大作用。①

3. 法国。若论行政调解机构的独立性，独立程度可谓最强、最具代表性的是法国于 1973 年建立的"行政调解专员"制度。行政调解专员被称为"共和国调解员"，是一个具有独立地位的行政机关。为真正确保行政调解专员这一职务的独立地位，该职务必须由部长会议通过、由共和国国家元首任命，而且不能兼任其他任何职务。就行政调解专员的职务而言，一般情况下，其不能被任何人、任何机构所解除，当然，如果经由共和国的国家元首提议，并且经过共和国最高行政法院、共和国最高法院、共和国最高审计院这三家机构的最高长官全体一致认为，因为法定情形确实无法正常履行职责，才能解除行政调解专员职务；就行政调解专员的财务活动而言，其日常经费开销并不在一般性共和国财政体系的监督范围之内，只接受共和国审计院的例行审计检查；就行政调解专员的职责权能而言，其依法独立履行多项重要的行政权力，而其中的"调停权"正是实施行政调解活动的权力源泉。②

（二）域外行政调解制度建构的特点及启示

域外有关国家行政调解制度的建构，体现了其社会、政治、经济、文化特别是意识形态领域的特征。尽管中外各国的体制和国情差别很大，绝不应当照抄照搬，但就其具体做法而言，的确有值得学习之处。

1. 行政调解制度的法治化和科学化。社会治理进程的法治化，既在于制定法律、出台制度，更在于遵循法治精神来推进和运行。社会治理进程的科学化，则是要注重各类相关主体及其功能定位的体系性，明确职责权限。可以看到，如果没有行政调解制度及其实践，域外有关国家的纠纷解决乃至整个社会治理现状必将难以想象。在美、日、法等国，其各类政府

---

① 车文奎：《日本劳动关系的法律保障及思考》，《法学天地》1998 年第 8 期。
② 王名扬：《法国行政法》，北京，中国政法大学出版社，1988 年版，第 541—548 页。

机构以及众多准行政主体在实施行政调解的过程中很好地体现了民权思想，使得纠纷当事人得到了便捷高效的服务。绝大部分纠纷都随着法定程序的结束而案结事了，问题往往会得到根本性解决。

2. 程序规范健全，价值取向明确。行政程序是规范政府及其部门各种行为的基本规则。在行政调解制度实践中，美、日、法等国非常注重规范相关机构的具体权力运作，使其能够受到严格的法律程序约束。在程序法方面，即使作为判例法国家，美国的联邦和许多州也都制定了行政程序法，既有联邦行政程序法，也有各州行政程序法，以此来规范行政权力的运行。除此之外，还有行政程序示范法，这使得行政调解在程序层面的制度保障相当完备和充分，这些程序较好地规范了行政机关工作人员的调解实践，有效地保障了当事人的自愿和意思自治。

具体来说，就其行政调解程序而言，突出强调了公正、公平、独立。为保持公正，许多机构不仅合法、合理地进行调解，而且，行政法官的独立性也有充分的制度保障，使其免受各种法外因素的干扰。特别值得强调的是，纵然是行政调解实践中归属于相同机构的相同案件，不论是调解员，还是行政法官，或者是仲裁员，都不能由同一人担任。相形之下，当下中国的行政法治建设最为紧缺的就是行政程序的理念和制度及其实践。行政机关行使权力、解决纠纷绝对不能没有章法，绝对不能没有程序的必要保障。因此，必须重视程序建设，只有借助必要的行政程序，才能保证行政行为实体的公平正义。

3. 劳动关系纠纷成为重点关注领域。工作和就业，是每个公民有尊严地生存于社会的基本前提条件。与此相应，生存权就成为绝对需要法律保障的权利。因此，包括美国、日本在内的多国政府及社会公众都将失业率、就业率作为了经济和社会发展的重要评价指标。进而言之，公正、合理、高效、快捷地解决劳动关系领域的纠纷，自然也就成为这些国家行政调解制度关注的重点。其具备调解权的行政机构设置较多、分工很细，几乎覆盖了劳动关系领域的各个方面，已经建立起了针对私营企业、公营部门、大型企业及其劳资关系、就业歧视等多个领域纠纷的专门机构。中国近几年来大量涌现的劳资纠纷，已经广泛地受到社会的高度关注，其中不乏恶意讨薪、恶意欠薪等极端案例的发生。如果国家各级行政主体在对劳动就业市场加强规制监管的同时，也能够积极合理地运用调解方式，适时有效地解决劳动关系纠纷，借此有效提供恢复和维系社会秩序的公共产品，这对于中国的社会治理而言，将具有非常重要的意义！

可以看到，应然意义上的行政调解制度的确具有其比较优势，因而可以提供一条容易取得纠纷当事人信任并区别于诉讼制度和其他 ADR 方式的公力救济途径。这在域外的纠纷解决实践中已得到了体现。因此，只要因地制宜、精准施策，该制度理应在中国的社会治理实践中发挥出其预期功效。然而，实际情况却是前文所述的严重的供求失衡，那么，导致其制度供给不足的原因究竟是什么呢？下文将着力就此问题进行分析。

三、对行政调解制度功效低迷的实然分析

无可否认，任何制度安排的具体实践总是与其理论预期之间存在着或多或少的反差。就行政调解制度的制度供给而言，前文所述其应然意义上的功能虽然令人期待，但在实然意义上，其制度绩效低迷的现状却不容乐观。总体而言，尽管国家在战略层面高度重视行政调解制度的发展，但该项制度安排迄今为止仍然只是一种非常规、非正式、非主流的纠纷解决机制，依旧处于整个纠纷解决体系的边缘位置。尽管从行政执法、行政救济、"大调解"体系以及"三调联动"机制等多个层面、多个领域、多个视角，几乎都能看到行政调解制度及其理论和实践的身影，然而，无论是在哪一个层面、哪一个领域、哪一个视角，行政调解制度都不是一种独立的纠纷解决方式：或被完全浸没在多元化纠纷解决机制这一宏大体系之中，或被隐匿在众多具体行政活动的背后，几乎从来未能以独立自主的身份或者角色在社会治理这一统摄众多制度体系的大舞台中"登过场""亮过相"。诸如"完善人民调解、行政调解、司法调解联动工作体系"，以有效形成纠纷解决的工作合力等一系列经由中央层面于 2015 年甚至 2010 年就已经提出的社会治理目标，迄今为止，其实现的程度究竟如何呢？[①]实际上，仅就笔者列举出的这一目标而言，也只是将行政调解与人民调解、法院调解"打包"在一起对其制度价值进行强调。由此，行政调解制度的处境就可见一斑了。必须看到，造成此种现状的因素涵盖制度内在设计、制度外在环境以及制度风险防控等多个方面。笔者于此处，先就与制度运行联系最为紧密的相关因素进行论述。

（一）调解主体方面法律规范的缺失

调解类制度的一个普遍性特征就是相对缺乏规范性，与之相应，其运作机制的随意性也就相对突出一些。当然，在调解制度体系范围内，因为有民事诉讼法律制度与《人民调解法》的"保驾护航"，法院调解制度和

---

① 参见《国务院关于加强法治政府建设的意见》（国发〔2010〕33 号）、《法治政府建设实施纲要（2015—2020 年）》等规范性文件有关内容。

人民调解制度的规范性要相对强一些。至于行政调解制度，迄今尚未出台国家级专门性立法，而散见于其他规范性立法文本中的零星条文也是非常的简约，以原则性的要求居多，严重缺失细致、可操作性强的制度性规范。其中，突出表现是缺乏对行政主体及其工作人员在行政调解活动中相应的职能授权和责任约束，以致引发了制度运作实践中的很多非规范现象。特别是对于行政主体实施调解所必要的权力配置严重考虑不足，以至于调解机构的调查取证权、对相关证据进行鉴定和论证的权力，以及邀请有关机构或者专家参与调解过程的职权等等，都未能获得必要且充分的考量。另外，有关行政主体调解人员的配备既未能实现相对稳定化，也没有达到必要的专业化水平。尤其是调解人员的工作技能问题未能得到应有的重视，致使相关人员的素质参差不齐，自然也就难以保证调解队伍的整体质量。

实践中，诸如专利商标、海商事、涉外经济合同等多个领域的民事纠纷和行政争议的协调处理，都显然需要具备较强的专业知识。如果不具备相应资质或者资质较差的调解人员在调解实务工作中硬着头皮上阵，那么敷衍了事、强行调解、越权调解、违法承诺、压制一方、偏袒一方等违法或者失当的调解行为就难以避免，纠纷解决的实际效果更是不敢恭维。进而言之，通过制度性举措向从事调解的行政主体提出一定的能力规范、施以一定的责任负担，以从根本上实现对纠纷当事人合法权益的维护，就成为了当务之急。

另外，较为理想的状况应该是，不同的行政主体根据其工作性质、工作内容以及其他相关要素，在其调解人员的配备上也应当存在必要的区别：一些行政部门的工作性质决定了其应当设置专门的行政调解人员进行调解工作，而一些行政部门基于自身特定的工作宗旨和任务，只须由普通行政人员实施调解即可。然而，现实状况却表明，中国有关行政调解制度的法律文本对此并未作出规定，在具体实践中往往由各行政部门自主决定。尽管这种做法确实顾及了其工作实际，但另外一个无法回避的客观事实就是，这导致了行政调解工作在实务中的随意性，进而使得预期的制度性效果也难以实现。

（二）制度适用范围方面的落后理念和实践

在当下中国的社会治理实践中，行政主体以复议、裁决、仲裁等非诉讼抑或准诉讼的非调解方式解决行政争议的正当性，几乎已无争议。然而，由于在纠纷解决领域仍有部分理论层面的问题尚待澄清，实务层面也是充满了各种反复，以致从学理到实践，依然存有关于行政权的片面认识甚至错误理念，从而制约了行政调解制度的正常运作。这些理念突出地表现在行政调解制度在社会治理实践中的适用范围上。

1. 在"能否调解行政争议"上依然存在严重分歧。尽管强化行政调解制度绩效、扩大其适用范围，早已成为中国社会治理实践的大势所趋，然而，由于受多种因素的影响，法学理论界对于具有行政性质的矛盾和纠纷是否应该通过行政调解制度来解决这一问题，依然存有诸多分歧甚至是担心。[①] 由于行政主体以调解方式解决行政争议，必然会涉及行政争议中权力主体一方对行政权力的自由处分问题，而这恰恰与传统的、被片面理解的行政法治原则有所抵触，也使得部分学者长期以来对之颇有微词。传统行政法治原则认为，行政权属于公权力，不得随便处分，因此，行政过程中的行政权力与公民权利不具备平等性和可交易性；而与此同时，主体的平等性与主体权（力）利的可处分性，又被认为是适用调解制度等 ADR 形式的基本前提条件。因此，这种所谓的"调解行政争议有违行政法治原则、损害社会公共利益"的担忧，依然有一定的市场。

正如前文所述，尽管也有不少地方在其制定的地方性法规或者地方政府规章等规范性文件中，将行政调解制度明确规定为行政主体的一种重要行政行为，然而，此类制度文本的上位法依据，特别是用来依法处理行政争议的依据依然严重不足。例如，于 1999 年正式生效实施，并先后经过 2009 年和 2017 年两次修订的《行政复议法》，并没有涉及对行政争议的调解。尽管于 2007 年生效的《行政复议法实施条例》要相对开放一些，但这项行政法规也只是规定，行政复议机关只有在出现两种特定情形时，才可以按照自愿、合法的原则调解行政争议。很明显，该项行政法规所确立的行政复议附带调解制度，只是以裁量行政以及行政赔偿和行政补偿为范围，以行政复议机关为主持人，以行政复议调解书为结案形式，但实际上并没有设定行政复议机关通过行政调解行为实施行政审查的基本原则。正式明确行政争议可以通过"调解"（而且依然不是"行政调解"）方式来解决的国家级法律，直到 2014 年 11 月才"漫步而来"，即笔者于前文提及的、经修订之后的《行政诉讼法》第六十条的相关规定。但其也只是勉强达到了与《行政复议法实施条例》同步的水平而已，依然没有能够向前更进一步。

---

① 在现有的对行政调解制度进行专门讨论或者有所涉及的理论著述中，江必新、章剑生教授就主张，行政调解只限于"与行政管理活动相关的民事争议"；而熊文钊、杨建顺教授则认为，除民事争议之外，还包括行政争议。分别参见姜明安主编：《行政法与行政诉讼法》，北京，北京大学出版社、高等教育出版社，2007 年版，第 434、485 页；熊文钊：《现代行政法原理》，北京，法律出版社，2000 年版，第 481 页；张正钊主编：《行政法与行政诉讼法》，北京，中国人民大学出版社，2007 年版，第 189 页。

　　客观地讲，尽管上述有关分歧甚至担忧所涉及的问题的确需要防范，尽管源于此类分歧甚至担忧而产生的理论观点和立法实践也的确有其合理性，然而，笔者依然坚定地认为，还是不应该忽视以下客观事实：第一，现代行政已经不再拘泥于传统的强制行政而包含了行政指导、行政合同等非权力行政、非强制行政；第二，某些行政行为并不具有公共性或者公共性很微弱（如治安管理处罚中对于一般轻微的人身伤害所作出的行政处罚，这类违法行为直接涉及的往往是加害人与受害人两者之间的关系，对此类行为的依法处理，很难说就一定会损害国家和社会以及他人的合法利益）；第三，行政领域中众多行政主体依法广泛享有行政裁量权；第四，行政相对人有权依法自由处分自己的权利；第五，行政主体与行政相对人之间明显存在着从一种利益冲突、对立或对抗、互不信任之相互关系，发展到一种利益一致、服务合作、相互信任之相互关系的趋势。

　　当然，基于各种现实因素的客观限制，特别是行政裁量权被严重滥用的可能性及其危害性，[①] 行政主体不宜也不可能对所有行政争议都进行调解。然而，毋庸置疑的是，应当切实超越目前的行政赔偿和行政补偿数额争议等极其有限的范围。

　　2. 在"能否介入民事纠纷"上依然存在明显争议。必须承认，及时介入并稳妥处理与行政管理活动相关联的民事纠纷，已经成为现代行政发展的一个明显特征；与此同时，还存在着行政主体为了有效解决行政争议而不得不介入民事关系的特定情况，即在特定条件下，最终行政决定的产生，必须以特定行政主体对行政相对人与第三人之间民事权利义务关系的认定为基础性条件。[②] 尽管上述现象客观存在，法学理论界和行政实务界也早已注意到并为之进行了相应的学理研究和实践探索，然而时至今日，对于相关现象和问题却依然存在不少争议。甚至一些论者对行政权介入民事纠纷抑或"行政兼理司法"的理念和做法，从根本上持怀疑态度。[③] 追根溯源，

---

　　① 理论界对于行政裁量权如何被监督、如何保证其在受制约的状态下得以合理行使等诸多问题仍然存有很大分歧。参见姜明安：《行政裁量权如何才能不被滥用？》，《中国新闻周刊》2010年第12期。

　　② 例如，依据《商标法》有关规定，商标所有人或者利害关系人可以请求商标评审委员会（简称"商评委"）裁定撤销注册商标。如果出现了违反《商标法》之规定，实施损害他人在先权利、抢先注册等行为，商评委应对合法权益加以保护，对侵权行为予以制止。此时，应相对人申请，商评委须对商标所有人或者利害关系人与行使恶意注册等侵权行为的侵权人之间的纠纷进行调处，这就完全有可能使得行政主体介入民事关系。

　　③ 罗薇、陈瑞丰：《行政权被动介入民事关系的边界——读最高人民法院商标撤销行政判决》，《网络财富》2009年第11期。

行政权不宜介入民事纠纷的错误理念实际上植根于对"三权分立"这一西方法治原则的严重曲解。① 根据这一原则，行政权与司法权之间应该绝然分立：司法权的行使具有被动性，其职能绝不应该涉足政策判断；而行政权的行使则具有主动性，其职能就在于高效实施法律。

然而，必须承认的现状是，现代社会的司法权不仅与立法权在界限上有很多模糊之处，即便是与行政权之间也已经很难作出清晰的区分。② 另外，也应当看到，现代国家权力在其运作过程中出现的一个明显变化就是，"司法权的行政化"与"行政权的司法化"两种趋势并存。之所以会如此，笔者以为，其根本原因就在于，依托于正当程序所保障的"依法规范制约公权力、依法维护保障私权利"这一宪法性基本原则，不仅在司法领域中，而且在行政领域中，均已经得到了广泛的适用。行政主体及其行政行为能否被动介入民事关系，以及被动介入民事关系的范围或者深度等一系列相关问题，取决于行政主体的职能定位、民事关系当事人是否提出请求以及请求的内容、处理行政案件本身需要介入民事关系的必要性及其判断等多方面因素的共同作用。只要具备了上述相关因素，行政主体对民事关系的被动介入就是势在必行的法定职责。

即便是具有前述明确的理论依据，以及行政权能具有良好的发展趋势，但仍需面对非常严酷的现实。尽管从文本意义上讲，行政调解制度涉及治安管理、交通（损害赔偿）、消费（者权益保护）、医疗、知识产权（著作权、商标、专利）、社会（劳动）保障、环境保护、房屋土地征收、资源利用、特殊人群权益维护等社会生产生活中诸多领域的大量民事纠纷，然而，该项制度安排在实际运作中，却没有能够大显身手，而只是局限于消费者投诉、劳动争议和治安管理等为数不多的领域。而且，往往由于行政机构对通过调解方式来化解民事纠纷这一范畴内的相关环节和事项，在理解、认知特别是定性上存在着重大分歧和争议，进而造成某些可以通过行政调解方式来解决的矛盾，因为未予调解而不能得以及时化解，而某些不适宜行政调解但适宜诉讼判决或者由其他纠纷解决方式加以化解的争议，却因为盲目实施调解以致未能得以妥善处理，反而进一步恶化，直至局部社会秩序受到严重威胁的混乱无序状态。

3. 在"行政调解制度功能"上存在误读。客观地讲，前述问题主要还是基于对行政权的传统偏见。实际上，在解决纠纷的具体实践中，对行政

---

① 何兵主编：《和谐社会与纠纷解决机制》，北京，北京大学出版社，2007年版，第194页。

② 陈瑞华：《司法权的性质》，《法学研究》2001年第5期。

调解制度的纠纷解决功能也存在着认识上的偏差。比如，有人认为行政调解制度及其价值取向尽管在一定程度上契合于社会治理现代化的要求，然而，其与法治理念却格格不入，因此主张理性看待并定位行政调解制度在纠纷解决方面的作用和功能；有人认为行政调解制度的发展，在某种意义上是对人民调解制度等其他纠纷解决方式作用和空间的压缩，不利于社会自治的发展，不利于市民社会的形成，因此，不宜将这种附有公权力因素的纠纷解决制度适用于过大的范围；有人主张由行政主体来调解民事纠纷，很容易引发纠纷当事人与行政主体之间的矛盾，可能会导致民事纠纷转化为行政争议，进而影响官民和谐关系，影响社会秩序的稳定；有人甚至主张，行政主体特别是地方基层政府及其部门原本就事务繁杂、人手紧张，根本就不该耗费有限的行政资源去越俎代庖、"多管闲事"。在上述种种认识的基础上，更有人进一步主张，行政调解以及其他经由行政主体主导的相关制度安排，其主要功能就是对国家法律法规的执行，因此，应尽量淡化此类制度在解决纠纷、化解矛盾乃至社会治理中的作用和功能。

毫无疑问，以上各类错误认识已经对行政主体从事调解活动的积极性产生了或多或少的影响，甚至对行政主体推进社会治理的能力和责任也会产生弱化作用。当然，目前更为直观的表现是，将行政调解制度在社会治理活动中的适用范围及适用情形异化为了一笔不折不扣的"糊涂账"。长期以来，许多领域依据相关法律、法规赋予特定行政主体通过行政调解以解决纠纷的权限和职责，当然，行政调解活动大多附属于行政主体的行政管理过程之中。其中，有些将行政调解制度设定为诉诸司法机关的前置性必经程序，例如《治安管理处罚法》中对公安机关实施行政调解活动的有关规定；[①] 有些则将行政调解行为设定为与民事诉讼行为相并列的选择性程序，例如《农村土地承包经营纠纷调解仲裁法》中对乡（镇）政府实施行政调解活动的有关规定。[②] 虽然不同领域的纠纷以及解决方式各有其自身特点，立足于此而对适用行政调解制度的情形作出或为"必经"，或为"选择"的不同规定，也在情理之中，然而，笔者依然认为绝不能无视或者低估缘于误读行政调解制度功能，而对该项制度安排正常适用范围产生的负面影响。

---

① 该法第九条规定："……经调解未达成协议或者达成协议后不履行的，公安机关应当依照本法的规定对违反治安管理行为人给予处罚，并告知当事人可以就民事争议依法向人民法院提起民事诉讼。"

② 该法第四条规定："当事人和解、调解不成或者不愿和解、调解的，可以向农村土地承包仲裁委员会申请仲裁，也可以直接向人民法院起诉。"

（三）制度基本程序方面的严重缺陷

毋庸置疑，行政调解制度具有便捷性与灵活性的显著特点，这也正是其相对于诉讼或者（准）诉讼机制的优势所在。然而，无论是灵活性还是便捷性，其二者绝对不意味着非规范性，也并不意味着就可以不需要程序、就可以淡化规则。[①]

1. 程序设计之于行政调解制度的必要性。就纠纷解决抑或权利救济而言，倘若没有最基本的程序规范，当事人之间就根本不可能实现真正的合意（甚至可能会出现"合意的贫困化"[②]这一特定现象），更不可能实现真正的权利与自由。尽管纠纷当事人之间的合意是以自治为目标的"调解正当化"的首要原理与重要基础，然而，在社会治理实践中，纯粹的合意的取得却必然面临着诸多障碍，即便是在当事人自主交涉的场合，由于力量的不均衡和信息的不对称以及其他相关因素，也完全有可能导致在双方交涉中"恣意"的四处蔓延。因此，可以毫不夸张地讲，"合意的贫困化"在各种调解模式中都有可能产生。[③]

笔者以为，行政调解制度所特有的灵活性与制度构建的严整性，这二者之间实际上并不矛盾，绝不能因为行政调解制度的某些特点而忽视对这一制度安排进行必要的程序性设计。否则，行政主体在没有程序规范的条件下主持调解，就势必会因为随意性过强而导致制度实践中的疏漏和偏差。这样的结果既不利于解决当事人之间的纠纷，也不利于树立行政主体的威信和形象，还势必会影响社会治理的整体效果。因此，行政调解制度及其实践必须以其调解过程的程序规范性和调解结果的公正合理性，来赢得纠纷当事人以及社会公众的真正信服，从而获得公民对行政权及其调解行为的有效认同。

对于当下中国的行政法治而言，程序性原则和实体性规范是同等重要的两个方面。相比较而言，实体性规范的出台因为要兼顾多种因素（既要

---

① 〔英〕威廉·韦德：《行政法》，徐炳等译，北京，中国大百科全书出版社，1997 年版，第 93 页。

② 调解的过程即为谈判的过程。理想的谈判在于实现真正的合意，但由于谈判主体易受目的理性和竞争思维的操控，在压迫、妥协和博弈的相互作用下，合意丧失了真诚、正当、真实的有效条件，从而异化为"同意"或者"恣意"，"合意的贫困化"也就随之产生。相关论述，参见〔日〕棚濑孝雄：《纠纷的解决与审判制度》，王亚新译，北京，中国政法大学出版社，1994 年版；龙飞：《论国家治理视角下我国多元化纠纷解决机制建设》，《法律适用》2015 年第 7 期。

③ 有关论述，参见李德恩：《覆盖与节制：一个有关"审判阴影"的悖论》，《法制与社会发展》2010 年第 2 期；陈文曲、常学敏：《法律谈判：现代民事纠纷解决机制的基础——由法律谈判的概念展开》，《湖南大学学报（社会科学版）》2019 年第 4 期。

回溯历史，也要正视现实，更要展望未来），必然会加剧立法工作的难度，进而迫使制度设计者不得不谋划并出炉更为笼统、更为抽象、更为原则性（与此同时，其可操作性却更加弱化）的制度规范。至于程序性原则，作为"看得见的正义"，则更具有可操作性，也更具有生命力。其中的原因就在于，程序性原则的设计与出台，没有必要去看社会现实及其变动不居的"脸色"行事，甚至能够突破所处时代的局限和约束，借助程序性要求以实现对公权行为的范式化区分，并对之进行相对一致的规范和要求。这一点及其重要意义，在飞速变迁的现代中国及其社会治理进程中显现得尤其突出。进而言之，程序性原则不仅仅是有利于自身的实施，而且更为难能可贵的是，它还有利于实体性规范真正得以付诸社会治理实践。因此，笔者以为，在设计行政调解制度并将其具体付诸实施的过程中，尤其关键的举措就是，必须有机兼顾程序性原则的价值与实体性规范的作用，并使之相得益彰。唯有如此，才能够真正实现对不同社会群体及其不同诉求的充分尊重，也才能够真正实现对其不同利益的有效协调，以最终促进社会的稳定与和谐。

2. 程序缺陷的具体表现。正当程序是公正、合理、及时解决纠纷的有力保证。然而，当前中国有关法律法规以及其他规范性文件，基本上只是在文本意义上设立了行政调解制度，连作为纠纷解决制度应该必备的基本程序也付之阙如，进而导致实践中的行政主体及其工作人员不得不被动借鉴甚或机械照搬其他类似程序实施调解活动；更有甚者，一些行政主体干脆"闭门造车"式地创制开发本部门、本行业、本地区的行政调解程序，充斥着极大的主观任性，以致损害了行政调解制度的公信力。如此一来，就很容易引发并强化一系列严重有违于社会治理法治化趋势的不良现象。[①] 简而言之，行政调解制度基本程序方面的严重缺陷具体表现在如下几个方面：

第一，依职权启动条件不清晰。行政主体究竟在何种具体条件下，才应当或者可以遵循法律规定的权限而开展行政调解的有关程序性规定依然不够明确，从而导致实践中开展行政调解活动并发挥其作用的频率太低、机会太少、效果太差。与之相应，众多的行政主体长此以往势必难以形成积极明确的行政调解意识、成熟可行的行政调解技能，最终难以达到较为

---

① 其中最为典型的就是"实质主义"倾向，即在制度的建构和运作中，过分偏重于实体正义的追求，而相对忽视了制度公正程序的机能和作用。有关分析参见汤维建：《现代化转型视野中的中国调解制度》，《朝阳法律评论》2010 年第 2 期。

理想的行政调解效果。

第二，缺失回避机制。由于未能在行政调解制度的基本规范中建立必要的回避程序，就无法解决因主持调解的行政人员与其中一方当事人可能存在利益关联，而致其不能作为具有较高公信力的中立第三方进行调解的情况，进而极有可能使得最终的调解结果无法实现纠纷当事人乃至全社会都期待的公平正义。

第三，期间和时限规定不够明确。现行的行政调解规范对于纠纷当事人请求调解、行政主体决定是否受理申请、达成最终调解协议等环节的期间时限均未能作出规定，从而引发了"久调不决"等违背行政调解制度预期的失当现象。

第四，保密规定不全面。在任何一类纠纷解决制度的具体实践中，无论是居中主导解决纠纷的第三方主体，还是各方当事人，都难免接触到与特定矛盾纠纷相关的大量信息，其中部分信息可能属于商业秘密、个人隐私的范畴，甚至很有可能涉及国家秘密。行政调解制度自然也不会例外，更何况，由于行政主体及其行政权的特殊原因，可能其中涉及的相关信息更为敏感、更需要保密。因此，任何一方当事人，特别是主持行政调解的行政工作人员对这些信息都应当负有保密的义务，不得对外泄露。然而，当前的行政调解制度规范，都未能对相关涉密信息和隐私的保密义务作出明确的规定。

除了上述程序性缺陷之外，有关行政调解"终止"或者"终结"的法定程序性条件也不够清晰。[①] 综上所述，一方面，行政调解制度规范中缺失基本的正当程序，有关调解程序的监督机制更是"七零八落"；而另一方面，中国民众的程序意识却是一日强似一日。如此就会在行政调解制度实践中大概率出现下述情形：主观上原本非常倾向于通过行政调解方式化解矛盾，而且客观上也已经完全参与其中的当事人，恰恰是由于调解活动中的程序性原因，导致其在心理上根本不愿意接受调解结果，调解协议更是无法达成，从而最终影响了对具体纠纷的有效化解。因此，可以毫不夸张地讲，各式各样具有实务操作性的具体问题，都有可能表现或者转化为行政调解制度建构和实践过程中必须加以高度关注和有效解决的重要程序性环节。下面，笔者借助一个案例来对此加以说明。

[①] 例如，《道路交通安全法实施条例》第九十六条第二款规定："公安机关交通管理部门调解期间，当事人向人民法院提起民事诉讼的，调解终止。"很显然，如此表述实在是过于简单了。

案例十：某国有企业职工维权上访事件中的行政调解[①]

地处 H 省 F 市 X 区、隶属于 H 省国资委的某国有中型企业，于 2013 年开始实施政策性破产。[②]此后，该企业曾一度挂靠于该省的 Y 煤电公司。在企业资不抵债、被改制为民营股份公司后，因长期未能开展任何生产经营活动而被 F 市工商局注销。然而，注销之后并未进行资产清理，致使其债权债务关系长期含混不清，从而导致部分企业职工认购的股份化为乌有。由于上述系列变故，该企业绝大多数职工的日常生活难以为继，赖以生存的工资、医疗福利和"五险三金"等基本权益也无从实现。

2015 年年初，该企业部分职工在先后向所在 X 区和 F 市两级政府多次反映未果之后，开始诉诸司法救济。然而，在初始阶段就遭遇重创：X 区、F 市两级人民法院面对有关起诉，先后裁定不予受理。后经他人"场外"指导和点拨，他们将"被告人"即"H 省国资委"，变更为"控告对象"即"该国有企业原负责人"；将"诉讼理由"即"H 省国资委严重不作为、监管企业破产改制不力"，变更为"控告理由"即"原厂长中饱私囊流失国有资产和侵吞职工'五险三金'"；将"诉讼请求"即"政府偿付职工工资福利、撤换相关部门和企业负责人并将其绳之以法"，变更为"控告请求"即"补发五险三金、返还股款"。在此基础上，他们将求助对象由审判机关变更为检察机关。此后，X 区人民检察院受理此案，但自始至终都未能向控告人出具任何法律文书。

看到司法诉讼维权依然无望，该企业职工被迫开始了有组织的长期上访，且行为日趋激烈。2015 年 10 月，该企业百余名职工静坐于某省级公路，致使交通中断长达十余小时，并与前来维持秩序的警察发生激烈冲突，有数名职工被警方行政拘留。2016 年年底，该厂部分职工进入 H 省省城并滞留于 H 省国资委办公大楼长达 4 天之久，全天 24 小时吃喝拉撒睡都在楼内进行，致使该部门几乎陷于瘫痪。自 2017 年年初，部分职工又开始了时断时续的进京上访。

面对此种情形，H 省委、省政府最终决定由该省"维护稳定工作

[①]　该起案例系笔者于 2018 年 12 月赴 H 省调研期间，由 H 省委政法委维稳指导处提供。

[②]　始于 1994 年的政策性破产，是经国务院确定纳入国家破产兼并计划并享受相应优惠政策，由政府主导、法院实施的国企破产行为。被宣布破产的国企应首先将全部资产用于安置失业、下岗职工，而非用来偿债。参见万兴亚、崔丽：《十年论争，国情留住政策性破产》，《中国青年报》2004 年 6 月 24 日第 3 版。

领导小组办公室"（后文简称"维稳办"）①牵头，组织省国资委、省财政厅、F市政府、F市中级人民法院、F市工商局、X区政府、X区人民法院和Y煤电公司等多家单位，协调解决这一争端。省维稳办将初步解决方案书面报告至省政府常务会议，最终形成了相关《会议纪要》。为落实该《会议纪要》精神，省维稳办先后组织了"面对面""背靠背"等不同形式的多次协商会谈，向前述各有关单位严肃陈明该案件中的利害关系，明确各方的法律权利义务，最终决定：由省、市、区三级财政共同出资1700万元，用于补发职工的"五险三金"，并返还部分职工的股金；曾受理该案的X区人民法院自动撤销案件；不再追究个别职工参与阻截省级公路和侵占国家机关办公大楼的法律责任。至此，这一旷日持久的矛盾终于尘埃落定。

可以非常清晰地看到，在本案例中，该国有企业的部分职工为了实现对自身合法权利的救济曾先后尝试了诉讼、控告、信访等多种纠纷解决途径，然而最终却都无济于事。"正当理性平和"的反映未能引起当地公权机关应有的重视，而伴有警民冲突的"赴省进京"长期上访行为，不但没能解决纠纷，反而进一步强化了企业职工的"仇官"心理和政府视对方为"刁民"的非常心态。官方从根本不予理会到盲目出动警力，企业职工从理性反映问题到激烈上访、阻断交通，显然，双方都走向了极端。而单纯依托当下中国的司法权来解决此类性质复杂、牵涉面广、敏感性强、社会影响大，且又被有关方面极端的非理性行为所激化的"烫手山芋"，就更是勉为其难了。

不可否认，该案例涉及极其复杂的综合性因素，在当下的法治环境中，仅寄希望于一次控告申诉或者诉讼审判以及其他单一方式就试图解决其中的全部症结，是极不现实的。因此，作为非常特殊的一种行政力量，该省维稳办从省政府"息事宁人"的工作要求出发，立足于基本的问题意识和目标导向，借助于行政调解这一特定方式化解突出矛盾和维护社会秩序的努力，应该予以充分的肯定。然而，同时也必须看到，该案的解决过程几乎就是省维稳办依托于党政权威所上演的一出"独角戏"，法治的痕迹已经相当淡薄。特别是在化解争端的具体过程中，对已经出现的系列问题实

---

① 2018年3月，根据中共十九届三中全会通过的《深化党和国家机构改革方案》精神，不再设立中央维护稳定工作领导小组及其办公室，其职责交由中央政法委承担。与此相应，地方各级维稳办也逐级撤销，有关职责交由同级党委政法委承担。参见《深化党和国家机构改革方案》第（十九）项之规定。

际上都未能加以妥善解决：上访职工于控告环节中反映的企业及其主管部门负责人在破产重组过程中，涉嫌贪污受贿致使国有资产流失的问题是否属实？如果属实，应当如何追究其违纪违法甚至刑事责任？企业改制后的民营股份公司被工商部门注销的行为是否合法？应该由谁承担公司资产未予清理、致使该企业债权债务关系混乱的法律责任？终止追究部分企业职工阻断公路、占领国家机关办公场所、扰乱国家机关工作秩序等违法甚或犯罪行为的法律责任是否妥当？上述问题的悬而未决，为未来的社会治理、为下一届政府及其有关部门的正常施政，都埋下了严重的隐患。

当然，其中最令人诟病的还是行政调解活动中的程序性问题上。第一，主持行政调解的省维稳办自始至终都在扮演着一个"非中立"的特殊角色，这就严重违背了行政调解主体居间中立的基本程序原则。第二，在调解过程中，作为矛盾一方当事人的上访职工始终是缺席的，他们根本不可能参与最终解决方案的讨论，至于解决方案如何形成、其权益将会得到何种方式的救济、救济到什么程度等一系列问题，他们都只能极其被动地等待"被宣布"。第三，作为当事另一方的 H 省国资委和 Y 煤电公司居然都位列由省维稳办牵头的协调小组成员之中，频频参与由省维稳办主持的协商会谈。……如此缺失程序正义的行政调解活动，能够同"国家治理体系和治理能力现代化"的基本执政要求相契合吗？能够真正实现国家层面和社会层面均强烈期待的稳定和谐、长治久安吗？能够真正实现矛盾纠纷的彻底解决吗？能够真正维护该企业职工的合法权益吗？显而易见，这些都是令人怀疑的。

可以预见的是，欲从根本上解决上述问题，还需要很长的时间。当然，造成行政调解制度供给不足、进而导致其供求失衡的制度相关因素，并不仅限于上述几点，笔者还将于后文对制度内在设计、制度外在环境、制度风险防控等核心问题进行更为详尽的论述。

第三节　行政调解制度供求失衡的外在因素

大体来讲，行政调解制度的供求失衡，无外乎系内因和外因所致。内因，即制度自身设计的不足和内在根本性缺陷的阻滞；外因，即制度外在环境等诸多因素的制约。前文从实然意义上对行政调解制度内在设计及其实践的解读，实际上都属于对其部分内因的探讨（至于另一部分内因，即内在的"根本性缺陷"，将留待后文讨论）。除此之外，还有制度之外的一系列因素，也在为该项制度安排的供求失衡推波助澜。

一、亟待提升的法律地位

基于前述应然意义上的分析，可以说行政调解是一项不可或缺的行政法律制度，然而，其法律地位却亟待提升。事实上，行政法学界似乎始终未能对行政调解制度给予应有的"理论关怀"；与此同时，尽管中国现行的诸多行政法律文件也都对其进行了明确规定，然而，这类规定却将行政调解在法律文本层面上"散"和"乱"的现状暴露无遗；与上述两点相关，行政调解协议法律效力不彰的问题，更是成为制约行政调解制度实际功效的头号"顽瘴痼疾"。笔者于下文对行政调解制度的法律地位作一简要阐述。

（一）法律文本中杂乱的行政调解制度

当下中国有关行政法治的法律制度建设，尽管已经取得了很大进步，但笔者以为，依然有很大的提升空间。特别是在法律文本的统一性和规范性方面，还需要下大气力加以解决。以"行政行为"这一概念为例，其在行政法治领域法律文本中的混乱状况就充分说明了这一点。在行政法学界、行政法治实务界乃至国家立法层面，长期以来存在着对"具体行政行为"与"抽象行政行为"的区分。但是，2014 年全国人大常委会在修改《行政诉讼法》的《决定》第六十项规定："将本法相关条文中的'具体行政行为'修改为'行政行为'。"即自此之后，《行政诉讼法》中不再有"具体行政行为"和"抽象行政行为"之分。然而，2017 年修订的《行政复议法》依然在第一条开宗明义地宣示，该法的立法宗旨即"为了防止和纠正违法的或者不当的具体行政行为"。这就表明，在行政复议立法及制度实践中，依然有"具体行政行为"和"抽象行政行为"的区分。可以看到，行政法治领域内如此重要的两部立法，在有关"行政行为"这一行政法治基础性概念的立法表述上，竟然呈现出"分庭抗礼"的局面，而不是社会民众所期待、社会治理所需要的衔接一致、前后如一。

1. 统一性国家立法的空白亟待填补。截至目前，中国依然没有出台一部统一的有关行政调解制度的行政法规，更遑论狭义层面的法律。对行政调解制度的有关规定大都散见于不同层级的法律规范中，法律文件形式多样、数量庞大。其中，包括法律 14 部、行政法规 24 部、部门规章 119 部、地方性法规 1900 多部、地方政府规章 1300 多部，另有大量的一般规范性文件。[①] 其中重点包括以下几个类型：

第一类，以行政调解制度为重要（甚至是主要）内容的法律。例如，

---

① 参见陆才华、孙亚超：《行政调解的现状及思考》，《中国司法》2020 年第 11 期；张显伟、杜承秀：《行政调解范围立法存在的问题及完善建议》，《行政管理改革》2019 年第 8 期。

《劳动争议调解仲裁法》及其第一章"总则"、第二章"调解"所涵盖的多项条款；再如，前文已述及的《农村土地承包经营纠纷调解仲裁法》及其第一章"总则"、第二章"调解"所涵盖的多项条款。

第二类，只是在个别条款中涉及行政调解制度的法律（例如前文述及的《道路交通安全法》及其第七十四条、《治安管理处罚法》及其第九条）、行政法规（例如《植物新品种保护条例》第三十九条^①……），以及众多的地方政府规章。

第三类，以行政调解制度为"主导"的地方性法规（例如由广西壮族自治区人大常委会于 2002 年颁布的《土地山林水利权属纠纷调解处理条例》）和部门规章（例如由国家电力监管委员会 2005 年制定的《电力争议调解暂行办法》、由国家知识产权局 2020 年出台的《专利纠纷行政调解办案指南》）。

第四类，虽然在条款中没有出现"行政调解"，甚至也没有出现"调解"之类的明确表述，然而究其实质，却涉及行政调解工作的法律、法规或者规章，以及其他规范性文件。例如，根据《国家赔偿法》及其第八条、第十三条之规定，在国家赔偿制度实践中，当行政复议机关与最初造成侵权行为的行政机关需要共同履行赔偿义务时，就有可能出现行政复议机关在原侵权行政机关与赔偿请求人之间以及包括其在内的三者之间实施行政调解的情形。^②

必须肯定的是，上述对行政调解制度的规定，既提供了一定的制度规范，又为创制国家立法积累了宝贵经验。但是必须承认，这些规定大多分散在各单行立法中，比较凌乱和分散，缺乏起码的整体性和必要的统一性；虽然种类形式繁多，但内容却极尽简单和粗疏。特别是其中的地方性立法，受制于立法权限、创新意识以及其他因素，存在着明显的缺陷，有关该项制度安排的一些关键环节与核心问题依旧处于悬而未决的状态。因此，可以说中国行政调解立法在国家层面迄今依然处于空白状态。

2. 统一性国家立法的缺失引发严重负面效应。具体而言，从专门规定

---

① 该条第二款规定："省级以上人民政府农业、林业行政部门依据各自的职权，根据当事人自愿的原则，对侵权所造成的损害赔偿可以进行调解。调解达成协议的，当事人应当履行；调解未达成协议的，品种权人或者利害关系人可以依照民事诉讼程序向人民法院提起诉讼。"

② 《国家赔偿法》第八条规定："经复议机关复议的，最初造成侵权行为的行政机关为赔偿义务机关，但复议机关的复议决定加重损害的，复议机关对加重的部分履行赔偿义务。"第十三条第一款规定："……赔偿义务机关作出赔偿决定，应当充分听取赔偿请求人的意见，并可以与赔偿请求人就赔偿方式、赔偿项目和赔偿数额依照本法第四章的规定进行协商。"

行政调解制度的地方性法规、部门规章、地方政府规章等法律文本以及其他规范性文件来看，有关行政调解的基本原则、职权范围和运作程序等制度基本要素的规定不尽一致。即便是章节、条文中涉及行政调解制度的法律、行政法规，各法律文本之间也是互不衔接、互不统属；与此同时，其相关规定大多是授权性规范，过于原则和笼统，条款粗略、简单，在制度实践中可操作性很差，缺乏应有的指导和依据作用。可以想见，有关该项制度安排的规定分散在如此众多的法律文本中，尽管在一定程度上有利于一些地方和部门在针对具体情况实施行政调解活动时，可以采取灵活快捷的方式推进社会治理，但是，多项法律文本并存且同时生效，而相关规定却又不完全一致的现状，也必然带来明显的弊端。具体而言，表现在宏观与微观两个层面。

在宏观层面，统一性国家立法的空白，使得行政调解制度严重缺乏法治公信力。众所周知，"法无授权不可为"是行政权运行的基础性原则。由于缺乏国家级立法的约束和规范，以致不论是程序性事项，还是实体性事项，各地行政主体的调解活动总体上呈现出权责不明、程序混乱、机制缺失的无序状态。[①] 如此现状，何谈权威性和公信力？既然在全国范围内，行政调解制度缺乏统一性的宗旨原则和总体性的规范要求，与之相对应，也自然就缺乏一个集中了跨领域、跨地方、跨部门实践智慧的制度模式，来作为行政调解全局性工作的行动指导。由此，几乎很难消除各个规范性文本之间的差异或抵触，也很难建构起一套协调一致、协同高效的运行机制，更遑论强化各个层面的制度合力，进而直接对行政调解制度的整体成效产生了负面影响。

在微观层面，各自为战的行政调解活动，对基层社会治理不可避免地产生了负面影响。目前只是在部分领域、地区和部门制定了有关行政调解制度的法律、法规和规章，显而易见，在尚未出台统一性国家立法（法律或者行政法规）的背景下，在行政调解制度建设方面依然存在空白的诸多领域和行业，又如何能够指望他们去实施科学合理、高效规范的行政调解制度呢？当然，更为突出的是，各地区、各部门基于自身的立场和利益所制定的规范性文本，以及基于该文本所实施的行政调解行为，往往会导致行政调解实践中的权属冲突。例如，在基层社会治理进程中经常会发生这样的"咄咄怪事"：乡（镇）、街道的公安派出所立足于其行政管理或者刑事侦查的职能定位，遵循《治安管理处罚法》或者《刑事诉讼法》的法律

---

① 章志远、刘利鹏：《我国行政调解制度的运作现状与发展课题》，《求是学刊》2013年第5期。

授权，对其辖区内的治安案件或者轻微刑事案件依法介入，这实属其履行法定职责的正当职务行为，本不足为奇。然而，吊诡之处在于，当地基层政府也往往会依据其所在省、市有权机关出台的、诸如以"深入开展多元化纠纷解决机制建设"为核心内容与基本目标的规范性文件，以"推进平安建设、维护本地稳定"为名，安排其司法所、综治中心等基层治理机构工作人员，甚至是乡（镇）或者街道副职领导等基层政府班子成员对同一起案件进行调解（如果严格按照性质区分，既可能有行政调解，也可能有人民调解）。实践中，往往因此而产生对同一案件争相调解，或者相互推诿均不愿意调解的无序状态；或者对同一类案件，甚至同一起案件先后实施调解，但调解结果却大相径庭，以致纠纷当事人无所适从等。据笔者调研了解，此类情形仍大量存在于相关领域和相关行业中。

总之，行政调解制度实践"九龙治水"一般的局面，情况非常混乱，不一而足。如此不但影响案件纠纷的及时妥善化解，危及当事人合法权益的有效救济，久而久之，还会降低行政调解制度以及其他纠纷解决方式的公信力，甚至因为浪费社会治理资源、加剧社会治理成本，进而严重损害基层社会治理的整体效果。

（二）行政法学理论研究中备受冷落的行政调解制度

中国法学界一般倾向于将调解制度归入民事诉讼法学以及法社会学的范畴加以研究。前文已对行政调解制度在该层面的研究现状作了梳理。而就作为一种运用行政权的纠纷解决制度而言，笔者以为，更有必要基于行政法学的基本原理对行政调解制度的理论和实践进行分析。然而，从实际状况来看，尽管自20世纪80年代起，国内就有众多知名行政法学者主持编撰或者单独著述了卷帙浩繁的行政法学著作，但却几乎都未对行政调解制度及其相关学理问题进行专门阐述，在部分著作中甚至连行政调解这一概念都未能出现。而同样是作为行政性纠纷解决制度的"行政裁决"，却几乎都在这些理论著述中被设置明确的标题，作为一种非常重要的"（具体）行政行为"被加以专题讨论。[1]尤其令人遗憾的是，迄今为止，行政法学界

___

[1]　其中包括罗豪才主编：《行政法论》（北京，光明日报出版社，1986年版）和《行政法学》（北京，北京大学出版社，1996年版和2001年版）；应松年主编：《行政法》（北京，北京大学出版社、高等教育出版社，2010年版）和《行政法与行政诉讼法》（北京，中国法制出版社，2009年版）；朱维究：《中国行政法概要》（北京，中国人民大学出版社，2009年版）；胡建淼主编：《行政法与行政诉讼法》（北京，清华大学出版社，2008年版）；叶必丰：《行政法与行政诉讼法》（北京，高等教育出版社，2007年版）；胡锦光、莫于川：《行政法与行政诉讼法概论》（北京，中国人民大学出版社，2009年版）；以及由徐继敏、王学辉、周佑勇、郑传坤、朱新力等学者先后编著的《行政法学》。在上述著作中，均未出现"行政调解"这一概念。而"行政裁决"却几乎都被列为相关章节中的重点问题而予以论述。

既未能形成对行政调解制度的统一概念，更未能为之建构相对完善的理论基础。由此可见，在行政法学的理论研究体系中，行政调解是一项明显被"冷落"的制度安排。这与行政调解制度在"大调解"机制以及"多元化纠纷解决机制"内所呈现出的低迷状态和尴尬处境，也是如出一辙。

尽管也有多位学者在其主编或者单独撰写的著作中，对行政调解行为进行了单列式阐述，但问题在于，即便是在这些理论文献中，学者们针对最为本源性的问题，也依然是"仁者见仁、智者见智"，而最为核心的分歧还是表现在对行政调解行为之"性质"的界定上，这就给行政调解制度的运行和发展带来了诸多困惑。大体而言，主要有如下六种学术观点：一是将之笼统地界定为"具体行政行为"；[①] 二是将之界定为非强制性的"行政指导行为"；[②] 三是将之界定为具体行政行为中的"外部行政协调行为"；[③] 四是将之界定为具体行政行为之外的"行政相关行为"；[④] 五是将之界定为"行政事实行为"；[⑤] 六是将之界定为"行政司法行为"或者"行政准司法行为"。[⑥]

这种概念上的严重分歧，甚至在同一部行政法学著作中表现得也非常突出。例如，在某部主编的行政法学著作中，负责撰写"行政复议制度"部分的作者，在论及"排除行政复议的事项"时，明确将行政调解视为不

[①] 将行政调解纳入"具体行政行为"概念体系进行论述的，分别参见张正钊主编：《行政法与行政诉讼法》，北京，中国人民大学出版社，2007 年版，第 189 页；崔卓兰主编：《行政法与行政诉讼法》，北京，人民出版社，2010 年版，第 225 页。

[②] 郭庆珠：《ADR 在化解社会矛盾中的功能机制研究——以行政调解为研究样本》，《法学杂志》2011 第 1 期。

[③] 所谓"行政协调行为"，可分为"外部行政协调行为"和"内部行政协调行为"，其中前者即指行政机关对管理对象及其行为的协调，如行政机关对公民、法人以及其他社会组织在行政管理关系和行政法关系中的利益协调、权益协调等。此种协调以行政机关的外部管理行为为基点，可起到解决主体矛盾和冲突的作用。参见关保英：《行政法教科书之总体行政法》，北京，中国政法大学出版社，2005 年版，第 503 页。

[④] 所谓"行政相关行为"，即指在主体上、内容上或者形式上与行政活动相关联，但性质上不属于行政行为的行为。分别参见熊文钊：《现代行政法原理》，北京，法律出版社，2000 年版，第 444、480 页；胡建淼主编：《行政法学》，上海，复旦大学出版社，2003 年版，第 237、246 页；胡建淼：《行政法学》，北京，法律出版社，2005 年版，第 368 页。

[⑤] 这种观点将行政调解归属于"行政法上的其他行为方式"，进而将之界定为区别于具体行政行为，且"不具有强制力"、不产生直接行政法效果的"行政事实行为"。有关分析，参见杨解君：《行政法与行政诉讼法》，北京，清华大学出版社，2009 年版，第 369 页；刘旺洪：《论行政调解的法制建构》，《学海》2011 年第 2 期。

[⑥] 这种观点认为行政调解是以解决纠纷为目的，类似于人民调解、司法调解的行政司法行为或者行政准司法行为。参见石佑启主编：《行政法与行政诉讼法学》，北京，中国人民大学出版社，2008 年版，第 190 页；邓刚宏：《行政调解制度研究——基于上海以及长三角地区部分城市立法例的考察》，北京，中国政法大学出版社，2017 年版，第 90 页。

属于行政复议受理范围的"居间行为"。同时，根据其对"行政事实行为"的界定（行政主体以不产生法律约束力，而以影响或者改变事实状态为目的实施的行为），可以将行政调解归之为"行政事实行为"。而就在这同一部著作中，负责撰写"行政诉讼制度"部分的作者，在论及"行政诉讼不可诉行为"时，再次重申了最高人民法院关于适用《行政诉讼法》的司法解释第一条第二款，也就是将调解行为排除在行政诉讼受案范围之外的规定；同时，他认为"行政调解"是行政机关对民事争议的一种"处理"。可以看到，他并没有明确界定行政调解制度的性质，而是对此采取了回避的态度。另外，也可以清楚地看到，后者将行政调解制度的对象即"适用范围"，限定为单一的"民事争议"。①

另外，还需要注意的是，上述相关著作多限于行政法学科的统编教材，而在严格意义上，有关行政调解制度学理分析的理论研究依然严重不足。其中，部分学者在对实务层面的考察中，既涉及对行政调解制度与其他调解类纠纷解决制度之间相互对接互补的探讨，也有对行政调解制度与诉讼制度以及调解之外、非诉讼纠纷解决制度之间相互关系的综合性考察。② 相形之下，对于行政调解制度的专门性论述还是严重欠缺，仅有少数学者的理论分析成果。③

理应受到高度重视的行政调解制度，在行政法学界尚不具备其应有的"理论地位"，上述状况已经充分印证了这一点。就行政调解的基本性质而言，其究竟是"具体行政行为"，还是"行政相关行为"，抑或"行政事实行为"，至今难以达成一般性的共识。尽管在理论研究中，某些概念的确"内涵极不确定、外延又具有开放性特征"，因此，如果相关学者们一味拘泥于对其概念的抽象界定，并无十分重大的理论价值，更是缺乏现实意义，④ 更何况，概念还可以在理论研讨中不断得以必要及时的修正，但是必须明确的一点是，如果没有概念，"可能使我们的论证推理失去基本的前

---

① 尽管该著作并未作专门论述，但在分析其他问题时涉及了行政调解制度。参见姜明安主编：《行政法与行政诉讼法》，北京，北京大学出版社、高等教育出版社，2007年版，第434、485页。

② 综合性研究如应松年：《构建行政纠纷解决制度体系》，《国家行政学院学报》2007年第3期；王锡锌：《规则、合意与治理——行政过程中ADR适用的可能性与妥当性研究》，《法商研究》2003年第5期；湛中乐等：《公立高等学校法律问题研究》，北京，法律出版社，2009年版。

③ 包括湛中乐等：《行政调解、和解制度研究——和谐化解法律争议》，北京，法律出版社，2009年版，第35页；朱最新：《社会转型中的行政调解制度》，《行政法学研究》2006年第2期；金艳：《行政调解的制度设计》，《行政法学研究》2005年第2期。

④ 王锡锌、邓淑珠：《行政事实行为再认识》，《行政法学研究》2001年第3期。

提"。^① 当然，除了概念层面的纷争之外，学界对诸如调解对象、类型划分、法律后果等与行政调解制度相关的其他诸多问题，也都是各执一词，迄今依然没有形成统一的、能够为绝大多数人所认同的学说观点。

虽然学术性的分歧与争论乃学界常有之事，然而，类似于行政调解这般，"概念不确定、制度不统一"，甚至连基本性质等一系列原初性问题，都呈现众说纷纭状态的理论研究领域，实在是不多见。显而易见，对行政调解行为混乱不清的"定性"，必将对其功能定位及其发挥带来负面影响。毫无疑问，无论是一项制度设计，还是一种公权行为，对其的基本定性必然是主导其运行方式乃至发展方向的理论支点。因此，对行政调解行为性质的最终界定，必然影响乃至决定着制度设计者和实施者在建构该项制度过程中的价值取向。由此观之，下述现象的并存也就不足为奇了：理论层面上，行政法学界对行政调解制度尚未有深入细致的研究；实务层面上，行政调解的制度实践也较为混乱。毫无疑问，这种现状相对于当下中国社会力求发挥行政调解制度之纠纷解决效能、实现其制度改良的时代需求，是极其不协调、不合拍的。因此，应尽快实现对行政调解制度之内涵和外延的科学界定，否则，行政调解制度理论基础的建构和制度功能的完善将无从谈起。

二、社会变迁与制度改良的失谐

人们曾大肆运用新古典理论和新经济增长理论解释社会发展问题，并不幸深深地陷入困境，而道格拉斯·诺斯却非常智慧地运用"制度变迁"理论将人类社会的漫长历史重新解释为"一部制度认知、选择、演变的历史"，进而认为，"对社会进步起决定作用的是制度因素，而不是技术因素"。^② 诺斯提出上述观点并就此进行的论证，毫无疑义地表明了制度以及制度变迁与社会发展进程之间的紧密联系。立足于此，也可以得出初步的结论，制度变迁唯有与社会发展的步调一致，才能够既保障社会的持续进步，又能巩固制度的改良创新。然而，问题恰恰在于，这种"步调一致"的理想状况，却往往难以出现，尤其是在体制转轨、社会转型的特殊历史时期，则更是难上加难。

（一）社会发展与制度变迁的脱节

众所周知，在社会经济迅速增长之时，往往会出现制度的不均衡。尽

---

① 章剑生：《现代行政法基本理论》，北京，法律出版社，2008年版，第194页。

② 盛洪主编：《现代制度经济学》（上卷），北京，北京大学出版社，2003年版，"新制度经济学家和他们的理论——前言之一"第13页。

管如此，如果制度变迁会降低统治者可能获得的效用或者威胁到了统治者的生存，那么，国家可能仍然会继续维持某种无效率的不均衡。然而，无论如何，制度不均衡被消除，是社会发展进程中早晚都可能发生的事情，只不过在消除的途径选择上可能会出现差异：有些不均衡可以由诱致性创新来加以消除；但是，有些不均衡将因私人和社会在收益、费用之间的重大分歧而可能继续存在，鉴于此，就必须义无反顾地借助国家主导的强制性制度变迁来加以消除。当然，只有其预期的收益高于其强制推行制度变迁可能产生的预期费用，国家才可能会采取行动来消除制度不均衡。[①]

改革开放四十多年来，中国奇迹般的经济腾飞，大大加速了社会利益格局的急剧变迁。而践行于社会快速发展进程中的各项制度特别是法律制度，自始至终都在试图使复杂多变的社会处于一种相对稳定的状态，因此，不得不变得越来越抽象。这种抽象性在使制度为各种制度预期提供更大包容性的同时，也使得制度在面对日益复杂、日益多元的社会情境时，只能呈现出日益明显的"迟钝"甚至"跑偏"的状态。一边是飞速的社会变迁，另一边是制度本身固有的滞后性，二者并存，使得国家在很多领域无从及时进行逐一的立法，以对此加以有效的规制；即便进行了立法，也可能因为所立之法不能及时且准确地回应社会现实，而引发治理依据与治理现状之间的严重脱节，并进一步突显制度的迟滞和僵化，进而不可避免地造成制度规则与民众权益之间的冲突。"规则的缺位"与"规则的非正义"，使得民众既无法获得未来的正义，也可能失去当下既有的正义。由此观之，矛盾纠纷多发的情境将在所难免。

面对社会的重大变迁与革新，在社会治理实践中身处最前沿、存在最广泛的行政权必将担负起更多的、不同以往的社会职责。尤其是，当下中国正在经历着一场"全面深化改革、构建高水平社会主义市场经济体制""不断完善国家行政体系"[②]的历史性变迁，因此可以说，相较于之前，行政主体所承载的全新的社会治理职能，必将面临来自于方方面面的强有力挑战。与此同时，也正是缘于这种历史性的变革，当下的制度变迁正处于一种青黄不接的状态。旧有的、传统的社会治理理念和方式虽然"大势已去"，但其影响力尚未被根除；新近的、契合于社会发展大趋势的制度安排，虽然已经呈现出勃勃生机，但依然不具备将旧有制度完全取而代之

---

① 汪洪涛：《制度经济学：制度及制度变迁性质解释》，上海，复旦大学出版社，2009年版，第127页。

② 《中共十九届五中全会在京举行》，《人民日报》2020年10月30日第1版。

的信心和力量。这种新旧并立的特殊状况在行政领域的表现是：尽管依宪治国、依法执政的基本法治原则早已经确立起来，尽管依法行政的行政法治实践正在如火如荼地进行，但行政权的越权行使、恣意滥权以及不作为、慢作为、假作为等以权压法、权大于法的不当、违法甚或犯罪的失范现象却大量存在。总而言之，社会转型过程中所特有的不确定性，制度变迁过程中的反复性，再加上行政权自身所固有的扩张性，导致一系列经由行政权力所主导的社会治理方式，都不同程度地出现了思想性超越与制度性失衡并存的特殊局面。

作为一种由行政公权力主导，但在实践中被严重"边缘化"的社会治理方式，行政调解制度及其理论与实践，在上述社会发展与制度变迁的浪潮中，当然无以超脱和自立，只能是虽然也偶有"抗争"，但最终依旧"随波逐流"地屈从于既定的发展轨迹。毫无疑问，这种情形在短期内是难以改变的。虽然行政调解制度集行政权的高效、权威、专业与私法性质的协商、妥协于一身，然而，恰恰是这种"公私兼顾"的优势，成为深刻影响其制度绩效的潜在性威胁。基于利益上的衡量与取舍，作为一种身陷于科层制之中的经济理性人，行政主体可能会凭借自身所享有的行政权力，对那些完全适用行政调解方式化解的纠纷加以推脱而不去调解，而对那些完全不适用行政调解方式化解的纠纷却强行实施调解。可以说，类似这样的操作，在行政实践活动中并不少见。如此做法不但不会提升，反而会大大降低行政调解制度的权威性与社会公信力；与此同时，尤其是在化解民事纠纷的过程中，行政权如果被滥用，则完全有可能假"调解"纠纷之名，行"干涉"私权之实；至于在平息行政争议的过程中，作为争议一方的行政主体完全有可能借助行政裁量权，而过分让渡公权力，进而严重损害公共利益。在此基础上，如果再结合社会转型和制度变迁的时代大背景，进而联系行政调解制度极不完善的实际状况，则上述的种种可能性就完全有机会转化为真真切切的现实性。正是出于对此"现实性"的深深忌惮，正是为了避免这种转化后的残酷现实，各级施政者特别是基层以及广大社会民众必然会理性地对待行政调解制度，甚至有可能对其"敬而远之"。与此相应，行政调解制度的预期功效自然也就难以甚至是无从实现了。

（二）对诉讼制度的过度偏爱——单纯"形式法治主义"的桎梏

笔者于前文论述了行政调解制度理论研究的具体现状，并得出了研究水平亟待提高的结论。学理研究上的不足和偏差，导致行政调解在其制度实践中，因为缺乏科学有效的理论指导而弊端频现、运行不畅，以至于进一步加剧了行政调解制度的供求失衡。现在需要认真讨论的问题是，究竟是何原因造成了行政调解制度在理论研究层面上的显著不足，进而从根本上引发或强化了制度实践中的不尽如人意？实践需要理论的指导和规范，而理论更需要实践的丰富和升华。不可否认的事实是，前述行政调解制度实践中所表现出来的"缺失行政法治韵味"等一系列外在失范现象，的确严重影响或制约了法学理论界对该项制度的学术研究动机和兴趣，进而使得有关行政调解制度的理论研究成果，不论是质量还是数量，都存在着极大的提升空间。然而，笔者始终以为，导致对行政调解制度理论研究现状不佳的根本性因素，还是来源于长期单纯"形式法治主义"的深刻影响，以及由此而产生的对该项制度安排的诸多误读。

1. 形式法治主义的基本问题。以法治的价值内涵为区分标准，可以将法治分为"形式法治主义"与"实质法治主义"。实质法治主义是价值法学传统的法治观念，其认为法治必须是善法之治，必须以保障人的权利和自由为根本目的。笔者以为，如果结合本书主题的话，在立法层面抑或制度建构层面，首创"行政复议调解制度"的《行政复议法实施条例》，以及修改后的《行政诉讼法》，其所体现的就是与时俱进的"实质法治主义"精神。与之相对，形式法治主义则是分析实证主义法学传统的法治观念，其认为法治就是纯粹的"法律之治"。进而言之，在价值内涵上，实质法治与"依宪治国"的基本理念相契合，宪法基本精神则构成了法治主义的价值本质。由于保障人权、维护自由成为法治主义的根本性使命，因而在价值内涵上，实质法治与宪法精神天然地具有了基本相同的价值目标。因此，就实质法治的价值本质而言，实际上就是宪法精神的体现。[①] 然而，作为法律实证主义思想的充分反映，作为以追求"法的安定"和"法律统治"为基本目标的法治模式，形式法治主义尽管因其决然摒弃抑或根本性击碎了以君王权威、道德教化或者神的旨意为政治统治圭臬的社会发展桎梏而受到世人的高度称道与充分肯定，尽管因其最大限度地信奉法律的权威和作用而颇具显著的历史进步性，但是，其严重忽视社会发展客观现状和法治现实的一贯倾向，以及严格、封闭、以"法典化"为主要手段的主导价值逻辑，也同样为世人所强烈诟病和质疑。

如果从本书主题出发，具体到纠纷解决领域，一方面，伴随着社会转型时期矛盾纠纷的激增，因改革的日渐深化和体制的深度转轨而引发的诸多矛盾和纠葛，尤其是集中突显"官民冲突"的行政争议涌入了各级司法机关；另外，还需要特别注意的是，纠纷当事人特别是普通民众，对于国家的司法

---

① 侯健：《实质法治、形式法治与中国的选择》，《湖南社会科学》2004 年第 2 期。

裁判结论是否公正、该项司法结论是否能够切实解决具体问题、是否能够真正实现案结事了等相关要素和环节，都具有了相较以往更加强烈的期待和更加紧迫的诉求。而另一方面，形式法治主义对于由国家司法权主导的诉讼审判制度及其相关学说理论，历来都是源发于骨髓深处的"偏爱有加"。该法治理念体系甚至曾试图单纯依靠和运用司法诉讼制度来解决所有的社会矛盾和纠纷，进而期望针对具体社会纠纷仅通过一个刚性的司法审判，就能作出一个"泾渭分明"的判断。既然如此，其自然就无意甚至根本没有兴趣借助于灵活的协商、调解方式，来处理双方当事人的权利（力）义务关系；不仅如此，其甚至可能将调解等非诉讼纠纷解决方式视为法治发展进程中的巨大障碍和对立物。尤其是在针对行政性争议的行政诉讼过程中，囿于形式法治主义体系和理念的强大作用和深刻影响，相关部门法学理论所高度在意的只是形式上的裁判结论及其文书，而并不是矛盾和争议是否得到了真正的平息和化解。至于说诉讼审判结束之时，是不是会引发涉法涉诉信访、是不是会引发并加剧负面的社会舆情、是不是会因为前述因素从而为社会和谐稳定带来了隐患，这一系列问题都根本不在其考虑范围之内。也正是基于这些因素的持续性作用，所以会经常性地看到这样的社会现象：已经非常完整地经历过诉讼审判所有法定程序之后的很多矛盾和纷争，仍然未能得以妥善有效的化解，仍然需要耗费（甚至可能是更多的）社会治理资源去处理和平息。[1]显而易见，（行政）法学理论研究中的这种导向和思潮，深深地影响了相应的社会治理实践，毫无疑问，这在无形中必然会给社会秩序带来严重的隐患。笔者于下文就以一起具体个案对此问题加以说明。

案例十一：单纯形式法治主义主导下的"四年诉讼、五份裁判"的司法困局[2]

市民金某，居住于 H 省 B 市 C 区。因为其邻居的违章建房行为严重影响了其日常通行，金某于 2015 年 5 月申请 C 区规划行政主管部门及时行使其拆除违法建筑的法定职权，以捍卫其正常的通行权。然而，令其意想不到的是，C 区规划部门以建房者已经获得合法审批为由，拒绝履行其法定职责。基于此，金某遂提起了行政诉讼，将 C 区规划部门起诉至 C 区人民法院。然而，就是在这样一起案情极其简单的"民告官"维权诉讼中，面对"审批行为"与"规划行为"分属两

---

① 蔡仕鹏：《法社会学视野下的行政纠纷解决机制》，《中国法学》2006 年第 3 期。

② 该起案例系笔者于 2019 年 7 月赴 H 省调研期间，由 H 省委政法委维稳指导处提供。

家行政主管部门的现实状况，C 区人民法院既没有积极努力尝试运用灵活多样的纠纷解决方式来化解实际问题，更是无法突破这一源于当前行政管理体制的现实局面，而只是针对被诉至法院的行政审批行为和行政规划不作为进行了单一性的司法审查，致使原告金某虽然已经在形式意义上打赢了官司，但是其合法权益却始终无以实现，至于同该诉讼标的紧密相关的行政争议更是无法得到实质性的解决。C 区人民法院作出的行政判决明确认定，C 区规划部门不履行法定职责的不作为行为违法，判决被告在一定期限内履行法定职责。然而，C 区规划部门并没有履行判决书确定的义务。原告金某迫不得已向 C 区人民法院申请强制执行，法院对该强制执行申请审查后认为，尚不具备强制执行的法定条件，遂驳回原告金某的执行申请。

由于 C 区人民法院拘囿于行政诉讼形式性审查的传统思维定势之中，导致司法裁判结果的实效性大为减损；与此同时，更是因为 C 区人民法院只知道采取"裁判性"的，而不懂得运用"协调性"的纠纷解决制度，[①] 从而导致该起案件前后历时长达 4 年之久、先后进行了 5 次裁判，严重浪费了本就稀缺的司法资源。更为突出的问题在于，原告金某因为其合法权益自始至终未能得到有效的保障，为了"讨个公道""出这一口恶气"，此后长期奔波于 H 省委政法委、H 省高级法院、H 省信访局等多家单位之间，持续不断地进行申诉、上访。

诉讼活动特别是行政诉讼中这种屡见不鲜的循环诉讼、程序空转等现象，大多数情况下都是引发"案结事不了""官了民不了"等"半拉子工程"的直接原因。在上述案例所展现的一系列纠纷解决的连续活动中，国家司法制度的权威性和公信度都受到了严重的损害，而普通民众对司法乃至对法治的信心更是遭受到了沉重的打击。尽管如前文所述，全国人大常委会已经在行政诉讼制度设计中为调解方式提供了极其宝贵的一席之地，相对于长期固守形式法治主义的思维理念和制度安排而言，这毫无疑问是里程碑式的重大进步。然而，不容忽视的现实状况是：一方面，在当下中国的

---

① 根据纠纷是通过"合意"解决还是"裁决"解决这一标准，可将有第三者介入的纠纷解决制度分为调解（mediation）和裁判（adjudication）两大类型。作为调解者（mediator）的第三者在介入纠纷之时须得到双方当事者的同意；而作为裁判者（adjudicator）的第三者只须经一方请求就可强制性介入，并能够以裁决形式强行终结纠纷。前文所述的 ADR 即以前者为理论原型，而后者即包括诉讼和行政复议。参见〔日〕棚濑孝雄：《纠纷的解决与审判制度》，王亚新译，北京，中国政法大学出版社，2004 年版，第 96—99 页。

法治实践和法学理论研究中，依然有一股非常强大的力量，长期以来秉持着法治"浪漫主义情怀"，即单纯的形式法治主义，始终极力推崇"是非分明"的诉讼审判，而不屑于将之与行政调解等 ADR 以及其他社会治理方式形成"统一战线"；而另一方面，行政调解等 ADR 形式又因为尚未突破现行法学理论和制度实践中的诸多束缚，同时也未能有效克服自身诸多重大缺陷，一时间还难以取得纠纷解决乃至社会治理的实质性效果。由此可以看到，在当前中国的社会治理进程中，局部领域依然呈现出诉讼制度与非诉讼制度的"阵线过于分明"，而纠纷解决资源的零散状态又使其相互之间难以衔接，社会治理的效果自然也就不够理想。

　　2. 单纯形式法治主义对于社会治理的危害。笔者以为，在应然意义上，形式法治与实质法治二者之间应该是相辅相成、相得益彰的关系，这才是最为理想的状态。然而，通过前述可以看到，相对偏狭、单纯的形式主义法治观习惯于片面式地倡导"法律至上"，极端式地宣扬"为了权利而斗争"，而且始终如一地强调，各类社会主体特别是普通公民应当通过"诉讼"的特定方式和"法律"的有力武器来维护自身的合法权益，并且几乎是"一厢情愿"地在"梦想"，通过大批量、大幅度地增加法院及法官数量以及律师事务所及律师数量这样的"有效"方式，来"一劳永逸"地解决日益增长的社会矛盾纠纷。在诉讼案件呈现几何级增加被极其不幸地视为"权利意识"和"法律意识"显著提高之特定标志的时段，行政调解等一系列非诉讼纠纷解决制度的内在价值，就必然会自然而然地被贬低到微不足道甚至可以"忽略不计"的微末地位。[①] 毫无疑问，国家层面所高调宣示的"大调解"机制与许多法学理论工作者，甚至司法机关内部不少典型"法律人"心目中理想的法治国家之理念确实相去甚远。在他们看来，一种完美的社会治理应当是对审判中心主义、回避制度、谁主张谁举证以及程序正义等一系列基本法治原则的严格遵循，法官就是应当消极、中立甚至谦抑、保守地坐堂办案，而绝对不能违反法定诉讼程序而试图积极主动地去解决案件和纠纷。由此可见，这种推崇并试图践行"大调解"的社会治理观念及其实践，显然难以甚至无法获得单纯形式法治主义论者的认可。[②]

---

　　① 汤维建：《市场经济与民事诉讼法学的展望》，《政法论坛》1997 年第 2 期。

　　② 有学者主张，在现阶段，中国社会的首要任务应是高扬法的权威，树立民众对法的信仰；过多地强调调解，不利于法律制度的完善，不利于社会观念（尤其是法治观念）的转变，从根本上讲，不利于社会主义法治的健康发展。更有学者主张，司法官员、专家面临的真正挑战是改进司法体制，激励法官公正地审判。放弃这方面的努力，诉诸含糊其辞的"群众路线"和调解，不过是在既定的知识约束下来回翻源头而已：设计有效解决人类面临之永恒问题的制度，需要深思熟虑，而不能凭心血来潮。参见胡旭晟：《法学：理想与批判》，长沙，湖南人民出版社，1999 年版，第 379 页；秋风：《何必扬调解而抑司法》，《南方都市报》2009 年 2 月 28 日第 5 版。

上述理论及其观点对于有效避免和防止无限夸大调解类制度功能的极端化做法，必然会起到一定的警示作用。然而，在对此加以充分肯定的同时，也必须明智地认识到：一项特定的制度安排是否合理、可行，关键在于它能不能及时有效地回应或者解决社会及民众的实际问题，而并不在于它能不能很好地满足相关学科理论家们的学术理想。现如今中国社会的实际状况是，诉讼量近些年来持续增加而且始终在高位徘徊，涉法涉诉信访数量更是居高不下，司法权威不高、公信力不彰，广大民众对司法制度、司法队伍始终抱有强烈期望，与法官队伍自身廉洁和工作作风存在诸多问题等现象同时并存。面对单一型的诉讼机制以及司法裁判在化解矛盾争议、推进社会治理进程中力不从心、捉襟见肘的现状，中国需要构建以法院为主导、以司法诉讼制度为核心的新型社会治理模式，积极有效地动员各种非诉讼机制的参与，将纠纷解决乃至社会治理的中心从事后型的处理向事前型的预防转移，从而卓有成效地避免矛盾纠纷的进一步扩大和激化。

进而言之，如果一方面单纯地刺激社会层面对于法律以及司法制度的过度期待和强烈需求，而另一方面又难以甚至无法向社会民众供给完善高效的正式诉讼机制，以及时满足其诉讼需求，同时又不能在一个循序渐进的社会治理进程中，逐步协调广大民众对实质正义的追求与诉讼所提供的程序正义之间的客观冲突时，那么，"法律中心主义"的努力宣示和积极实践，就完全有可能适得其反。特别是经由媒体频频曝光的政法领域的众多"蛀虫""老虎"及其反面典型案例所营造出的客观效应，难免使得诉讼制度乃至国家法律体系在广大社会民众心目中的原有地位受到强烈的冲击，芸芸众生与法律之间的距离也可能渐行渐远。长此以往，司法诉讼制度乃至法律制度不但不能有效地解决原有的矛盾纠纷，反而可能导致其不断地演变、恶化并孳生出新的纠纷，继而成为社会稳定的更大威胁，国家和社会层面都有所追求的法律效果和社会效果最终无以获致。毫无疑问，制度间的竞争会促使制度本身更加完善。因此，国家层面有责任、有义务向全社会提供多种选项，引入调解等非诉讼纠纷解决机制，以实现其与司法制度的有序互动和良性循环。从这个意义上讲，"大调解"机制特别是行政调解制度的复兴可谓是正当其时。

上述情境特别是形式法治主义的负面影响，也不可避免地出现在了"行政法治"的进程中。其中，有一个长期遭受行政法学理论界和实务界强烈质疑，同时也给其带来重大困惑的突出问题：在行政法治过程中，单纯的形式法治主义或者典型意义上的"依法行政"，对于行政权力行使的基本要求，是否为处于行政争议中的行政主体依法处分行政权留下了必要的制度空间？① 笔者将这一问题留待后文进行讨论。

（三）配套性制度及其支持和保障的缺位

德国著名经济学家卡尔·席勒曾经阐述过一个非常典型的案例：缅甸军政府派往以色列集体农庄接受专门学习和集训的受训人员，在相关活动结束之后得出的最终结论是：尽管他们也曾经的确感受到了集体农庄的气息，然而，由于基本公共精神、自律原则以及集体责任和个人自由之间平衡机制等相关重要条件的严重缺失，以致他们根本不能适应那种集体主义环境下的极端生活形式，进而言之，也就根本无法将此种农业发展模式移植到缅甸，更谈不上使其在缅甸生根发芽、存续发展。毫无疑问，如果将这一起个案推而广之的话，便可以看到，尽管说通过照抄照搬的方式，借用其他社会制度来完成本社会的制度变迁，必将极大地降低投资成本，然而客观事实却一再表明，就其难度而言，制度移植要比技术移植大得多，特别是具体制度安排的功效以及其他相关预期能否有效地实现，必然会严重依赖于对制度自身的适应性调整以及其他有关配套制度的存在。②

显然，受制于经济社会高速发展进程及其对制度变迁的实质性影响，在行政调解制度之外，当前还缺乏其他相关配套性制度对其的有力支撑，也缺乏对相关制度的有机整合，行政调解制度还缺乏与其他纠纷解决制度的有效对接，这些都是造成行政调解制度失范、效果不佳的重要因素。笔者在对经济欠发达地区的调研中也曾经注意到，中部 G 省 Z 市 X 区各级单位共设置了 114 个人民调解委员会，共有 568 名人民调解员。自 2015 年至 2017 年，上述人民调解组织调处当地各类矛盾纠纷共计 1700 余件，人均每年调解纠纷仅为 1 件；然而，该区人民法院从事民事审判的员额法官仅 16 人，仅在 2017 年就审判并执结了民事案件共计 1452 件，当年人均审结就多达 91 件。③ 非常明显，当前社会治理实践中的现象是：一方面，全国法院系统普遍性地经受着矛盾多发和案多人少的严峻考验，司法人员（尤其是员额法官）对涌入的案件疲于应付；另一方面，人民调解制度和行政调解制度以及其他非诉讼纠纷解决机制的功能并没有得到充分及时有效的

---

① 有关分析，参见王锡锌：《规则、合意与治理——行政过程中 ADR 适用的可能性与妥当性研究》，《法商研究》2003 年第 5 期。

② 盛洪主编：《现代制度经济学》（下卷），北京，北京大学出版社，2003 年版，第 261—262 页。

③ 相关数据，系笔者于 2018 年在 G 省 Z 市 X 区调研期间，由 X 区法院和 X 区司法局提供。

发挥，进而造成了严重的资源闲置。甚至有不少的矛盾纠纷，虽然已经历了（甚至是多次的）人民调解或者行政调解，也曾经（多次）达成相应的调解协议，却因为纠纷当事人的事后反悔而（根本）无法得到（及时有效的）履行。久而久之，就逐渐形成了"调解-反悔-上访-再调解-再反悔-再上访"的无休止的恶性循环。长期悬而未决的纠纷，迫使身心俱疲的纠纷当事人不得不诉诸上访甚至更为极端、更为荒唐的措施以实现自身（合法）权益；而久拖不决的争端，势必会成为危及（局部）社会稳定的重大隐患，令当地政府也颇感头疼。

就行政调解制度与其他类型调解制度之间的关系而言，尽管从执政党领导层到最高司法机关都在反复宣示和强调，务必大力构建和实施人民调解、法院调解和行政调解"三位一体"的"大调解"机制；与此同时，伴随着传统单位和组织的变迁，国家层面也已经因势利导，在多领域建立了相应的调解型纠纷解决制度。然而，事实表明，可以用于有效指导三类调解制度的适用范围、配套衔接等环节的规范性文本至今尚未出现，能够有效整合各类调解资源的"大调解"机制仍处于理论探讨和实践摸索的初级阶段；行政调解制度与人民调解制度，特别是法院调解制度之间的制度性壁垒依然客观存在，相互之间的程序衔接和联通方式并不是十分理想；有利于提升效力性和权威性的调解机制和有机体系尚未正式形成，从而导致调解制度的功能发挥还很不充分。总体而言，三类调解制度特别是人民调解制度及其实践还徘徊在相对较低的层面；另外，行政主体对于三类调解制度的基本功能以及互补衔接在思想认识上还有偏差，时而大包大揽，时而推诿扯皮。

就行政调解制度与其他非调解类的纠纷解决制度之间的关系而言，相较于此前的法院系统及其法官对于行政调解制度等调解方式存有一定的抵触和偏见，由于当前国内上下高调复兴和深入推进"大调解"机制所营造的制度化氛围，司法界特别是最高司法机关已经与时俱进地改变了对行政调解制度的看法。先是在 2009 年，最高人民法院《诉讼非诉讼衔接若干意见》就已经对相关重大问题有所涉及，甚至已经表明了较为清晰的态度，特别是明确规定行政调解协议对于双方当事人都具有民事合同性质的法律约束力。[①] 到了 2016 年，最高人民法院《多元化改革意见》在规范性文本

---

① 该《意见》明确规定"行政机关依法对民事纠纷进行调处后达成的有民事权利义务内容的调解协议或者作出的其他不属于可诉具体行政行为的处理"，在经纠纷双方当事人签字或者盖章后，视为民事合同。

的层面上又进一步提升了各类调解制度的地位和"身价"。①然而,令人遗憾的是,尽管已经取得了上述可喜的诸多进步,但是依然不能就此盲目乐观。在当下中国社会治理实践中,一些司法机关(特别是基层)并没有将上述有关与调解制度对接的工作要求完全落实到位,特别是在面对各类调解制度时,实施区别对待、从事选择性对接的做法更是屡见不鲜。与此同时,有些基层法院或者乡(镇)、街道法庭的司法人员在当地村组或者社区工作人员调处矛盾纠纷时,随意发表意见,从而变相地使国家司法力量提前介入;有的基层法院把"大调解"机制演变成了司法诉讼的前置程序,甚至自我定位其与调解组织为"上下级"关系,单纯以"我"为中心来划定诉讼与调解的衔接范围。如此既实质性地损害甚至剥夺了纠纷当事人对于纠纷解决途径的选择权,又严重地弱化甚至侵蚀了"大调解"机制所必备的制度运作氛围。

三、制度认同的缺失

通过前文可以看到,基于行政调解制度在社会治理进程中的预期效应,国家层面对于深入践行该项制度安排的现实意义给予了高度重视。笔者以为,一项制度安排能否被有效落实于社会治理实践中,既有赖于高层的重视,也取决于各类社会主体,特别是包括基层地方政府和职能部门在内的各级制度执行者,基于制度认同而采取的具体措施和实际行动。然而,实践中行政调解制度运行不佳的关键症结之一就是,推进制度运行所必需的"动力"严重不足。

(一)制度认同的基本内涵

何谓制度认同?众所周知,一项特定制度安排的设计、出台以及最终能否奏效、其付诸实施能否稳步持续,其中的基础和关键在于相关制度主体,特别是诸多制度践行者能否在内心深处对其给予必要的肯定、赞同与落实。即便是国家顶层制度设计,假若得不到必要的肯定、赞同,始终贯彻不下去、落实不到位,那无异于"一纸空文"。②毫无疑问,将特定制度安排付诸执行的基本前提条件就是"认同"。因此可以说,必须在广大

---

① 该《意见》明确规定,法院要主动与诉讼外的纠纷解决机制建立对接关系,指导其他纠纷解决机制发挥有效作用;要通过诉调对接、业务指导、人员培训、参与立法等途径,让更多的矛盾纠纷通过非诉讼纠纷解决渠道解决;要通过诉前导诉、案件分流、程序衔接,把纠纷有序分流至诉讼和非诉讼纠纷解决渠道;要通过司法确认,提高非诉讼纠纷解决方式的效力和权威性。参见罗书臻:《最高人民法院发布深化多元化改革意见》,《人民法院报》2016年6月30日第1版。

② 〔美〕F. J. 古德诺:《政治与行政》,王元译,北京,华夏出版社,1987年版,第14页。

社会主体形成对特定制度安排肯定、赞同的心理状态并且愿意将之加以落实的基础上，也就是将制度内化为自觉的价值取向，外践于有效的具体行动，这项制度安排才可以真正称得上是规范和高效的制度安排，[①] 才可以真正为社会治理提供良性有序的发展空间和科学合理的行动逻辑。简单地讲，广大社会成员基于特定制度安排而产生的这种认识与评价，即"制度认同"。[②]

进而言之，特定制度安排是否能得到社会民众的认同，究其本质，核心问题在于其是否具有一定的"正义性"，而正义性就是其得以在客观世界持久存续和良好运行的基本前提条件。特定制度安排必须具有正义性，否则，它就难以甚至无法形成必要的公信力。特定制度安排只有在具备公信力时，其才有可能在广大社会民众当中赢得必要的公认与信服，其才有可能被真正落实到位。[③] 大致说来，相关社会主体对于特定制度安排在制度认同上的缺失，有两方面的共同表现：一是在价值判断上依然缺乏明确的肯定，或者是不置可否，甚或是明确否定；二是在行为取向上没有实质性转化为具体行动的良好趋势。显然，后者决定于前者，只有真正实现了内化于心，才有可能外践于行。如果没有肯定性的价值判断，自然就不会有贯彻落实特定制度安排的具体行动。

（二）行政调解制度实践中制度认同的缺失

承上文所述，从制度认同的基本内涵出发，结合当下中国的社会治理实践，笔者在调研期间发现，相关社会主体对行政调解制度的认同度不容乐观。总体来看，当前对行政调解缺乏制度认同的社会主体大致包括以下三类：第一类是纠纷当事人；第二类是法院特别是基层法院；第三类是地方行政主体特别是基层行政主体。下文就围绕这三类主体对于行政调解的制度认同问题进行具体说明。

1. 纠纷当事人对行政调解的制度认同亟待加强。尽管很多现行法律文本都涉及行政调解，尽管国家层面高度重视并大力提倡行政调解，尽管中国自古以来就有"遇事找政府"的传统，然而实践表明，纠纷当事人特别是行政相对人对行政调解的制度认同并不理想。一是面对海量的纠纷，当下治理体系的引导与分流依然不力，普法宣传也不到位，以致行政调解制

---

① 王立洲：《当代中国人制度认同的现状及对策——基于制度文化自觉的视角》，《理论月刊》2012 年第 12 期。

② 秦国民、陈凯：《政治稳定视角下制度认同的理性思考》，《河南大学学报（社会科学版）》2010 年第 3 期。

③ 秦国民：《政治稳定视角下制度认同的建构》，《河南社会科学》2010 年第 1 期。

度对于行政相对人的影响力非常有限。二是即便行政相对人选择了行政调解，但前文所述的调解程序失范、协议效力不明等一系列制约行政调解制度绩效的突出因素，使得该项制度难以满足其基本需求。三是如前文所述公民的"纠纷解决意识"与"纠纷解决能力"之间的冲突，导致其严重缺乏通过主动申请方式将具体纠纷诉诸行政调解的基本动力。四是部分行政主体和基层法院在具体治理实践中对于行政调解制度所形成的判断和行为，对纠纷当事人特别是行政相对人产生了严重的负面影响。

2. 法院系统对行政调解的制度认同亟待加强。最高人民法院 2016 年就曾明确要求，各级法院要"加强与行政机关的沟通协调，促进诉讼与行政调解……机制的对接"；[①]2019 年又强调，"加强调解协议司法确认工作"。[②]尽管要求已经非常明确和具体，但基层法院落实得却并不理想。以司法确认为例，早在 2007 年就已开始了该项机制的试点工作，即在调解组织对纠纷达成调解协议后，经双方共同申请，基层法院审查认为协议符合法律规定，出具法律文书予以确认，赋予该调解协议以法律（强制）执行效力。而且，该经验做法也已被《民事诉讼法》所吸收。但司法实践中能被基层法院纳入司法确认的绝大多数都是人民调解协议，一般并不包括行政调解协议。[③]这也恰是后文所述行政主体模糊实施行政调解的原因所在：一般情况下，只有行政调解"借用"人民调解的名义，才能顺利经法院司法确认从而获得法律（强制）执行效力。显然，此举不但损害了行政调解制度的整体绩效，而且严重影响了行政主体和社会大众对行政调解的制度认同。

之所以如此，原因在于：第一，缺乏明确的法律依据。迄今为止，《民事诉讼法》和有关司法解释以及最高人民法院的司法政策，均未明确将行政调解协议纳入司法确认机制之内，这就使得对行政调解协议的司法确认工作很难成为基层法院的日常职能。第二，自身在司法理念和司法实践上的局限性。一方面，因基层法院及其审判人员未能准确认识强

---

① 参见最高人民法院《关于人民法院进一步深化多元化纠纷解决机制改革的意见》第 7 项规定。

② 参见最高人民法院《关于建设一站式多元解纷机制一站式诉讼服务中心的意见》第 8 项规定。

③ 这一状况也可以从另外一组数据中得到佐证。据人民法院调解平台网 2021 年 1 月 1 日数据显示：目前全国调解组织进入法院特邀调解名册的有 37805 个，其中人民调解组织 26094 个，行业调解组织 2896 个，其他调解组织 5561 个。参见孟婷婷：《诉调对接机制的发展探析》，《中国司法》2021 年第 2 期。

化行政调解制度功效对其司法工作的重大现实意义，未能准确把握"诉源治理"①工作的精髓和真谛，从而导致其对行政调解缺乏应有的制度认同，自然也就谈不上提供配合与支持了。特别是审判人员对诉调对接工作的重要性认识不深、理解不透，加之法院的晋职晋级、考核体系比较重视结案数量，案件繁简分流后，留下的都是难啃的硬骨头，诉调对接以及司法确认在绩效考核中的权重又比较低，业绩上不去，影响考核和职级晋升，从而降低了积极性，导致审判人员在实际工作中消极作为、推动不力。②另一方面，"案多人少"矛盾突出的基层法院唯恐因其过多从事司法确认，会加剧本已沉重的工作负担。司法确认除了其本身的劳动付出之外，往往都会涉及履行调解协议的责任问题。确认后如果一方拒不履行或无力履行法定义务，这必然又会加剧已经让基层法院疲于奔命的"执行难"问题。因此，本就注重谦抑、内敛的法院，自然就会对司法确认保持一种被动应对的态度。第三，源于行政调解的特殊性。就制度本身而言，行政调解由行政权主导实施，经由行政主体居中调解最终达成的行政调解协议，其背后必然有相当浓郁的行政权因素。就纠纷而言，经过行政权介入的纠纷相对复杂，不似人民调解所化解的矛盾那般单纯，必然会占用法院相对更多的司法资源。因此，基层法院面对行政调解协议往往会"敬而远之"。

3. 部分行政主体严重缺失对行政调解的制度认同。作为行政调解制度的主导者和实施者，行政主体对其的制度认同，必然是实现其制度功效的关键一环。可以想见，如果连行政主体都缺乏对行政调解的制度认同，又遑论其他？然而，在国家治理实践中，行政主体对行政调解缺乏制度认同呈现出多种表现形式，笔者选择较为突出的三类情形予以论述。

第一，任意实施行政调解。这一问题主要集中于基层，典型表现就是一些行政主体在调解活动中有意无意违法操作，不但未能解决纠纷反而激化了矛盾。此外，基层行政主体还有可能存在其他两类极端情形：一类是随意越权，例如，对于明显不适合行政调解的争端，却通过强制、胁迫等

---

① 最高人民法院 2019 年《关于深化人民法院司法体制综合配套改革的意见》首次提出"诉源治理"概念，即对诉讼纠纷的源头化解处理机制。《中共中央关于全面推进依法治国若干重大问题的决定》曾提出"坚持系统治理、依法治理、综合治理、源头治理，提高社会治理法治化水平"。2021 年中央《关于加强诉源治理推动矛盾纠纷源头化解的意见》要求，把非诉讼纠纷解决机制挺在前面，从源头上减少诉讼增量。参见李占国：《诉源治理的理论、实践及发展方向》，《法律适用》2022 年第 9 期。

② 孟婷婷：《诉调对接机制的发展探析》，《中国司法》2021 年第 2 期。

非正当手段超越法定边界滥用调解，甚至连重伤害刑事案件也敢通过调解结案。另一类是随意限权，例如，对于一些完全符合法定条件、适于行政调解的矛盾纠纷，不愿或者不敢调解，要么一推了之，要么引导其经由其他调解方式化解，要么将其直接导入司法程序。显然，随意越权的做法将导致行政相对人合法权益无从救济，并滋生出徇私枉法、以钱抵刑等司法腐败行为；随意限权的做法则完全无视具体案情、无视"法律效果和社会效果有机统一"的办案要求，人为制造了社会隐患。

第二，怠于实施行政调解。尽管近年来司法调解、人民调解和行政调解都已得到了国家层面的高度重视，而且三种调解制度之间相互衔接的系列措施也不同程度地被付诸实施，然而，深入探究后就会发现，"大调解"机制中的各类调解模式所承担的社会治理功能并不均衡。其中，大多是行政主体引导当事人"选择人民调解""委托法院调解"和"复杂疑难纠纷实行联合调解"等将矛盾纠纷推向其他纠纷解决途径的做法，而相对缺乏法院、人民调解委员会等其他调解制度的主导者和实践者引导纠纷当事人"选择行政调解""委托行政调解"等反向的互动。特别是某些基层行政主体，立足于"多一事不如少一事"的现实考虑，倾向于凭借其自身拥有行政权能的强势地位，将眼前的矛盾纠纷推至法院或者人民调解组织来为其"分忧"，尽量避免将自身置于纠纷解决的最前沿，而并不愿意从事"劳心费力"的行政调解。

第三，模糊实施行政调解。自《人民调解法》颁布之后，各级行政主体设立了多种调解组织，并刻意将其"纯正"的行政调解实践冠以"人民调解"的名头。[①] 例如，某市"工伤纠纷人民调解委员会"，其虽名曰"人民调解"，但该调解组织却是由该市中级法院与市司法局、市人社局这两家行政机关组建而成。每次调解均由市人社局工伤保险科召集主持；除了情节较重、标的额较大的赔偿纠纷需由三家单位共同协商调解之外，其余纠纷均由市人社局工伤保险科单独调解；在达成的调解协议文本上，则加盖含有"人民调解"字样的印章。与之相类似的情形，还出现在了医疗卫生、环保城建等其他多个领域。显而易见，这种所谓的"人民调解"本质上就是"行政调解"。两类调解模式在形式上的泛化和实践中的混乱所产生的制度效应就是：既违背了人民调解的特征，又模糊了行政调解的定位；既误

---

① 很多行政调解员转而成为人民调解员，很多经由行政调解的纠纷转而归入人民调解的数据范畴。直到今天，行政调解还在身不由己地以这种方式为人民调解刷着存在感。参见兰荣杰：《人民调解：复兴还是转型？》，《清华法学》2018年第4期。

导了受众对各类调解制度的认知，又限制了行政调解制度的良性发展。[1]

究竟是什么原因引发了上述情形？在行政调解这种由中央主导推进、兼顾和平衡各方利益的制度实践中，地方或部门的行政主体及其行政人员基于趋利避害的现实考量，往往会形成自己的认知和定位。

一方面，行政主体拥有自身利益。常识告诉我们，执政集团内部各组成元素往往都会基于其相对独立性而拥有自身利益，都会或多或少地拥有自由行使权力的独立空间。[2] 在此基础上，一些地方和部门的核心关注点并不在于如何有效实施能够充分彰显法治精神和人文关怀的治理行为，而是在于如何实现其利益最大化，在此过程中甚至不惜变通或扭曲中央政策和国家法律。其中，"最先一公里""中梗阻"或"最后一公里"[3] 等问题的客观存在，很有可能使得中央权威在部门或地方的政治生活中被淡化。进而言之，长期以来惯于"端着架子"的地方行政主体，自然就很难"放下架子"积极通过实施以"回应社会需求"和"协调社会多元利益"为要旨的"行政调解"这种柔性的方式来践行和推进国家治理层面的制度变迁了。究其本质，如果在此社会转型时期，真正让其淡化强制性管控，切实引入治理层面的制度竞争，则地方的权力空间必然会被限缩。可见，阻滞行政调解制度良性运行的主因，恰恰就是最该积极谋划、最该主动作为的地方行政主体。

另一方面，行政人员拥有个人私利。从应然意义上讲，行政人员是国家公仆、是忠诚的守夜人。但在实然意义上，行政人员却都是不折不扣的"经济人"。尽管基于"应然定位"，行政主体必须从大众视角出发来实施政策，但基于其"实然角色"，行政人员则可能会为了优化个人利益而危及公共利益。[4] 这种应然预期与实然行为之间的冲突，自然会影响到行政人员认同和实施行政调解等特定制度的效果。更何况，由于重视程度、工作经费、人员配置、激励机制等诸多必要条件的客观作用，会进一步加剧这种状况。显然，在客观存在"经济人"的前提下，认知水平和治理观念依然有待提

---

① 王聪：《作为诉源治理机制的行政调解：价值重塑与路径优化》，《行政法学研究》2021年第5期。

② 盛洪主编：《现代制度经济学》（下卷），北京，北京大学出版社，2003年版，第269页。

③ "最先一公里"主要是指中央的改革举措因触及既得利益，导致中央的决策卡在职能部门迟迟难以出台。"中梗阻"与"最后一公里"均是针对政策执行的问题：前者是行政体系的中间层级在落实中央决策中政令不畅、执行不力；后者是上级政策在基层无法落地，群众没有获得感。

④ 林江、于文艳：《从"诺斯悖论"看我国财政风险的形成机理》，《广东社会科学》2006年第5期。

升的地方行政人员，往往缺乏实施行政调解这类柔性制度的内在动力。

（三）缺乏制度认同的负面效应

毫无疑问，以上三类主体对行政调解严重缺乏制度认同，已然形成了非常明显的负面效应。一方面，三类主体在各自面对该项制度时的认知判断和行为选择，在相互之间产生了连锁反应，即一类主体必然会影响其他两类主体，而且行政主体和司法机关等公权主体对行政相对人的影响尤为明显；在此基础上，各自又都以其他两类主体的认知和行为，来进一步佐证自身认知和行为的正确性。另一方面，相关主体的制度认同度与行政调解制度的建构和运行及其法律价值的彰显之间也形成了恶性循环，即越是缺乏制度认同，就越会制约行政调解的制度绩效和法律价值的彰显，而行政调解的制度绩效以及法律价值的彰显越是不理想，就越是影响相关主体对其的制度认同。如此往复，对于行政调解的制度认同自然就会持续弱化，行政调解的运行态势自然也就难以实现质的改观。

必须要明确的是，上述分析是笔者基于当下局部社会治理实践所得出的基本认识，而绝非主观臆测和妄加评论。当然，受个人研究的视域和能力所限，笔者无从考察国内所有行政主体在社会治理过程中的真实状态，而且，上述情况也不能完全说明行政调解制度运作的整体情况。然而，不可否认的是，上述现实状况都是客观存在，绝不能对此熟视无睹。否则，即使有效避免了"以偏概全"的认识错误，但同时也难以实现"见微知著"的价值追求。制度认同的相关理论及其基本内涵已经表明，一项制度安排惟有在理念、思维、意识、行为、举措等多个层面获得更多社会受众的肯定与赞同，才有可能真正成为有力维系社会秩序、切实推进社会发展的良好制度安排。[①] 否则，其充其量也只能是停留在某些学者理论观念中的逻辑体系或者是作为文字条款存在的规则章程。不仅是过去的行为规则以及旧制度不会被否定，即便是新近的行为规则以及新制度也不会获得认同，进而言之，"以新代旧"的制度变迁过程当然也就不可能发生了。[②] 显见的事实是，作为当下社会治理进程中的重要实施者，对于行政调解制度缺失基本制度认同的部分基层行政主体，在行政调解制度实践中所表现出来的惰性、随意性以及治理行为中的"模糊化"，其所产生的负面效应自然也就更为突出了。

以上也进一步印证了新制度经济学的基本原理：制度供给的本质原因

---

① 赵昆：《"经济人"假设与制度认同》，《齐鲁学刊》2007年第5期。

② 孔德永：《农民政治认同的逻辑——以社会主义为对象分析》，《齐鲁学刊》2006年第5期。

是制度变迁能够给人们带来纯收益，其内在动力就是来源于人们对制度创新收益的强烈预期。所以说，一种新的制度安排能否产生，主要决定于人们对它的收益预期。因此，如果从"收益-成本"关系的角度对行政调解制度实践进行衡量后就可以看出，部分行政主体在运用行政调解方式实施社会治理过程中所表现出的种种不良行为，其根源并不是践行该项制度安排的成本太大了，而是因为这种制度实践的收益实在是太小了。如果无利可图，向来惯于且善于趋利避害的"经济理性人"，就宁愿顽固地坚持"因循旧制"，而根本不愿意进行任何的制度实践，更遑论制度创新了。

　　由上可知，制度内外因素的共同作用，导致了行政调解之制度供给根本无法有效回应国家和公民之制度需求的现状。鉴于此，唯有对症下药，才能真正实现其供求均衡。后文所作的相关论述，即为笔者在学理层面对此项工作的尝试和努力。

我们主张权利神圣，但更重要的是须通过"制度设计"，使神圣的权利为权利人带来效用。否则，也只能是停留在纸面上的权利而毫无意义。[*]

第四章　行政调解制度内在要素的改良

通过前述分析可以看到，尽管国家层面一再高调宣示践行行政调解制度的现实意义，尽管其本该是社会治理体系中的一项重要制度安排、本该是多元化纠纷解决机制中的重要一元，然而，无论是在学理规范层面，还是在具体实践层面，该项制度安排均已成为当下中国社会治理进程中一种被严重"边缘化"的纠纷解决模式。与制约制度供给之因素的多样性相类似，导致行政调解制度未能有效发挥其功效的原因也必然是多方面的。既有可能包括制度本身设计不佳的严重制约，更有可能涉及制度运行环境等外在因素的实际困扰。也正是这种制度运行中的"内忧外患"，才导致了供求失衡的现状。

因此，必须从"制度内"与"制度外"两个层面出发，以重构和强化行政调解的制度供给，并最终实现该项制度安排的供求均衡。进而言之，笔者以为，务必在两个层面上实现这种供求均衡：就行政调解制度本身而言，必须优化其内在制度设计，弥补自身在制度实践中所暴露出的漏洞和不足，使之具备提供和加强制度供给、有效回应制度需求的制度基础，这也是行政调解"制度内"的"个体性供求均衡"的问题；同时，以此为基础，正视行政调解制度内在的根本性缺陷，积极优化制度外在运行环境，特别是建构其与其他纠纷解决制度相互之间的对接互补机制，从而实现各类制度功能的最大化和弊端负面效应的最小化，这也是行政调解"制度外"的"整体性供求均衡"的问题。对于后者以及其他与之相关的制度外在性

---

[*]　王佐发：《科斯定理对中国法学的启示》，《制度经济学研究》2007 年第 1 期。

问题，将留待第五章进行分析。而本章是针对前者，从行政调解制度内部着手而展开的阐述和探讨。

笔者已于前文，分别从（针对各类纠纷解决制度的）一般性需求和（针对行政调解制度的）特殊性需求这两个维度，对国家层面和公民层面的基本制度需求作了梳理。毋庸置疑，制度需求正是对制度功能进行准确定位，进而重塑其内在要素的基本前提和出发点，而发挥制度优势、回应前述制度需求又是改良制度内在要素、优化制度外在环境的最终归宿和落脚点。"为某一国人民制定的法律，应该是非常适合于该国人民的。"[①] 因此，笔者须结合前述中国社会治理进程中行政调解制度自身所存在的、致其严重"边缘化"的主要问题，于本章有针对性地在制度内在设计环节上加以理论性的探索和改良。其中，主要涉及对行政调解制度功能和特质的重新定位、调解主体和适用范围的制度化、基本程序的建构和完善等几个方面。而它们都是重构该项制度安排内在要素的重中之重，进而也是有效回应国家和广大民众之制度需求的核心要素。

第一节　功能与特质的科学定位

笔者以为，只有在依托当下中国社会治理实践、科学定位行政调解制度之功能和特质的基础上，才有可能针对行政调解的制度性弊端提出一套正确可行的改进方案。进而言之，对于制度安排及其功能和特质的科学界定，也正是有效回应党中央在推进国家治理现代化、打造"服务型"政府的特定时代背景下，科学、合理配置行政权能，进而改善社会治理、强化公共服务之需求的重要前提和基础。

一、行政权力的优化

"不管我们愿不愿意，现在所处的时代就是行政国家。"[②] "行政国家"并不必然就是"法治国家"，甚至有可能会基于行政权力的强大，特别是其与生俱来的扩张性，反而成为建构法治国家的阻力和障碍。既然如此，就必须遵循现代法治精神以实现对行政权力的优化，进而从根本上满足对于社

---

① 〔法〕孟德斯鸠：《论法的精神》（上册），张雁深译，北京，商务印书馆，1982年版，第61页。

② 陈新民：《公法学札记》，北京，中国政法大学出版社，2001年版，第29页。

会治理现代化的现实需要。

（一）进一步强化"功能主义"在中国的实践

1. 功能主义的基本问题。英国著名公法学者马丁·洛克林曾经认为，根源于对公法学科之基本性质的不同认识，形成了主宰公法思想的两种基本风格：一是规范主义，二是功能主义。基于潜藏在其核心思维背后社会传统文化和固有价值追求层面的明显差异，两种风格在对人性、人类社会和国家政治以及其他一系列重大问题的理解上出现了根本性的分歧。以"合法性"为导向的规范主义风格，以"权力分立"以及"使政府服从于法律"为核心理念，基本上反映了一种"法律自治"的美好理想；与之形成重大差异的是，以"合理性"为基本特质的功能主义导向，自始至终将法律及其理论和实践视为国家专政体系构成中的一个重要组成元素，其更加关注的是法律及其制度在社会控制层面的基本意图与核心目标，进而采取了一种工具主义的社会政策及路径。因此，相对而言，功能主义风格充分体现并诠释着一种进化式变迁的理想。[①]进而言之，这种风格可以被视为这样一种努力：它旨在发展出一种与当下社会及其内在功能相互依存、相互兼容的法律治理逻辑。如果从这个视角看去，功能主义风格严格拒斥一切形而上学的学说与假定，始终如一地在努力尝试着跨越规范主义者们刻意在政府（抑或自由裁量权、政策）与法律（抑或规则、权利）之间挖凿形成的巨大鸿沟，自始至终将国家的能动性及其行为视为一种对进化式制度变迁理想的积极行动、一种对不断增长的"社会道德化"的充分表达（而不是像规范主义风格那样将国家及其能动性视为"旨在实现顺民的形成与强化"），并且长期致力于用科学合理的方法来有效解决政治生活和法律实践中的诸多难题。

2. 强化功能主义在中国的探索和创新。显而易见，作为有序推进行政法治的基本制度保障，作为当下中国现代法治政府建设的核心内容，科学、合理配置行政权能正是功能主义的生动体现。进而言之，合理配置并优化行政权能的程度如何，将关乎法治行政基本价值取向的实现程度如何。因此，由各级特别是基层地方行政主体依法行使行政调解权能、积极实施柔性治理，以有效构建服务行政、充分实现"官民互动"、有力营造社会和谐，就

[①] 实际上，在现实生活中并不存在这样两种截然对立的学派。这两种风格都分别是许多种力量的混合物，并且为了回应内在的紧张而处于不断的发展变化之中，而且其各自的忠实追随者都采取了一致的方法来研究公法。参见〔英〕马丁·洛克林：《公法与政治理论》，郑戈译，北京，商务印书馆，2003年版，第85、193页。

必然成为当下中国顶层设计中关于科学配置行政权力领域的重大课题。

从国家立法层面来看，作为国家权力配置的重要组成部分，行政法领域的行政权配置及其最优化显然已经得到了国家宪法的有力支持。就宏观层面而言，无论是中国宪法的民主集中制等原则，还是西方宪法的"三权分立"等原则，均为其提供了基础性宪法依据；就微观层面而言，"功能最适当"原则为其提供了技术性基础。尽管在宪法条文中并没有明确规定"功能最适当"这一概念，然而，其却深刻地根植于宪法的基本精神之中。因此可以说，采用功能主义的方法解释权力分立原则，是时代发展对权力格局提出的要求。[1]

中国行政权力的宏观调整和配置优化体现在多个领域。自中共十一届三中全会以来，历届中央政府着力推进的机构改革，都是对行政权功能最优化的探索。[2] 伴随着新世纪以来政府机构改革的逐步深化，着力探索实行职能有机统一的"大部门体制"，旨在实现行政运行机制的进一步完善，特别是要强化公共服务部门建设，优化服务功能，保障和改善民生。通过深入观察历次行政机构改革，特别是2018年党和国家机构改革的轨迹就可以发现，对于行政权的逐步调整和优化是其中的重要内容，而且其经历了一个由早期侧重于消除人浮于事、强调机构精简，到后期侧重于加强决策和监管职能，再到当前侧重于强化政府部门实施社会治理、开展公共服务等功能，进而从根本上完善治理体系、提升治理能力的整体过程。[3] 因此可以说，行政主体通过行使调解权等非强制性权能，必将有力推动和促进当下中国社会治理进程的科学化和规范化。当然，行政权能配置的最优化必然是一个充满了反复性和不确定性、永无止境的发展实践。因此，行政调解制度的建构及其理论和实践的不断演进，也不可避免地具有一定的阶段性和时代性，必然是一个不断优化的动态过程。

---

① 朱应平：《追求行政权能配置最优化的三十年》，《华东政法大学学报》2008年第5期。

② 1996年《行政处罚法》出台后，行政权的配置开始从原来比较偏重经济管理功能向社会治理功能转变，突出了政府的指导和服务功能，同时加强某些行政监督功能。1998年开始的机构改革主要内容为转变政府职能，实现政企分开，政府职能定位于宏观调控、社会管理和公共服务。这里增加了"社会管理和公共服务"的功能。

③ 2018年党和国家机构改革，其宗旨就是要"以国家治理体系和治理能力现代化为导向，以推进党和国家机构职能优化协同高效为着力点，改革机构设置，优化职能配置，……目标是构建系统完备、科学规范、运行高效的党和国家机构职能体系，形成总揽全局、协调各方的党的领导体系，职责明确、依法行政的政府治理体系，……全面提高国家治理能力和治理水平"。参见2018年中共十九届三中全会《中共中央关于深化党和国家机构改革的决定》，《人民日报》2018年3月4日第1版。

（二）进一步推进"非强制行政"——优化行政权力的题中应有之义

法治的最终价值取向应该是"善治"[①]。就善治的实现途径而言，应当以对抗较少、合作较多的柔性方式为最佳。因此，其应当是多数矛盾都能通过非诉讼方式化解，只有少数争议不得不诉诸阵线分明的刚性诉讼途径来加以裁断的社会治理模式，[②]而行政调解正是优化行政权力，进而实现善治的一种极其重要的柔性方式。具体包括以下三点基本内涵：

1. 对公民权利的维护和保障。可以看到，行政调解作为实施行政权的一种柔性社会治理方式，依托于"行政"与"调解"的有机结合，摒弃了长期以来将行政相对人视为行政客体的错误理念，使"行政主体与相对方的关系也由之前的权力本位转向权利本位，进而增强了行政主体与广大民众之间的亲和力"。[③]之所以如此，是由于尊重权利和维护权利乃构建现代法治政府的基本要求。因此，法律制度的设计要充分体现"以权利为本位"的思想。具体而言，行政主体对于同行政职能活动密切相关的纠纷，以调解方式进行处理，一方面赋予行政主体必要的权力，并维护这些权力的有效行使，以维护公共利益；另一方面又必须强调行政公开，重视公民的参与和权利救济，加强对行政权的监督，以维护公民的合法权益。行政调解作为一种非强制性行政手段，对于管理过程中出现的民事纠纷以及行政争议，在依法行政理念的指导下，采用温和的柔性方式加以解决，完全符合平等、民主、宽容等现代行政法治的基本精神。

2. 对行政权力的裁量和处分。不同于传统行政权以羁束性作为成立前提，现代行政法治基于行政管理的特殊性和实施行政权的现实需要，只要法律法规在一定幅度或者范围内赋予行政主体以行政裁量权，行政主体便可以适度运用裁量权实施特定的行政行为。行政裁量权的实质是行政主体在特定范围内的自由选择，是行政主体处分行政职权的具体表现。在此背景下，"不得处分行政权"的原则和做法受到了严重质疑和诟病，行政主体的调解活动也已经被视为是基于公众的积极参与、采用协商手段处理纠纷

---

① 简单地说，"善治"就是使公共利益最大化的社会管理过程和管理活动。善治的本质特征，就在于它是政府与公民对公共生活的合作管理，是政治国家与公民社会的一种新颖关系，是两者的最佳状态。有关分析，可参见俞可平：《善政：走向善治的关键》，《当代中国政治研究报告（2004年）》；俞可平：《法治与善治》，《西南政法大学学报》2016年第1期。

② 有学者提出，理想的多元化纠纷解决方式应当是通过司法审判化解10%—20%的矛盾纠纷，通过人民调解、行政调解等非诉讼纠纷解决机制化解80%—90%的矛盾纠纷。参见王学辉：《多元化纠纷解决机制研究——基于过程与阶段视角的分析》，《行政法学研究》2012年第1期。

③ 张海燕：《大调解视野下的我国行政调解制度再思考》，《中国行政管理》2012年第1期。

的解决方式，而非是否处分行政权的行为。① 特别是在行政争议产生后，双方完全可以就相互之间的争议进行充分的协商；作为行政争议一方当事人的行政主体，为追求公共利益的最大化，可于行政裁量权范围内因争议而对公权力及其行为进行适当的让渡和处分，从而与行政相对人以相互妥协的非强制方式求得纠纷的有效解决。

3. 对"合作行政"的宣示和强化。实际上，行政调解制度产生的初衷，就在于行政公权力对私人权利进行干预和制约，进而达到维系国家秩序的目的。更何况，行政主体在市场经济环境下依然可以采取一定方式来影响和干预其他经济实体的权益，只不过这种干预和影响处于法律这一根本且抽象的"契约"之下。另外，由于现代行政的广泛性与复杂性，国家法律在确定范围和幅度的同时，必然给行政主体留下更广泛的空间以使它们具有选择方法、手段的积极性和主动性，其中就包括了双方退让、协商等具有合意性质的契约方式。② 而且，随着人们对契约理念认识的深化，这种非强制的、协商合意型的行政模式将会在更广泛的行政管理领域得以推行。特别是自 1940 年代以来，现代行政理念日渐转向"服务行政"，为实现善治的目标追求，行政主体不再单纯钟情于刚性的管制方式，而是开始注重公权力主体与私权利主体之间对话协商的柔性之治。③ 具体而言，国家行政系统越来越淡化对强制、处罚等刚性行政行为的倚重，逐步强化对和解、调解等柔性行政行为的青睐，以此既能有效节约社会治理的成本，同时又能弱化乃至消除双方之间的对抗，进而实现各方利益的双赢乃至多赢。这种"合作行政"的理念，④ 其精髓就在于肯定并倡导行政主体与行政相对人的法律地位平等，以及以此为基础的相互协商与合作。⑤ 毫无疑问，行政调解制度正是这一发展趋势的产物。

（三）进一步彰显行政权能在社会治理"第三领域"中的独特价值

将行政权能之独特价值，特别是将其柔性的、非强制性行政职能的优势，充分展现于中国社会治理进程中的"第三领域"，也是优化行政权力的一个重要表征。

就当下中国社会治理的主体和方式而言，现在很多论者主张应当牢固树立先民间、后国家的纠纷解决乃至社会治理的意识和理念，特别是在像

---

① 叶必丰：《行政和解和调解：基于公众参与和诚实信用》，《政治与法律》2008 年第 5 期。

② 杨解君：《契约理论引入行政法的背景分析》，《法制与社会发展》2003 年第 3 期。

③ 姜明安：《完善软法机制，推进社会公共治理创新》，《中国法学》2010 年第 5 期。

④ 陈新民：《和为贵——论行政协调的法制改革》，《行政法学研究》2007 年第 3 期。

⑤ 罗豪才、甘雯：《行政法的"平衡"及"平衡论"范畴》，《中国法学》1996 年第 4 期。

中国这样法治水平还不是很高的国家。20 世纪 40 年代费孝通先生曾经对司法制度之于中国民间社会的价值功能所作的判断,[①] 在某种程度上仍旧适合于今天的中国社会。无论是从纠纷解决抑或社会治理的能力或者水平,还是从其功能或者特征来看,"国家解决纠纷"都不应该成为首要的途径。毫无疑问,上述认识有其值得肯定的一面。然而,现在的突出问题是,传统的乡绅治理在当下中国的民间社会基本上已经消失,取而代之的是诸如乡(镇)、街道等基层地方政权的社会治理。完全不同于社会自治之基层区域完全覆盖乡镇的传统中国,今天中国(大陆)的社会自治则只是刚刚涉及村落和社区。[②] 在如此情况下的社会治理,无论是一味简单地依赖于国家的(准)司法制度,还是非常单纯地借助于基层社会中的民间纠纷解决机制,显然都是极其不现实的。毫无疑问,需要再次发掘新的领域,需要再次建构和完善新的机制。

必须承认,在讨论纠纷解决抑或社会治理时,人们总是非常习惯于将国家与社会作为并列的"二元组织"来加以区别对待。然而,"国家与社会的二元对立是从那种并不完全适合于中国的近现代西方经验里抽象出来的一种'理想构造'。我们需要转向采用一种'三分'的观念,即在国家与社会之间存在着一个'第三空间',而国家与社会又都参与其中"。[③] 笔者以为,应然意义上的行政调解制度就是这一理念的典型表征:既可以有效运用公权力主体的制度资源,以彰显行政主体的权威性和公信力,又可以充分发挥纠纷当事人的主动性,从而有效地省去了高成本、伤情面的"诉讼之旅"。这里的"第三空间",即为纠纷解决层面的"第三领域"——社会治理过程中国家力量与民间智慧两者之间重合"交搭"的特定空间,也就是官民互动或者官民共同参与纠纷解决的特别机制;至于该特别机制内的主导性组织,除了行政主体之外,当然还包括部分社会公权力主体在内的"法律法规授权组织"。显而易见,所谓纠纷解决的"第三领域",是反映国家与社会二者在社会治理层面相互关系的重要表征。

特别需要注意的问题是,"第三领域"只是国家因素与民间因素二者之间的有机结合,并不是完全脱离国家和社会之外的另一独立领域。因此,中国社会治理进程中的纠纷解决途径应该简明地表述为:国家诉讼(准诉

---

① 费孝通:《乡土中国 生育制度》,北京,北京大学出版社,1998 年版,第 58—59 页。

② 陈会林:《地缘社会解纷机制研究——以中国明清两代为中心》,北京,中国政法大学出版社,2009 年版,第 481 页。

③ 黄宗智:《中国研究的范式问题讨论》,北京,社会科学文献出版社,2002 年版,第 260 页。

讼）、民间解决、以官民互动或者官民共同参与纠纷解决为基本特征的"第三领域"。具体而言，中国社会治理进程中的纠纷解决及其体系应该呈现出如下状态：首先是作为司法解决前置程序的社会解决，其次是作为社会解决后盾和保障的司法解决，最后是作为联结社会解决与司法解决之间重要纽带的"第三领域"。毫无疑问，这种纠纷解决网络体系的建构，可以充分有效地发挥柔性行政权力的特殊作用，大大减轻司法解决纠纷的负担，特别是能够显著降低一般性纠纷演变为诉讼案件的比例，从而大幅度增加纠纷得以妥善解决的可能性。

二、现代行政调解制度的基本功能与基础性特质

结合当下中国的社会治理实践，笔者对于行政调解制度及其功能与特质的定位，必须依托于现实的社会需求：在权利救济层面，公民视行政调解制度为一种特定的权利救济方式，其所努力追求的是因具体纠纷得以解决而实现的个案公正；而在社会治理层面，国家视行政调解制度为一种重要的社会治理方式，其所积极追求的是因行政权力得以柔性运用、社会关系得以协调维系而实现的整体公正。

（一）现代行政调解制度的基本功能

为有效回应公民层面和国家层面的上述需求，就其要者而言，现代行政调解制度必须以"纠纷解决"作为其最为基本的功能；除此之外，其制度实践还可以逐渐树立全社会的民主理念和法治思维，进而有效培育并提升广大社会成员实施自我管理、参与社会治理的自治意识和自治能力。在此基础上，行政调解制度应当具有并强化以下功能。

1.加快政府职能转变、建设服务型政府的社会功能。正如前文所述，政府职能转变是中国政治体制改革中的一项重要内容。与之相应，当代中国政府行政的侧重点须从公共管理向公共服务转变，政府角色也须从管理者向服务者转变。可以看到，在现代社会，为社会公众充分且及时地提供服务、规范且有效地解决纠纷，已成为政府义不容辞的责任。因此，提供便捷、高效、低成本的纠纷解决途径，就成为服务型政府的必然内容。由此观之，以解决社会纠纷为直接目标的行政调解制度，因其能够切实尊重当事人的意志、有效救济当事人的权利，而契合于服务型政府的基本理念。

从行政调解制度的内在特质来看，它也非常有利于改变行政主体以行政命令等手段解决纠纷的"命令-服从"模式，通过弱化强制性管理、强化

服务与协调的理念和实践，从而有力彰显了政府的服务宗旨。[①]另外，在政府机构通过行政调解等方式服务民众的过程中，行政主体及其工作人员亲民等一系列良好工作作风得以培养，人民公仆的形象得以树立，这也有利于改善和重构政府在民众心目中的形象，从而增强政府的亲和力、增强民众对政府的认同感。这一切对于正处在社会转型阶段、官民关系"微妙"甚至局部紧张的当下中国显得尤为重要。

2. 缓解司法困境、推进诉讼与非诉讼纠纷解决制度体系化的政治功能。前文已述，曾长期备受推崇的司法诉讼制度，在中国遇到了权威不彰、效率偏低、成本过高、资源浪费等一系列突出难题。尽管旨在解决影响司法公正、制约司法能力等一系列突出难题的新一轮司法改革乃至"司法责任制综合配套改革"早已经在全国范围内全面铺开，[②]改革的成效也已经初步显现，[③]然而，想要从根本上解决前述问题依旧需要很长的时间。笔者以为，诉讼制度自身所固有的局限性，以及受中国特殊国情等综合性因素影响而形成的诸多弊端，必须借助于包括行政调解制度在内的其他非诉讼制度来加以克服。只有充分且合理地发挥行政调解制度等非诉讼制度的特定功能，才能切实节约有限的司法资源，才能利于宝贵的国家审判力量得以腾出手来解决更多的"大案要案"。

除此之外，基于过往的经验教训，现代行政调解制度特别强调融实体性纠纷解决与基本程序公正于一体的合法性操作，这就自然赋予了在司法诉讼过程中遭遇重大挫折（包括被驳回或者不予支持）的合法性甚或合理性诉求以获权利救济之"新生"的重大良机，使其有可能在行政调解过程中获得行政主体的支持并实现对合法权益的有效救济；而此类纠纷解决制度及其实践的累积以及逐步成熟，必将反过来促进司法诉讼制度的进一步反思及完善。因此，诉讼与非诉讼制度相互之间的协调衔接以致合力的形成，进而高效有序之社会治理的真正实现，都将在行政调解制度的不断实践和不断完善中逐步成为可能。

3. 维系优秀传统价值、强化道德建设的文化功能。现代行政调解制度及其实践可以深刻地影响国家政策，有利于切实缓和国家法律的严苛性、有力消解国家法律的机械性，进而促进新型法律的生成，具有将法律效果

---

① 徐晓明、沈定成：《行政调解制度能动性激发问题研究》，《法治研究》2016 年第 5 期。

② 张先明：《着力解决影响司法公正和制约司法能力的深层次问题——最高人民法院司办主任贺小荣解读"四五改革纲要"》，《人民法院报》2014 年 7 月 10 日第 1 版。

③ 马怀德：《这些司法改革成果来之不易》，《光明日报》2017 年 7 月 22 日第 1 版。

和社会效果有机融合的天然优势。特别是在行政调解制度解决纠纷的多方面依据和规则之中，不仅当然涵盖法律与政策，而且包括公共道德、习俗、情理等社会规范（在特定的纠纷解决过程中，对后者的依赖性甚至更大）。因此，行政调解协议的最终形成，就完全有可能既是国家法律基本原则的充分体现，又不单纯是受制于"法条主义"而产生的结果。进而言之，行政调解过程中对这些规则依据的妥当适用，既能够彰显出行政调解制度自身具有的内在价值，从而充分实现对传统行政调解制度及其理念的自我超越，又能够有助于强力支撑东方礼仪伦常等传统价值观、有效维护社会公共利益，甚至还可以培养并增强社会成员的凝聚力以及良性健康的人际关系。

显而易见，行政调解制度具有传承与维系传统文化、强化社会公共道德和社会联系的特定功能。特别是在"社会结构断裂与价值迷失"[①]的苗头均有所显现的当下中国，民族传统文化在物欲横流的社会中的影响日益淡漠，长期的物质匮乏之后接踵而来的是道德的严重缺失。[②]另外需要注意的是，"法律至上"的社会思潮也使得人们一度更加依赖国家的权威，而"道德失范"更是成为当代中国社会的切肤之痛。当然，尽管行政调解制度在文化方面的功能似乎已经被淡忘或者被忽视，然而，其潜在的深远意义绝不应该被否定或者被遗忘。特别是随着近年来道德体系与社会共同体的逐步重建，行政调解制度的这一功能对于未来的中国社会建设而言，必将具有极其重要的现实意义。

（二）现代行政调解制度的基础性特质

笔者认为，立足于前文所述的基本功能定位，如果要在中国真正重构行政调解制度，就必须首先重构该项制度安排根本不同于以往的基础和内涵。因为只有这样，制度重构才能具备基本的前提条件。[③]具体而言，行政调解制度的重构应当牢牢立足于当代中国社会治理的基本目标，严格遵循宪法的基本精神和基础性原则，紧密对接国家诉讼体制内核性规则，积极吸收借鉴社会治理发达国家和地区的先进经验和成熟做法，进而努力使其具备以下基础性特质：

1. 行政调解制度的高度法治化。"法治"必然是一个综合性系统：法治

---

① 任剑涛：《社会结构断裂与价值迷失》，《凤凰卫视·世纪大讲堂》，2010 年 7 月 3 日。

② 谢艳霜：《有关当前中国社会道德缺失的成因及对策的思考》，《人才资源开发》2016 年第 2 期。

③ 汤维建：《现代化转型视野中的中国调解制度》，《朝阳法律评论》2010 年第 2 期。

不可能独立存在于特定社会之中，必然要同其他社会规范体系、同其他社会领域和范畴发生相互作用、相辅相成的紧密关系。[①] 显然，作为有效融合了权威、合意、自治等多种现代性元素的特定制度安排，行政调解制度理所当然地是现代法治体系中的重要一分子，在中国社会治理进程中扮演着不可或缺的特殊角色、行使着无以替代的特殊职能。特别是伴随着国家层面和公民层面基于现代法治理念的基本精髓，对于新时代中国社会治理提出的新要求、新期待，行政调解制度及其主体、对象、依据等相关制度核心要素都必须而且已经开始发生了必要的变化。进而言之，新时代的行政调解制度在这一重要的历史节点上应当有所作为，必须依托原有优势，摒弃固有弊端，进一步卓有成效地强化自身的法治风格。

2. "以人民为中心"的行政调解制度内核。坚持"以人民为中心"的基本内核要求必须自始至终把"人民立场"作为根本立场，从而进一步凸显"人民性"这一马克思主义最鲜明的品格；要求必须把"增进人民福祉、促进人的全面发展"作为经济社会发展的出发点和落脚点；要求必须紧紧扣住"民心"这个最大的政治，把"赢得民心民意、汇集民智民力"作为重要的任何一项制度安排的着力点。[②] 笔者以为，这一执政理念充分彰示了对公民基本权利的尊重。作为一种社会治理方式，行政调解制度应当率先贯彻和实践"以人为本、权利本位"的基本执政理念，增强服务意识，尊重公民的基本权利。更何况，融合意与契约精神于一体，并将之贯穿始终的行政调解制度，是最能够彰显人文关怀的制度安排。与此同时，社会转型时期收入差距逐步拉大而导致的"被剥夺感"、社会竞争中产生的"不公平感"，以及在面对公权力设租寻租时的"无助感"，交织形成了全社会的弱势心理。在社会弱势群体不断被扩大、弱势心理不断被强化的同时，与之紧密相随的"弱势感"也正在四处蔓延。鉴于此种严峻的情境，行政调解制度实践就要在摒弃强迫、欺骗、压制等错误做法的同时，动之以情、晓之以理，依托国家法律和政策以及"天理""人情"等多元因素，以感化争议双方当事人特别是强势一方，从而化解矛盾，增进社会和谐。

3. 富有特色的行政调解制度内在设计。在前述制度内核以及实现高度法治化的基础上，现代行政调解制度的基础性特质还必须仰赖于富有特色的内在制度设计。除了其他学者已经论及的"当事人的自治性和主导

---

① 卓泽渊：《法治国家论》，北京，法律出版社，2004 年版，第 17 页。

② 参见北京市习近平新时代中国特色社会主义思想研究中心：《深入学习贯彻习近平新时代中国特色社会主义思想　深刻领会坚持以人民为中心》，《人民日报》2019 年 10 月 30 日第 9 版。

性""调解程序的本位性与公正性"以及"调解过程的开放性和社会性"等特点之外，[1] 笔者以为，行政调解制度的内在设计还应当具有以下三个方面的内涵：

第一，必须突显有效协同并积极参与行政调解制度实践的行政主体。作为新时期社会治理实践中的各类行政主体，绝不能再继续以"高高在上"的心态和定位来居中主持行政调解，更不应该动辄就站在道德的制高点上，以"严父慈母"的身份出现在纠纷当事人面前。行政主体在行政调解制度实践中的准确定位应该既是履行行政服务职责的有效协同者，更是社会治理事业的积极参与者，将两重身份集于一身，以有效协助双方当事人共同寻找利益诉求上的"最大公约数"，旨在"求大同、存小异"，以实现基层地方社会治理事业的利益最大化。

第二，必须具有一体性和协调性的行政调解制度特质。尽管如前文所述，新时期的行政调解制度具有很多新型特质，然而，"万变不离其宗"，作为调解制度体系中的重要一员，行政调解制度仍然与其他类型的调解制度一样，具有一些共性的制度内涵。因此，绝不能人为地割裂各类调解制度及其相互关系，而是必须对其"等量齐观"，并努力实现对其的有机整合。[2] 唯有如此，才能真正构建起将各具特色、独具一格的外在形式与殊途同归、异曲同工的内在特质有机结合的"大调解"机制，才能真正在此基础上使得行政调解制度以及其他调解制度的内在功能"外部化"，才能真正有效回应社会治理的现实需求，进而实现真正的社会和谐。

第三，必须彰显综合性和系统性的行政调解制度功效。客观地讲，行政调解行为兼具行政与司法的双重特性。其行政性源自行政权能的延伸和运用，其司法性在于突出其在行政主体主持下，使纠纷当事人自愿达成协议的纠纷化解模式。[3] 但是就制度的功效而言，新时期的行政调解制度及其实践的侧重点，绝不仅仅是定分止争，严峻的现实情境更需要居中调解的行政主体去密切关注能否通过争议的平息而有效维护有关社会主体的合法

---

[1]　有关分析，参见齐树洁：《我国近年法院调解制度改革述评》，《河南省政法管理干部学院学报》2011年第4期；汤维建：《现代化转型视野中的中国调解制度》，《朝阳法律评论》2010年第2期。

[2]　汤黎明主编：《委托调解的理论与实践——替代性纠纷解决机制模式研究》，北京，法律出版社，2009年版，第134页。

[3]　这里所称"司法"并非狭义的基于审判权的强制性解决，而是因为"司法"的精髓在于能够公正解决两造之间的争议。曹鎏：《作为化解行政争议主渠道的行政复议：功能反思及路径优化》，《中国法学》2020年第2期。

权益，并推进社会治理进程中的制度建设。另外，在通过行政调解方式化解行政争议的过程中，还会对作为调解主体的行政主体及其治理理念与作为争议当事人一方的行政主体及其行政行为，形成事实上的监督和规范效应。[1]

第二节　制度内在设计的规范化

就行政调解制度的内在设计而言，应当涵盖实体性问题和程序性问题两个层面。实体性问题包括调解主体的规范化和适用范围的界定这两个制度要素；程序性问题则指涉行政调解制度的内在程序设计这一制度要素。其中，调解主体指涉主导行政调解制度实践、直接决定该项制度运作功效的各类行政主体；适用范围涉及行政调解制度实践中行政权力的运行边界，以及社会治理进程中公权力格局的形成。至于内在程序设计——看得见的正义——是行政调解制度中各类主体在各个环节必须遵循的方法、顺序、时限、步骤的统称，是规范实体行为、维护实体正义的基本保障。无疑，以上三者能否实现规范化以及实现的程度如何，必将对行政调解制度的供给产生重大影响。

一、对行政调解制度中调解主体的规范

行政主体是行政调解制度实践中的调解主体，其能否实现制度层面的规范化，是决定公民或者国家能否信任并愿意诉诸行政调解制度以化解矛盾纠纷、推进社会治理的重要因素，并直接影响甚至决定着行政调解基本制度预期的实现程度。"徒法不足以自行。"必须承认，行政主体及其人员等所具备的专业素养及其规范性和权威性，对于行政调解制度的良性运行意义重大。

（一）方兴未艾的地方实践

只有牢牢立足于社会治理实际，或者将承担行政调解职能的机构独立化，或者将行政调解工作单设于各级司法行政部门，使其职能独立化，才有可能确保行政调解制度中的调解主体避免外来干扰，实现专业化与社会化相兼顾、制度化与规范化相并重的长远建设大计。

---

[1]　齐树洁：《我国近年法院调解制度改革述评》，《河南省政法管理干部学院学报》2011年第4期。

1. 河南的实践。以河南省信阳市淮滨县政府 2015 年出台的《关于进一步加强行政调解工作的意见》为例，该规范性文件明确要求，当地拟定设置的行政调解委员会，由其县委常委、常务副县长（即为县政府法治建设工作负责人）牵头，由县政府所属多家行政机关主要领导（即为"一把手"）参加。该委员会下设办公室于县政府法制办，负责该委员会的日常行政工作。[①]然而，经过笔者调研发现，该机构准确地讲只是一个负责研究解决该县域范围之内行政调解工作及其所涉重大问题的综合性议事协调机构，而非真正实施并主导行政调解活动的调解主体。因此，自然也就谈不上前文所述的专业化与社会化以及二者有机统一等具体问题了。

2. 广东的实践。《广东省教育厅〈学生伤害事故处理办法〉实施细则》等相关制度性文本，在有关通过行政调解制度以解决校园内部学生伤害事故的部分条款中，明文规定了与调解主体密切相关的事项：第一，明确要求当地的教育行政主管单位应当设置并领导相关行政调解组织，由教育行政主管单位的法制工作机构负责人兼任该行政调解组织的负责人；第二，对该行政调解组织的人员结构、行政调解人员的资质条件以及其他相关常规性工作提出了明确要求。就行政调解组织的人员结构而言，该文本规定，既要包括来自于教育行政主管单位的在岗公职人员，也要包括被聘任、受邀请的相关领域专家学者。就行政调解人员的资质条件而言，该文本规定，应当具备学习经历、教育背景、工作作风、政策水平、法律知识、心理知识、技能经验等多方面的硬性资格条件。就行政调解的工作待遇而言，该文本规定，对受聘或者应邀参与行政调解工作的法律、教育、心理等方面的专家人士，应当给予必要且适当的劳务报酬。[②]

3. 北京的实践。前文述及的北京市海淀区行政争议调处中心，虽然最初并没有出台制度性文本，但在其具体运作实践中，除了行政主体及其工作人员主持实施行政调解之外，也曾经多次邀请相关领域的众多社会人士参与纠纷特别是疑难争议的解决，收效良好。[③]此后，北京市政府先后出台的《关于加强行政调解工作的意见》和《北京市行政调解办法》等多项制度性文本，对此予以肯定并不断完善类似做法，从而进一步促进了首都地区行政调解制度实践中调解主体的规范化。以 2017 年成立的"北京市昌平区行政调解委员会暨行政调解协会"为例，就其前者即"委

[①]　《淮滨县出台行政调解工作意见》，《河南法制报》2015 年 12 月 29 日第 4 版。

[②]　喻少如：《多元纠纷解决机制中的行政调解》，《学术界》2007 年第 6 期。

[③]　李继峰：《海淀"试水"行政争议调处》，《民主与法制时报》2008 年 5 月 11 日第 3 版。

员会"而言，该机构既是当地官方对之前运用行政调解方式化解矛盾争议这一工作内容，特别是围绕"老大难案件"开展的行政调解工作进行审查把关的专门性机构，也是当地负责从业务上领导相关工作，特别是研究商讨和协调解决其中突出疑难问题的综合性议事协调机构；从该机构的人员组成来看，由当地政府法治建设工作分管领导即常务副区长牵头，同时纳入全区各部门以及乡镇、街道的主管领导。就其后者即"协会"而言，该机构既是当地真正运用行政调解方式化解矛盾争议的一线纠纷解决机构，又是集中了当地行政调解工作领域所有调解组织及其专、兼职调解人员等资源、依法制定并依照自身章程行使法定权利和义务的专业性团体组织。与此同时，为确保相关工作高效有序开展，当地有关部门持续采取招考录用专门工作者、组建专门组织、拨付专门费用等多种措施对其进行有力保障。①

（二）兼顾专业化与社会化是大势所趋

"正义根植于信赖"，后者也是国家行政权威的最终来源。如果行政权能只是完全依赖于国家的强制力来获得权威，那么毫无疑问，实施行政权的各类主体充其量也就只能是彻头彻尾的专政工具而已。就行政调解制度而言，笔者以为，无论是就其内在制度设计，还是就其外在制度实践，在调解主体这一环节中，都必须满足专业化与社会化相兼顾这一基本的制度性要求。

1. 专业化与社会化相兼顾的法律价值。从表面上看，专业化似乎与社会化有所抵牾、有所冲突，因为专业化更倾向于职业精英，而社会化则显然源发于社会大众，二者之间好像无法实现兼顾与包容。然而，究其本质并非如此。一方面，精英人士绝不单纯地局限于专门化的职业队伍，生活常识表明，在由芸芸众生所组成的大众社会之中更是不乏真知灼见，正所谓"高手在民间"；另一方面，如果将特定领域的专家人才置于大众社会之中，特别是置于其所在领域之外，他也只是万千社会大众之中的一分子而已。然而，即便存在上述客观事实，即便客观存在对调解主体的基本要求，但就中国现有的法律、法规以及众多规范性文件来看，其中的绝大多数只是一般性地规定了有权主导实施行政调解的行政主体，并没有明确规定包括调解机构和人员在内的调解主体及其所应具备的基本资质和条件，更谈

---

① 据统计，2017年，北京市昌平全区依法调解行政争议、民事纠纷共计699件，调解成功共计561件，调解成功率为80.3%。参见张维：《北京去年行政调解成功30余万件　建立行政调解委员会》，《法制日报》2018年4月11日第6版。

不上去考虑应该如何规定、如何解决专业化与社会化二者的有机统一，以及其他一系列更为重大、更为困难的相关性问题了。无疑，这一现状必须尽快改变。

2. 专业化与社会化相兼顾的具体举措。透过前述地方的行政调解制度实践可以看到，他们相对较好地兼顾了调解主体的专业化与社会化。笔者以为，这是行政调解制度建构过程中应当自始至终秉持的基本理念。具体而言，应当立足于中央层面制度性文本的设计和出台以及地方层面具体工作举措的完善，与此同时，有机结合以下两个方面，务必把握好其间的平衡点，并逐步地实现其规范化：

第一，着力加强调解主体的专业化建设。毫无疑问，行政调解工作队伍的根本性特征在于其组成人员的专门化和职业化，这就要求各类行政主体务必把好"入口关"，努力确保调解人员的科班出身。必须选聘专业素质高、业务能力强的人员参与调解工作，增加对专业型年轻人才的聘用，优化调解队伍的知识结构、专业结构和年龄结构。同时，要加大对调解人员的业务指导和专业培训。司法行政机关可以通过培训班、研讨会、交流学习等，邀请资深法官等进行授课。通过多种培训形式，提升调解人员依法化解矛盾纠纷的水平。在具体行政调解实践中，可以请法官做好跟踪指导工作，及时掌握调解情况，给出意见建议，指出存在的问题，避免调解中出现违反程序，调解协议书表述不明确、表达不充分、要素不完整等情况，指导调解人员有效识别虚假调解，防控司法确认的风险。也可以通过法院的庭审指导、案例指导、司法确认讲评等形式，提升调解人员的实战能力。从当前地方和行业的制度规定以及社会治理的现实需要来看，地方政府应当在重点领域专门设立行政调解机构，配置专职调解人员。显见的事实是，只有以行政调解工作人员的专业水准和实务经验作为工作基础，才有可能真正熟悉所在领域各类矛盾纠纷的根源所在，才有可能真正了解矛盾纠纷的症结以及相关因素，才有可能准确把握纠纷双方当事人利益及其纠葛的平衡点，才有可能因时、因地、因事而灵活多样、不拘一格地运用易为纠纷当事人所接受的行政调解手段。而这一切，都极大地有利于达致真正有效解决纠纷的最终目标。

第二，着力兼顾调解主体的社会化建设。"真理多走一步，就会变成谬误。"实践表明，调解主体专业化的基本要求也有可能发展甚至异化至其对立面，进而引发严重脱离社会情境、机械调解等诸多不良现象，最终危及行政调解制度基本预期的实现。更何况，一味依靠专门机构和人员的配置哪怕是持续增人、增编，也无法应对呈几何式增长的纠纷，而且这样做还会加剧纳税人负担，从而与有限政府的理念背道而驰。因此，在着力满足调解主体专业化要求的同时，积极有效地开展行政调解组织机构的社会化建设，实现行政调解队伍人员构成的多元化并切实提高其工作能力和水准，就自然成为各类行政主体适应现代政府法治建设、深入推进社会治理要求的必要举措。为此，应当建立专职与兼职相结合的行政调解队伍，积极吸纳各类现职和退休法律工作者以及社会专业人士担任兼职行政调解员。特别是应当及早建立和完善行政调解工作专家人才（储备）库，诚挚邀请深孚众望、专业精深的各领域社会贤达参与，以便从容并正确地应对和处理发生于特殊领域的各类纠纷，从而在根本上实现行政调解队伍的专业化和社会化，切实提升行政调解制度的公信力和权威性。甚至还可以依托不断提升的社会自治能力，将特定行业和领域的行政调解职能逐步过渡至民间调解组织，进而实现行政调解制度实践的社会化，[①]最终促进政府与社会的良性合作。

综上所述，行政调解制度实践中调解主体专业化与社会化的有机融合，可以显著增强行政调解工作的规范性、民主色彩和法治内涵，使该项制度安排真正有效地发挥协调社会关系、保障社会利益、维护社会稳定的重要作用。特别是吸纳社会力量参与公共治理，既有利于减轻国家财政压力，有效激发社会活力；又能够防止行政的不当干预，改善行政主体中立性不足的现状。[②]毫无疑问，这样一种既契合于行政调解制度发展趋势，也契合于当下中国社会治理价值取向的制度实践，必然成为建构和完善行政调解制度的重要组成部分和基本发展方向。

二、对行政调解制度适用范围的规范

就行政性纠纷解决机制而言，其侧重点不该是行政主体在行政过程中能否涉及民事纠纷或者行政争议，而该是在此过程中如何通过行政权力的依法行使将纠纷或争议有效化解，并借助相关规则的制定，实现对上述行为的规范，以确保其自始至终保持应有的合法性与合理性。[③]作为一种重要的行政性纠纷解决机制，行政调解制度适用范围的明确界定，不但可以促使陷入纠纷的当事人对于现行纠纷解决制度及其功效产生合乎理性的选择

---

① 王聪：《作为诉源治理机制的行政调解：价值重塑与路径优化》，《行政法学研究》2021年第5期。

② 黄宗智：《清代的法律、社会与文化：民法的表达与实践》，上海，上海书店出版社，2007年版，第91—111页。

③ 参见赵银翠、杨建顺：《行政过程中的民事纠纷解决机制研究》，《法学家》2009年第3期。

和预期，而且有助于国家在社会治理进程中及时形成对行政权力运行模式和运行边界的科学定位，从而在既有的国家宪制秩序之内，尽快建构起配置合理、便捷高效的公权力结构体系。

（一）适用范围的基本问题

在当下中国的社会治理实践中，行政调解制度目前主要适用于部分民事纠纷和为数不多的行政争议。准确界定行政调解制度适用范围的基本前提条件是，行政法学理论研究与国家各层级立法以及政策须重新反思自己的价值取向。唯有如此，行政调解制度及其实践才有可能真正契合于正处在变迁之中的行政权理念。

由行政主体介入纠纷解决领域，在许多国家都曾经走过不同的发展路径。就行政权能与民事纠纷二者之间的关系而言，西方国家从经典的"风能进、雨能进、国王不能进"式的绝对不干预，适时转型为有条件的干预，即经过公民的依法申请，行政主体才能依照法定权限实施干预，其目的在于适应客观现实，从而获得更为切实有效的局部社会治理结果。就日本的情况来说，诸多技术性事项和各种行业习惯的存在导致有关建设工程承包的纠纷非常难以解决，而尽早调处和化解该领域纠纷的必要性又特别突出。1949 年颁布实施的《建设业法》规定，在建设省和各都道府县分别设置中央和地方两级"建设工程纠纷审查会"，以借助专家的斡旋和调停来有效解决该领域的各类冲突。[①] 尽管在日本实际上依然存在着将审查会设置在许可行政机关有违"行政不应当介入民间纠纷"即"民事不介入"原则的顾虑，然而，基于国民解决纠纷的现实紧迫性、实现自身正当利益的极度困难性，以及国民对于司法审判制度的遥远距离感，再加上由设置在掌握建设领域全部相关业务的许可行政机关中的审查会来审查和处理相关纠纷，一般情况下都会让个人开发商、中小转包人等相关主体产生基本的信赖感，最终在"事前限制缓和"原则得以深度践行的同时，大力充实和强化迅速简便解决纠纷以实现社会正义的行政性 ADR，自然就成为了大势所趋。[②] 中国则经历了与日本及西方国家既具有相似性又具有相反性的情况：就其相似性而言，关于行政权能究竟应该在多大程度上介入民事纠纷这一问题，毫无疑问，在中国近几十年的发展历程中也出现了明显的变化；就其相反性而言，中国是伴随着市场经济体制改革，特别是行政法治

---

① 〔日〕盐野宏：《行政法》，杨建顺译，北京，法律出版社，1999 年版，第 238—242 页。

② 〔日〕小岛武司：《诉讼外纠纷解决法》，丁婕译，北京，中国政法大学出版社，2005 年版，第 82、88 页。

领域的制度变迁，行政主体从长期以来对民事领域实施"无孔不入"的干预，明智地转变为了依照法定权限或者依公民申请进行有条件的干预。显而易见，无论是其相反性，还是其相似性，都殊途同归地充分彰显了准确界定行政权能与民事纠纷二者之间的关系，特别是政府权能科学干预民事生活，业已成为大力强化行政法治建设、深入推进社会治理现代化的必然发展趋势。

另外需要注意的是，在当下中国不断深入推进依法治国、不断强化以民主和法治为基本内核的政治体制建设和改良的时代氛围中，行政主体无论是化解民事矛盾，还是调处行政争议，无论是依照法定权限而主动干预，还是因应纠纷当事人申请而被动介入，清晰可见的一个共同点就是，其在社会治理进程中的一切行为及其正当性与合法性，都必须借助于特定的制度安排才能实现。具体来讲，主要表现为两条根本性途径：第一，如果其行权履职的立足点更多地侧重于该行政主体所拥有的行政公权力，则这种行政行为的实施务必要以相应的立法作为基础性制度依据；如果其履职尽责的立足点更多地依赖于该行政主体所拥有的行政公权力之外的专业性、公信力等其他因素，则这种行政行为的作出务必要以相关当事人之间内涵一致的明确意思表示作为基本前提条件。可以看到，前述两种方式实际上都是对"民意"的充分表达，只不过二者的根本区别在于，前者是间接性表达，后者是直接性传递。[①]

当然，行政主体积极参与社会治理进程、适时介入纠纷解决，必须自始至终保持一定的限度。特别是私法自治的社会治理基础性结构，势必决定了诸如介入太多、插手太深、干预过于频繁等一系列过度行为，一定会给私法秩序的有效形成带来极大的负面影响。简而言之，行政主体介入纠纷解决领域的限度，应当着重把握好"尊重私法自治""非权力性行政优先""穷尽行政救济""司法最终""一事不再理""成本控制"等一系列法治基本原则。笔者以为，未来的行政调解制度可以按照"二元结构"的制度模式进行设计，最终将行政调解制度改造为特定民事纠纷和行政争议的常规性解决方式，并在此基础上，与其他制度模式一道，形成分工协作、对接有序、互补有力的多元化纠纷解决制度体系。

（二）适用范围的适度扩大

观察近年来美国社会治理的实践可以看到，其行政调解制度的发展非常迅猛，适用行政调解制度的范围也是逐年扩大，大量民事纠纷甚至轻微

---

① 赵银翠、杨建顺：《行政过程中的民事纠纷解决机制研究》，《法学家》2009年第3期。

刑事争端都可以经过行政主体运用调解方式予以解决。[①] 而前文所述的法国"行政调解专员"制度，经 1976 年进一步扩大职务范围后，其主要职责就是以"居中第三方"的身份，纠偏不合法或者不合理的行政行为，以调处化解行政主体与行政相对人之间的行政争议。[②] 通说认为，行政调解制度的适用范围，应当确定为与行政管理活动有关的民事纠纷以及涉及行使自由裁量权、行政赔偿、补偿纠纷的行政争议。[③] 笔者以为，有必要以此为基础，通过"概括＋列举＋排除"的方式进一步实现其适用范围的类型化。对此，可以借鉴《国务院部门行政裁决事项基本清单》的做法，同步建立"行政调解责任清单"制度，明确行政主体实施调解的法定职责，提高行政调解制度在社会中的认知度。特别是应当在医疗卫生、知识产权、生态环保等特定行政领域加强专门的行政调解法律制度建设，推进行政调解服务对象的类型化、服务程序的精细化。[④]

就民事纠纷而言，当前中国国家层面的有关立法文本对于适用行政调解制度的范围，规定得还是比较含混，大体来说包括两个方面：一方面，行政主体可以运用调解的方式来化解有损于平安稳定秩序或者涉及社会生活领域的民事纠纷；另一方面，行政主体可以运用调解的方式来调处市场监管活动中有损于经济秩序或者生态资源以及其他市场环境的民事纠纷。对于行政主体而言，若要论及依法干预或介入民事领域的广度，无论是通过调解方式，还是运用裁决方式，或者是借助于仲裁方式，其实三者在一定意义上是一致的。当然，相对于行政裁决制度和行政仲裁制度，行政调解是一种极大地弱化了行政权能强制色彩的制度安排，其制度内涵要求行政主体必须高度重视纠纷当事人的参与和自治。无论是对特定行政目标的追求，还是对特定民事纠纷的化解，都主要依靠纠纷当事人自我权利的充分行使。在此意义上，如果不违反现行法律，只要是单纯依靠社会或者市场或者民众自身就完全可以"搞定"的事务，就无须再仰赖政府部门的"指手画脚"。进而言之，行政主体可以（而不是应当）在作出裁决或者仲裁以及其他具有"裁断式"风格的行政行为之前，将调解视为其前置方式，当然，并非必经程序。无论是行政相对人，还是行政主体，对此都具有相应的选择权。换句话说，对于民事纠纷来讲，只要行政主体能够通过裁决

---

① 喻少如：《多元纠纷解决机制中的行政调解》，《学术界》2007 年第 6 期。

② 王名扬：《法国行政法》，北京，中国政法大学出版社，1988 年版，第 541—548 页。

③ 杜承秀：《民商事纠纷行政调解及其法治化重构》，《法治社会》2019 年第 2 期。

④ 王聪：《作为诉源治理机制的行政调解：价值重塑与路径优化》，《行政法学研究》2021 年第 5 期。

或者仲裁等方式介入，也就能够运用行政调解方式介入。

就行政争议而言，正如前文所述，对于该类矛盾和争端，究竟能否适用行政调解制度以及适用的范围有多大，截至目前依然是众说纷纭。眼下，国家立法只是对行政主体依照法律、法规所赋予的自由裁量权来实施行政调解，以及对涉及行政主体向行政相对人通过支付价款等物质利益的方式来履行法定职责或义务的赔偿或者补偿案件中适用行政调解，给予了明确的支持态度。伴随着行政法治观念的进一步转变和提升，特别是为了有效回应社会治理的现实需求，行政主体应当适度扩大调解行政争议的范围，而且事实上也已经具备了扩大的条件。实际上在司法诉讼领域，一些学者很早就曾主张，不仅民事诉讼应当继续加强各类调解方式的适用，而且调解的疆界在行政诉讼和刑事诉讼领域也应有所拓展。有学者认为，行政主体应当在社会治理进程中充分发挥其特殊作用，既要及时有效维护公民的合法权益，更要有力保障国家法律制度的尊严和权威。具体而言，如果依据法律文本的规定，无论是事实和证据，还是情形和要件，相关法定要素都非常清楚，纠纷当事人根本不愿意让渡私权利，同时更不具备处分公权力的法定条件，那么，行政主体就不应当对特定行政争议进行调解。与之相反，假若前述相关因素都不清楚，甚至连国家立法都处于缺失的状态，那么，行政主体就应当甚至必须在其职责权限之内对特定行政争议实施调解，当然，前提必须是遵循国家法令、政策或者公序良俗，而且调解的过程和结果不危害公共利益。[①] 否则，不仅难以实现行政主体依法据实的治理目标，而且也严重不符节约治理成本和资源的制度预期。综上所述，如果既不损害国家和社会公共利益，也不损害纠纷当事人以外其他公民的法定利益，那么，行政主体就可以运用调解方式化解行政争议。这一点也应当成为新时期中国社会治理进程中理论层面和实践层面的共识。

此外，行政诉讼领域也有一个与"行政主体调解行政争议"问题密切相关的特殊现象，更需要引起高度关注与深入思考。正如前文所述，虽然中国相关诉讼法律制度已经明文规定了国家司法机关对于行政争议适用调解的禁止性原则以及法定例外情形，然而，国内司法实践中，行政诉讼原告撤诉行为的高发生率以及在其背后的真实原因，也应当引起理论界和实务界的深刻反思。有关情况，笔者于下文通过表格进行说明和分析：

---

① 我国台湾地区学者蔡志方教授引证了法、德、日、瑞士等国以及台湾地区的相关文本规范，主张扩大调解方式的适用范围。参见蔡志方：《行政救济与行政法学（二）》，台北，三民书局，1993 年版，第 95 页。

表 4-1：2018—2020 年 H 省法院系统及 H 省 T 市中级人民法院行政诉讼案件办理情况 [①]

项目 年份	受理案件 总数（件）	审（执）结 案件数（件）	因原告撤诉 结案数（件）	原告撤诉结案数在结案 总数中的占比 %
2018 年	6237/495	6041/491	699/60	11.6/12.2
2019 年	6723/611	6601/600	644/38	9.8/6.3
2020 年	5393/317	5423/326	621/20	11.5/6.1

　　通过表 4-1 可以看到，在 H 省法院系统以及该省 T 市中级人民法院审理（执结）的行政诉讼案件中，因原告撤诉而结案的案件数量在结案总数中的占比，少则为 6.1%，多则为 12.2%。虽然从 2018 年到 2020 年，该占比在总体上的确呈现下降趋势，然而，就 H 省整个法院系统而言，2020 年因原告撤诉而结案的案件数量在结案总数中的占比依然高达 11.5%。

　　对于行政诉讼领域频繁发生的案外和解或原告撤诉（实际上二者常互为因果），国家的相关法律制度或者部分学者的理论研究是否依然可以置若罔闻呢？社会治理实践中，对于一起已经触犯刑律的轻微刑事案件，案件当事人既可以因公安机关等第三方的介入而放弃自诉，也可以在已经启动的自诉程序中实现双方的和解；那么，为何比刑事犯罪行为轻微的行为，一旦成为行政诉讼中的被诉行为，却不准许法院对之实施调解或允许双方和解呢？

　　就现代法治精神下的政府体系来说，其行政模式已经不同于以往，权力的色彩越来越被淡化，而服务的色彩越来越被强化。实际上，现代政府的主要职能就是要向社会，特别是要向公民供给尽可能丰富、高质量的公共服务和公共产品。全新的行政模式，正在塑造着行政主体与行政相对人在行政活动中的全新角色：就行政主体而言，更多地需要习惯于同民众商量、谈判甚至妥协；就行政相对人而言，更多地需要勇于并善于参与行政决策。毫无疑问，全新行政模式的本质与特征，决定了新时期行政调解制度的本质与特征，当然也涉及其适用范围，特别是涉及对待行政争议的全新态度和方式。在这样的法治行政背景下，面对行政争议，行政主体运用调解方式予以调处化解，恰恰是对前述全新行政模式及其公共服务、民众参与等精髓的充分彰显，更是对不具有上述精神的行政行为的有力矫正。更何况，庞杂宽泛的行政权能并不都是清一色"权利-职责"的对应模式，还有很大一部分是只有"权利"而无"职责"的单一模式。毋庸置疑，对

[①]　表中有关数据，系笔者于 2021 年 3—4 月赴 H 省高级人民法院和 T 市中级人民法院调研期间，由这两家法院审管办提供。

于此模式的行政权能，行政主体当然可以依法处分。[1] 另外，考虑到行政活动中普遍存在裁量行为的客观现状，特别是许多行政争议可能恰恰是源于行政主体的裁量这一突出因素，既然可以通过特定行政主体的裁量行为来决策、实施并修正行政活动，当然也就可以通过特定行政主体的调解行为来进一步规范裁量的精度并实现行政活动的优化。[2] 鉴于此，将部分行政争议吸收于行政调解制度的运行范畴之内，既是合理且可行的，也是必要且紧迫的。

（三）行政调解制度的界域

任何公权力的行使都有其特定范围，作为最具侵略性和扩张性的行政权力当然也不例外，即便是在纠纷解决乃至社会治理领域也是如此。毫无疑问，行政调解这种制度安排绝不能被过度适用，行政主体只能在特定的情况下，对一部分矛盾纠纷适时运用调解。否则，不但无助于解决既有的纠纷，反而可能制造新的争端，进而危及行政调解制度本身，甚至危及社会治理大局。

1996 年，美国在其《行政争议解决法》修正案中，对行政性 ADR 的适用范围进行了明确界定。特别是要求行政主体在争议双方完全达成一致的前提下，还必须考虑以下因素来权衡和考量是否适用行政调解制度以调处化解行政争议：该行政争议是否被要求具备"先例"的独特价值，是否可能会违反公共政策，是否可能会影响国家或社会公共利益以及纠纷当事人以外的其他公民和组织的合法利益，是否被要求具有严格的程序性要件，是否被要求具备"文本格式"等形式意义上的特殊要件，是否能够实现信息公开，是否需要确保行政行为的连续性和一致性，是否适应时势变迁等。如果属于以上某一种肯定情形，行政主体就必须考虑适用其他正式程序或者建议争议当事人采取司法诉讼途径解决有关行政争议，而不再能够适用行政调解制度。至于其他情形的行政争议，则在适用行政调解制度方面，不应该受到任何负面影响。[3]

在行政主体调解民事纠纷的过程中，中国的制度设计者也可以考虑以上述因素作为取舍和考量的一般性标准，从而对行政主体形成必要的制度规范。除此而外，如果针对特定种类的纠纷以及引发该纠纷的相关事项，

---

[1] 朱最新：《社会转型中的行政调解制度》，《行政法学研究》2006 年第 2 期。

[2] 黄学贤、孟强龙：《行政调解几个主要问题的学术梳理与思考——基于我国理论研究与实践发展的考察》，《法治研究》2014 年第 2 期。

[3] 滕双春：《行政调解制度研究》，《科教文汇》2007 年第 12 期。

法律、法规、规章或者其他规范性文件已经形成了相关规定，而且该规定还是羁束性要求而非裁量性要求，则已经开始主持并实施调解的行政主体就必须立即终止调解，在明确告知纠纷当事人国家已对此作出明确规定的基础上，建议其诉诸其他纠纷解决途径，而不得再就争议事项进行权利和义务分配上的协调。

三、对行政调解制度基本程序的规范

必须明确，程序绝不是次要的、可有可无的。特别是对于可能迅猛扩张的行政权力而言，唯有紧紧仰赖正当程序的作用，才有可能将其置于良性有序的规范化轨道上来，才有可能约束其不做或者少做蠢事甚或坏事。[①]因此，行政调解应当严格遵循正当程序原则，经由国家正式立法明确规定行政调解活动各个环节的具体程序。

（一）程序设计之于行政调解制度的特殊要求

"程序正义"作为舶来之物，在一个曾经几乎没有程序正义理念和传统的社会环境中大力兴起与广泛传播，并在实践中生根开花，实在是一项伟大的事业。然而，在行政调解制度的内在设计中，必须自始至终地坚持"注重程序与解决纠纷有机统一"的原则，以避免"为了程序而程序"，甚至"程序空转"等一系列程序形式主义的生发和肆意蔓延。

显然，对于公民的权利主张，国家应当予以恰当且必要的程序保障：一方面，对于重大复杂的矛盾纠纷，特别是对于涉及"官民关系"的行政争议应当予以严谨规范的程序保障，这一要求在中国社会治理进程中的具体表现就是对普通程序的健全和完善；另一方面，考虑到特定制度安排之程序资源的稀缺性和有限性，对于常规性纠纷，应当在可能的法定情形下，务必仔细斟酌程序的简约性，特别是其必要性，以免造成不必要的"程序浪费"。[②]因此，在设计行政调解制度的基本程序时，务必要注意以下几个要求：

第一，注重针对性。有关程序设计必须能够有效地服务于社会治理，特别是要有助于行政主体通过行政调解方式切实消除社会治理进程中的具体问题。

---

① 龚晓珺：《民族地区公务员制度中的程序建设——基于哈贝马斯程序正义视角的分析》，《大家》2012年第15期。

② 陈文曲：《现代纠纷解决的基本理念：为权利而沟通》，《湖南大学学报（社会科学版）》2015年第2期。

第二，注重时效性。有关程序设计既要以当下社会治理为立足点、以行政法治建设为起点，又要以当下社会治理为落脚点、以行政法治建设为终点，唯有如此，程序设计才能具有持续的生命力。

第三，确保科学性。尽管从形式上来说，有关程序性设计均由顺序、方法等零散的制度元素建构而成，然而，一种搭建协调且合理规范的行政程序一般都有利于行政主体在行政调解活动中有效履行其示范行为、平衡利益、救济权利和追究责任等多项社会治理职能。反之，就会产生不可低估的负面效应。

第四，注重效能性。特定程序设计既要拥有其独立完整的价值，又要特别在意其功效和能力。程序性制度与生俱来地拥有强大的威慑力，它可以很好地规范或约束居中调解的行政主体以及纠纷当事人，使其都能够"循规蹈矩"，而不是"随心所欲"甚或"恣意妄为"。[①]

第五，具备正义性。特定程序设计从宏观层面看，要能够契合于社会治理现代化的高远目标；从中观层面看，要能够有机统一实体法治与程序法治的价值取向，确保纠纷解决与权利救济过程中行政主体公权行为的程序正义和行政相对人合法权益的有效保障；从微观层面看，要能够有利于行政主体规范有序地开展调解活动。这其中特别是要强调合法与自愿，在一个有着两千多年封建历史的国度，在行政调解活动中贯彻自愿原则尤其显得必要。

第六，注重"威权"性。特定程序设计必须要带有"牙齿"，否则就是一纸空文。因此，要为行政调解制度建立健全必要且可行的审查制度和行政责任追究机制。尽管行政调解是一种相对柔性的社会治理方式，但依然要绝对禁止有违程序法治精神的失范行为，并确保通过程序规则以规范相关行为特别是行政行为、查究相关主体责任特别是行政责任。与此同时，这也有利于促进行政主体在实施强制性行政行为时，牢固树立更为坚定的行政程序意识。

（二）具体程序设计的完善

行政调解法律程序的完善至少应当包括以下内容：第一，应当基于纠纷的特点，合理设计依当事人申请调解与依行政主体职权调解相并行的程序。第二，应当基于纠纷的复杂、难易程度，科学设计行政调解简易程序与行政调解普通程序相并行的繁简分流机制。前者可以适用于一般性纠纷；

[①] 申欣旺：《"行政程序立法时机已经成熟"——专访最高人民法院副院长江必新》，《中国新闻周刊》2010年第17期。

后者适用于社会影响较大的涉众型重大纠纷，并且将听证、辩论等程序纳入其中。[①] 具体而言，为有效彰显行政调解制度的特殊优势，应当根据行政调解制度的基本特征，结合行政程序法治的一般原理和价值追求，参照现行《人民调解法》的基本原则与有关规定，对行政调解制度的基本程序在如下环节进行完善：

1. 申请环节。必须明确，纠纷当事人的"申请"并非行政主体主持并实施调解活动的必经程序。

申请环节的例外情形：行政主体依照法定职权启动调解。基于中国现阶段的社会治理实际，国家要求各类行政主体必须依照法定职权对特定纠纷，特别是对自然资源开发、生态环境保护、公共安全事件、食品药品安全等领域的纠纷，以及涉及人数较多、影响较大、可能影响社会稳定的纠纷，在征得双方当事人同意后主动进行调解，[②] 而不能坐等纠纷当事人的申请而被动开展调解。甚至可以说，对此类纠纷的主动调解并不单纯是行政主体既可以行使也可以放弃的权利，而是其必须履行的法定职责或义务。因此，如若出现调解不及时、调解不力并进而产生其他负面后果，均应当要求相关行政主体承担相应的法律责任。

另外，现实表明，大量的行政调解并不是各类行政主体所从事的具有独立性的调解活动，而是附带性或伴随性地存在于行政主体所从事的行政复议、行政仲裁、行政裁决等具有裁断性质的纠纷解决实践之中。因而，在上述纠纷解决过程中，实际上也无须纠纷当事人的申请，而是行政主体的复议人员、裁决人员或仲裁人员，在以进行复议、裁决或仲裁等必要的"职责性工作"为最终目标的前提下，根据特定纠纷的性质以及纠纷当事人的具体情况，相机决定是否进行调解、何时进行调解、如何开展调解等一系列附带性或者伴随性工作。[③] 因而，对于行政主体及其工作人员而言，主持进行复议、裁决或者仲裁等工作是其羁束性权力，而在此过程中主导、实施调解则是其裁量性权力。

申请环节的一般情形。对于上述情形以外的、与履行行政管理职责有关的普通民事纠纷或者行政争议，行政主体可以依据纠纷当事人的申请启动调解。纠纷当事人向有关行政主体提出申请，一般应当采取书面形式；

---

① 王聪：《作为诉源治理机制的行政调解：价值重塑与路径优化》，《行政法学研究》2021年第5期。

② 参见《国务院关于加强法治政府建设的意见》（国发〔2010〕33号）第23项之规定。

③ 如果将这一过程比作体操或者跳水比赛的话，可将"职责性工作"称为"规定动作"，将"附带性工作"称为"自选动作"。

纠纷当事人确有实际困难不能提出书面申请的，也可以口头提出申请。纠纷当事人口头提出申请的，行政主体应当当场记录申请人的基本情况、调解的基本请求、申请行政调解的主要事实和理由以及其他重要内容。纠纷当事人（口头或书面）提出行政调解申请时，如果存在与纠纷具有相关性的证据或者材料，应当一并提交，以便于行政主体及时审阅与核实。

2. 受理环节。行政主体对于纠纷当事人的申请，并非一经其申请就必然受理。在受理之前，行政主体工作人员须对申请材料进行认真审核，进而查明一系列相关事项，最后再作出是否受理并实施行政调解的决定。

受理之前必须查明的相关事项。具体而言，行政主体应当查明以下事项：第一，以及时妥善解决纠纷、确保实现定分止争为基本宗旨，明确该纠纷是否适合由行政主体通过调解来加以解决。如果该纠纷不适合进行调解，则行政主体必须及时告知申请人通过诉讼或者其他途径解决。第二，如果该纠纷适合于行政调解，还必须以行政权属、权力性质及管辖范围为依据，进而明确该纠纷是否属于该地区、该级别、该领域的行政主体进行调解。对于与该行政主体职权范围无关或者不在其管辖范围之内的民事纠纷、行政争议及其他纠纷，行政主体当然无权受理。此时，其应当及时告知申请人向有关行政主体提出申请。第三，以合法、自愿为基本原则，明确双方当事人是否均为自愿接受行政调解。如果只是一方提出申请，而另一方并不同意，则行政主体应当驳回申请，并告知申请一方选择其他纠纷解决途径。

决定是否受理。经过审核，对具有上述任一否定性情形的，应当决定不予受理，并书面告知申请人；反之，则行政主体应当及时受理该申请。行政主体决定受理后，应当向双方当事人送达受理通知书，受理通知书须载明实施行政调解的时间、地点、双方当事人的权利和义务以及其他应当注意的相关事项。如遇交通不便、不可抗力等特殊情形，行政主体也可以通过电话、电子邮件、微信或者其他通信方式完成送达受理通知书等工作。

行政主体一旦受理纠纷当事人的申请，就标志着行政调解程序的正式启动。

3. 主持和实施调解环节。主持和实施调解环节是行政调解制度实践中的核心组成部分，而调解人员的确定则是重中之重。

调解人员的确定。具体调解人员是否具有丰富的经验，是否具有必要的掌控能力和大局观，是否具有必要的知识储备，是否熟悉国家乃至地方的法律、法规、政策和风俗习惯，是否对行政调解制度及其具体工作有较高的认同感，是否耐心和细致，是否具有明显的性格缺陷，是否对特定主体或群体抱有成见或偏见……这一系列相关因素，都将会直接决定特定调解人员能否主持并实施一次高质高效的行政调解活动，都将会直接影响到参与行政调解的特定纠纷当事人围绕特定纠纷，最终能否达成一致意见。进而言之，还势必会最终影响到该纠纷所涉及的特定社会关系能否得到修复或恢复正常、特定的局部社会秩序能否趋于良性。一般情形下，行政调解活动须由行政主体所属的正式工作人员或者由其特邀、聘请的专业人士或其他人员主持并实施，当事人双方共同参加。当然，既可以由行政主体指定，也可以由双方当事人选定一名或数名调解人员主持并实施行政调解。

调解过程。这一环节的具体程序和步骤，可以由行政主体及其调解人员根据纠纷的实际状况和该行政机构的工作职能特点进行灵活的安排，以充分发挥自身的职能优势，尽量避免不良因素引发的负面影响。在行政调解过程中，调解人员应当充分了解纠纷的事实和原因，要求纠纷双方当事人分别阐述自己的主张和理由，审查核实当事人提交的证据（必要时行政主体可以自行调查取证），并结合法律、法规和政策的有关规定以及公序良俗，对纠纷当事人进行说理、规劝，促成纠纷当事人对争议事项达成和解。特别是对于有利于达成一致且合法合理的主张或诉求，调解人员应当及时进行积极的引导、鼓励和支持，尽量使其正面效应最大化；对于不利于案结事了，甚至可能会激化矛盾的观点或言论，调解人员应当及时加以制止并对纠纷当事人进行批评教育，尽量使其负面效应最小化。尤其需要注意的是，如果察觉到被调解的纠纷有进一步恶化的可能性，调解人员就应当参照《人民调解法》的有关规定，[①]立即采取防范性手段和办法进行处理。

行政调解过程中，调解人员既可以自始至终独立主持并实施调解，也可以在当事人双方均不反对的情况下，根据该纠纷的具体特点，适时邀请其他有关人员以及媒体等特定社会主体参与行政调解活动。[②]另外，还可以依照该纠纷的具体特点和纠纷当事人的意见，灵活选择公开或者不公开进行行政调解活动。总而言之，在此过程中要力争掌控行政调解活动的整体局面，并适时调节行政调解现场的氛围，特别是要善于捕捉有利于促成双方和解并达成一致的（可能是稍纵即逝但却极为关键的零星）信息，要善于利用其他参与调解或者旁听调解人员的社会影响力，以保证行政调解活动高效有序地进行。

回避原则和及时原则。行政调解制度实践中的回避原则可以保证调解

---

① 参照《人民调解法》第二十五条之规定。

② 参照《人民调解法》第二十条之规定。

人员的中立性，而及时原则显然意在防止对纠纷的"久调不决"。这两项原则的确立及落实，对于保障和提升行政调解活动的高效率、公信力和权威性，特别是确保行政调解活动的程序正义，都有着至关重要的作用。

具体而言，如果调解人员与被行政调解的纠纷或者纠纷当事人存在着一定的利害关系，则不得由其主持或者参与行政调解。需要强调的是，如果被行政调解的纠纷与该行政主体基于其职责权限先行处理过的行政事务具有相关性，则前期参与原处理环节的人员必须回避，不得由其主持或者参与调解。就回避程序的启动来讲，调解人员既可以自行主动回避，也可以由纠纷当事人口头或者书面申请其回避。如果纠纷当事人申请回避的理由是正当（只需考虑理由是否正当，而无需考虑理由是否充分）的，则调解人员必须回避；回避之后，既可以由行政主体另行指定或者补充调解人员，也可以由纠纷当事人再次选定或者补充调解人员。如果纠纷当事人申请回避的理由不具备正当性，则被申请回避的调解人员就无须回避，并由该行政主体向申请回避的纠纷当事人说明不予回避的理由。如果该纠纷当事人一再坚持要求相关调解人员回避，且经说服无效，则可以大致判定该纠纷当事人要么是不（完全）具备参与行政调解活动所应当具有的自愿或者诚意，要么是对于由该行政主体主持的行政调解活动甚至对于行政调解制度本身因不信任、不认同而存在明显的顾虑，进而说明该特定情境已经不具备实施行政调解活动所必需的制度氛围。此时，调解人员应当向当事人双方宣布终止调解，并告知纠纷当事人诉诸其他纠纷解决渠道。

相较于回避原则，及时原则更需要依据特定纠纷及其当事人的具体特点而灵活把握。现实纠纷千差万别，即便是某一特定的具体纠纷也处于不断发展变化的态势之中，因此，尽管在行政调解活动中自始至终要秉持及时性这一价值追求，但不应当因为贯彻及时原则，由国家层面具体规定行政调解活动的统一时限，而应当由各个地方（省级或地级市）的立法主体出台地方性法规或地方政府规章，甚或直接由调解纠纷的行政主体依据自身所在行业领域的职能特征、经由其处理的纠纷性质、所在区域的社会历史文化特点、当地社会治理的实际现状等相关因素出台各自的规范性文件，以鼓励"及时调解、追求时效"为基本要求，从而实现对及时原则的落实。可以看到，笔者于此处对于及时性这一行政调解制度基本原则所进行的、有关保持其局部微观问题"独立性"的强调，明显不同于后文对于《行政调解条例》这一国家层面立法所持的、有关争取其宏观全局问题"统一性"的主张。原因也很简单，要做到"具体问题具体分析"。

4.关于行政调解协议。在行政主体居中调解下，如果纠纷当事人根本无法达成一致或者其要求终止调解的，调解人员应当终止调解活动，同时，告知其诉诸其他法定途径解决纠纷。

行政调解协议书的制作。如果围绕纠纷的化解，双方当事人已经达成了一致的意见，行政主体应当主持形成行政调解协议书，以此反映双方当事人的共同意愿，并参照"人民调解协议书"的内容明文记录双方当事人的"基本信息""矛盾焦点""实现共识的主张和要求""权利和义务"等相关内容。未经纠纷当事人的一致同意，行政主体的处理意见不应当写入行政调解协议书。行政调解协议书产生法律约束力所需的形式要件，可以参照《人民调解法》的有关规定或者依循现行的成熟做法提出要求。行政调解议书应当由当事人双方各执一份，同时由行政主体备存一份。[①]

行政调解协议书的送达。行政调解协议书制作形成后，必须尽快送达当事人双方。至于是当场送达还是事后送达，可以由该行政主体决定。行政调解协议书一经送达并签收后，当事人双方就应当本着诚信原则开始履行该调解协议书所载明的义务，并应当为对方当事人行使权利提供必要的便利条件。如果（一方或者双方）当事人拒绝签收或者明确表示反悔，则标志着行政调解活动的失败。

行政调解协议书的法律约束力和法律（强制）执行效力。经由行政主体调解后形成的调解协议书，自各方当事人签名、盖章或者按指印并经调解人员签名、加盖行政主体印章之日起，就当然具有了法律效力，纠纷当事人必须遵循行政调解协议书的要求来行使权利、履行义务。该行政主体必须对相关情况及时跟进、密切关注，以切实督导促进有关主体特别是行政争议中作为一方当事人的特定行政主体依照行政调解协议书的要求将其职责落实到位。针对（且仅限于）已经发生法律效力的行政调解协议，可以设置附期限的异议程序或者撤销程序，当事人可以在法定期限内请求法院审查该行政调解协议，[②]法院根据情形予以维持、撤销或者宣告无效；如果超过该期限，则双方当事人都可以申请法院强制执行。

经行政主体调解民事纠纷形成行政调解协议后，[③]双方当事人可以自该文本产生法律约束力之日起15日内，共同向主持调解的行政主体所在地公证机构依法申请公证，或者向行政主体所在地法院依法申请"诉前司法确

[①]　参照《人民调解法》第二十六条、第二十九条等规定。

[②]　笔者主张这种司法审查只限于法院对"行政调解协议"的审查。至于对行政调解行为的监督，应当通过行政问责制度和行政检察制度进行。关于这一问题，后文将予以详述。

[③]　行政主体调解行政争议形成的行政调解协议，不涉及司法确认的情形。对此问题，后文将进行详述。

认"，公证机构和法院都应当及时审查行政调解协议并依法确认其效力。一旦该协议经公证机构或者法院确认具有法律效力，而其中一方当事人不按照该行政调解协议的要求履行义务，则另一方当事人可以向法院申请（强制）执行。如果该行政调解协议经法院依法确认为无效，纠纷当事人既可以继续通过行政主体的居中调解而对先前的行政调解协议实施修正进而形成全新的版本，也可以转而诉诸诉讼方式或者其他纠纷解决途径。

口头协议。鉴于行政主体及国家行政权力的权威性，以及行政调解制度及其实践的严肃性，应当明确禁止行政主体以口头协议的方式来终止行政调解活动。

5. 其他相关环节和程序。

记录归档。就此环节而言，行政主体应当参照《人民调解法》有序完成。[①]

先行程序。这一程序环节只适用于附带性或者伴随性的行政调解活动。即在行政主体主持并实施行政复议、行政仲裁或者行政裁决等行政裁断式活动过程中，行政主体在积极履行其行政复议等主导性职能的前提下，将行政调解明确定位为"先行程序"（而并非"必经程序"）。基于行政调解制度的自身优势和特征，并结合当下中国社会纠纷的现实特点，行政主体在从事行政复议等裁断式纠纷解决活动时，应先行考虑其所受理的纠纷是否适合运用行政调解这样的柔性手段加以解决。如果适合，则先行实施调解，力争借助这一途径息事宁人、解决矛盾；如果不适合，则再转入行政复议等主导性的纠纷解决进程之中。显而易见，在这一环节中，必须赋予行政主体必要的、适时进行选择和判断的行政裁量权。

（三）基于不同纠纷类型的行政调解程序

前文已述，行政主体可以调解的对象大致包括民事纠纷和行政争议两类。因两类纠纷的性质迥异，因此，在制度构建特别是程序设置上就应当有所区分。

1. 对民事纠纷实施行政调解的程序。对于特定民事纠纷，当事人可申请法律、法规、规章规定的行政主体进行调解。当事人申请调解民事纠纷应当符合下列条件：第一，与民事纠纷有直接利害关系；第二，有明确具体的调解请求、事实和理由；第三，民事纠纷尚未被法院、仲裁机构、人民调解组织或者其他行政主体受理或者处理。当事人申请调解民事纠纷应当说明其基本情况、调解请求、事实和理由等。行政主体应当自当事人申

---

① 参照《人民调解法》第二十七条之规定。

请之日起 5 个工作日内征求对方当事人意见，并决定是否受理。

行政主体决定调解的，应当告知当事人调解的时间、地点、调解人员等事项，并提示就纠纷提起诉讼、申请仲裁的时效期间；决定不予受理的，应当告知当事人理由。当事人之外的公民、法人或者其他组织与该民事纠纷有利害关系的，可以申请参加调解或者由行政主体通知其参加调解。行政主体调解民事纠纷，应当自其受理之日或者双方当事人同意调解之日起 30 个工作日内结束；情况复杂或者有其他特殊情形的，经当事人同意，可以适当延长。行政主体认为当事人双方意愿差距较大、不具备达成协议的条件的，可以终止调解。对案情简单、具备当场调解条件的民事纠纷，行政主体可以当场调解。当场调解达成协议且当事人能够即时履行的，行政主体应当将相关情况记录在案，无需制作调解协议书。

2. 对行政争议实施行政调解的程序。公民、法人或者其他组织就其与行政主体之间关于行政赔偿、补偿以及行政主体行使法律、法规、规章规定的自由裁量权产生的行政争议申请行政复议或者提起行政诉讼的，在行政复议机关作出复议决定或者人民法院作出判决、裁定之前，作出行政行为的行政主体征得当事人同意后，可以进行调解。

行政主体调解行政争议，可以确定由原行政行为的承办机构或其他机构具体承担行政调解工作，但原行政行为的具体承办人不得担任调解人员。当事人之外的公民、法人或者其他组织与行政争议有利害关系的，行政主体应当通知其参加调解。行政主体调解行政争议，应当自当事人同意调解之日起 15 个工作日内结束。行政争议的当事人之间无法达成协议或者当事人要求终止调解的，行政主体应当终止调解。

综上所述，只有通过准确定位行政调解制度的功能和特质、有效规范行政调解制度的调解主体和适用范围、科学建构和完善行政调解制度的基本程序，才能真正改良行政调解这一制度安排的内在因素。毫无疑问，这也正是行政调解制度实现其供求均衡、有效回应国家和公民基本需求的重要内在前提。

一个有形的制度安排，如果没有相
应的无形制度与之"匹配"，也许就不
能有效发挥作用。[*]

第五章　行政调解制度外在环境的优化
暨制度风险的防控

　　何谓制度环境？根据新制度经济学基本原理，制度环境，既包括用来
确立生产、交换、分配与消费，涵盖政治、社会、经济、法律和文化等多
个领域的基本规定和准则，也指涉人们在长期交往中自发形成并被人们无
意识地接受和遵循的行为规范。[①]

　　新制度经济学基本原理表明，任何制度安排及其功效的边际效应，都
会不可阻挡地呈现递减的态势，而社会外在环境的变化则会明显地加剧这
一态势，以致特定制度安排出现新的不适应，进而出现新的供求失衡。观
察当下中国的社会治理实践也可以发现，在制约行政调解制度供给的客观
因素中，除了制度的内在要素之外，还包括制度外在环境诸多因素的影响，
例如，实际规定了制度安排选择空间并影响其制度变迁进程和方式的宪法
秩序，实际约束制度创新体系及其架构的"成本-收益"法则，以及意识
形态、文化传统、财政状况、社会科学知识的积累（即理论研究现状）等。
当然，还有直接影响制度供给、源于国家和纠纷当事人这两个层面的制度
需求。显然，这些都是不可被忽视的。[②]

　　因此，我们不但需要正确认识并解决社会治理实践中暴露出的制度内
在设计层面的不足，使行政调解这一传统的纠纷解决模式与新时代中国社

---

　　[*]　盛洪主编：《现代制度经济学》（上卷），北京，北京大学出版社，2003年版，"前言"第
19页。

　　[①]　同上书，第292—293页。

　　[②]　汪丁丁：《制度创新的一般理论》，《经济研究》1992年第5期。

会治理的目标相适应，还必须切实优化可能影响行政调解制度绩效的制度外在环境。否则，前文所述的针对行政调解制度内在设计的"修修补补"必将徒劳无功，对行政调解制度风险的防控就将成为一句空话，至于实现供求均衡等美好愿望，则更是无从谈起。

笔者于本章内从"外围"着手，以有效防控行政调解制度风险、强化社会治理成效为目标，就如何优化行政调解制度的外在制度环境进行详尽的分析。作为与特定制度安排密切相关的特殊要素，制度风险虽然无法被杜绝，但是如何对其进行有效防控，却是需要认真对待的问题。其中，既涉及对行政调解制度风险的消极规避，也涉及对此风险的积极防控。仅就对该风险的积极防控而言，既涉及如何树立"辩证稳定观"、如何强化制度认同、如何提升行政调解制度法律地位等意识观念层面的有关问题，也涉及如何通过行政问责制度和行政检察监督制度监督保障行政调解制度，如何完善行政调解制度与司法诉讼制度对接协调机制等制度建构层面的相关内容。而以上内容都将服务于一个核心目标：在前一章着力改善制度自身的内在要素以实现行政调解制度"个体性供求均衡"的基础上，力求在本章最终实现行政调解与其他纠纷解决模式共同构成的多元化纠纷解决机制内的"整体性供求均衡"。

第一节　制度风险及其防控

同其他各类制度安排一样，由于制度内外多种因素的相互叠加作用，行政调解制度在被付诸实践甚至甫一形成便产生了特定的制度风险，从而威胁甚至损害其基本制度预期的实现。必须看到，不同于前文所述那些可以被改良的制度内在要素，制度风险作为与制度内在要素共生共灭的"副产品"，无论是制度安排的建构者，还是制度安排的实施者，都无法完全将其消除，而只能是采取防控措施，要么是被动地规避制度风险，要么是主动限缩因制度风险而产生的负面效应。那么，行政调解制度的制度风险究竟何以产生？又究竟该如何防控？笔者于下文对这些问题进行分析和探讨。

一、制度风险的基本问题

所谓"风险"，即为"可能发生的危险"。[①] 进而言之，制度风险就是

---

① 中国社会科学院语言研究所词典编辑室编：《现代汉语词典（第6版）》，北京，商务印书馆，2012年版，第390页。

在特定制度安排被付诸实践后发生的、制约或者限制该项制度安排之预期的不幸事件及其发生的概率。具体而言，表现在两个方面：一方面是制度成本的不确定性，另一方面是制度收益的不确定性。

（一）引发制度风险的制度内在因素

特定制度安排的风险源于该项制度安排的内在因素和外在因素两个方面。关于制度安排的外在因素，笔者于前文已有论述，而且于后文还要就制度外在环境进行更进一步的详细分析，因此这里不再赘述。笔者于此处着重就引发制度风险的制度内在因素进行阐释。具体而言，包括以下三个方面：

1. 特定制度安排的设计和修正很可能不到位。具体而言，要么就是特定制度安排的内在设计不科学、不严谨，存在着重大缺陷；要么就是特定制度安排严重缺乏时效性、针对性和可操作性，无法形成有效可行的工作措施；要么就是特定制度安排未能有效适应形势的变化，以致没有及时进行必要的补充、修改和完善。

2. 特定制度安排很可能被不当实施。具体而言，既包括特定制度安排适于实施也应当实施，却由于相关实施者思想保守僵化等原因而未能实施的情形；也涉及因相关实施者无视制约条件的客观存在而盲目超越现实，致使该项制度安排存在被过度实施的可能性。前者"应当实施而未能实施"的情形相对简单、明晰。至于后者"过度实施"，正所谓"过犹不及"，套用邓小平同志曾经反复强调并具有深远洞察力的一句话，"中国要警惕右，但主要是防止'左'"。[①] 在特定制度安排的具体实践中也必须遵循这一原则。特定制度安排的实施必然涉及包括主体、客体、时空环境、财政经费等主客观条件在内的一系列必备要素，然而，实践中往往会出现在相关要素尚不完全具备的情形下，特定制度安排就被盲目随意实施，进而严重影响该项制度安排实际效果并严重损害其制度公信力的情形。

以行政调解制度为例，在当下中国社会治理实践中，面对具体矛盾纠纷，无论是刻意为之，还是不慎为之，都有可能发生本不该适用但却适用了行政调解制度的情形。无论是就行政调解制度本身而言，还是就纠纷解决实践而言，绝不是实施行政调解制度的次数越多，社会治理的效果就必然越好；绝不是运用行政调解制度的频率越高，行政主体的权威性就必然越高。

---

① 《中国共产党简史》，北京，人民出版社、中共党史出版社，2021 年版，第 279 页。有关分析参见宁教奎：《要警惕右，但主要是防"左"》，《湖湘论坛》1992 年第 4 期；王喜录：《防"左"的对策思考》，《探索》1992 年第 4 期。

恰恰相反，正是这种更为频繁、更为肆意、更加无度的行政调解行为，可能导致行政权威严重受损、社会治理效果急剧下降等一系列客观后果。

3. 特定制度安排必然具有"根本性缺陷"。正所谓天底下没有十全十美的制度，更没有"包打天下"的制度。任何一项制度安排在拥有其比较优势的同时，都有其运行边界，都存在着其自身无法克服和解决的"根本性缺陷"。追根溯源，该项制度安排在实践中的种种弊端都与之密切相关。需要说明的是，本书所论述的"根本性缺陷"，既不是因制度安排的设计者不够智慧、不够理性而导致制度安排设计本身不科学的问题，也不是因制度安排的相关实施者不够努力甚或徇私舞弊、违规执行而导致制度安排实施不规范的问题。如果说只是制度安排的内在设计不科学，那么，还可以对其加以逐步的修正和完善；如果说只是制度安排的实施不规范，那么，还可以对其加以纠偏和矫正。

特定制度安排的"根本性缺陷"与上述二者均有所不同，它是特定制度安排"与生俱来"且将"伴其一生"的特殊问题。也就是说，无论将一项特定制度安排精心设计到何种无以复加的"理想"地步，只要它还是此项制度安排而非彼项制度安排，就必然存在其自身永远无法克服的固有弊端；只要将其付诸实践，在充分显现相对优势的同时也会不可避免地产生消极影响。其意既包括每项制度安排都有自身永远无法解决的突出问题，即根本性缺陷，也指涉如果将其付诸实践，必然会使其负面效应显露无遗，甚至最终违背该项制度安排的基本预期。就如同计划经济一样，其本质就是管制经济、命令经济，与生俱来地否定个人和企业的独立自主性，这也正是其"根本性缺陷"的具体表现。任何现代理论或者现代科技，都无法改变计划经济"否定个人和企业独立自主性"这一根本性质，因此，也就不可能依靠什么现代科技或者现代理论而帮助计划经济克服其"根本性缺陷"。[①]

缘何出现如此状况呢？如果仅从制度主体这一角度分析，可以明确的是，任何一项制度安排都不可能使所有与之相关的行为主体都感到满意。[②]特定制度安排的设计者均是特定的"经济人"，实施者也是特定的"经济人"，而其要规范的对象更是涉及特定的人群。只要是"经济人"，就必然存在着主观性和私欲，就必然存在着受特定时空环境制约的局限性，就必

---

① 周为民：《大数据弥补不了计划经济的根本缺陷》，《凤凰财知道》第 341 期（2017 年 9 月 25 日）。

② 樊纲：《两种改革成本与两种改革公式》，《经济研究》1993 年第 1 期。

然会受利益的驱动进而实施特定的行为，而无论其是否具备足够的理性或是否会盲从而动。

任何一项特定的制度安排，无论是其最初的设计，还是经历了阶段性改革或者调整，都无法消除其根本性缺陷。也正是因为如此，再加上其他诸多因素的相互作用，才会导致任何制度安排在实施过程中，都会或多或少地遭遇制度风险，区别只是在于风险高低或者强弱程度的不同，以及表现形式各异而已。这是制度建设领域具有普遍性的规律，行政调解制度自然也不可能超脱于外。

就行政调解制度而言，结合前文所述引发制度风险的三方面内在因素，行政调解制度设计层面的缺陷及其完善，前文已有详尽分析；制度的不当实施并非行政调解制度本身的问题，而主要系由实施者所造成。因此，下文不再就这两点进行讨论。接下来将着重围绕行政调解制度的根本性缺陷，以及由其引发的制度风险及风险防控等问题进行阐述和分析。

（二）行政调解制度的根本性缺陷

由于多种现实因素以及历史因素的综合作用，行政调解制度中内生性地存在着其应着力加以防范，然而其自身又无力克服的特殊风险。进而言之，正是缘于此故，其制度内在的平衡功能也不可能充分完全地发挥作用。具体而言，一方面，该制度是由行政主体主持并实施的"行政类"制度安排；另一方面，该制度是由第三方居中主持以化解纠纷的"调解类"制度安排。因此可以说，凡是"调解制度"所具有的根本性缺陷，凡是"行政权"所具有的根本性缺陷，行政调解制度均无法幸免。

1. 源于"调解制度"的根本性缺陷。具体而言，表现为如下三个悖论：

第一，便捷性与规范性之间的悖论。毫无疑问，立足于行政法治及其基本原则和价值取向，其所能赋予社会与民众的最基础性的权利，显然应该是程序性权利。进而言之，此类权利存在与实现的程度，不仅关乎其自身，而且关乎实体性权利维护与保障的水平。[①] 程序简单、操作便捷，本应当是行政调解制度的优势所在，然而，如果程序过于简单、过于便捷，就很容易导致基本的规范性乃至"正当程序"的缺乏，与之相应，其运作过程也就不可避免地会产生随意性。这在当下中国的社会治理实践中，已经是非常突出的问题了。而旨在克服这种随意性的规范化和程序化建设，又很容易侵蚀甚至损害行政调解制度的比较优势——便捷性。究竟如何准确

---

① 于浩：《行政调解与中国法律传统的契合与断裂》，《云南大学学报（法学版）》2014年第1期。

地把握便捷性与规范性之间的"度"，以实现二者之间的有机平衡，这必然是一个难题，甚至是一个行政调解制度依靠自身难以化解的悖论。

第二，稳定性与灵活性之间的悖论。运行方式的多样性与灵活性，是行政调解制度及其实践的一大特色，然而，基于这一显著特色，随之而来的便是稳定性的明显缺乏。与司法裁判具有确立社会规则，从而规范社会行为的示范功能明显不同的是，行政调解活动的示范意义和社会价值相对有限，通过行政主体主导实施的调解活动，难以在全社会范围内形成较为统一的道德标准和价值判断。调解行为在行政主体解决纠纷过程中的作用，始终处于动态的波动之中，常常可能会因人、因时、因地而产生差异。进而言之，也恰恰是行政调解活动的这种不稳定性，导致其制度的定位或高或低、其制度的角色或隐或显、其制度的绩效或强或弱，而自始至终难以趋于稳定化。

特别是由于行政调解属于依赖第三人作为中立一方依法介入纠纷解决过程的制度范畴，因此，"人"的（各种主观）因素在其中发挥着至关重要的作用。主持调解活动的调解人员的人格魅力、知识水平和权威性等一系列个人因素，对于矛盾纠纷的顺利解决必然会产生重大的甚至是"一言定是非"的决定性影响。即使是相同的解决方案或者处理意见，由不同的调解人员（甚至同一调解人员在不同情境下）去实施，也很可能会有不同的处理效果。进而言之，最终的行政调解协议实际上在更大程度上反映的是行政主体及其调解人员的价值观。在此过程中，有关依法调解原则的贯彻与践行，很有可能早已经被调解人员抛置于脑后。[1]社会治理实践中不乏这样的极端情形：即便是同一起纠纷、同一纠纷当事人、同一主张和诉求，然而，仅仅是由于调解人员的更换，就使得最终的结局大相径庭。可以看到，很难对行政调解制度实践中的稳定性与灵活性进行精准的平衡，这是该项制度安排在实际运作中的一大障碍。

第三，制度实践与制度理念之间的悖论。特定制度安排的理念是该项制度安排的灵魂，也是该项制度安排能否以及是否得以更新或者完善的集中表现。尽管各类行政主体在其调解活动的客观实践中也不乏探索和创新之举，然而，由于受多种现实因素的（严重）干扰和影响，都难以摆脱在主观理念上的滞后，甚至在不知不觉中，客观实践还在不断地加剧或者强化主观理念的滞后性。具体而言，这种制度实践与制度理念相互掣肘的不良现象，在行政调解制度的建构和运作中主要表现在两个方面：一是实质

---

① 张志铭、于浩：《共和国法治认识的逻辑展开》，《法学研究》2013 年第 3 期。

主义的倾向，即在行政调解制度的具体实践中，过分地偏重对实体正义的追求，以致严重忽视甚至扼杀了任何制度都应当具有并充分发挥的公正程序的机能和作用。二是功利主义的倾向，即行政调解制度的功能并未得到充分的发掘和展现，只是以纠纷的暂时化解和形式解决，即以目光短浅的"调解率"为直接追求，而没有能够充分利用该制度以推动行政法治秩序的有效形成。换句话说，在行政法治秩序的形成机制或者路径中，行政调解制度的作用并没有能够受到应有的重视和公正的对待。[①]

当下行政调解活动中的调解人员肩负着动员当事人双方有效支持和积极参与社会治理的重任，逐渐地，行政主体及其所从事的行政调解实践必然也就具有了浓厚的"教谕"色彩。这种制度氛围一旦形成，则无论如何强调合意的重要性，或许最终得到的都只能是"被组织化"了的"同意"。此外，纠纷当事人只能以"拒绝权"这种显见的消极形式，来表示其是否接受同意，因此，在调解特别是行政调解活动中，（主张或诉求相距较远甚至大相径庭的）纠纷当事人与调解主体（及其人员）之间的互动与协调，很有可能就只是"纵向"而非"横向"的。显然，这种客观状态也必然会影响甚至危及纠纷当事人之间的横向沟通，而这种沟通的程度，特别是有效性究竟如何，则是最终达成（行政）调解协议的不可或缺的基础性条件。[②]

更为严重的问题还在于，当下中国的社会治理进程中，无论是宏观层面的制度宣示，还是微观层面的具体实践，都格外强调和注重对调解这类制度安排的积极运用，这反而可能会在客观上导致调解制度的比较优势进一步被扭曲、变形甚至异化，同时又会不可避免地无视调解制度的短板和弊端，甚至将其无限放大。毋庸置疑，这实际上是对包括行政调解制度在内的所有调解类制度安排的巨大损害，是典型的"自毁长城"。倘若只是在经济层面上进行分析，如果对一类制度安排的运用达到了"泛滥"的程度，就势必会在客观上加大而不是节约社会治理的总支出，进而会损害该项制度安排相对于其他制度安排原本所拥有的比较优势。实际上，在很多情境中，无论是何种调解活动，都需要花费较长时间反复进行说服，这相对于经纠纷当事人陈述以及规范的调查取证后即依法裁判这种正式的诉讼程序

---

① 汤黎明主编：《委托调解的理论与实践——替代性纠纷解决机制模式研究》，北京，法律出版社，2009 年版，第 28 页。

② 武红羽：《意思自治的幻象与权力支配——司法调解中的当事人与司法场域》，《燕山大学学报（哲学社会科学版）》2010 年第 4 期。

来看，成本还有可能更为昂贵一些。然而，在目前大量的（即便只是经纠纷当事人依法申请所启动的）行政调解活动中，纠纷处理在"经济学"上的合理性早已被大大削弱，与之相反，其在"政治学"上的利好因素却一再被强化。最终的结果是，有很多矛盾纠纷是以"凑合调解"或"折中调解"甚或"压制调解"的方式，以无原则的、非自愿的所谓"妥协"来解决的。当然，需要说明的是，调解类制度和司法诉讼制度的成本比较，只有以两种制度安排的"本质"比较为前提才更具有现实意义。

2. 源于"行政权"的根本性缺陷。就人类社会的运行和发展而言，各级政府的及时建立以及行政公权力的充分行使，显而易见是一个必要的"恶"。其原因在于，就整个公权力的结构或体系而言，其中，最为强势、最易膨胀、最具扩张性，也最容易侵越公民私权利的就是行政权。毋庸置疑，行政权的这种特性，也不可避免地蔓延甚至浸透到了其所主导的行政调解制度及其实践之中。如果将程序繁多、规范性较强的司法诉讼制度视为纠纷解决领域的正式制度，那么，也可以将程序相对简便的调解类制度看作是"非正式制度"。与社会治理现代化和法治化密切相关的是，在行政调解制度的"非正式性"之中，也明显蕴含着"民主自治"的重大契机。然而，必须看到，正是在这种"契机"之内，同时也孕育着绝不可轻视和忽视的危险性——社会治理实践中行政调解制度具有被行政主体滥用的可能性。

第一，行政调解制度一旦被过度实施就很有可能引发恣意行政和腐败行政。就行政调解制度而言，无论是宏观的制度设计，还是具体的制度实践，刚性的禁止性规定相对较少，致使与该项制度安排相关的各类主体及其力量对比关系和外部权威性的客观作用得以凸显出来。可以预见的是，在社会分化加剧以及各类社会主体组织化程度不断提升的情况下，国家层面会相较于过往更多地以行政主体主导下的调解制度为杠杆，来适时增强并积极改善行政公权力的客观效用，进而实施并强化社会控制。然而，如果发展到极端，就很容易滋生或加剧行政主体及其内部行政人员借此设租寻租的可能性，甚至激发其恣意妄为和行政腐败的风险。

第二，行政调解制度实践中客观存在着损害公共利益的隐患。在行政调解制度及其实践中，为了实现"合意"的形成以尽快息事宁人、定分止争，进而追求"稳定"这一可观的政绩，恰恰可能是主导并组织开展调解活动的行政主体实施了不当甚至非法的选择，这就有可能开辟在现实中法治原则不得不与客观实际相妥协的道路。一旦行政权等公权力主导的纠纷解决模式及其制度变迁偏离甚至丧失了原有的"规范社会秩序、维护公平正义"的制度向心力，就很容易使得一些违背法治精神的错误做法堂而皇之地被合理化甚至合法化。① 由此来看，正如前文所述，在当下中国的行政法治理论与实践中，那些竭力反对通过行政调解方式解决行政争议的主张和做法，其理论依据也恰恰在于此：行政争议之中行政公权力主体一方以自由处分行政权的方式，与行政相对人一方进行交易并最终达成所谓的"妥协"，很有可能会（严重）损害行政法治的基本原则和公共利益。

行文至此，可能也会有不少人提出质疑，如此论述似乎与前文有关"将行政争议纳入行政调解制度范围"的主张相矛盾。笔者以为，无论是对此问题持赞成态度还是反对态度，实际上二者都有其合理性。这里的关键在于，在坚持己见的同时，绝不应该无视与己之所见相对立的客观事实的存在。尽管的确应该将一部分行政争议纳入行政调解的制度实践之中，然而，这并不等于就可以忽略其中存在着需要有效防控的制度风险。因为在此过程中，行政公权力有可能正在扮演着一个看似借助行政调解等柔性手段，然而却会实质性危害社会治理大局的"反面"角色。进而引发的社会受众对于行政主体及其权威性的（强烈）质疑、对于行政权主导的特定纠纷解决模式及其公信力的（广泛）诟病，自然也就无法避免了。这一系列问题，在医疗卫生等特定领域的纠纷解决过程中表现得要更为突出一些。笔者于下文通过一起具体案例对此进行充分说明。

案例十二：医疗纠纷中的地方卫健委及其主持的行政调解②

2019年6月30日，杨某因为突发疾病被收治于H省G市人民医院，经过一段时间的治疗后明显好转。然而，同年7月11日，杨某突然出现剧烈头痛，病情逐渐加重，直至2019年7月16日凌晨，经抢救无效死亡。死者家属认为，医院在杨某死亡后篡改了病历，并掩盖其高血压症状；使用高血压禁忌药物致其脑出血死亡；某医师无证上岗，医疗行为不规范，因此，该医院应该对杨某的死亡承担全部责任。医院则认为，其诊疗行为自始至终均符合规范，不应当承担任何责任。医患双方为此产生重大分歧，且死者家属情绪异常激动，先是集中亲友40余人将医院大门封堵，后来虽经劝说离开医院大门，但是随即死者父母、兄嫂多人又占用并入住该医院的普内科和医务科办公室，医

① 季卫东、易平：《调解制度的法律发展机制——从中国法制化的矛盾入手》，《比较法研究》1999年第4期。

② 该案例系笔者于2020年在H省调研期间，由该省卫健委维权处提供。

院的正常医疗工作秩序受到严重干扰，部分危重患者的正常诊疗也受到了影响。

该事件发生后，G市卫健委有关负责人根据G市政府领导的指示，要求G市人民医院尽快化解纠纷、有效恢复秩序，并反复强调，"能花钱解决的问题，都不是问题"。G市人民医院负责人则表示，国家卫计委《关于进一步做好维护医疗秩序工作的通知》明确要求，"医疗纠纷责任未认定前，医疗机构不得赔钱息事"；[①] 同时主张，应该尽快经其提出申请，由"H省第三方医疗纠纷人民调解委员会"（以下简称"第三方医调委"）调解解决该医疗纠纷。G市卫健委经报告市政府之后，对此表示同意。

H省"第三方医调委"接到报案后，责成驻G市的调解工作站立即派调解人员赶赴现场，与G市卫健委、辖区派出所一起与医患双方沟通交流。死者家属开始明确拒绝调解，反复强调"什么调解，这都是糊弄人的把戏，不要把我们当猴来耍"。随后经过反复的解释劝导，死者家属一方面暂时同意撤离占用多日的诊疗及办公场所，另一方面也表示接受调解，但是明确拒绝由H省"第三方医调委"驻G市的调解工作站介入该纠纷，而是要求由G市卫健委调解。其理由非常明确："医院平时就是由你来管的，现在它犯了错误，你不管谁来管？"与此同时，死者家属扬言，如果不答应他们的这一要求、如果调解不公，就会集中更多的亲朋好友到H省委、省政府上访，甚至到北京上访。经过G市政府与H省卫健委紧急磋商，接受死者家属这一要求，责成由G市卫健委尽快主持并启动实施调解、尽快解决问题。至此，该起医疗纠纷的解决，由"人民调解"程序转入至"行政调解"程序。

G市卫健委在了解案情、收集资料的基础上开展了首次调解。调解人员反复向死者家属讲解相关政策并告知其合法的维权途径，同时建议死者家属对杨某的死亡进行医疗事故技术鉴定。死者家属开始同意进行鉴定，然而，第二天又拒绝鉴定，认为"政府又在捣什么鬼"。后经反复劝说勉强同意做鉴定，但是又提出新的要求：不得由H省内的专业机构来做鉴定。G市卫健委遂委托相邻外省某知名高校的法医学司法鉴定中心鉴定。该鉴定认为：G市人民医院在治疗过程中存在过

---

① 国家卫生计生委等四部门于2016年3月24日联合下发的《关于进一步做好维护医疗秩序工作的通知》（国卫医发〔2016〕10号）明确规定，"医疗纠纷责任未认定前，医疗机构不得赔钱息事"。

错，患者死亡与该医院的医疗行为之间存在因果关系，该过错行为对此死亡后果应当承担"轻微责任"。G市卫健委据此鉴定再次组织调解，责成医院承担20%的赔偿责任，向死者家属支付赔偿款18万元。对此赔偿金额，死者家属情绪特别激动，表示坚决不能接受。其间，死者家属多次威胁、谩骂调解人员，甚至几度欲冲出调解工作室故作"跳楼状"，并且明确表示，如果不能赔偿50万元就要跳楼寻死，就要与调解人员同归于尽。市卫健委有关领导闻讯赶来，在现场一边竭力安抚死者家属的情绪，一边严厉痛斥调解人员"不会工作"。2019年9月3日，G市卫健委再次组织调解，经过反复商讨、反复劝说，死者家属最终接受由G市人民医院向其支付赔偿款46万元的行政调解结果；同时，死者家属要求G市卫健委对G市人民医院的不当诊疗行为进行严厉处罚。

G市卫健委在督促G市人民医院支付赔偿款之后，对死者家属"严厉处罚医院"的诉求未作任何回应。2019年9月12日，死者家属以G市卫健委为被告、以G市人民医院为第三人，起诉至G市C区人民法院，请求确认被告对第三人不依法进行处罚的不作为行为属于违法行为，请求判令被告依法对第三人作出相应处罚。G市C区人民法院于2019年11月8日依照国务院《医疗事故处理条例》①等有关法律法规做出判决：确认被告G市卫健委针对G市人民医院构成医疗事故的行为，其不履行行政管理职责行为违法。至此，围绕这一医疗纠纷的是是非非终于落下了帷幕。

通过上述案例，可以非常清晰地看到，为了尽快有效解决这样一起并不算复杂的医疗纠纷，损耗了包括时间、金钱、政府公信力、第三方调解组织运行成本、第三方鉴定机构运行成本、行政主管部门运行成本、司法机关运行成本以及制度具体实施者的身心健康等多种要素在内的大量社会治理资源。即便如此，暂且不论作为纠纷当事人的医患双方对于该项行政调解活动的结果是否一定满意，单就纠纷解决后的社会效果而言，也不见得非常理想。特别是，其中不同主体的各色表现也非常值得玩味。

首先，是死者家属的偏激、狡黠和执着，其任性举动与理性行为的相

---

① 国务院于2002年颁布实施的《医疗事故处理条例》第三十五条规定："卫生行政部门应当依照本条例和有关法律、行政法规、部门规章的规定，对发生医疗事故的医疗机构和医务人员作出行政处理。"

互并存、合理诉求与无理主张的交织叠加，对"何时拒绝、何时接受、何时讲理、何时撒泼"的有效把握，对反复缠闹、频繁提出各种要求的准确拿捏，都令人印象深刻。

其次，是受命主持并实施行政调解、于台前"表演"的调解人员在"夹缝中求生存"的无奈与困惑，其既要争取让当事人双方特别是死者家属满意，还要力求让本单位以及其地方政府领导称心，更不能有损于本单位所代表的政治权威和法律权威。

再次，是秉持"稳字当头"施政理念、频频在幕后"指手画脚"的地方政府及其卫健委，在被死者家属抓住"软肋"之后的焦躁与急迫，其既不能花钱无度，又要追求本地、本行业的平安和谐以彰显其"维稳"之政绩。尤其值得注意的是，从这起医疗纠纷的突然发生直至最终解决，从人民调解活动到行政调解实践，从第三方做出的司法鉴定再到国家司法机关主导的行政诉讼，G市卫健委绝对是一个贯穿始终、无法绕开的主要角色。

透过这起医疗纠纷的发生及解决过程可以发现，行政权的内在弊端渗透于行政调解制度及其实践，并引发其制度风险的根本性缺陷，借助于G市卫健委这一特定角色前前后后的各种行为，被暴露得淋漓尽致。具体而言，表现在如下三个环节：

第一，在行政调解活动开始之前，作为当地医疗卫生行政主管部门的G市卫健委，其负责人竟然明确要求G市人民医院"花点银子、图个清静"。幸亏该医院负责人具有一定的法治意识，以国家有关部委的规范性文件及其禁止性规定为依据，对此要求予以严词拒绝。否则，这种绝非信口开河，而是由于长期浸淫于特定治理环境之中而被固化的惯性"人治"思维以及行为，极有可能导致如下后果：既大把大把地花费了公帑，又未能息事宁人甚至反倒是纵容了不法分子，更有损于国家法律的权威。

第二，在行政调解活动进行当中，对于死者家属的无理取闹，主导行政调解实践的G市卫健委及其有关负责同志既不注意工作方式方法，更无视有效解决医疗纠纷这一工作大局，当着死者家属的面，对"工作不力"的调解人员加以痛斥。毫无疑问，这是对行政调解这一制度安排"釜底抽薪"式的伤害与摧残。特别是面对死者家属的反复无常和"狮子大张口"，进退失据、手足无措的G市卫健委竟然严重忽略了专业鉴定机构关于医院对死者死亡应当承担轻微责任的鉴定结论，不但没有充分利用这一鉴定结论有效地推进行政调解活动，反而毫无原则性地极尽妥协迁就之能事，最终致使死者家属的无理要求基本得逞。

第三，在行政调解活动结束之后，面对死者家属"处罚医院"的合理要求，既没有展开必要的调查，也没有进行相应的适当处理，更没有能够对死者家属的要求予以准确及时的回应。正是这种典型的行政不作为，才导致了其在法院行政诉讼环节的直接败诉，原本就已受损的当地政府部门的行政权威再一次遭到打击。

以上三个环节，暂且不论行政调解活动开始前和结束后的特定情形，仅就 G 市卫健委在行政调解具体实践中的行为，便可以观察到：作为 G 市的医疗工作主管部门，该单位既充分凸显了行政权力与生俱来的傲慢，又尽情暴露了其"欺软怕硬"的本性；既严重伤害了调解人员个人的工作积极性和职业尊荣感，也损害了包括卫健委在内的 G 市政府公信力；既有严重违背法治精神的行为，又有严重背离行政职业伦理的做法；既不当耗费了显性的治理成本，又明显损害了隐性的制度权威。

总之，作为一个有责任履行医疗行业管理职能，又有权力践行行政调解制度的行政主管部门，G 市卫健委在上述环节中的各种行为表现，不但没能彰显行政调解制度的功能特质和行政权威，反而将行政调解制度的内在弊端展现无遗。当然，如果主持并实施行政调解活动、化解该起医疗纠纷的不是 G 市卫健委，而是其他行政主体；或者遭遇医疗事故的不是这些"得理不饶人"且"不失谋略"的死者家属，而是其他憨厚老实、通情达理或者具有基本法治意识的人，或许这起医疗纠纷的解决过程和解决结果就完全是另外一种情形了。然而，即便如此，行政调解制度（源于行政权）的根本性缺陷以及因此而产生的制度风险，还是会以其他形式不同程度地呈现出来。

然而，仅仅是因为主持和参与行政调解活动的行政主体的不同，就可能产生截然不同的治理过程和治理效果，这也恰恰是行政调解制度风险的突出表现。当然，在纠纷解决模式体系中，即便是如同司法诉讼那般规范、那般成熟的制度，也同样存在着诸多制度风险，甚至也有可能针对同一起案件，因主审法官的不同、合议庭（及其组成人员）的不同、法院审级的不同，而出现裁判结果完全不同的情形。然而，司法诉讼制度中的相关风险，还可以依托其制度安排之中的发回重审、提起上诉的二审以及经由当事人申请或者经由检察机关及其他公权主体依照法定职权启动的审判监督程序等制度设计来加以防控。那么，行政调解制度的风险又究竟依靠何种方式来加以防控呢？

二、被动式规避：行政调解制度风险的消极防控

承前文所述，源于特定制度安排的根本性缺陷而引发的制度风险，不

同于源于特定制度安排的设计和修订不到位以及特定制度安排的不当实施而引发的制度风险。与之相应，对不同类别制度风险的防控措施也必然不同。进而言之，对于内在根本性缺陷引发的行政调解制度的风险，只有通过以下两条途径才能达到防控的目的：

一条是相对消极被动的防控途径，即通过较高层级的治理主体进行立法以及其他更为宏观的制度设计，对行政调解制度的运用加以必要的限制，甚至将其完全搁置，以此来规避其制度风险。显而易见，这是一把典型的"双刃剑"：在有效规避制度风险的同时也闲置了社会治理资源。

另一条是相对积极主动的防控途径，即通过对行政调解制度外在环境的优化，借助于对治理观念和意识的全面更新以及相关制度体系的有效完善，特别是加强并完善行政调解制度与司法诉讼以及其他制度之间的对接互补机制，以实现对各类社会治理资源的整合与优化，从而限缩源于制度根本性缺陷的制度风险所引发的负面效应，彰显并强化制度的正面效应。毫无疑问，这是一种更为值得肯定和推广的做法。

无论是被动式规避，还是主动式限缩，都需要具备诸多的主客观条件。笔者于下文先就被动式规避的有关问题进行分析。

（一）"因噎废食"——不寻常的地方性做法

从前述"案例十二"中可以看到，无论是地方的公立医院，还是地方的卫健委，面对已经发生的医疗纠纷，首选的纠纷解决模式并非行政调解，而是人民调解。诚然，无论是国内地方性法规、地方政府规章或行政规范性文件，还是后文将要讨论的国务院《医疗纠纷预防和处理条例》等行政法规，一般在"医患双方可以选择的纠纷解决途径"这一环节，都将"人民调解"排列于"行政调解"之前。当然，需要说明的是，前述案例中H省G市有关方面首选人民调解制度，并非地方施政者遵循国家有关纠纷解决方式"先后排序"规定的表现，而是基于追求社会治理效果的现实需要，甚至是为了实现自身的特殊需求而权衡利弊的结果。特别是对于地方的卫健委来说，"多一事不如少一事"的处世哲学永远都是"正确"的，"吃力不讨好"的事情最好不要去招惹。正是基于趋利避害的本能，地方卫健委宁可让"第三方医疗纠纷人民调解委员会"先行介入该起医疗纠纷，也不愿由自己率先蹚这个"浑水"。只不过是"计划不如变化"，由于死者家属异常的强硬态度，加之地方政府以及卫健委自身底气不足，这才使得已经介入此项纠纷、正欲大显身手的人民调解程序戛然而止，并迫使行政调解程序以及卫健委自身"很不情愿地"走向了地方治理的前台。

地方卫健委的最初打算和做法究竟意味着什么？随后出现的种种反复和变化又表明了什么？笔者暂且不就这两个疑问过早地作出结论，为了进一步论证相关问题，笔者于下文再行结合医疗纠纷领域内的具体案例，作详细说明和分析。

1. 行政调解制度被定位为"替补"身份的深圳市地方性法规。经广东省深圳市第六届人大常委会第十次会议于 2016 年 8 月 25 日审议通过并正式公布，自 2017 年 1 月 1 日起正式施行的《深圳经济特区医疗条例》，作为国内第一部地方性医疗基本法规，其中的多处规定涉及医患关系的处理问题。

案例十三：在深圳市地方性法规中沦为"替补"的行政调解制度

《深圳经济特区医疗条例》第五十五条第一款、第二款、第四款的表述非常微妙，值得玩味和进一步思考。

其中，第五十五条第一款明确规定，一旦医患双方出现矛盾，任何一方当事人对于现行纠纷化解模式依法拥有选择权。按照该条款的规定，可供纠纷当事人选择的纠纷解决模式依次为：（双方）协商、人民调解制度、仲裁制度以及司法诉讼制度。[1] 显见的事实是，其中并没有出现"行政调解制度"。

第五十五条第二款是对前一款的规定进行补充性的文字表述，即在前一款所提供的四类纠纷解决模式中，除了"（双方）协商"这一类无需出现居中第三方的途径之外，其他诸如人民调解制度、仲裁制度以及司法诉讼制度，只有在与该三类制度相对应的有关机构或组织明确拒绝受理特定医患纠纷的条件下，纠纷当事人才有机会依照其申请启动"行政调解制度"这一纠纷解决模式。[2]

另外，第五十五条第四款还就纠纷当事人对经由人民调解达成的调解协议，向有管辖权的法院申请"诉前司法确认"的有关权利进行了规定。[3]

---

① 许金红等：《深圳市属医院医患关系的现状分析及探索思考》，《中国卫生人才》2018 年第 4 期。

② 高丛林：《论追诉时效制度在卫生行政处罚中的理解与适用》，《中国卫生法制》2017 年第 5 期。

③ 许金红：《经济特区发展中的医患矛盾问题研究——以深圳为例》，《中国经济特区研究》2018 年第 1 期。

通过对《深圳经济特区医疗条例》有关条款的分析，可以清晰地看到，自 2017 年 1 月 1 日起，在深圳市范围内处理医疗纠纷，可供纠纷当事人选择采用的四种"主力"型的法定纠纷解决途径依次为：自行协商、人民调解、仲裁以及司法诉讼。至于由当地卫生行政主管部门主持并实施的"行政调解制度"，只能是在医疗纠纷被人民调解组织、仲裁机构或司法机关拒绝受理之后，当事人迫不得已而选择的"替补"型方案。实际上，在当下中国的社会治理实践中，特定纠纷及其当事人竟然先后被人民调解、仲裁和诉讼这三类非常大众化、门槛并不高（即便是原本门槛相对较高的司法诉讼，也已经因"立案登记制"改革而大幅降低了）的纠纷解决模式拒绝，这样的概率究竟有多高？这得是一起多么"不同寻常"的医疗纠纷？这得是多么"倒霉"的一方（抑或双方）当事人？与此相应，在这样一种前提条件下，行政调解制度"登台亮相"的概率究竟还能够有多高？由此，《深圳经济特区医疗条例》这一地方性法规以及当地有关部门对待行政调解制度的态度可见一斑。

自 2018 年 10 月 1 日开始正式施行的国务院《医疗纠纷预防和处理条例》，在涉及"医患双方可以选择的医疗纠纷解决途径"这一重要环节上，明确规定"行政调解"是与"人民调解"相并列的一种重要纠纷解决方式，而且，按照法定次序，其还位列于"诉讼"之前。[1] 实事求是地讲，相对于 2018 年较晚出台的国务院《医疗纠纷预防和处理条例》，在此之前即 2016 年就已经出台的《深圳经济特区医疗条例》，在同一内容上与前者有不同的规定，倒也情有可原；自国务院《医疗纠纷预防和处理条例》正式生效之后，《深圳经济特区医疗条例》直至 2022 年的最近一次正式修订，才将行政调解在解决医疗纠纷的制度设计体系和具体制度实践中的角色，从"替补"升格为"主力"[2]。

2. 审慎规定行政调解制度"试行"以及"有效期"的上海市行政规范性文件。2019 年 3 月 20 日，上海市卫健委依据国务院《医疗纠纷预防和处理条例》相关规定，制定出台了《上海市医疗纠纷行政调解实施办法（试行）》（沪卫规〔2019〕1 号文件）。

---

[1] 《医疗纠纷预防和处理条例》第二十二条明确规定："发生医疗纠纷，医患双方可以通过下列途径解决：（一）双方自愿协商；（二）申请人民调解；（三）申请行政调解；（四）向人民法院提起诉讼；（五）法律、法规规定的其他途径。"

[2] 参见《深圳经济特区医疗条例》（2022 年修订）第一百一十五条。

案例十四：在上海市行政规范性文件中被明确控制
"有效期"的行政调解制度

该规范性文件最后一条规定："本办法自 2019 年 5 月 1 日起施行，有效期至 2021 年 4 月 30 日。"① 客观地讲，在国内地方性法规及地方行政规范性文件中规定"有效期"的并不常见。由于该规范性文件属于"试行"的性质，因此，立足于《上海市行政规范性文件管理规定》的基本要求，其出台伊始就只被依法赋予了区区两年的"试行期"！② 此后，笔者在上海市深入调研期间进一步了解到，上海市卫健委在其 2021 年 4 月 16 日发布的《公告》中正式声明，其根据《上海市行政规范性文件管理规定》的要求，③ 对《上海市医疗纠纷行政调解实施办法（试行）》及时进行了有效期届满之前的严格评估。上海市卫健委经过评估后认为，相关行政规范性文件有必要继续实施，"其有效期相应延长"，因此，决定将该规范性文件的有效期再延长两年，即延长至 2023 年 4 月 30 日。④

就《上海市医疗纠纷行政调解实施办法（试行）》这一规范性文件而言，无论是前期规定两年的有效期，还是后期将有效期再延长两年，尽管表面上都可以将其视为依据《上海市行政规范性文件管理规定》这一上海市"政府规章"所作出的规定，但如果追根溯源的话，实际上还是因为该规范性文件于设计之初就已经被明确属性的"试行"二字。客观地讲，将行政调解制度运用于化解医疗纠纷的社会治理实践中，不但早就具有了长期的经验积累，更是具有前述国务院《医疗纠纷预防和处理条例》这一作为上位法的行政法规。既然如此，那么究竟还有多大必要再将其隆重地"试行"一番呢？更何况，就全国范围而言，无论是法治意识的浓郁程度，

---

① 参见该《办法》第二十五条规定。

② 该《规定》（沪府令 17 号）第三十四条规定：规范性文件的有效期自施行之日起一般不超过 5 年。本市为实施法律、法规、规章或者国家政策制定的规范性文件，有效期需要超过 5 年的，制定机关应当在起草说明中载明理由，但有效期最长不得超过 10 年……规范性文件的名称冠以"暂行""试行"的，有效期自施行之日起不超过 2 年。

③ 该《规定》（沪府令 17 号）第四十八条规定：规范性文件有效期届满的 3 个月前，制定机关应当对其有效期是否需要延续进行评估。……规范性文件一般只延续一次有效期，需要再次延续有效期的，应当充分说明理由。

④ 参见上海市卫健委《关于延长〈关于做好上海市生育登记服务工作的实施意见〉等 5 件行政规范性文件有效期的公告》（沪卫规〔2021〕10 号文件）。

还是制度建设的实际水平，抑或是社会治理的具体状况，毫无疑问，上海市都位居全国前列。究竟还有多大必要，甚至还有没有必要在上海市这样的地区试行呢？而且，一经试行，其有效期最多也就只能是两年；特别是经过试行期届满前的评估之后又再次延长其有效期，说明该规范性文件的实践效果非常不错，这又反过来证明前期的"试行"实在是没有必要。总而言之，无论是最初的试行，还是后续的延长，笔者可以从中隐约地感觉到，在行政调解制度于医疗纠纷领域的设计、建构以及实践等诸多层面，上海市卫健委似乎打一开始就怀有一种对行政调解制度的不放心、不信任，因而非常谨慎甚至是保守，不敢于、不愿意将自己设计和践行特定制度安排的步子迈得更大一些，唯恐自身所从事的、有关行政调解制度的建构和运作，会带来不必要的麻烦。

（二）对行政调解制度风险有意无意地规避

行文至此，一个非常突出的现实问题已经浮出水面：无论是《深圳经济特区医疗条例》，还是《上海市医疗纠纷行政调解实施办法（试行）》，以及在其他地方基层社会治理进程中的一些制度性文本或者制度性实践，究竟缘何如此"不待见"、不信任行政调解制度呢？在面对同样属于调解类制度范畴的两种纠纷解决模式时，究竟缘何"厚"人民调解制度而"薄"行政调解制度呢？笔者以为，出现前述现象的根本原因在于以下三个方面：

第一，源于"制度认同"的严重缺失。部分政府机构，特别是基层行政主体对行政调解制度认同的缺乏，进而导致了地方在通过实施行政调解开展社会治理时的严重惰性。这一点在前文已有详细分析，此处不再赘述。

第二，源于对社会治理责任的"巧妙"推卸。这一点从前述"案例十二"中 H 省 G 市卫健委的所作所为中就可以看到。无论是作为地方性法规的《深圳经济特区医疗条例》，还是作为地方行政规范性文件的《上海市医疗纠纷行政调解实施办法（试行）》，二者均是由当地卫健委主持起草的。相对而言，前者要隐蔽一些，在形成立法草案之后需要提交深圳市人大常委会审议和通过；而后者要更为明显一些，其直接运用上海市卫建委的发文序号。当地卫健委是地方层面通过实施行政调解活动以化解医疗纠纷的唯一合法、适格的（行政）主体，如果在制度性文本中过于突出行政调解制度及其功效，这难道不是在加重自己的工作负担吗？因此，巧妙地运用制度设计直接弱化甚至推卸本应该由自己承担的地方治理责任，也就不难理解了。

第三，源于对"制度风险"的刻意规避。就地方行政主体而言，基于行政调解制度不可避免的风险性，在制定有关处理医疗纠纷的地方性法规或者行政规范性文件之时，在实施解决矛盾纠纷的社会治理实践之时，不得不对行政调解制度进行特殊的考虑和定位。主持并实施行政调解活动的卫生行政主管部门与医院特别是公立医院之间，往往关系密切，在依法处理医疗纠纷的过程中，难免会有"瓜田李下"之嫌，其公平公正的程度如何，不可避免地会受到患者一方当事人的强烈质疑。毫无疑问，只有调处解决的公平合理、不偏不倚，才是有效化解医疗纠纷的钥匙，也才能够让冲突双方当事人都服气，进而减少纷争，从根本上化解医患矛盾、有效维系社会稳定。[①] 考虑到卫生行政主管部门在解决医疗纠纷过程中实施行政调解活动的中立性、公正性长期受质疑这一客观事实，2016 年的《深圳经济特区医疗条例》在明确规定处理医疗纠纷的其他四种途径的同时，有意地弱化了卫生行政主管部门实施行政调解活动的职能，有意地减少了行政调解制度"抛头露面"的机会，旨在通过此举赢得医疗纠纷双方当事人特别是患者一方的信任，从而确保能够在遵循法治精神的前提下和框架内解决医疗纠纷，以公平公正地维护当事人双方的合法权益。显而易见，这必然也就成为地方立法机关的理性选择。

对于纠纷当事人而言，行政调解制度实际上只是一项供其选择的权利救济方式而已。尽管在医疗纠纷领域，行政调解制度拥有专业性较强、纠纷解决成本较低等足以吸引纠纷当事人，特别是患者一方的显著优势，然而，其相对劣势也是十分的"刺眼"。暂且不论行政调解制度的程序性、规范性不足等内在因素的消极影响，因为这些问题可以通过完善制度设计的方式来解决。实际上，更为突出的问题是，地方卫生行政部门主管着当地的所有医疗机构，特别是其与公立医院之间的关系密切，即便参与行政调解的过程在客观上公平公正，也难以消除患者主观上的疑虑。部分学者的实证调查结果曾显示，有多达 67.7% 的患者认为通过诉讼途径解决医疗纠纷要更为公平一些。[②] 正是源发于"调解制度"和"行政权"与生俱来的根本性缺陷及其相互叠加的负面作用，导致"行政权"与"调解制度"结合而成的"行政调解制度"及其公信力饱受诟病，相对于其他纠纷解决机制或者权利救济方式，其利用率明显不足。可以看到，有些地方宁可背负"闲置或浪费社会治理资源"的否定性评价，也要限缩对行政调解制度的运

---

① 史洪举：《让法律和人情各归其位》，《楚天金报》2015 年 3 月 1 日第 2 版。

② 方鹏骞、王桂秀：《医疗纠纷解决机制的现状与制度构建》，《中国卫生事业管理》2010 年第 3 期。

用。此类做法，貌似可能导致纠纷当事人少了一条救济途径、地方施政者少了一种纠纷解决模式，然而，在一定程度上实际上恰恰是对地方施政者社会治理公信力的保护，[①] 也是对纠纷当事人权利救济路径的优化。因此，这种规避行政调解制度风险的消极做法，有其内在的合理性。

那么，上述三方面的原因相互之间又具有什么关系呢？无论是制度认同的严重缺失，还是对地方治理责任的不当推卸，实际上或多或少都是基于对行政调解"制度风险"这一突出因素的"忌惮"，而不同程度、不同方式地展示于外的具体表现。行文至此，新的问题自然也就出现了：面对源于行政调解制度根本性缺陷所引发的制度风险，尽管无法从根本上将其彻底消除，然而，究竟该如何将其负面影响限缩至最小，如何使其正向功能彰显至最大，这显然是当前亟待解决的重大问题。毫无疑问，对其制度风险绝不能只是一味地进行被动式的规避，还必须要积极主动地实施有效防控。那么，究竟怎样才称得上是有效且可行的积极防控呢？对行政调解活动外在制度环境即意识观念层面和制度建构层面的优化，正是解决上述问题的关键。

第二节　意识观念层面制度环境的优化暨制度风险的积极防控

人们的行为不仅仅会受到特定"利益"的支配，也往往会受到其所持特定"观念"的支配。并且，人们对利益的理解经常是通过观念来感知的。即使人们只是根据自己的利益行事，他们的行为也会受到观念的影响。[②] 因此，可以说，事业是观念和实践的生动统一。作为制度外在环境的基础性元素，意识观念的至关重要性不言而喻。通说认为，制度变迁必须以意识形态的变化为前提，这也是制度变迁进程中的基本规律。毫无疑问，作为特定社会群体共同享有的文化知识、理想信念和价值观念，意识形态显然是一种可以降低制度运行和制度变迁成本的装置或工具。一方面，制度变迁本身的客观作用必然会引起意识形态层面更加深刻的分化甚或重构；另一方面，借助于制度变迁的发动者和参与者相互之间的利益博弈，意识形态具有使得制度变迁收益最大化、制度运行成本最小化的独特功能，换句话说，制度变迁对于意识形态及其变化显然存在着一定程度的依赖性。[③] 总

---

①　乔子轩：《取消行政调解是缓和医患关系第一步》，《法制日报》2015 年 3 月 4 日第 3 版。

②　张维迎：《大数据代替不了企业家》，《管理视野》2021 年 9 月刊。

③　刘少杰：《制度变迁中的意识形态分化与整合》，《江海学刊》2007 年第 1 期。

而言之，二者之间是相辅相成、相得益彰的关系。实际上，当下中国的社会治理进程已经充分证明了制度变迁与意识形态变化之间具有紧密关系这一客观事实。

无论是下文所述"辩证稳定观"的牢固树立，还是"制度认同"的逐步强化，或者是法律地位的有力提升，只要是意识观念层面的进步和跃升，都是实现行政调解制度供求均衡的有利因素。只有真正实现了意识观念层面的优化，才有可能为实现特定制度安排的优化打造并强化不可或缺的"软实力"，才有可能真正为限缩其制度风险之负面效应、彰显其比较优势之正面效应奠定坚实的基础，才有可能真正让当下中国的社会治理在全球治理进程中"领风气之先"。因此，为了实现行政调解制度的供求均衡，在对其制度内在设计进行有针对性的修正和完善的同时，也非常有必要提升其法律地位，牢固树立"辩证稳定观"，切实强化制度认同，以着力加强对其意识观念领域的有效重构，进而协同制度建构层面的优化，从根本上对其制度风险进行积极防控。

一、"辩证稳定观"的树立

"发展是第一要务，稳定是第一责任"，这是当下中国的各级施政者都必须落实的核心要求。在改革进入攻坚阶段、发展处于关键时期的新形势下，面对空前严峻的种种考验，笔者以为，将"保稳定"作为当前乃至今后很长一段时期内的"执政主旋律"，当然具有不言自明的正当性和必要性。更何况，不论是定分止争，还是追求和谐，长期以来均为中华民族传统文化范畴之内非常重要的基本价值取向。毫无疑问，这一价值取向具有积极的正面意义，也正是它引领着国人为早日实现政通人和、海晏河清等一系列伟大目标而努力奋斗。然而，一些社会主体特别是一些公权力机关，正是基于对这一价值取向有意无意地误读或歪曲，习惯性地将纠纷或者矛盾视为秩序的天然对立物，视为不正常而且必须要加以祛除的"邪恶"，从而对其采取了绝对的、不容置疑的否定性态度。[1] 以至于时至今日，这种"刚性稳定观"尽管已经遭到了多方的强烈质疑或严厉批评，然而，其观念仍然顽强地涌动在不少人的潜意识中，并且在特定场域内对全社会看待和处理纠纷的方式以及过程产生了严重的负面影响。[2]

---

[1] 杨伟东：《关于我国纠纷解决机制的思考》，《行政法学研究》2006年第3期。

[2] 刘荣军：《程序保障的理论视角》，北京，法律出版社，1999年版，第18页。

（一）"辩证稳定观"的科学内涵

实事求是地讲，在当下中国的社会治理实践中，能够充分表现"刚性稳定观"的具体行为依旧是层出不穷。一旦出现了纠纷，有关施政主体首先考虑的可能是封锁信息、压制矛盾，以求当地"稳定""平安"之政绩，而不是以客观的态度正视和面对纠纷，不是及时地采取疏通引导等措施来有效解决纠纷。甚至有些地方、有些单位已经将"刚性稳定观"发展到了非常极端的程度：即便是一些社会主体基于良好的出发点，通过正当渠道或者法定途径，以非常平和的方式向其提出一些批评意见、实事求是地指出其施政过程中的一些问题，相关地方或者单位轻则以不作任何回应、不采取任何举措，进而等待（网络）舆论热点自行转移这样的冷处理方式进行消极对待；重则甚至会以明显违反法律的极端方式，来对相关主体加以"积极处理"。

从表面上看，在"刚性稳定观"的主导和掌控下，某些区域很有可能会在某个时段显得相当稳定。然而，当长期被刻意掩饰、忽略甚至抑制的冲突或者纠纷累积到一定程度时，其终将以集中性爆发的方式呈现于世人的面前，甚至可能出现难以控制的恶性局面。

当然不能否认，特定的矛盾纠纷的确会危及社会秩序，部分矛盾纠纷及其负面效应有时候甚至可能表现为难以宽恕的"大恶"。然而，即便如此，也不能将纠纷或者矛盾简单地与"罪恶"画等号。尽管历代统治者总是希望国泰民安，但是实际情况却往往事与愿违，社会层面此起彼伏的矛盾冲突并不以统治阶层的意志为转移，至于社会个体更是无法轻易改变和消除相互之间的矛盾纷争。更何况，从本质上来讲，和谐社会其实是"和而不同"的社会。既然存在不同的个体，就必然存在不同的意识和想法，再加上利益和观念的双重作用，就必然会产生冲突。总而言之，纠纷与秩序是一对辩证统一的范畴，秩序的必要性和正当性自然无需多言，而纠纷则同样具有其正面效用。因为，"没有冲突的社会是一个无生机、沉闷乏味的社会"。①

综上所述，基于"辩证稳定观"而应当树立的正确认识是，对于一个国家或社会来说，矛盾纠纷也好，冲突争议也罢，实际上都是平常的客观事物，任何时候都应将其看作是人类生产与生活中不可能消除的"副产品"，而不能

---

① 〔美〕戴维·波普诺：《社会学》，李强等译，北京，中国人民大学出版社，1999年版，第133页。

将其视为与秩序势不两立的"异端"。[①] 进而言之，社会治理实践中那些面对矛盾冲突就"如临大敌"，并且动辄以维护当地的和谐稳定为旗号，企图将其拒之于千里之外，甚至非常随意、非常任性地借助国家暴力机器试图将其扼杀于萌芽之中的思想认识和施政行为都是天真、愚蠢甚至是危险的。[②]

（二）树立"辩证稳定观"的现实意义

在这里论述社会纠纷存在的事实合理性，并非是无视国家机关和社会治理工作者面对纷繁芜杂的纠纷所必须从事的大量繁重甚至危险的工作，也不是意欲对黑格尔的"存在即合理"作"注脚"，更不是要为诸多复杂多变且有可能成为社会秩序重大隐患的社会纠纷来"张目"，而是欲借此强调理性面对社会纠纷的必要性和紧迫性，特别是希望重申，只有在理性面对的基础上，才真正有可能树立正确认识社会纠纷的意识和理念，才真正有可能提炼并储备有效预防、疏导和化解社会纠纷的经验并将之上升为理论智识，才真正有可能构建科学可行的多元化纠纷解决机制。

在四十多年的改革开放进程中，中国已经取得了足以傲视全球的"两大奇迹"：经济快速发展与社会长期稳定。[③] 毫无疑问，"社会长期稳定"的确来之不易。特别是，国人在此基础上还进一步认定：在未来很长的一段时期内，中国依托于现有的治理体系和治理能力，能够继续维持社会的和谐稳定，即便是威胁稳定的（重大）隐患依然客观存在，但充其量也只是无碍大局的"孤立性事件"。但是，如果只是单纯地立足于对国家公权力的高度迷信和透支运用，单纯地将"一潭死水"式的绝对平安、绝对稳定视为社会治理的终极目标，将所有在公权机关看来不"顺眼"的现象都视为无序和混乱而进行毫不留情的压制或打击；或者完全相反，将一切诉求，无论合法与否、合理与否，都视为"如不答应就会闹大"、就会危及当地社会秩序、就会危及施政者政绩的社会隐患，而无原则地予以妥协、让步甚至无休止地予以满足，以

---

① 于建嵘教授 2008 年撰文指出，"贵州瓮安事件发生后，地方党政采取全城断网、车辆不许进城等封锁消息的行为，说明他们不了解现代的通讯科技，知识水平还停留在上个世纪 80 年代"。参见于建嵘：《社会泄愤事件反思》，《南风窗》2008 年第 15 期。2016 年，于建嵘教授再次指出，"群体性事件的参加者和同情者日益超出地理界限。……对于地方政府而言，群体性事件的这一特征加大了社会治理的难度，对其行政与政治智慧提出了更高的要求……"参见于建嵘：《当前群体性事件的态势和特征》，"腾讯文化"http://cul.qq.com/a/20160223/023980.htm，最后访问时间：2019 年 6 月 3 日。

② 廖永安：《我国民事审判权作用范围之重构》，《法学论坛》2005 年第 3 期。

③ 《人民代表大会制度为创造"两大奇迹"提供重要制度保障》，《人民日报》2021 年 10 月 15 日第 2 版。

致从一个极端走向另一个极端，那么这种所谓的"稳定"状况，显然是具有很大风险的。对此问题，笔者于下文借助一起具体案例来加以说明。

案例十五：窃贼被追击致死引发政府巨额赔偿案件[①]

2016 年 11 月 7 日晚间，H 省 B 市 L 县的三名村民在相邻的 E 市 D 县某村庄集体盗窃摩托车时，被当地群众发觉并且遭到持续追打。其中一人被打，体表受轻伤，经医院治疗后被当地公安机关控制；一人在以匕首威胁追击群众后，被群众合力围攻导致重伤，在送医院途中死亡；另一人则在逃跑途中因慌不择路而跳河逃逸，最终溺水身亡。案件发生后，两名死者的家属及其亲朋好友近百人聚集于 D 县政府大院，要求其支付巨额赔偿。B、E 两市党政主要领导对此事态"高度重视"，立即责成 L、D 两县的县委书记、县长尽快赶赴现场主持调处化解，H 省公安厅有关负责人也对当地公安机关的案件办理工作提出了具体要求。E 市及 D 县两级公安机关迅速展开案件调查，随即将三名涉嫌打人的当地群众刑事拘留（该三人后均被当地法院判处有期徒刑）。针对死者家属提出的赔偿要求，经 B 市和 E 市两地的市政府及其维稳机构进行反复的协调沟通和耐心说服，最终，"通情达理"且"宽宏大量"的死者家属在各自获得 25 万元后同意返回本乡，并且"深明大义"地以书面形式保证不会再就此案继续上访。曾经一度连办公秩序都受到严重干扰的 D 县政府大院，又重新回归于往日"有条不紊"的状态当中。

可以看到，这原本是一起普通的刑事案件。近些年来，在全国其他地方也先后发生过类似的群众或者受害人追打实施抢劫、抢夺或者盗窃以及其他犯罪的犯罪分子，导致犯罪分子最终受伤甚至死亡的案例，而当地的司法机关均基于具体案情依法作出了相应的裁判。[②] 尽管曾经因为裁判结

---

① 该起案例系笔者于 2018 年 4 月赴 H 省调研期间，由 H 省维稳办提供。

② 例如，2017 年 1 月 9 日，"交通肇事逃逸"的张永焕被唐山市青年朱振彪追赶，在被追至铁路后被迎面而来的火车撞击身亡。随后，张永焕之子将朱振彪诉至法院。唐山市滦南县人民法院认定，朱振彪的追赶行为不具有违法性，其行为和张永焕的死亡之间不具有法律因果关系，故驳回原告诉讼请求。2018 年全国两会期间，朱振彪追赶交通肇事逃逸者案被写入最高人民法院的工作报告。最高人民法院院长周强评价该案称：让维护法律和公共利益的行为受到鼓励，让见义勇为者敢为，以公正裁判树立行为规则，引领社会风尚。参见《2018 年度人民法院十大民事行政案件朱振彪追赶交通肇事逃逸者案》，《人民法院报》2019 年 1 月 16 日第 2 版。

果迥异而引起过一定的争议和分歧，既包括较为抽象的法理性问题，如法律究竟能够在多大范围内捍卫公民的合法权益？如何实现"公力救济"与"私力救济"二者之间的有机统一？如何实现保护犯罪分子合法权益与保护受害人合法权益之间的平衡？也涉及较为具体的刑事制度性问题，如究竟如何界定与区分"正当防卫"与"防卫过当"等等。但是，无论争议有多大、分歧有多少，对相关个案的分析与讨论都未曾跳出法律的界域。

然而，发生在 H 省的这一起个案却不寻常。在其发生之后，相关主体特别是当地公权机关围绕该案件所实施的诸多行为早已褪去了法律的本色，而增添了更多莫可名状的"异味"。不可否认，任何人的生命及尊严都必须得到尊重，都不容贬损；同理，任何围绕死者的有关诉求都必须认真对待，都必须依法给予妥善处置。但是，其诉求是否合法、是否合理，以及最终应否得到赔付、如何赔付、由谁赔付、赔付多少等一系列问题，都应当以既定的法律法规为准绳；如果相关法律规定不健全甚或完全空白，就应当以国家的相关政策作为依据，或者参照其他地方的成例。总之，无论如何，都应当严格依法行事、按规矩办事。这既是社会主义法治国家的基本要求，也是社会治理实践中最为稳妥、可靠和智慧的做法。然而，令人遗憾的是，正是源于一种错误的、本末倒置的"刚性稳定观"，将上述的所有应然都化于无形。

在上述案件的调处化解过程中，虽然无从了解过多的细节，但还是可以比较清楚地看到，当地政府以及有关公权机关严重无视基本的国家法度和公序良俗，严重无视基本的社会正义和公共利益，严重无视当地群众合法财产权益被犯罪团伙多次侵害的客观事实，严重无视两名死者生前行为所具有的刑事违法性，自始至终以实现形式上的"平安无事""和谐稳定"为核心主旨，以当事人"胡搅蛮缠"的强硬程度及其给当地党委、政府施加的压力大小作为其实施执法、司法等行为的标准。面对死者家属的"狮子大张口"，他们一而再、再而三地进行无原则的迁就和让步，最终以广大纳税人的贡献作为筹码，换得了一个暂时的太平和"永远不会上访"的一纸保证。然而，换一个角度来看，那些被盗群众的合法财产究竟如何得到法律的有效保护？是不是从今往后，面对盗贼的盗窃行为，被盗群众就应该装聋作哑、熟视无睹呢？或者充其量只能拨打"110"被动地等待公安机关打击处理，而自己无论如何都不能实施任何的正当防卫行为呢？难道当地政府就不担心这些被盗群众，特别是因采取防卫行为而被判处有期徒刑的人及其家属在将来的某一时刻也来聚众闹事吗？

现实充分表明，部分（基层）地方政府长期受制于"刚性稳定观"的误导，在社会治理实践中往往倾向于运用畸形的强制方式维护社会稳定。毫无疑问，平安建设、信访维稳中的一票否决制，已经成为扭曲甚至异化基层社会治理进程的制度性外因，[①] 这种制度氛围中的行政调解活动，其过程必然是漏洞百出，其结果必然是后患无穷。一则，可能导致行政主体运用强力方式逼迫处于弱势的民众就范，使得行政调解因在主观上丧失了中立性和公正性，从而在客观上被剥夺了合法性；二则，行政主体"花钱买平安"的恶劣先例，很可能会导致一个恶性循环：虽然大幅增加了社会治理的成本，而买来的也只能是虚假的稳定和政治激进主义，[②] 特别是进一步强化了当事人通过缠访闹访来牟取法外利益的欲求。[③] 在当下中国社会价值观念日趋多元化的转型时期，这种"无理、无利、无节"的社会治理行为必然会进一步加剧民众"是非观"的混淆和社会思想领域的无序，必然会进一步强化"会哭的孩子有奶吃"这一价值判断的客观效应以及扭曲相关社会群体的价值取向，必然会进一步损害政府的形象及其公权行为的权威性和公信力，必然会进一步侵蚀行政调解制度的公信力，加大科学实践行政调解制度的难度。

事实上，单纯的"刚性维稳"，充其量只能是治标不治本（甚至有时连"标"也治不了），只能是"按下葫芦浮起瓢"，久而久之，还会陷入"越维越不稳"的怪圈。[④] 笔者以为，对于当前的各类矛盾纠纷，特别是涉群体性冲突，相关施政者绝不能只局限于矛盾纠纷的表面，而是应当"透过现象看本质"，通过着力协调和改善其背后的利益关系或利益格局，来真正有效地解决矛盾，以实现真正的社会稳定。毫无疑问，这种理念及其实践在"刚性稳定观"主导下的维稳格局中是根本无法做到的。在社会转型时期，针对各式各样的涉稳突出问题，迫切需要树立与社会发展阶段相吻合、相匹配的维稳新思维。进而言之，在改良和重构行政调解制度、优化当下中国社会治理的过程中，应当始终不渝地秉持一种科学的"辩证稳定观"。唯有如此，才有可能促使各类行政主体在面对具体复杂的纠纷时，放下高高在上的身段，以心平气和、淡定从容的心态，同普通民众进行开诚布公的沟通和协商；才有可能做到张弛有度、进退有据、游刃有余，该妥协时则适时依法作出必要

---

① 温丙存：《日常生活、行政权威与乡村秩序的三重再生产——行政调解的乡村实践逻辑》，《南京农业大学学报（社会科学版）》2015 年第 5 期。

② 于建嵘：《靠什么换来稳定》，《半月谈》2009 年第 11 期。

③ 有学者将这种行政调解异化现象称之为"谋利型"调解。魏程琳、齐海滨：《中国调解研究新范式——以政治理论为基础》，《法律科学》2015 年第 6 期。

④ 王比学：《维稳维权　相辅相成》，《人民日报》2014 年 8 月 6 日第 17 版。

的妥协，该坚持原则时则必须守住公平正义的底线。无疑，这才是行政调解制度乃至其他纠纷解决机制被科学运作并健全于社会治理实践之中的根本保证，也才是真正实现中国社会长期和谐稳定的根本保证。

二、制度认同的强化

由前文可知，在当下中国的社会治理实践中，地方行政主体、（基层）法院、纠纷当事人这三类主体对行政调解制度均缺失认同感。作为后发型国家的中国，长期面临着双重的现代化任务：既要尽快实现从传统到现代的"华丽转身"，还要竭尽全力去追赶发达国家不断前进的现代化"增量"部分。这就注定了中国必须以积极的姿态，主动选择以"强制性"为主导，即由政府颁布法令、实行"压力型体制"策略的制度变迁，从而确保能够在较短时间内完成西方社会几百年的现代化进程。然而，由于政府特别是地方政府的价值追求与社会和市场的价值追求往往并不完全一致，这种由中央主导推进，兼顾地方政府、市场和社会等各方主体利益的整体性制度变迁策略及其具体实践，就必然会影响到地方政府对于必须经由其主导实施的特定制度安排的"制度认同"。

从"成本-收益"关系的角度衡量行政调解制度实践后可以看出，相关主体的种种行为，其根源并不是践行该项制度的成本太大，而是收益实在太小甚至几无收益。如果无利可图，向来惯于且善于趋利避害的"经济理性人"，就宁愿因循旧制，也不会进行任何新的制度实践。因此，为改善行政调解制度的运行状况，就应当在持续完善制度设计、不断强化理论支撑、尽快出台统一立法以及优化该项制度其他内外因素的同时，从制度收益入手，着力强化激励机制，以提升相关主体对行政调解的制度认同度。

（一）强化行政主体的制度认同

对于行政主体而言，必须科学设计出一种对其"有利"的治理模式，并嵌入主导行政法治建设的进程之中，以此强化其对行政调解的制度认同。

1. 有效建构充分获取"和谐型行政绩效"的利益机制。如果要充分发挥地方行政主体优化治理成效的主动性，就必须进一步强化对"发展、和谐均是政绩"这一施政理念的落实，以实现"服务型政府"的相关指标。[①]

---

① 中共十七届五中全会就已提出，各级领导干部要"树立正确的政绩观，努力做出经得起实践、人民、历史检验的实绩"。从"十二五"开始，政绩考核的标准取向就已调整为转变经济发展方式、实现科学发展和社会公平正义。参见张辉：《政绩考核告别"GDP 唯一"》，《瞭望新闻周刊》2010 年第 44 期。

唯此，地方才会革新原有治理思路，并逐步抛弃那些尽显"短平快"特色的"刚性稳定"治理模式。久而久之，地方行政主体就会成为以追求平安和谐为宗旨、"唯此利而图"的公共服务者。毋庸讳言，这依然是一种"谋利"，却显然是一种有利于提供公共服务、可能产生"双赢"甚至"多赢"的"谋利"。这种"谋利"，必然会激发地方行政主体在实施行政调解活动、推进本地治理的进程中，着力优化治理模式，准确界定政府与市场、政府与社会之间的权利义务关系，从而从根本上跳出既当"裁判员"又当"运动员"的窠臼。与此同时，这样一种治理模式，也必然会激发地方行政主体充分发挥诸多社会组织的积极性，以实现行政调解制度实践中调解人员专业化与社会化的有机结合。

2. 有效建构事权财权相匹配的行政治理格局。显然，这一问题涉及中央和地方的关系。通过 1990 年代核心内容为"财权上收、事权下放"的财政管理分权体制改革，[①] 地方政府的财政税收虽大幅下降，但经过中央政府转移支付，地方政府的可支配财力不但没有削弱反而有所增强，地方政府的事权也因此呈现扩张态势。只是由于扩张太快，以致又出现了"事权-财权"的失衡。在此背景下，为确保地方各级行政主体在"有财力保障、有利益可循"的基本前提下深入推进治理，有效提升其对当前行政调解等具体治理模式的"制度认同"，就必须尽快建构地方政府的财权与事权均衡配置的行政治理格局。唯此，才能确保地方行政主体基于制度认同，有效实施涵盖行政调解在内的柔性治理方式，以最终实现地方特别是基层治理的逐步改善。具体而言，既要适度缩小地方政府在非公共服务领域的事权；[②]又要适度扩大地方政府在治理领域的财权，特别是要切实改善和提升对涵盖行政调解工作人员在内、具体从事基层治理的各类人员在经济、身体、心理等多方面的保障。

如果前述利益机制和治理格局能够形成并不断完善，如果行政主体能够依托于这一机制和格局并强化对行政调解的制度认同，那么大量的纠纷特别是行政争议都将消弭于行政过程之中。

（二）强化法院系统的制度认同

各级法院必须通过其司法行为对国家行政法治实践给予确认、推动和

---

① 即分税制改革。这是在合理划分各级政府事权的基础上，主要按税收来划分各级政府的预算收入，各级预算相对独立，负有明确的平衡责任，各层级间和地区间的差别通过转移支付进行调节。参见楼继伟：《1993 年拉开序幕的税制和分税制改革》，《财政研究》2022 年第 2 期。

② 《中共中央关于全面深化改革若干重大问题的决定》明确要求，"着力解决市场体系不完善、政府干预过多和监管不到位问题……"。

保障，这既是其责无旁贷的政治功能，更是其维护自身制度收益进而实现双赢乃至多赢的绝佳途径。

1. 最高人民法院着力建构有关制度。最高人民法院应尽快补充完善相关司法解释，并出台其他司法类规范性文件。既要明确司法确认机制包括行政调解协议在内的制度细节，为基层法院提供法律依据，为行政相对人注入信心；又要建立健全诉源治理有关配套机制，为基层司法实践提供基本遵循依据。从价值上看，有关制度文本承载着国家最高司法机关推动行政法治的政策性意图；从功能上看，这些制度文本对基层法院具有法定约束力，而且必将对基层行政实务产生积极引导作用。与此同时，最高人民法院要尽快改进法官考核激励机制，不单纯以结案数论英雄，平衡前端法官与后端法官的业绩考核指标，将推进诉调对接等环节的工作成效与评先评优、立功、晋升等联系起来，激发法官的工作积极性。

2. 基层人民法院着力落实有关制度。基层法院务必立足当下、放眼长远，树立正确的司法理念，坚决摒弃短视、功利的错误认识和做法，不断提升重视程度，真正认识到建构并落实诉调对接、司法确认等工作机制，不仅有利于规范行政实务，以强化行政法治建设，而且有利于将稀缺司法资源合理运用于重大、疑难、复杂、敏感案件之中，以提升司法审判质效。因此，要尽可能安排专门力量从事司法确认等诉调对接工作，切实规范申请、审查、确认等工作流程。这样既能强化司法能力，又能提升司法权威，更能优化国家治理体系内部权力资源的平衡配置，从而真正为基层法院注入认同并配合支持行政调解制度的原动力。

（三）强化行政相对人的制度认同

显然，如欲强化行政相对人对特定行政法制度的认同，就必须确保行政相对人的基本制度预期特别是合法利益诉求的实现。

1. 健全利益协调机制。一方面，必须畅通利益诉求表达渠道，为行政相对人提供宣泄情绪的合法途径，努力防止因"民意的堰塞湖"而导致制度认同的弱化；同时，也要确保公权机关及时了解民意，从而强化公权行为的针对性和有效性。另一方面，必须健全利益协调保障机制，积极平衡利益关系，扶助弱势群体，控制收入差距，减少分配不公，特别是要防止为满足局部利益而剥夺大众正当权益的不法现象，有效克服利益分化和社会整合之间的矛盾。

2. 强力优化普法教育。行政相对人个体搜集和判断特定制度信息的能力非常有限，因此难以做到对特定制度的全方位认知。为提升行政相对人对各类行政法制度的认同，并使之成为行政法治建设的积极参与者，被赋予传统普法职能的司法行政机关和具有"谁执法、谁普法"这一法定职责的其他行政主体以及新闻媒体等机构，应当强力推行具有明确宪法价值指向的普法教育，以真正优化普法方式、提升普法效果，通过对行政相对人就相关理论话语和制度知识进行持续性的传输和培育，有效提升行政相对人对行政法制度以及行政法治建设的认同度和参与能力。

3. 强化公权的正面影响。对于行政相对人而言，无论是为求得纠纷的化解，还是为实施权利的救济，其基本诉求的实现程度，既有赖于其自身在行政法治实践中形成判断、实施行为和付出成本等形式的积极参与，还要寄望于立法、司法、行政等公权行为主导和助推行政法治建设的方式和效果，即需要公权主体依托应有的制度认同进而实施诸如填补立法空白、完善法律依据、优化制度设计、加强队伍建设、规范运行程序、强化法律效力等一系列有助于从根本上提升行政调解制度整体绩效的行为。换言之，行政相对人对行政调解的制度认同度，直接受制于行政主体、司法机关等公权机构对于行政调解的制度认同度。

（四）需要注意的几个问题

对于行政调解的制度认同，无论是评价其一般性功能，还是判断其法律价值，以下四点必须予以强调：

第一，制度认同并非仅仅是行政调解这类柔性行政法制度所面临的特殊性问题，而是所有行政法制度——无论是刚性还是柔性——乃至所有制度安排都会涉及的普遍性问题。如果缺乏制度认同，任何制度的实施都会受到影响；当然，对于各类制度安排的制度认同，都有各自不同的建构和提升方式。

第二，制度认同与社会成员的守法意识、与特定制度尤其是刚性制度的实效性保障虽然也具有一定相关性，但其间的差异则更为明显。尽管三者都有利于特定制度的实施，但制度认同强调内心的肯定性认识，而守法意识则意味着只要是国家正式颁布实施的法律就会予以遵守，而不问内心是否认同，甚至不论该法是善法还是恶法；至于制度的实效性保障，则与制度认同具有更大的区别：它更有赖于国家机器及其强制手段。

第三，绝不能因为强化了对于特定行政法制度的认同，就误认为必然会优化该项制度的运行效果。须知，一项制度的运行状况取决于制度内外多项因素的综合性作用，制度认同只是其中的一项必要条件而已。

第四，绝不能因为强化了对于此项行政法制度的认同，就担心对于彼项行政法制度的认同会遭到削弱。当前对行政调解的制度认同不尽理想，绝非源于对其他制度的认同度太高。即便是对于其他制度的认同度因此而有所下降，那也应该将之视为优化该项制度的良好契机。实际上，特定制度的核心价值就在于向受众提供更多的选择。因此，在国家治理层面上，各类行政法制度之间这种既互相补充又相互竞争的关系，于国家、于社会、于个人，都是有利因素。

三、法律地位的重塑

当前，规范性制度文本中所呈现出的零散和杂乱状态，以及行政法学理论界对其的一贯忽视，生动地诠释了行政调解制度的特殊法律地位。鉴于此，笔者建议从以下几方面切入，力求改变这一现状。

（一）对"行政调解"概念的重新界定

正如法院调解是否属于审判活动取决于对"审判"的界定一样，[①] 行政调解是否属于行政行为取决于立法和学理对"行政"的界定，而"行政是广泛、多样、复杂且不断形成社会生活的国家作用"。[②] 传统行政法学认为，行政调解是指"由国家行政机关主持，依据国家法律法规和政策，以自愿为原则，通过说服教育等方法，促使争议双方当事人友好协商，互让互谅，达成和解协议，从而解决双方之间争议的活动"。[③] 从实在法角度看，这一定义与有关法律、法规或者其他行政规范性文件的规定基本一致。[④] 然而，需要明确的问题是，自 20 世纪 40 年代以来，世界范围内的公域之治模式总体上经历了从"国家管理"到"公共管理"、再到"公共治理"的转型轨迹。众所周知，公共治理是由开放的"公共管理"与广泛的"公众参与"二者整合而成的公域之治模式，因此具有治理主体、治理依据和治理方式的多元化等典型特征。[⑤] 与之相应，在这一世界性潮流的影响下，当代行政已呈现出从"权力本位的强制行政"向"服务本位的非强制行政"转化的发展趋势。

与此相伴，行政权力的活动领域也在不断进行调整，"行政主体多元

---

① 通说认为，法院调解属于法院行使审判权的职能活动。参见李浩：《查明事实与分清是非原则重述》，《法学研究》2011 年第 4 期。

② 翁岳生编：《行政法》（上册），北京，中国法制出版社，2009 年版，第 13 页。

③ 崔卓兰主编：《行政法与行政诉讼法》，北京，人民出版社，2010 年版，第 225 页。

④ 已设定行政调解的现行规范性法律文件，基本上都将行政调解主体限定在基层政府和下设行政部门。

⑤ 罗豪才、宋功德：《公域之治的转型》，《新华文摘》2006 年第 1 期。

化"取代单纯的"国家行政"，已经成为了新的历史选择。[①]中国许多社会组织因国家法律、法规的授权，也在广泛地实施着特定的行政职能，并借助于"调解"等多种方式来解决社会纠纷。而且，由于社会治理的现实需要，这样的社会组织还势必会不断增加。显见的事实是，主导并实施行政调解活动的主体早已不再局限于国家"行政机关"这一原有层面了，而是已经扩展到了"行政主体"这一新的层面。与此同时，尽管行政主体主导并实施调解活动的主要依据依旧是国家法律法规和政策，然而，由于法律和政策一般情况下都是渗入了国家最高执政阶层主观意志的"逻辑系统"，不可能覆盖所有的社会事务和社会纠纷及与之相关的特定社会关系，因此，在国家的法律、法规和执政党的党内法规以及政策所不及之处，公序良俗也必然需要在其中扮演重要的角色。

显而易见，对"行政调解"的概念界定，既要能够如实反映上述公域之治变迁的客观现实，又要能够紧密契合现代行政法治发展的必然趋势，更要能够有利于解决当下中国社会治理进程中的突出问题。为真正实现上述多重目标，笔者将之界定为：行政调解是在行政主体的主持下，以国家法律、政策和公序良俗为依据，以自愿为原则，通过"说理使之心服"[②]的方法对民事纠纷和行政争议进行调停、斡旋，促使纠纷当事人友好协商、达成协议、化解纠纷的一种行政行为。只有立足于科学精准的定性，作为一种由行政主体主导的社会治理方式，行政调解行为才能真正确立并有效捍卫其应有的法律地位和职能定位，才能在化解行政争议和解决民事纠纷时分别显现权力监督和权利救济的制度功效。

（二）法律文本的有机统一

凡属重大改革都应当于法有据。与之同理，要牢固树立行政调解制度应有的法律权威，确保行政调解行为真正成为行政主体内心认同并切实履行的法定职能，从而早日实现该项制度安排的法治化，就必须尽快出台专门的、统一的国家层面立法文本。尽管已经有部分全国人大代表和政协委

[①] 特别是自20世纪70年代以来，在英美国家，第三种组织在参与公共事务的治理和公共服务等方面的作用日渐突出，成为实现公共利益不可或缺的力量。显然，其在行政调解制度实践中，也毫不例外地发挥着重要作用。参见石佑启：《论公共行政与行政法学范式转换》，北京，北京大学出版社，2003年版，第182页。

[②] 日本学者高见泽磨认为，在中国解决纠纷，纠纷解决的过程恰似一幕讲道理的第三人（说理者）与听别人讲理从而由内心服从的当事人（心服者）表演的戏剧。参见〔日〕高见泽磨：《现代中国的纠纷与法》，何勤华等译，北京，法律出版社，2003年版，第11页。

员在近年来的全国两会期间多次提案，建议针对行政调解工作进行专门的国家立法；尽管具体实践行政调解制度的诸多行政主体以及广大实务工作者，长期以来也对此进行了多方奔走与呼吁；尽管一部分始终关注和研究"行政性"和"调解类"纠纷解决机制发展的理论工作者也持有相同的主张，然而，迄今为止，有关"行政调解制度"的专门性国家"法律"文本，并没有被提上全国人大常委会立法工作的议事日程。这种源自于中国传统文化且践行于中国社会治理实践的特定制度安排，至今没有得到国家立法层面有效支持和规范的现状，所造成的直接负面影响就是行政调解制度的严重软弱化和无序化。如此一来，行政调解制度践行得如何，将主要依赖于具体的党政领导干部特别是地方基层行政工作人员是否给予高度重视、社会层面是否足够关心、（基层）法院以及其他有关单位是否予以有力的支持和配合等诸多不确定因素及其相互作用。因此，从解决基层行政调解活动的困境乃至强化社会治理的角度来说，制定专门性的国家立法文本确实迫在眉睫。

　　然而，尽管出台一部专门的规范行政调解制度运作的统一性法律规范，是值得期待与肯定的国家立法活动，但是部分学者以及实务工作者提出的"应由全国人大常委会制定《行政调解法》"，以"建立和谐统一的行政调解制度体系"的主张，却值得商榷。① 在《人民调解法》业已出台的背景下，这一主张虽然显现了对行政调解制度制定统一性法律规范的迫切性和针对性，但却也是对现阶段制定《行政调解法》欠缺可行性的严重忽视。

　　首先，相较于人民调解制度及其实践，行政调解制度及其实践明显要更为复杂。更何况，该项制度安排自身尚有诸多值得探索、值得完善的重大环节。毫无疑问，《人民调解法》的出台，使得制定统一的《行政调解法》这一愿望显得更为迫切、信心也似乎更加高涨，很多人甚至一度以为期待中的《行政调解法》已经触手可及。然而，必须明确的是，尽管同属于非诉讼、调解类纠纷解决制度，但是行政调解制度却大不同于人民调解制度。根据表 5-1 中的比较就可以非常清晰地看出，从调解主体到调解范围，人民调解制度都要相对单纯一些，因而也就更便于进行规范和指导；从理论研究到制度环境，人民调解制度都要更为理想一些，因而也就更有利于对其以"法律"的形式进行统一性的国家立法。②

---

① 朱最新：《社会转型中的行政调解制度》，《行政法学研究》2006 年第 2 期。
② 参见《人民调解法》第一、第五和第八条之规定。

表 5-1：当前人民调解制度与行政调解制度的比较

	人民调解	行政调解
调解性质	调解本身是群众性自治活动。	调解本身是履行行政管理（服务）职责。
调解机构	调解机构是群众性组织，一般设置于村委会、居委会和企业单位、事业单位。	调解机构设于政府及其部门以及法律法规授权组织等行政主体。
人员性质	调解人员与纠纷当事人地位完全平等。	调解人员与纠纷当事人之间存在行政层面的管理（服务）关系或者上下级关系。
权力性质	调解权是经群众组织依法授予的民主自治权。	调解权是经国家依法赋予的一种行政权。
适用范围	一般来说只适用于民间纠纷。	适用于民事纠纷和部分行政争议。
法律依据	由《人民调解法》加以规范，由司法行政部门和基层法院进行指导。	国家层面的统一性法律、法规尚属空白，实践中，只能由地方政府及其部门以及其他各类行政主体在"法治行政"框架内，依据地方性法规或者规章以及其他规范性文件自行其是。
理论研究现状	理论研究相对成熟，学术界对其相关核心问题已经基本达成共识。	理论界对其部分核心问题依然存在着较大分歧。
制度环境	制度环境较为理想。	制度环境很不理想。
协议效力	协议一经达成，就对纠纷当事人具有了合同性质的法律约束力，其应当按照协议的要求履行义务；如果经双方当事人共同申请，由基层法院予以司法确认或者由公证机关依法赋权，则可以作为申请法院强制执行的法定依据。	调处民事纠纷后达成的行政调解协议具有民事合同性质。除了个别行政调解协议之外，[①] 一般情况下只有经过基层法院的司法确认，才具有法律效力，才可以申请法院的（强制）执行；然而，司法实践中，法院一般情况下不愿意对行政调解协议进行司法确认。

其次，国家"法律"的制定和颁行，是一个长期、复杂且具有综合性的系统过程，一旦制定、出台，则修改较为困难。而行政调解本身形式多样、方法灵活、情况复杂，未必就一定适合通过高位阶的"法律"对其予以调整。因此，就眼下而言，一方面，应当调动地方和部门的主动性和积极性，在"法治行政"的基本前提下制定一般性的行政调解规范，充分发挥各地方、各领域的实践优势，对行政调解制度进行不断的探索、尝试、创新和

---

① 在个别行政仲裁活动中经过调解达成的行政调解协议，一经达成，即具有法律强制执行效力。参见《农村土地承包经营纠纷调解仲裁法》第十一条第三款之规定。

完善；另一方面，在现有多部法律、法规和规章以及其他行政规范性文件分散规定的基础上，应当尽快由国家司法部牵头起草，并最终由国务院制定出台《行政调解条例》，即通过"行政法规"这一较高层级的立法形式，对该项制度安排加以规范，以提升行政调解制度的法律地位，增强行政调解制度的权威性和规范性，使这一具有浓厚中国特色的纠纷解决制度能够随着现代社会的进步而实现自身的可持续发展。据笔者了解，早在2010年，当时的国务院法制办就已经在当年的《国务院立法工作计划》中，将《行政调解条例》列为"需要抓紧研究、待条件成熟时提出的立法项目"。随后，国务院法制办甚至已经草拟完成了《行政调解条例（征求意见稿）》，并且安排工作人员赴国内多个地方开展调查研究、广泛征求意见，[①] 然而，时至今日，仍未见到该《行政调解条例》的正式出台。

第三，从现有立法情况看，国内各地方、各领域对于行政调解制度的规定参差不齐。有些地方关于行政调解活动的法律制度保障较为充分，例如，四川省自2009年以来，已经出台了大量与行政调解工作有关的行政规范性文件，其中既包括省、[②] 地级市[③] 等不同行政层级的，也涉及公共安全、[④] 医疗卫生[⑤] 等多个行业领域的行政规范性文件。甚至直到2021年11月份，还在由该省司法厅起草全省的《行政调解工作暂行办法》，并向全社会征求意见。[⑥] 而有些地方关于行政调解制度的法律保障依然匮乏，尚未在其地域范围内出台与行政调解工作有关的、全局性的地方性法规、地方政府规章或者行政规范性文件。可以看到，过于分散的法律规范，严重缺乏体系上的统一性与协调性。与此同时，即便是在同一地方（如省）或者同一行业领域内部，不同层级效力的行政规范性文件以及不同的职能部门，对

---

① 《国务院法制办〈行政调解条例〉征求意见调研座谈会在我市召开》，http://www.maxlaw.cn/yangzhou/news/858183734311.shtml，最后访问时间：2020年12月13日。

② 四川省政府为了规范和强化全省的行政调解工作，于2009年和2010年连续出台《四川省人民政府办公厅关于加强行政调解工作的意见》（川办发〔2009〕44号）、《四川省人民政府办公厅关于进一步推进行政调解工作的意见》（川办发〔2010〕21号）。

③ 如《雅安市法治政府建设工作领导小组办公室关于加强行政调解规范化建设的实施意见》（雅府法组办〔2019〕1号）。

④ 如雅安市公安局于2020年发布了《关于行政调解相关依据梳理的公告》，对全市公安机关针对治安和交通事故赔偿等多个纠纷类型的行政调解工作所涉及的法律、法规、规章和规范性文件的相关条款进行了梳理和汇总。

⑤ 四川省卫生厅早在2010年就发布了《关于进一步推进行政调解工作的实施意见》。

⑥ 兰楠:《〈四川省行政调解工作暂行办法（征求意见稿）〉公开征求意见》，"四川在线"（2021-11-12），最后访问时间：2022年2月12日。

于行政调解制度的适用范围以及其他制度环节都有不同的理解和定位。有学者曾明确建议，在围绕行政调解制度进行国家层面的专门立法时，完全可以借鉴《北京市行政调解办法》等地方政府规章的有关规定，并强化对行政调解制度的理论支撑与制度保障。[①]

总而言之，当前的确应该正视并着手解决中国行政调解制度法律规范缺乏统一性的现实突出问题；与此同时，也应当看到，解决问题的思路并不唯一，因此不能在此过程中形成一种思维定式或者行为定式，而是可以依法进行循序渐进的多种探讨、尝试和完善。如果说目前需要形成一种统一性思路的话，那么，应当从理论界到实务界尽快达成共识，尽快将前述已经具备一定工作基础的行政法规，即《行政调解条例》制定出台。待日后条件成熟时，再由全国人大常委会制定出台《行政调解法》乃至统一的《调解法》。

具体而言，行政调解制度的完善离不开对该项制度安排具体工作程序的规范和制定，而现行的法律文本对行政调解制度程序的规定还远远不足。笔者以为，应当渐进式地沿着行政规范性文件→部门规章→行政法规→法律的合理路径，对行政调解制度程序做出逐步细化的规定。与此同时，相应的行政主体可以在此基础上，再制定出本地方、本行业乃至本单位的工作制度以指导具体的行政调解活动。这样，既能确保行政主体有效运用行政权力、及时调解平息纠纷的积极能动性，又能在严格、具体、统一、规范的程序规定下，防止滥用行政权力，避免侵害纠纷当事人的合法权益。

一方面，可以将《人民调解法》作为样板，制定专门的《行政调解条例》。其中，除了调解类制度的共有环节之外，还须根据行政调解制度及其实践的具体特点，对其特有的相关环节加以规定。另一方面，也可以将福建省厦门市人大常委会2005年出台的《关于完善多元化纠纷解决机制的决定》作为样板，对包括（除了"行政复议"这项已经形成"法律"的制度安排之外的）行政调解、行政裁决、行政仲裁等在内的、尚未形成国家层面立法（无论是"法律"还是"行政法规"）的行政性纠纷解决机制进行综合性的统一式立法，即《行政性纠纷解决机制条例》。

---

① 2018年3月31日，中国政法大学法治政府研究院、中国法学会行政法学研究会在京举办《法治政府蓝皮书：中国法治政府发展报告（2017）》发布会。中国人民大学教授莫于川在报告中撰文指出，行政调解的发展和运用情况不尽如人意，成为三大调解制度体系中的短板，应加强行政调解的理论与制度支撑。参见林平、房立俊：《学者：行政调解实践不尽人意，立法时应尽可能统一调整范围》，https://www.thepaper.cn/newsDetail_forward_2053357，最后访问时间：2020年4月7日。

需要注意的是，无论是统一式立法还是专门式立法，均应立足于实体和程序两个维度，就行政调解制度的具体运作加以全面细致的规范。具体而言，该项立法除了规定"总则"和"附则"之外，在实体上，应当涵盖"行政调解基本原则""行政调解受案范围（包括不适用行政调解的法定情形）""行政调解管辖主体""主持和参与行政调解的工作人员及其资质和权利义务""纠纷当事人及其权利和义务""行政调解协议的内容、签订、司法确认及其法律效力""法律责任（包括行政问责）""行政调解工作保障和监督"等相关内容。在程序上，应当规定行政调解的"先行程序""启动程序""准备程序""实施程序""一般程序""简易程序""中止程序""终结程序""保密和公开程序""记录归档程序""救济程序"等相关内容。以上内容都是行政调解制度立法文本不可或缺的要素，在进行相应规定时应当全部加以考虑，缺少任何一个方面或者环节，都必将影响到行政调解制度的完整性和规范性，进而严重制约其制度预期的实现和制度优势在治理实践中的彰显。

（三）强化行政法学界的重视程度

由新制度经济学的基本原理可知，提供特定服务的可行性制度安排及其集合，将受制于在社会科学方面的知识储备状况，而对社会科学及其有关职业方面的知识需求，其最初的诱因就是制度变迁以及执行或者落实特定制度安排过程中对其所实现的改良和促进。毫无疑问，社会科学领域的进步能够提升人类的有限理性，不仅能提高个人管理现行制度安排的能力，而且还能提高他领会和创造新型制度安排的水平。[1]然而，在所有影响制度建构程度的各项原因之中，"社会科学知识的局限性"即理论研究层面的低水平，恰恰也是最容易被制度安排的设计者和实施者所忽视的一项因素。换句话说，即使政府试图建立新的制度安排以使制度建构从"不均衡"恢复到"均衡"，但囿于社会科学知识的不足，最终也可能无法如愿以偿。

20世纪50年代初期，许多不发达国家先后采用了苏联式的中央计划体制。尽管当时难以证明这样的政策性选择，究竟在多大程度上是当时流行的社会科学知识的直接结果，然而正如理论界所总结的那样，战后初期有关经济发展的主要理论文献，其核心内容就是强调全面的政府计划在实现不发达国家经济增长时的必要作用。特别是在对近代以来西方经济发展史进行系统研究后发现，一个社会中各种政治经济制度的确立乃至变动，都是由其时占统治地位的社会思想诱发和塑造的。即便占统治地位的社会思想可能并不绝对是"正确"的思想，因为，任何思想都要受到当时人们有限理性的制约，然而，

---

[1]　盛洪主编：《现代制度经济学》（下卷），北京，北京大学出版社，2003年版，第269页。

以下预言仍然不失其稳妥性：如果占统治地位的社会思想，是在一个范围广泛且受过不同训练的社会科学家之间经过充分的相互作用和反复商议的结果，而不是一小撮权威人物刻意谋划的结果，那么，它的危险性就是比较小的。①

　　尽管行政调解制度充分体现了历史悠久的中国传统法律文化的精髓，然而，法学理论界特别是行政法学界长期以来对其的轻视甚至歧视态度，却是不争的事实。在理论界，行政调解制度甚至曾被认为是压制公民权利意识、弱化行政公权力严肃性和权威性，从而与现代行政法治观念格格不入，甚至被视为其主要障碍的落后制度。尽管不能否认，一些行政调解活动在制度运作上的确有浓郁的"人治"色彩，其自身的制度实践，也助推和加剧了其被理论界"无情冷落"的现状。然而，行政法学者也应当意识到，除了行政调解制度的自身原因之外，也正是理论界的冷落，进一步强化了行政调解制度内在设计的低端和文本规范的无序，进而造成了实践中的无章可循。显而易见，实践中的混乱与理论上的偏见二者之间往往是相互作用、相互影响的，并无所谓谁先谁后、孰轻孰重。总而言之，行政法学界所持的"厚此薄彼"的心态和做法，不幸导致了行政调解制度——在中国社会治理实践中非常重要并且很有可能大显身手的制度安排——在理论研究层面竟然呈现出了"蛮荒之地"的现状。为有效回应社会治理现实需求，给予行政调解制度应有的理论关怀，赋予这样一项"缺失行政法治色彩"的社会治理方式以法治的韵味，从而使其焕发勃勃生机，自然也就成为行政法学界的责无旁贷之举。

　　进而言之，行政法学者绝不能一味"恪守某个既定信念、原理或者原则"，"以此信念、原理或者原则，削足适履般地去要求气象万千的现实"。② 因为，此举足以将法学理论中的一系列经典原理都变成恐怖的"普罗克汝斯忒斯之床"。应当从当下中国的社会实际出发，以更好地为社会治理进程贡献智识为核心目标，将对行政调解制度的理论研究真正纳入当代行政法的学科体系之中，并客观公允地赋予其应有的学术地位。具体而言，公法学人应自始至终立足于当代行政法学的基本理论范畴，秉持行政法学科的基本研究方法，与时俱进地展开学理性研究。首先，务必夯实行政调解制度的法理基础，准确界定基本概念及其内涵和外延；其次，科学归纳行政调解制度的基本类型及其划分标准，理清其基本特征和基本原则；再次，细致梳理行政调解制度的基本程序，明确其适用范围、法律后果、行

---

① 丁利：《从均衡到均衡：制度变迁的主观博弈框架》，《制度经济学研究》2005 年第 3 期。
② 沈岿：《行政法理论基础回眸：一个整体观的变迁》，《宪政手稿》2008 年第 2 期。

政问责和制度边界，探讨和发掘行政调解的制度功能；然后，密切关注和跟进分析行政调解制度的具体实践，形成理论与实务之间的良性互动机制；最后，及时发现其制度根本性缺陷等因素产生的制度风险，积极为防控风险、探索行政调解制度与其他社会治理方式的相互对接以及其他环节的制度创新，提供有效的理论支持。

行政法学界对行政调解制度所持的轻视甚至歧视态度，不仅不符合该项制度安排在中国历史传统和社会治理实践中的习惯性权威，而且严重悖离现代服务型政府的基本理念，特别是与当今世界纠纷解决乃至社会治理机制多元化的趋势也是背道而驰的。因此，行政法学界如果不能尽快改变这一现状，就难以避免被社会各界扣上"故步自封""因循守旧"的帽子。进而言之，行政调解制度只有借助于行政法学界在学理研究层面给予的必要滋养，再辅之以其他有效手段，才能从根本上改变"先天性缺钙"的不利境况，重塑并提升自身法律地位，从而真正实现其制度预期。

第三节　制度建构层面制度环境的优化暨制度风险的积极防控

除意识观念层面的优化之外，对行政调解制度外在制度环境的改善，对行政调解制度风险的积极防控，还涉及制度建构层面的优化。这其中，既迫切需要行政问责制度和行政检察监督制度对行政调解制度运行的监督和规范即"保驾护航"，也亟需强化行政调解制度与其他社会治理模式，特别是与诉讼制度之间的对接机制建设。显然，以上举措的目的均在于防控行政调解制度的内在风险，从而使这项制度安排的负效应最小化、正效应最大化。

一、对行政调解制度的监督和规范

结合历史和现实的综合因素，在当前中国"四个全面"战略布局[①]中，相对而言，"全面依法治国"的工作基础最为薄弱，面临的挑战也最为严峻。其中，"法治政府建设"更是重中之重，其核心、其重点毫无疑问是依法行政。进而言之，依法维护和保障私权行为、依法监督和制约公权行为，即为法治建设乃至宪法精神的核心价值取向。各类公权行为中最需要监督和规范的就是行政行为，而当前监督力度相对较弱、规范成效相对较差、最需要强

[①]　《引领民族复兴的战略布局：一论协调推进"四个全面"》，《人民日报》2015年2月25日第1版。

化监督和规范的恰恰也是行政行为。作为一种正式"行政行为"的行政调解制度及其实践，尽管学术界和实务界对其法律性质和法律效用依然存在着较大的争议，然而，它毕竟是一种基于行政职权而实施的公权力行为。因此，行政调解制度同样也存在着被非规范行使的可能性，同样也可能会发生侵犯纠纷当事人，特别是行政相对人合法权益乃至公共利益的情形。更何况，正如前文所述，相对于人民调解、法院调解等其他调解类制度设计，行政调解是目前运行状况最不理想、最需要强化的一类调解制度。因此，行政调解行为亟需适宜的制度安排对其给予必要的监督和规范。

如果以"监督主体"作为衡量标准进行区分的话，对包括行政权在内的公权力进行的监督大致可以分为内部监督和外部监督。因此，支撑行政调解制度及其实践的行政调解行为，必须接受来自内部和外部两个维度的有力监督，即"自律"和"他律"的有机结合。唯有如此，才有可能确保其规范运行进而实现其制度预期。

（一）"自律"——源自"行政问责制度"的监督和规范

既然需要从"自律"的角度来保障和提升行政调解制度的预期和效用，就迫切需要充分发挥行政权力系统内部"行政问责制度"的功能。

1. 行政问责制度的基本问题。行政问责制度最为基本的问题涉及其基本内涵和问责事由的界定。

概念的界定。"责任政府"的理念及其相关行为，是行政问责制度理论和实践的起点。"在公共行政和私人部门行政的所有词汇中，'责任'一词是最为重要的。"[1] 建设责任政府的政治追求，要求政府必须迅速、有效地回应社会和民众的基本需求，这当然也是现代民主政治的一种基本价值取向。在当下中国，伴随着理论层面的探索求证和实践层面的深入推进，行政问责制度已经逐渐成为广受关注的社会热点问题，并且日趋成熟。当然，正如纷繁复杂的制度实践一样，对于行政问责制度相关理论问题的分析和探讨，也呈现出众说纷纭的"喧闹"场景。其中，对于其制度内涵即概念的界定，就是一个典型例证。

之所以会对行政问责制度的概念产生不同的界定，主要源于对下述三个密切关联问题的不同理解：第一，究竟是"由谁"来问责：是行政机关自己，还是也包括党委、人大、媒体、民众等其他社会主体。第二，究竟是"向谁"问责：是向行政工作人员问责，还是包括对执政党工作人员问责；是向所有

---

[1] 〔美〕特里·L.库珀：《行政伦理学：实现行政责任的途径》，张秀琴译，北京，中国人民大学出版社，2001年版，第62页。

公务员问责，还是仅仅向领导干部问责。第三，究竟是问"什么"责：是法律责任、纪律责任或者道德责任，还是仅仅指向政治责任。

基于对上述三个基本问题的分析和认识，结合已有的理论研究成果和制度实践，笔者将"行政问责制度"界定为：在行政管理过程中，因为故意或者重大过失不履行或者不正确履行规定职责，造成国家利益、公共利益或者公民、法人和其他组织的合法权益受到损害，或者造成不良影响和后果等特定情形，由有权机关或者组织依照法律、法规、规章或者行政规范性文件，对相关行政主体及其工作人员追究政治责任的制度。

行政问责事由的界定。实践中，不当甚至错误确定问责的事由，往往会导致问责的实效不尽如人意。在解决这一问题时，务必要正确处理以下两种关系。

一是"作为"问责与"不作为"问责的关系。首先必须明确，"作为"问责是行政问责的首要目标，"不作为"问责是行政问责的更高要求。由于行政权的实际运作主要表现为"作为"，而"作为"又必然表现为一定的过程和结果，因此，对于"作为"的问责可以在过程与结果两个环节上对行政权加以规范。由于判断是否应当"作为"的标准具有复杂性和主观性，而且"不作为"本身并不存在具体的作为过程，因此，对于"不作为"的问责往往需要以特定结果的出现作为问责的事实依据。具体而言，如果出现了合法利益遭受损害的负面结果，而这种负面结果在"作为"的情况下是完全可以避免的，之所以出现该负面结果就是因为相关主体的"不作为"，在这种情况下，就应该追究相关主体的"不作为"责任。实事求是地讲，当前针对"不作为"的问责，意义更为重大、情势也更为迫切，其可以有效防止那些秉持"不求有功、但求无过"错误理念的国家公职人员出现保守而不进取、观望而不作为的消极心态，进而形成对"平庸官员""无能官员"以及"惰性官员"的有力鞭挞。

二是"有过"问责与"无过"问责的关系。中国的行政问责制度起步于对"有过"官员之责任的追究，到目前为止，它仍然是行政问责的主要方式。一方面，这种问责有利于权责统一、过罚相当原则的充分实现，有利于保障和促进政府官员的责任性、能动性和创新性，有利于降低行政问责的制度运作成本。另一方面，由于"有过"问责存在着"过错难以认定"等相关缺陷，还必须考虑到如下情形：行政过程中行政行为实施后呈现负面效果，并不是单纯出于决策过错，也不是出于执行过错，而是因为决策在被实施过程中，其他相关因素导致决策的实际执行效果不佳，甚至产生了负面的损害后果。行政主体及其公职人员因此而被问责，主要并不是因为行为主体的过错，而是基于损害后果的客观存在。显而易见，这种情形就不是"有过"问责，而是"无过"问责，[①] 实际上就是对社会和民众有一个明确的"交代"。

笔者以为，问责事由的确定是否妥当，关乎行政问责的最终成败。而且就行政调解行为而言，问责事由更是一个重中之重的问题，其必然会涉及后文的"问责情形"。

2. 行政问责制度具有监督行政调解行为的内在优势。当前，我国已经建构了以党内问责为主导、以监察问责为中心、以行政问责为配合的问责制度体系。有学者认为，行政问责已不再是涵盖其他有权机关对行政主体的"异体问责"，而是单纯行政系统内部自我监督的"同体问责"，[②] 即行政主体及行政人员因其履职被上级行政主体实施问责的一种控权机制。笔者也认同这一点，同时以为，结合行政调解行为的特殊性，旨在有效实现"行政权力格局内在平衡"的行政问责制度，应是监督该类行政行为相对理想的制度选择，其内在优势主要体现在以下三个方面：

第一，行政问责制度有利于降低行政主体的制度风险。就行政权力系统内部的监督模式而言，实际上，行政复议也是一种非常典型的制度设计，其监督行政行为的制度预期和价值取向非常明确。[③] 但就行政调解行为而言，行政复议制度却难以发挥其监督功效，因为该项制度安排如果介入行政调解行为，有可能不仅无法降低反而会增加行政主体的制度风险。行政复议制度的运行模式一般都是基于某一具体行政行为，由行政复议机关对作为被申请人的行政主体这一"整体组织"而非其内部"个体成员"，不加区分地作出行政行为被"撤销、变更、确认违法"等否定性的法律评价，或者施以"重新作出行政行为"等新的法定义务，进而引发否定性的政治评价。[④] 显然，

---

① 类似于民法领域中的"无过错责任原则"（principle of no fault liability）。参见周亚越：《行政问责制研究》，北京，中国检察出版社，2006 年版，第 91 页。

② 朱福惠、侯雨呈：《一体化问责视阈下行政问责的理论建构与实践探索》，《学习与实践》2022 年第 3 期。

③ 《行政复议法》第一条即开宗明义宣示其立法宗旨："为了防止和纠正违法的或者不当的行政行为，保护公民、法人和其他组织的合法权益，监督和保障行政机关依法行使职权……"。

④ 伴随着行政法治进程的提速，我国很多地方政府都围绕行政复议工作制定了考核办法。此类基于"规范行政行为"等良好初衷的"规定动作"，对于本就压力巨大的地方行政主体而言无疑是新的负担。如河南省驻马店市政府 2020 年《行政复议行政应诉工作考核暂行办法》第八条规定：在考核过程中发现下列情形之一的，按照《驻马店市人民政府关于政府系统"不作为、慢作为、乱作为"的处理办法》规定，由市政府督查落实委员会进行督查问责。（一）……行政复议机关对行政执法机关的具体行政行为撤销、变更或者确认违法的；（二）……行政复议机关责令行政执法机关在一定期限内履行法定职责或者重新作出具体行政行为的；（三）……行政复议机关责令行政执法机关返还财产，解除对财产的查封、扣押、冻结措施或者赔偿的……

行政复议制度这种类似于"一锅烩"的操作模式，极易给行政主体带来新的制度风险。

与此不同的是，作为国家政治系统的组成部分，行政问责制度涉及问责主体、问责客体、行政相对人、新闻媒体和社会公众，是多元主体互动的制度载体，并会对政治系统进行信息取舍和最终抉择产生实质性影响。显然，具有包容多元主体及其利益之功能的行政问责制度，[1] 非常有利于在制度框架内降低行政主体的制度风险。特别是在当下行政系统内部各类政绩（绩效）考核"满天飞"的大背景下，这种能够有效降低相关主体制度风险的制度模式，更是弥足珍贵。其中，最为突出的一点在于，任何有权机关运用行政问责制度时，必须根据特定事由、区分具体情形以实施问责，既可能问责于某一特定行政主体这样的"组织"，也往往会精准地将问责指向具体执法人员、部门负责人或单位领导这样的"个体"，从而有利于实现行政主体与行政人员二者之间权责分明、权责对等、过罚相当的制度预期效应。

第二，行政问责制度内在运行机理契合于行政调解行为基本特征。立足于行政问责制度的基本内涵可以看到，其所问之责并非完全是法律责任，而是在一定程度上也涵盖了政治责任。[2] 尽管"行政问责法制化"是当前学术领域特别是法学界关于行政问责制度研究的主流认识，然而必须要承认的是，"政治问责"实际上也是行政问责的一部分，因此，其不可能被（完全）法制化。[3] 简言之，既然特定行政主体及其行政人员的权力与职责源于上级的授予，那么，它就必须对上级负责，并受其监督、被其问责，而不是仅仅对法律负责。而行政调解行为之所以在一般原则上被排斥于行政复议的受案范围之外，一个重要原因就是，该类柔性行政行为所引起的责任并非是完全意义的、严格的"法律责任"，而是也涉及行政复议制度不便追究的"政治责任"。因此，在政治色彩相对浓郁、法治色彩相对较淡的行政调解行为实施过程中，由有权机关适时运用行政问责制度这类特定的"治吏机制"，追究各类行政主体在实施行政调解活动中所产生的涵盖政治责任在内的特殊责任，自然也就成为了相对理想的选择。

第三，行政问责制度能够覆盖因故意或重大过失而不当实施行政调解

---

① 李华君、王臻荣：《行政问责力度的测量与分析：基于 2003—2017 年重特大矿难的数据》，《中南大学学报（社会科学版）》2020 年第 2 期。

② 曹鎏：《论我国行政问责法治化的实现路径》，《中国行政管理》2015 年第 8 期。

③ 陈国栋：《行政问责法制化主张之反思》，《政治与法律》2017 年第 9 期。

行为的基本情形。行政主体在行政调解活动中拥有一定裁量权。例如，对于特定纠纷是否适合调解；如果适合，那么在何时、何地、由何人（经纠纷当事人选择确定调解人员的情形除外）实施调解；调解过程中，在不违背法理、政策和公序良俗的前提下，将采用何种方式调解……行政主体都必须通过主观裁量来确定。一般情况下，对于这些环节不能进行问责，否则，便有事后借行政问责无端干预行政调解行为之嫌。但是，如果行政人员显然是出于主观上的故意或重大过失而不当行使裁量权，以致其实施的调解活动，要么是产生了与国家或行政相对人基本价值追求相悖的负效应，要么是引发了与制度预期存在反差的恶劣后果，则此时就需要对其实施行政问责。例如，行政人员既不实施调解也不采取其他措施，而是放任甚至推诿，从而恶化纠纷，以致产生了不可挽回的负面影响；又如，行政调解过程中基于对纠纷的性质等内在要素的误判，行政人员选择调解的时机或方式不当，致使一个简单纠纷引发舆情危机甚至演变为群体性事件，从而严重损害公共利益；再如，行政人员无视纠纷当事人存在重大误解、虚假意思表示甚至不自愿等情形，以致经其调解后不但未能平息纠纷，反而激化矛盾或产生其他负面后果；等等。可见，针对不当行政调解行为的行政问责，既可能是针对结果，也可能是针对引起负面后果的原因。

3. 当前行政问责制度监督行政调解行为实践中存在突出问题

尽管近年来中央和地方对行政问责的制度建设越发重视，有关行政问责的法规、规章等制度文本的数量也越来越多，然而，行政问责制度实践中依然存在运动式、碎片化的现象，特别是在因行政调解行为而实施的行政问责实践中，有些问题还比较突出，有些制度环节则亟需规范，下文结合一起真实案例进行论述和分析。

案例十六：民警实施行政调解-瓜农赔偿偷瓜者-民警被行政问责[①]

Y市Z县公安局发布警情通报称：2019年7月29日清早6时许，某村母女俩A某和B某骑电动车"路过"一瓜地，A某下地"摘"了几个西瓜。当母女俩正欲驾车"离开"时，瓜农上前拖拽电动车要求其返还西瓜。其间，电动车被摔坏，B某膝盖也被擦伤。A某报警，某镇派出所民警到场经询问后认为，西瓜价值很小，是典型的"情节显著轻微"，遂对母女俩作批评教育；另外，因B某膝盖擦伤，即当场实

---

① 戴先任：《让瓜农倒赔偷瓜者300元　警方执法不能和稀泥》，《北京青年报》2019年8月4日第2版。

施"调解"，要求瓜农赔偿 300 元医药费。该案经媒体报道后，引起舆论质疑。Z 县公安局对此"高度重视"，立即组织核查。后经批评教育，母女俩认错并退还 300 元，双方达成"谅解"；同时，民警帮助瓜农采取防范措施，设置醒目标语提醒劝诫"随意摘瓜"行为。

然而，该警情通报不但未能平息原有舆情，反而引发新的舆情：母女俩究竟是"路过"瓜地，还是动机不纯"蓄意"前来？其究竟是"摘"瓜，还是"偷"瓜？其究竟是自行"离开"，还是实施不法行为之后的"逃离"？民警依托法定治安管理权实施的行政调解这一职务行为，究竟是在化解纠纷，还是在颠倒黑白，甚或是对违法行为的变相姑息和纵容？究竟何谓"随意摘瓜"行为？

为此，Y 市公安局 8 月 4 日发布警情通报称：市公安局启动"执法监督"程序，经详细调查后认为，村民 A 某偷瓜是违反《治安管理处罚法》的盗窃行为，责令 Z 县公安局依法处理；瓜农拖拽电动车是制止违法侵害的合法行为；派出所民警在办案过程中存在明显执法过错，责令 Z 县公安局依规处理。

随后，Z 县公安局依据《治安管理处罚法》，决定对 A 某行政拘留 3 日；对相关民警采取"停止执行职务，并依规做出处理"的行政问责措施。

尽管围绕该案的新闻报道所提供的信息并不是十分完整，然而，该案中针对行政调解行为实施行政问责所暴露的一系列突出问题却清晰可见。

第一，偏离制度初衷的问责动机。在前述案例中，引发市公安局对县公安局进行执法监督，以及要求县公安局对民警实施行政问责的动机究竟是什么？该案既涉及民警的不当行政调解行为，更涉及因其而产生的舆情危机。如果在民警实施行政调解行为之后，瓜农选择忍气吞声，或是即便求助于媒体以及其他第三方，但该第三方要么熟视无睹，要么无能为力，那么该案也就不会见诸媒体，更不会产生负面舆情。如此一来，究竟还能否出现后续的执法监督和行政问责，那就真要打上一个问号了！

在国家治理特别是行政法治实践中，公共事件通常都会伴随重大（负面）舆情。不少行政问责之所以能够最初"轰轰烈烈"地启动、其间"遮遮掩掩"地实施、最终"平平淡淡"地结束，实际上就是为了平息负面舆论而非其他。必须承认，当下的媒体报道确实可以左右甚至决定公众的认知和判断，新闻媒体对公共事件的关注度，往往会对问责的形成与否以及问责的效果产生实质性影响。[①] 为了显示自己维护公平正义的决心和态度，行政主体往往会"从严从快"实施问责，借此明确告诉公众"犯错之人已被惩戒"，进而避免事态的进一步恶化，并通过赢取政治信任来转移政治压力。显然，这是一种严重偏离行政问责制度初衷和价值取向的问责，是为问责而问责。可见，当下的突出问题在于：面对不当行政调解行为，能否立足于正确的问责动机而及时启动问责？启动后能否准确实施问责？实施后能否达到预期效果？实际上，这一系列环节都存在着很大的不确定性。

第二，"矫枉过正"的问责力度。行政问责的边界和限度究竟在哪里？必须看到，贯穿于中国政治史的"重典治吏"，在实践中很容易走向极端。在依法治国的当下，国家政治体系需要兼顾公正和实效的治吏机制，因此必须准确把握问责力度，以利于行政问责制度的科学实施。[②] 就前述案例而言，基于"息事宁人"的动机而实施的行政问责力度明显失当。进而言之，该案中问责力度失当及其辐射效应的真正受害者并非被停职的民警，而是被课以"3日行政拘留"的偷瓜者[③] 以及原有的行政法律关系。该案系列行为背后的制度运行逻辑是：既然民警前期有利于偷瓜者的行政调解行为被要求问责，那么只有通过后期重罚偷瓜者的行政执法行为才能弥补前期的过错，进而彰显公平正义。可见，该案中的后续执法行为，既是源于舆情危机之下市公安局启动执法监督产生的压力，更是源于市公安局要求对民警进行问责的硬性命令。而这一"动作变形"严重的执法，恰恰既表明了准确实施行政问责以规范行政调解行为的现实必要性，也反映出更为深刻的问题：如何才能准确把握实施行政问责的合理限度？如何才能防范和避免因行政问责而可能引发的累及无辜、破坏原有行政法律关系等一系列制度负效应？

第三，有意无意遗漏的问责客体。在这样一起简单的案件中，还需要市公安局亲自出面作"裱糊匠"，该县公安局的治理能力之差、业务水平之低，实在是令人瞠目。《中国共产党问责条例》明确规定，追究在党的建设和党

[①]　李华君、王臻荣：《行政问责力度的测量与分析：基于2003—2017年重特大矿难的数据》，《中南大学学报（社会科学版）》2020年第2期。

[②]　张欢、王新松：《中国特大安全事故政治问责：影响因素及其意义》，《清华大学学报（哲学社会科学版）》2016年第2期。

[③]　笔者在公安系统调研中了解到，类似于该案的涉案金额以及"显著轻微"的违法情形，执法实践中一般都不予立案。如果偷瓜者无前科，而且瓜农也能够谅解，则要求其赔偿损失并对其批评教育；如果无前科，即便瓜农不予谅解，也只是对其予以"警告"，并责令其支付相应对价将所偷之瓜买走了事；如果偷瓜者具有盗窃或其他违法犯罪前科，那么才有可能被处以行政拘留。

的事业中失职失责党组织的主体责任、监督责任和领导责任。① 这意味着县公安局（党委）不仅是责任主体，同时也是监督主体，其应当承担监督镇派出所及其民警的主体责任。因此，不能只让表面上"捅篓子"的民警成为单独的"背锅侠"；对于县公安局的失职行为，无论是基于"条条"还是基于"块块"的管理关系，作为其上级机关的市公安局以及其所属的县政府都不能无动于衷，否则，就难以从根本上提升当地公安机关的治理水平。

然而，市县两级公安局前后两则警情通报对该案的界定却试图向社会表明，不当行政调解行为的发生的确是一个"社会整体问题"：这其中，既有贪图小利、"恶人先告状"的偷瓜者；也有缺乏执法经验、执法技巧单一的民警；更可能有抽象笼统、不便操作、稍不留神就会被误读的法律法规，以及其他诸多不可控的意外事项。以上因素共同促成了目前令人遗憾的结局。这种在行政问责制度实践中较为普遍的"归因外部化"举措，② 似乎能够成功地"切割"行政决策者与具体执法者之间的责任：该不当行政调解行为的发生与两级公安局不存在直接因果关系，甚至超出了其管理能力所能控制的范围。然而，经过仔细推敲就会发现，这种归因方式必将引发新的制度风险：不仅会强化社会大众对规范行政执法的悲观预期，导致行政主体与社会大众之间的严重认知分歧；久而久之，也会撕裂行政层级体系中的权力关系，导致下级行政执法者对上级行政权威的质疑、挑战甚或抵制。面对这种失衡的问责结构，上级行政主体不得不通过"再平衡"策略，一般都会待"风头过后"将问责客体重新纳入权力系统，以避免行政系统内部的冲突与分裂。显然，这种问责结构的内在张力不仅不能强化政治权威，反而会削弱行政问责的效能，客观上对行政法治进程产生明显的消极作用。

当然，也有可能市公安局已在系统内部对县公安局进行了问责，只不过是未公之于众。而且，某种程度上似乎也可以将市公安局发布的警情通报以及其中多次运用的"责令"等措辞，视为对县公安局的否定性政治评价，因为此举已经让县公安局"颜面尽失"了。但问题在于，如果要施以问责，就必须严格、规范、公开地遵循特定程序进行，又何以如此隐晦？如果也能通过类似于发布警情通报的方式及时公开问责情况，则必然会提升全社会对行政问责的知晓率和认同度，必然会强化公安机关的公信力和权威性。特别是就当下国家治理而言，上级行政机关绝不能只是通过行政

---

① 参见该《条例》第四条。
② 高恩新：《特大生产安全事故的归因与行政问责——基于 65 份调查报告的分析》，《公共管理学报》2015 年第 4 期。

问责来转移社会压力、增强公众对自己的信任度、强化下级机关对自己的服从，而是还要让社会大众形成并强化如下认识：此案虽有行政调解制度本身的问题，即民警个人会在某种程度上严重影响甚至决定行政调解的最终效果，因此必须着力防控这一制度风险；但更重大的现实意义还在于，即便是在此不利情况下，依然可通过及时准确的行政问责予以止损，进而依法救济合法权益遭受侵害的行政相对人、有效修复被损害的行政法律关系。

4.行政问责制度监督行政调解行为的路径优化

关于行政问责制度建设，近年来理论界和实务界提出了很多优化举措，其中有些已付诸实践。[①]结合行政调解行为的现状，立足于综合考虑和兼顾平衡行政主体权责利这一前提，在优化问责制度环境、[②]明确问责客体、细化问责事由、规范问责程序、精准把握问责力度、完善容错机制的基础上，[③]还需要着力改善以下几个方面：

第一，提升制度表达效果：从"间接"到"直接"。当前，有关行政问责的政府规章等制度文本在列举有关行政行为时，基本上都未明确将"行政调解"列于其中。当然，结合具体行政法治实践便可推知，这其中必然也涵盖"行政调解"。以2016年《湖北省行政问责办法》为例，无论是其中规定的"未依法履行行政许可、行政处罚……相关行政职责"的情形，还是"未依法受理、调查、处理、回告投诉举报、问题线索"的情形，或是"超越法定权限或违反法定程序实施行政行为"的情形，其中虽然都未明确列举"行政调解"，但无疑都会涉及行政调解。[④]可以说，应予问责的诸多非规范的行政调解情形，实际上已经"间接性"或较为"隐晦"地体现于行政问责制度文本之中了。

然而，无论是就完善行政问责制度而言，还是就运用该项制度以监督行政调解行为而言，即便这种"间接性"的制度表达方式已经为有权机关提供了基本的制度依据，使其获得了基本的制度保障，但还是要尽可能对行政问责制度相关环节，特别是涉及问责情形、问责事由、问责客体等制度要素予以"条文化"的明确宣示，从而在制度设计层面实现"直接性"

---

① 许玉镇、刘劭睿：《重大行政决策行政问责构成要件文本分析》，《社会科学战线》2021年第12期。

② 就制度环境而言，有效实施行政问责制度至少需要两个前提条件：一是必要的政治透明度；二是健全的舆论监督。

③ 刘美萍：《当前行政问责存在的偏差及其治理》，《江苏行政学院学报》2019年第6期。

④ 参见该《办法》第八条、第九条之规定。

的制度表达，以有效避免在问责制度实践中产生遗漏客体、情形不明、事由不清以及其他不必要的制度性争议，进而避免因此而形成额外的制度成本。总之，在今后制定中央层面的行政问责统一性制度文本（法律或行政法规）时，应当通过直接的列举式规定，明确对行政调解行为的问责监督。

第二，完善启动方式：从"被动"到"主动与被动相结合"。2019 年《中共中央关于加强党的政治建设的意见》明确提出"坚持失责必问、问责必严"。[①] 因此，必须实现行政问责动机从"危机处理、息事宁人"向"整肃吏治、依法控权"的转型和升级。换言之，只要是行政调解行为中客观存在不当行使裁量权等应当予以行政问责的情形，即便是未经媒体报道，也未产生负面舆情，甚至也没有给行政主体带来（严重）负面影响，有权机关也应当依法及时实施问责。显然，这里涉及行政问责制度中一个重要环节，即问责的"启动方式"。

在真正确立"依法控权"这一行政问责动机的基础上，一方面要强化行政相对人的法治意识，推动其在遭遇不当行政调解行为时充分行使自己的法定权利，及时向有权机关通过举报或者控告的方式提出问责申请；或积极寻求媒体即"第四种权力"[②]的曝光，以有效触动有权机关；甚至还需要诸如特定权力机关的建议、上级的指示等相对缺失"法治韵味"的一些特殊途径。在进行前述"被动式"问责的同时，还需要有权机关依托于制度设计的不断健全和完善，依据绩效考评、工作考核、执法检查等内部监督程序，以及时发现问题进而实施"主动式"问责。这种自上而下的方式，既能快速便捷地启动问责，更有利于实现被动式问责难以企及的问责成效。进而言之，只有将"主动"与"被动"两类问责启动方式有机结合，才能从根本上有利于正确问责动机的形成，有利于问责力度的准确把控，进而最终有利于实现行政问责的制度预期。可以说，问责启动方式与问责动机、问责力度之间相辅相成、相得益彰。

第三，健全监督机制：从事后的"内部监督"到兼顾事中事后的"内外监督相结合"。运用行政问责制度监督行政调解行为，只是上级行政主体运用行政权而实施的内部监督，其规范行政调解行为的制度功效能否得以有效彰显，还有赖于行政权力系统外部监督制度的配合与保障。例如，检察机关运用检察权监督行政主体及其行政行为而实施的"行政检察"监督，[③] 监察

---

① 参见《中共中央关于加强党的政治建设的意见》第（二十）项之规定。

② 萧武：《第四种权力的腐败》，《社会观察》2012 年第 9 期。

③ 2018 年 7 月，最高人民检察院首次提出了涵盖刑事检察、民事检察、行政检察和公益诉讼检察在内的"四大检察"这一概念。参见李大勇：《提升行政检察监督效能　有效促进法治政府建设》，《法治日报》2020 年 11 月 27 日第 5 版。

机关运用监察权监督行政系统公职人员而实施的"监察调查"①等等。只有"内"与"外"有机结合，才能充分实现监督行政调解行为的预期功效。

行政问责是典型的"事后"监督，而行政检察监督和监察调查则是兼顾"事中"和"事后"的监督方式。如果行政主体的不当行政调解行为已经完成，甚至负面后果已经产生，对于此类"事后"行政调解行为，既可以实施行政检察监督或者监察调查，也可以实施行政问责，以争取达到以儆效尤的效果；如果行政主体的不当行政调解行为处于已经开始但尚未形成最终后果的"事中"阶段，则必须通过行政检察监督或者监察调查这类"外部"监督方式，要么由检察机关或者监察机关主动开启，要么应当事人申请而实施。总之，只有内外结合、兼顾事中事后，才能真正实现对行政调解行为的监督和规范。

（二）"他律"——源自"行政检察监督制度"的监督和规范

正如前文所述，行政问责制度毕竟是行政权力系统内部的制度设计，因此，运用行政问责制度监督行政调解行为，依然属于"自律"的范畴。基于公权力的基本属性，特别是基于公权力彼此之间"分立"与"制衡"的现实需要，因此，还必须要有行政权力系统之外的其他公权力来监督行政调解行为。行政检察监督制度就是借助于行政权之外的检察权来监督行政行为的制度安排，这是典型的"他律"。

1. 行政检察监督制度的基本问题。简而言之，行政检察监督制度主要涉及以下三个基本问题。

基本概念。2018年7月，最高人民检察院首次提出了涵盖刑事检察、民事检察、行政检察和公益诉讼检察在内的"四大检察"这一概念。由此，原本在检察系统内部地位相对较低、力量相对较弱的行政检察工作，起码在形式上跃升至可以与其他检察监督工作并行的重要地位。一般认为，行政检察监督是检察机关对于司法机关依法实施行政审判活动、对于行政机关依法实施行政行为进行的专门法律监督活动。因此，行政检察监督的基本范畴总体上涉及三个方面：第一，对于行政诉讼活动的全过程监督；第二，对于非诉执行的检察监督；第三，对于违法行政行为的检察监督。可以看到，行政检察监督既是检察机关行使法律监督职能的应有之义，同时也是其本职所在。

---

① 《监察法实施条例》第二十四条规定：监察机关发现公职人员存在其他违法行为，具有下列情形之一的，可以依法进行调查、处置：（一）超过行政违法追究时效，……但需要依法给予政务处分的；（二）被追究行政法律责任，需要依法给予政务处分的……

法理依据。国家最高检察机关之所以如此高调定位"行政检察监督"工作，既是源于当下深入推进社会治理的现实需要，也是源于目前强化检察机关政治和法律地位的当务之急。另外，还有一个重要原因就是该项工作拥有一定的政策基础和较为充分的法理依据。

中国学术界以及实务部门长久以来对检察权的本质属性和基本职能是有（重大）分歧的。就此类分歧的本质而言，在于准确界定检察机关在中国宪制体系中的具体地位。[①] 立足于中国社会的历史传承与公权力结构等特殊因素，应当明确检察机关是具有相对独立宪制地位的国家公权机构：一方面，检察权平行于行政权和审判权；另一方面，检察权监督并规范行政权和审判权。因此，可以说，除诉讼职能之外，法律监督自始至终都是检察机关的核心职能。正所谓"以公诉为特点的检察权制度来源于西方，则法律监督权具有相当大的中国元素"。[②] 进而言之，检察机关必须依据其法律监督职能对包括行政调解行为在内的行政活动进行监督，以此体现对行政公权行为的有效规范。

中国宪法和有关法律以及其他规范性文件，进一步将检察机关及其行政检察监督职能予以制度化和法律化。首先，是《宪法》以及《人民检察院组织法》关于检察机关是"国家的法律监督机关"的基本定位；[③] 其次，是《行政诉讼法》关于"人民检察院有权对行政诉讼实行法律监督"的明确规定；[④] 再次，是中共十八届四中全会关于"检察机关在履行职责中发现行政机关违法行使职权或者不行使职权的行为，应该督促其纠正"的明确要求。[⑤] 此外，2021 年《中共中央关于加强新时代检察机关法律监督工作的意见》对于"全面深化行政检察监督"的郑重宣示，[⑥] 更是为该项工作未来的运行和发展指明了方向。

规范和监督行政行为的具体运行方式。在启动环节上，既可以由检察机关依照其行使法律监督职责的法定权限来启动，也可以由有关社会主体向检

---

① 杜睿哲、赵潇：《行政执法检察监督：理念、路径与规范》，《国家行政学院学报》2014年第2期。

② 蒋德海：《论我国检察机关的双重国家权力》，《复旦学报（社会科学版）》2010 年第 5 期。

③ 参见《宪法》第一百三十四条之规定、《人民检察院组织法》第二条之规定。

④ 参见该法第十一条之规定。

⑤ 参见中共十八届四中全会《中共中央关于全面推进依法治国若干重大问题的决定》。

⑥ 该意见第 10 项规定："全面深化行政检察监督。检察机关依法履行对行政诉讼活动的法律监督职能，促进审判机关依法审判，推进行政机关依法履职，维护行政相对人合法权益；在履行法律监督职责中发现行政机关违法行使职权或者不行使职权的，可以依照法律规定制发检察建议等督促其纠正；在履行法律监督职责中开展行政争议实质性化解工作，促进案结事了。"

察机关申请来启动。在监督方式上，既可以制发检察建议，①也可以主动介入以促进（行政）争议的实质性化解，或者综合兼顾、灵活运用前两项措施，以实现对行政行为的监督和规范，以及案结事了、定分止争。特别是对于一些复杂难解、已经进入行政复议环节的行政争议，检察机关还可以在实施行政检察监督的过程中，积极推动行政复议机关运用调解方式有效化解争议。②

2. 行政检察监督制度规范和监督行政调解制度具有必要性与可行性。在现代国家，行政权是控制社会公共资源最多、侵越私权能力最强的国家公权力。正所谓"它可以做，但是，必须为它所犯下的不公付出代价"。③就此而言，行政调解也不例外。

关于必要性。国家行政机关等行政主体通过运用行政命令、行政强制、行政处罚、行政征收等刚性手段，不费吹灰之力就会影响甚至完全改变公民的人身权和财产权等宪法性基本权利的状态。倘若是错误行使或者不当适用，则势必（严重地）损害行政相对人的合法权益，尤其是这种损害往往还会呈现出事后难以甚至根本无法补救的特定情势。因此，借助其他公权力以及公民私权利，通过法定途径有效监督行政权，切实保护公民基本权利，自然就成为行政法治建设进程中的一项紧迫任务。

也正是基于行政权力的前述基本特征，国家层面实际上已经通过特定的制度设计在逐步加强对行政权力的监督和规范，行政复议制度就是其中的典型代表。然而，正如前文所述，类似于行政复议这样的制度安排，目前主要监督行政强制、行政征收等刚性的行政行为，而无法监督行政调解这样的柔性行政行为。尽管行政调解行为不似刚性行政行为那般强势、那般"显山露水"、那般直击行政相对人的"身心"，然而，当下中国的社会治理实践已充分表明，如果行使不当，其往往也会"悄无声息"地影响甚或危害纠纷当事人特别是行政相对人的合法权益，因此，也亟需必要的监督和规范。鉴于此，既要弥补行政问责这一"自律"制度安排监督行政调

---

① 最高人民检察院《人民检察院检察建议工作规定》第二条规定："检察建议是人民检察院依法履行法律监督职责，参与社会治理，维护司法公正，促进依法行政，预防和减少违法犯罪，保护国家利益和社会公共利益，维护个人和组织合法权益，保障法律统一正确实施的重要方式。"

② 《行政复议法实施条例》第五十条第一款规定：有下列情形之一的，行政复议机关可以按照自愿、合法的原则进行调解：（一）公民、法人或者其他组织对行政机关行使法律、法规规定的自由裁量权作出的具体行政行为不服申请行政复议的；（二）当事人之间的行政赔偿或者行政补偿纠纷。

③ 〔法〕莫里斯·奥里乌：《行政法与公法精要》，龚觅等译，沈阳，辽海出版社，1999年版，第49页。

解行为的不足，又要在行政诉讼等制度安排之外满足"他律"的基本要求，显而易见，运用检察权这一公权力监督行政（违法）行为的"行政检察监督制度"，自然就成为当前最适宜的制度选择了。

关于"可行性"。笔者围绕该项制度设计的相关主体，来对此进行分析。

第一，从主导并实施行政检察监督制度的检察机关的角度来看，其理应具有推进这项工作的高度积极性，具体理由包括如下两个方面：

一方面，通过行政检察监督方式规范行政调解行为，这是检察机关必须履行的法定职责。检察机关作为法律监督机关，其监督的对象不是立法机关及其立法活动，而是对于审判机关和行政机关的法律实施活动进行的监督；因此，其监督的重点应当是行使审判权和行政权的公权行为。正如前文所述，行政检察监督既包括检察机关对于审判机关行政诉讼活动的监督，也包括检察机关对于行政机关行政行为的监督。可以看到，对行政调解活动进行的监督，即属于对行政行为的监督这一特定范畴。因此，对行政调解行为实施监督，完全属于行政检察监督工作的职能范围。

另一方面，通过行政检察监督方式规范行政调解行为，这是检察机关必须把握的重要历史机遇。近些年来，国家大力推进监察体制改革、司法体制改革以及检察系统内设机构改革，特别是源于监察体制改革的基本精神，原本隶属于检察机关的反贪污、反渎职等"拳头"型职能均整体转隶至监察机关，这些改革举措对于检察系统产生了前所未有的重大影响。新时代的检察机关需要尽快掌握新的、强有力的抓手，需要尽快有所作为。于是，原本就亟待强化的行政检察监督应时之所需，在检察机关深入推进社会治理的进程中登台亮相，进而扮演了一个非常重要的角色。特别是在行政检察监督的具体实践中，检察机关不仅可以依法监督法院及其审判人员在行政诉讼审理以及执行工作中的各类公权行为，以此督促法院公正司法、规范行政主体依法行政、保障公民合法权益不受违法行政的侵犯；而且可以根据新时期社会治理的现实需要，适时开展"实质性"化解（行政）争议[1]等工作，以实现真正的定分止争、案结事了；特别是还可以通过检察

---

① 自 2019 年 10 月至 2020 年 12 月，最高人民检察院在全国检察机关开展"加强行政检察监督 促进行政争议实质性化解"专项活动。这是全国检察机关落实"四大检察"职能、补强并充分发挥行政检察监督作用的重要体现，有助于促进法院公正司法、促进行政机关依法行政，推动解决行政诉讼案件得不到实体审理、行政争议得不到实质化解等群众反映强烈的行政诉讼"程序空转"问题，促进国家治理体系和治理能力现代化。参见杨建顺：《完善行政检察监督 促进行政争议实质性化解》，《人民检察》2020 年第 13 期；闫晶晶：《最高检部署开展"加强行政检察监督 促进行政争议实质性化解"专项活动》，《检察日报》2020 年 3 月 8 日第 1 版。

建议等形式，依法督促实施违法作为或者不作为的行政主体对其相关行为加以纠正。总之，检察机关可以通过上述方式进一步提升检察机关自身的地位和形象。

第二，从主导并实施行政调解制度的行政主体的角度来看，其可能会对检察机关介入其权力界域存在一定顾虑，然而，行政检察监督制度可以令其消除顾虑，基本理由就在于该项制度安排的实际功效。特别是自2018年7月最高人民检察院提出"双赢多赢共赢"法律监督新理念之后，各级检察机关不断尝试建立监督者与被监督者之间良性、积极的新型关系，以求共同推进严格执法、公正司法，共同维护社会公平正义和公共利益，[1]并且已经取得了初步成效。就本书主题而言，行政检察监督介入行政调解制度及其实践，是强化行政主体依法行政的有力举措。通过行政调解制度实践可以看到，行政主体在面对民事纠纷特别是行政争议时，很有可能出现此类现象，即适合调解的却拒绝调解，不该调解的却强制调解。对此，检察机关可以启动行政检察监督，督促有关行政主体准确分析矛盾纠纷的性质，采取合理可行的举措以有效解决纠纷。另外，对于一些复杂难解，甚至已经进入行政复议环节的行政争议，检察机关还可以在实施行政检察监督的过程中，有效协助行政复议机关运用调解手段化解争议。

第三，至于参与行政调解活动的纠纷当事人，自然也希望行政调解制度及其实践越规范越好，因此，对行政检察监督制度介入行政调解制度也会持欢迎的态度。

3. 制度实践中需要注意和解决的问题。毋庸讳言，在行政检察制度规范和监督行政调解行为的具体实践中，依旧存在一些亟需解决的突出问题。笔者于下文通过一起具体案例来对此加以说明和分析。

案例十七：W县检察机关履行行政检察监督职能规范行政调解行为解决拖欠农民工工资问题[2]

2019年4月，F省的S路桥建设公司中标省道沥青路面改造工程，并与业主单位W县公路分局签订工期为90日的施工合同。同年6月19日，S公司组织朱某等30余名农民工班组进场施工。然而施工以来，S公司一直拖欠工人工资，农民工多次要求该公司支付工资，该公司

---

① 蒙永山：《在检察工作中践行"双赢多赢共赢"新理念》，《检察日报》2019年3月26日第3版。

② 该案例系笔者于2021年赴F省调研期间，由F省人民检察院提供。

以 W 县公路分局未支付项目进度款为由拒绝支付。朱某等人多次向 W 县人力资源和社会保障局投诉，人社局立案后试图居中调解化解欠薪一事。面对双方代表，人社局一方面充分肯定农民工的理性维权方式，同时也希望他们能够理解 S 公司的难处；另一方面向 S 公司明确表态，其必然全力督促公路分局尽快支付项目进度款，同时也希望 S 公司能先行支付部分工资，以解燃眉之急。然而，调解效果并不理想。

其间，农民工代表和 S 公司均曾向 W 县人社局建议，欠薪的关键症结在于公路分局拖欠项目进度款，应该尽快通知其参与其中，但人社局并未采纳该项建议。因此，直到 2020 年 1 月，农民工工资依然拖欠未付，以致最终引发了农民工为讨薪而堵路上访的群体性事件。2020 年 2 月，W 县人民检察院发现该案件线索后依职权启动行政检察监督。

检察院经调查后发现，人社局在履行其行政职责过程中存在着以下突出问题：第一，面对农民工投诉，曾经一度不予立案，当然也就谈不上后续的调查；第二，此后虽然立案，但并未在规定期限内，及时责令 S 公司限期改正或者作出相应的行政处罚决定，因此违反了《劳动保障监察条例》第十四条第二款、第二十六条第（一）项等有关规定；[①] 第三，在随后的行政调解活动中，对基本情势判断存在失误，特别是不当拒绝双方当事人的合理建议，从而进一步迟滞了欠薪一事的有效解决。

为维护劳动者合法权益，切实促进行政机关依法行政，及时消除威胁社会稳定的重大隐患，根据《人民检察院检察建议工作规定》第十一条第（三）（四）项之规定，[②] 检察院于 2020 年 3 月向人社局发出"检察建议"，建议其务必做好以下三项工作：第一，要加强对用工单位农民工工资专用账户管理、工资保证金存储、维权信息公示等方面

---

① 该《条例》第十四条第二款规定：劳动保障行政部门认为用人单位有违反劳动保障法律、法规或者规章的行为，需要进行调查处理的，应当及时立案。第二十六条规定：用人单位有下列行为之一的，由劳动保障行政部门分别责令限期支付劳动者的工资报酬、劳动者工资低于当地最低工资标准的差额或者解除劳动合同的经济补偿；逾期不支付的，责令用人单位按照应付金额 50% 以上 1 倍以下的标准计算，向劳动者加付赔偿金：（一）克扣或者无故拖欠劳动者工资报酬的；……

② 该《规定》第十一条规定：人民检察院在办理案件中发现社会治理工作存在下列情形之一的，可以向有关单位和部门提出改进工作、完善治理的检察建议：……（三）涉及一定群体的民间纠纷问题突出，可能导致发生群体性事件或者恶性案件，需要督促相关部门完善风险预警防范措施，加强调解疏导工作的；（四）相关单位或者部门不依法及时履行职责，致使个人或者组织合法权益受到损害或者存在损害危险，需要及时整改消除的；……

的监督检查，完善工资支付监控机制，定时抽查农民工工资发放情况，对可能发生较大数额欠薪问题的，进行监测预警，以防患于未然；第二，要牢固树立风险防控意识，建立健全欠薪应急处置机制，完善相关工作预案，明确处置措施和责任分工，一旦发生因欠薪引发的群体性事件，务必迅速启动应急预案，及时查明情况，准确灵活地采取有效措施督促企业及时解决欠薪问题，对一时难以解决的，要及时动用"工资保证金""应急周转金"或者其他渠道筹措资金发放；第三，要加强与检察、法院、公安、工会等部门的协同配合，形成工作合力，依法依规实施联合惩戒机制，加强劳动保障监察执法与刑事司法衔接，对恶意欠薪的要及时查处，做好失信惩戒黑名单线索和涉嫌拒不支付劳动报酬罪案件线索的移送工作，以切实提升联动执法合力。

2020 年 4 月 7 日，人社局书面回复检察院其已采纳检察建议，并表示其将积极整改，加强日常排查，加强与相关部门协调配合，及时化解欠薪风险隐患。随后，检察院主动牵头组织人社局、公路分局、县总工会、S 公司和农民工代表召开协调会，居中调解，释法说理，促成公路分局向农民工先行垫付 54 万余元，从而将 S 公司所欠工资全部清偿，最终维护了农民工合法权益，有效保障了当地社会秩序的和谐稳定。

能否及时解决企业拖欠农民工工资的问题，是近年来全社会予以高度关注、事关特定弱势群体切身利益的重大民生工程。毫无疑问，检察机关应当着眼于源头治理，切实发挥行政检察监督的职能作用，以有效预防并减少此类问题的发生。在上述案例中，W 县人民检察院立足于其基本工作职责，通过积极行使行政检察监督职能，针对行政机关未及时立案调查、未在规定期限内责令欠薪一方限期改正或者作出相应的行政处罚决定、未规范实施行政调解活动等存在于行政机关履行行政职责过程中的一系列问题，及时制发检察建议，促使行政机关从源头上进行监测预警，督促有关单位积极履行法定义务，加强多部门协同配合，形成工作合力，依法依规实施联合惩戒机制，对恶意欠薪企业作出相应的处罚，以切实维护好农民工的合法权益。特别是 W 县人民检察院及时介入，协调推动有关部门，以业主单位为突破口，最终从工程款项的源头解决了欠薪难题。

与此同时，笔者也通过该案例观察到，在一系列制度实践中依旧存在着一些需要注意的问题。特别是如前文"案例十六"一样，该案例也充分暴露出行政调解制度在具体实践中的制度风险，因此需要行政检察监督制度予以有效防控。其中，有些环节非常值得肯定，但是有些问题也亟待加以明确和解决。

第一，检察机关应当多措并举，以进一步突显"检察建议"针对不当行政调解行为的制度功效。在前述案例中，面对有关单位拖欠薪资这种"涉众型"的违法行为，作为行政主管部门的 W 县人社局本应该依法及时采用行政处罚等强力手段，而非实施"和风细雨"的行政调解活动；但是，既然已经启动了行政调解程序，那就应该找准问题所在，准确及时运用妥当的调解方式，力求调解行为的针对性和有效性，而不是搞一些看似主动、实则"和稀泥"的名堂。针对这种无原则、无效果的行政调解行为，W 县人民检察院及时制发"检察建议"，显然是值得肯定的必要之举。当然，客观地讲，该项检察建议中实际上并没有出现有关"行政调解"的明确表达，尽管其中"准确灵活地采取有效措施督促企业及时解决欠薪问题"之类的文字表述，已经暗含了"准确规范实施行政调解行为"这样的要求，这必然也是基层检察机关通过行政检察方式，监督和规范行政机关实施包括行政调解行为在内的行政（执法）活动的题中应有之义。但在笔者看来，该项检察建议针对不当行政调解行为的"指向性"，特别是对其不当之处的"负面评价"还应当进一步明确和加强。尤其是为了强化检察建议的规范性、针对性和实效性，应当通过检察建议制发之前的调查分析、明确症结，制发之中的细化举措、完善程序，制发之后的密切追踪、跟进督促等多种举措，有力提升行政检察建议的质量，切实增强行政检察建议的刚性和力度，最终使之成为检察机关助力推进社会治理体系和治理能力现代化的重要手段。

第二，检察机关应当自我准确定位，尽量避免"越俎代庖"。正如前文所述，检察机关在行政检察活动中必须发挥主观能动性，必须给予行政机关必要的指导和支持，特别是帮助其分析实施行政行为过程中效果不佳的原因，进而推动其制定并落实解决问题的正确措施。然而，检察机关必须保有对行政机关及其行政（调解）行为专业性和裁量权最起码的尊重，切不可过度行使检察监督权，更不应该如同前述案例中的 W 县人民检察院那样，将 W 县人社局这一行政主管部门挤到一旁，由自己亲自牵头组织相关单位实施名为"协调"、实为"调解"的公权行为。尽管近年来也有不少论者主张在行政检察监督活动中实施"在监督中调解、在调解中监督"的工作模式，① 尽管近年来也有不少检察机关的类似做法的确解决了很多现实问

---

① 有关分析和论述可参见傅国云：《将调解嵌入行政争议实质性化解》，《检察日报》2019年 12 月 10 日第 3 版；佟海晴：《加强行政检察监督 促进行政争议实质性化解》，《检察日报》2020 年 7 月 13 日第 5 版。

题，但笔者始终认为，检察机关在行政检察监督工作中的职能更应该是对不当行政行为的监督、矫正和规范，而非自身从"幕后"的出谋划策、从"身后"的跟进督促而异化为"前台"的"舞枪弄棒"。否则，长此以往势必会产生诸多负面影响：一方面，会严重制约国家行政法治建设的有序推进，特别是会影响部分行政机关主动履职尽责的积极性，进而形成对检察机关的依赖性；另一方面，会在事实上形成检察权对行政权的严重僭越，从而破坏国家公权力结构体系的内在平衡。总之，检察机关应摆正自己的位置、准确把握自身的角色，既要主动介入实施行政检察，又要"有所为、有所不为"，力争实现行政检察制度功效的最大化。

第三，检察机关应当强化制度自信，从根本上提升行政检察监督的制度功效。"行政检察监督"是一个集公民基本权利与检察权、行政权、审判权等多项公权力于一体，彼此之间互动博弈的特殊"权力（权利）格局"。国家最高检察机关自始就赋予行政检察监督制度以"一手托两家"的明确定位，[1] 期待其能够充分发挥保障审判机关公正司法、督促行政机关依法行政的双重功能。然而，社会治理现状表明，源于多种主客观因素的限制，这一制度安排的运行实践并不如期待中的那般理想，依然还有诸如工作基础相对薄弱、工作机制不够健全、制度运行不够顺畅、行政检察案件数量太少、监督效果不够明显等一系列相当棘手的问题需要解决。特别是由于缺少具体的法律制度支撑，[2] 其自始就成为了检察工作领域内"短板中的短板、弱项中的弱项"。[3]

毫无疑问，试图借助于此项制度安排来规范和监督行政行为的美好制度构想，必然会因此而蒙上阴影。然而，即便如此，笔者依然坚信行政检察监督制度对于强化依法行政具有不可或缺的特殊作用。行政检察监督的制度实践相较于其制度预期的明显反差恰恰充分表明，这既是一项系统工程，也孕育着提升其制度功效、实现其制度"供求均衡"的有利契机。正所谓"沃野千里宜纵马、一张白纸好作画"。如果该项制度安排的设计者、实施者等能够正视这一"短板"和"弱项"的问题所在，着力创新和完善工作机制，切实加强专业化（队伍）建设，再辅之以社会治理能力和体系等制度外在环境的整体性加强等有利因素，那么就能够有效提升行政检察

---

① 王晓洁：《行政检察："一手托两家"促进社会治理》，《检察日报》2020年9月21日第3版。

② 就法律依据而言，目前关于行政检察监督职能，只有《宪法》和《人民检察院组织法》对其的笼统定位。

③ 靳丽君：《庆祝新中国成立70周年"检察事业谋新篇"系列述评之七——行政检察补短板　立足共赢铸合力》，《检察日报》2019年9月26日第3版。

监督的工作质量，并借此规范和强化包括行政调解行为在内的行政法治建设，从而实现"办理一案、治理一片"的良好制度功效。

总而言之，行政检察监督制度已经成为当前科学建构合理有效、良性运行的国家公权格局的重要一环。此项制度安排的具体实践必将对法治政府建设的深入推进产生重大影响。应当有效利用这一重大契机，充分借力于行政检察监督制度，进一步防控行政调解制度风险，进而提升其在当下中国社会治理进程中的地位及实效。

二、诉调对接机制对行政调解制度法律效力的保障

实际上，前文所述的"大调解"机制本身就意味着不同调解模式之间进行全方位的对接和协同，以最大可能地强化治理合力。其中，最为理想的制度设计是，兼具权威与合意的行政调解制度充分发挥联通各类调解模式的枢纽作用。[①] 与此同时，应当尽快健全和完善行政调解与行政裁决的对接机制，有效避免二者相互脱节、一裁了之、不能实质性化解争议的情况，进而从根本上提高行政调解和行政裁决这两项制度安排的权威性。[②] 当然，考虑到当下行政调解制度实践中的突出症结所在，行政调解制度与诉讼制度之间的对接机制才应当是目前保障行政调解制度法律效力、防控其制度风险的最佳方式。因此，笔者着重就此问题进行分析和探讨。

需要说明的是，此处的"对接"，只是现有不同制度安排之间的"互补"，绝非再去构建并出台全新的制度安排。否则，为了弥补和修正旧的制度安排而不断出台新的制度安排，就可能坠入"钱穆制度陷阱"。[③] 这也充分表明：所有务实管用的制度安排都不可能只是一项"单兵作战"的制度安排，而一般都是与其他相关制度安排共同组合成一套"体系"，然后在该体系中相互作用、相辅相成、相得益彰。当然，对于此类制度体系，不能以其内部制度安排的数量多寡进行衡量与判断，而是关键要看其是否有效、

---

① 章志远、顾勤芳：《中国法律文本中的"行政调解"研究》，《江淮论坛》2011年第5期。

② 例如，2020年深圳市财政局出台了《政府采购行政裁决规程（试行）》，正式将行政调解纳入行政裁决流程之中，明确了"受理-调查（调解）-审查-决定及送达"的政府采购投诉案件办理流程，实现了行政调解与行政裁决的一体化结合。参见《深圳率先使用行政调解方式成功处理政府采购投诉案件》，https://www.69biao.com/3894.html，最后访问时间：2022年3月16日。

③ 著名历史学家钱穆在分析中国历史时指出，中国政治制度演绎的传统是，一个制度出了毛病，再定一个制度来防止它，相沿日久，一天天地繁密化，于是变成了病上加病。越来越繁密的制度积累，往往造成制度之间的前后矛盾和相互冲突。这样，制度越繁密，越容易生歧义，越容易出漏洞，而执行新制度的人往往在分歧争执中敌不过固守旧制度的人，因而越来越失去效率。有关分析参见王国胜、宋珍妮：《单位治理中"钱穆制度陷阱"的危害与规避》，《领导科学》2020年第9期。

能否真正解决实际问题，特别是相互之间能否实现辅助和支撑。所以说，任何一项制度安排的酝酿、出炉、实施和完善，都必须切中肯綮；相互之间都应当形成务实有效的制度体系和结构。诉调对接机制及其现实意义也正在于此。

（一）"诉调对接"机制在国内外的经验做法和探索创新

新制度经济学基本理论认为，"（特定）制度安排'嵌在'（特定）制度结构中，所以它的效率还取决于其他制度安排实现它们功能的完善程度"。进而言之，"某个制度结构中（各项）制度安排的实施是彼此依存的。因此，某个特定制度安排的变迁，可能引起对其他制度安排的服务需求"。[①]着眼于构建多元化纠纷解决机制的现实需要，建构各类纠纷解决制度之间相互对接、互为补充的科学机制，已经成为中国社会治理进程中的当务之急。进而言之，就行政调解制度来讲，与其他纠纷解决模式特别是诉讼制度的对接，是有效限缩行政调解制度根本性缺陷、规避其制度风险、彰显其制度优势的重要途径，更需要去关注和研究。可以说，域外和国内的成熟经验，都非常值得梳理和总结。

1. 国外的经验。当今世界的许多法治发达国家都非常重视行政调解制度与诉讼制度以及其他类型纠纷解决模式之间的"对接"，以尽可能保留纠纷当事人在权利救济途径方面进行多重选择的可能性，特别是能够为其提供最后的司法救济通道。这样既能够防止行政权对私权的过度干预以及对公权力既定格局的严重破坏，也能够保证公民合法权益的充分实现。

美国的实践。在美国，陷入纠纷的相关主体既可以直接申请启动（行政）调解程序，也可以直接将纠纷导入诉讼环节。即便是在已经进入诉讼渠道之后，案件也可以基于司法人员的意见，随时转入（行政）调解环节。美国的社会治理实践表明，公民一旦遭遇纠纷，一般会有行政部门主导实施、类似于"平等就业机会委员会"这样的独立组织主持运作，以及以法院为后盾等多种类的调解方式供其选择使用。显而易见，在这样一种纠纷解决模式下，既可以由法官在征得双方当事人同意后，指定由行政法官担任调解人居中实施调解，也可以将纠纷转由独立组织或者行政部门通过调解加以解决。[②]

---

① 盛洪主编：《现代制度经济学》（下卷），北京，北京大学出版社，2003年版，第260、263页。

② 崔金星：《民事司法改革进程中环境纠纷行政处理问题探析》，《中国环境管理干部学院学报》2008年第4期；郭玉军、甘勇：《美国选择性争议解决方式（ADR）介评》，《中国法学》2000年第5期。

日本的做法。在日本，为了实现积极意义上的审判"ADR化"以及ADR在程序运作方面的充实化，理论界和实务界历来都主张并践行诉讼与非诉讼两类纠纷解决机制的相互合作。事实上，这一制度理念和发展方向，已经非常充分地体现在了行政调解组织与法院的纠纷解决实践之中。尽管它们在各自的制度结构层面或者在各种现实条件下，依然存在着种种制约和限制，例如在调停性、斡旋性程序中，一般性的证据调查很难进行，在审判程序中，也很难贯彻纠纷当事人自主性的随机调整，尤其是对于特殊专业领域的纠纷解决，审判机构与调解类制度的专业机构相比依然存在很大差距，然而，其审判与调停之间能够相互移交，已经实现了制度上的初步对接，并且已经实质性地取得了超越相互移交制度实践的发展。例如，当公害纠纷被诉诸法院时，在得到纠纷当事人的理解之后，法官可以将必要的部分委托给前文曾经述及的"公调委"以调解方式加以解决；在被诉诸（以调解方式为主导性手段的）"交通事故纠纷处理中心"的纠纷解决过程中，如果一定需要进行证据调查，则只需在该环节中灵活适用审判程序。[①]

2. 中国台湾地区的做法。台湾地区建立了一整套法院之外的纠纷化解模式（包括自行协商、接受陈情、调处和裁决四种）。其中，即便是无居中第三方、只有双方当事人相互商讨而形成的书面文本，只需经过公证，也依然具有申请法院强制执行的法律效力。与大陆地区对调解协议的诉前司法确认机制类似，台湾地区经调处委员会达成的调处协议经法院核定后，也具有与民事确定判决同等的法律效力。如有调处无效或者撤销调处的原因，当事人应当在法院"核定调处书"送达后30日内，向原核定法院提起宣告无效或者撤销之诉。如果经调处委员会调处不成立者，也可以就纠纷所产生的损害赔偿，申请裁决委员会裁决。裁决过程中，还可以再次转入调解程序，如果调解不成，则迳行裁决。裁决书送达后20日内，纠纷当事人再未就同一纠纷提起民事诉讼，则视为纠纷当事人已经依裁决书达成了合意。合意的裁决书经法院审核后，具有与民事确定判决同等的法律效力。[②]

3. 大陆地区的探索创新。伴随着多元化纠纷解决机制建设及改革在中国社会治理进程中的深入推进，特别是近年来全国法院系统以同级党委政府领导的诉源治理机制建设为龙头在该领域持续性地深耕细作，司法诉讼与调解制度相互对接的理论探索与实践创新也在日益丰富。在此进程中，

---

① 〔日〕小岛武司：《诉讼外纠纷解决法》，丁婕译，北京，中国政法大学出版社，2005年版，第220页。

② 崔金星：《民事司法改革进程中环境纠纷行政处理问题探析》，《中国环境管理干部学院学报》2008年第4期。

部分地方基层治理主体也积极尝试让行政调解活动及时搭上这一制度建设的"顺风车"，尤其是在诉前司法确认机制这一紧要环节，更是初步实现了制度建构上的局部创新，取得了令人欣慰的成效。

甘肃定西模式。① 正如前文所述，甘肃省定西市于 2007 年 3 月起开始实施的"人民调解协议诉前司法确认机制"工作，其名义上虽然只涉及人民调解，但实际上也涵盖了少量的行政调解活动。其关于行政调解协议确认的具体程序是：行政主体等调解组织就双方当事人之间的民事纠纷进行调解并达成协议后，经双方当事人共同申请，基层法院经过审查认为该行政调解协议具备法定要件，则以"裁定书"的形式予以确认。该行政调解协议一经确认，双方当事人就必须履行；如果一方拒绝履行该协议，则另一方就可以据此申请法院强制执行。②

广东东莞模式。③ 自 2007 年起，东莞市中级人民法院和市交警部门联合建立"司法确认便民机制"。主要内容是，凡在东莞辖区内的交通事故，经交警主持达成调解协议，当事人可以到就近的基层法庭进行司法确认，法庭当即制作"民事调解确认书"送达双方当事人。如果赔偿义务人拒不履行，赔偿权利人可以据此直接申请强制执行。很显然，这一举措切实强化了对交警部门行政调解的效力保障。在此基础上，东莞市第一人民法院自 2019 年以来，开始探索"1 个中心分流（即诉调对接中心）、2 个平台调解（即线下线上两大调解平台）、3 大力量（即特邀调解、律师调解、专职调解三方力量）整合"的"1+2+3"一站式多元化纠纷解决新模式，取得了更为突出的社会治理成效。特别是东莞市第一人民法院与当地司法行政部门、人力资源和社会保障部门等多家行政部门建立"特邀调解联动机制"，促进了纠纷类型的一体化处理。

安徽马鞍山模式。④ 作为全国法院系统多元化纠纷解决机制改革示范法院，安徽省马鞍山市中级人民法院自 2015 年以来，将诉调对接平台从单一的协调功能向多元立体的服务功能转变。特别是近两年来，通过"多元

---

① 参见姬忠彪等：《定西，定兮！——定西"人民调解协议诉前司法确认机制"调查》，《人民法院报》2009 年 3 月 3 日第 7 版。

② 董少谋：《人民调解协议诉前司法审查确认机制探究——兼谈执行许可宣告程序之建构》，《法学杂志》2009 年第 6 期。

③ 参见徐志毅、刘伟乐：《精准分流　并轨联动　合力解纷——广东东莞第一法院构建一站式多元解纷新模式纪实》，《人民法院报》2020 年 4 月 30 日第 5 版。

④ 参见李阳：《马鞍山中院多元化纠纷解决机制"升级换代"》，《人民法院报》2016 年 11 月 25 日第 2 版。

联动"，全市近三成的矛盾纠纷被化解在了诉前。在纵向层面，马鞍山市发挥县（区）、乡（镇）或者街道、村（社）三级综治中心等平台功能作用，与全市各个"法官便民联系点"和"法官工作室"织成了一张"纠纷解决网"，初步实现了法院与辖区内各类调解组织的"对接"和"覆盖"。在横向层面，马鞍山市两级法院分别在各个矛盾多发领域建立了一站式纠纷解决服务平台和诉调对接机制，行业性、专业性调解组织已经达到了31个。其中，一个突出例证就是道路交通事故纠纷的处理。笔者于下文通过一起具体案例来说明这一模式的纠纷解决效果。

案例十八：诉调对接机制有效解决疑难交通事故纠纷

随着多元化纠纷解决机制改革的推进，马鞍山市花山区人民法院组建成立了"道路交通事故审判庭"，该审判庭进一步整合"122事故处理大队"、保险公司等单位的资源优势，形成了事故处理、行政调解、保险理赔、法律诉讼等"多位一体"的便民服务体系，为有效解决道路交通事故纠纷，特别是支撑保险公司"敢于、勇于、乐于承担法定赔偿责任"确立了根本保障。2016年5月，马鞍山市花山区发生一起交通事故，当事人一方受伤后引起早产，婴儿出生后重度窒息，出生时就被诊断为脑性瘫痪，已经构成三级伤残。由于无法查清另一方当事人有无违反信号灯规定通行的事实，交警部门无法明确认定事故责任。更何况，该案案情相对复杂，涉案金额高达150多万元，因此事故双方当事人矛盾异常激烈。该起纠纷诉至马鞍山市花山区人民法院后，该法院道路交通事故审判庭认为，只有行政调解才能真正化解双方的纠纷。在征得当事人同意后，及时协调案发时处理事故的办案民警和保险公司调解员，快速启动实施并完成了诉前委托行政调解程序。值得注意的是，该案件从诉前沟通到最终行政调解结案，再到赔偿款到账，仅仅用时一个多月。

可以看到，该案例充分彰显了当地道路交通领域诉调对接机制的显著优势。此项机制突出发挥交警（行政）调解"承前启后"的作用，将法院调解、司法确认与保险行业调解相衔接，为当事人获取灵活多样、便捷有效、富有人性关怀的纠纷解决途径提供了制度保障。

福建泉州模式。① 为强化人民法院诉讼调解、市场监管局行政调解、消

---

① 参见苏晓晖、陈晓丹：《"诉调对接"建机制"三调联动"化纠纷》，《福建质量技术监督》2020年第4期。

委会调解在解决社会矛盾纠纷中的职能作用，实现诉调机制优势互补、良性互动，更好地发挥整体合力，2019 年，泉州市中级人民法院与泉州市市场监管局、泉州市消委会联合制定《关于开展消费纠纷非诉调解司法确认及与诉讼调解衔接工作的意见》。该意见规定，市场监管局和消委会调解的消费纠纷案件，各方当事人达成调解协议书并经各方当事人同意，可以共同向有管辖权的人民法院依法申请确认调解协议的效力。人民法院受理申请后，经审查对符合法律规定的，应当依法及时确认其效力。经人民法院依法予以确认的调解协议具有法律效力，一方当事人如拒不履行，另一方当事人可以依法申请人民法院强制执行。特别是当地要求，对于未经调解的消费纠纷案件，人民法院应主动宣传市场监管部门和消委会实施调解的特点和优势，引导当事人优先选择调解；同时，市场监管部门和消委会在调解消费纠纷工作中，遇到疑难或群体性投诉案件时，可就相关法律问题向人民法院咨询，接受咨询的法院应当积极配合。显然，上述举措既可解决消费者担心的纠纷调解后赔付不到位的问题，又可以规避过度维权，更有利于提升市场监管部门实施行政调解的公信力。

案例十九：行政调解衔接司法确认快速化解消费纠纷

蒋某购车并约定由车行包办上牌。2019 年 11 月，车行在办理上牌的过程中发生交通事故，造成车辆损坏。蒋某要求换车遭拒后投诉。经泉州市鲤城区市场监管局调解，双方达成调解协议，由车行赔偿消费者 1.9 万元，其中 6000 元抵扣购车尾款，其余分期偿还。鉴于蒋某担心分期履行的方式可能会存在后续款项无法到位的问题，市场监管局引导双方向鲤城区人民法院申请司法确认。承办法官经审查认定该协议具有法律效力，予以司法确认，明确若被诉方未按期履行义务，蒋某可直接申请法院执行。一起车辆买卖合同纠纷遂得以平息。

可以看到，泉州市的人民法院、市场监管局、消委会之间的互动，实现了诉调对接的优势互补，为履行调解协议提供了司法保障，形成了有效化解消费矛盾的整体合力。

浙江安吉模式。[①]为充分发挥并有机衔接行政调解的职能作用和司法诉讼的主导作用，2017 年 3 月，浙江省湖州市安吉县人民法院与湖州市政府法制办联合设立了全国范围内第一家"行政争议调解中心"。此举旨在依

---

① 参见孙国华：《安吉：行政争议也能"大调解"》，《人民法院报》2017 年 12 月 3 日第 8 版。

托这一平台，借助行政执法机关的专业力量，立足于行政诉讼制度的制度公信力，努力为双方当事人摆开平等对话、沟通交流的"圆桌"，以便从根本上解决"官民纠纷"，特别是能够使其止步于诉中甚至是诉前，对于当地社会治理大局而言，既降低了治理成本，又强化了治理成效。湖州市法制办工作人员认为，他们在行政争议调解过程中，正是依赖于这一工作机制，特别是注重拿捏好行政调解的细节、时机和分寸，从而充分实现了行政工作目标。具体效果究竟如何，可以通过一起具体案例来加以判断。

案例二十：行政诉讼携手行政调解 及时化解行政争议与民事纠纷

2015年，湖州市某市民与该市某公司签订房屋买卖合同。此后，该市民发现该公司并未完全履行合同义务，导致其无法与国家电网签订供用电服务合同，只能通过该公司购电，导致实际电费高于国家电网价格。该市民数次向市住建局提出书面申请，要求其查处该公司的违约行为，然而却石沉大海，未能收到任何回复。2017年年初，该市民以市住建局"不作为"为由，向安吉县人民法院提起行政诉讼。法院立案后，便及时通报湖州市行政争议调解中心。行政争议调解中心第一时间协调市住建局立即对该公司实施调查，并及时向该市民告知查处结果，该市民随后撤回起诉，本案顺利画上句号。该案同时也成为行政争议调解中心挂牌后成功调解处理的第一起案例。

以要求行政主体履职尽责为核心内容的行政争议，一般都可能牵涉社会关注度高的"老大难"问题。上述案例表明，既要有力督促行政机关依法行政，又要有效保障行政相对人合法权益，还必须照顾行政机关的"颜面"（这是特定国情下纠纷当事人必须认真对待的问题），这就要求司法机关必须不断探索健全多元化纠纷解决新机制，不断完善行政争议的化解方式。如果只是单纯依靠"民告官"的行政诉讼，很有可能无法兼顾既规范"官"之权力行为，又维护"民"之合法权益，还要实现"官民和谐"的多重目的；当然，如果只是片面地依靠行政调解制度，则更是难上加难。基于社会治理的现实需求以及化解民事纠纷和行政争议的难点所在，湖州市安吉县人民法院立足于行政诉讼和行政调解的制度功能，依据"快速调解、及时查处"的工作原则，依托当地行政争议调解中心这一平台，督促行政机关尽快行动起来，既规范了行政行为又维护了行政相对人合法权益，既化解了民事纠纷和行政争议又实现了公权力与私权利的和谐互动，真正实现了定分止争、案结事了。面对强大的行政权及其运行失范，司法权往往需要富有技巧性地选择柔性手段来维护法律的尊严和当事人的权利。笔者以为，只要这种行政诉讼和行政调解之间紧密衔接、集两种制度优势于一体的方式能够真正有效地化解矛盾纠纷，也是社会治理层面的一种进步，当然也应当成为现阶段强化社会治理效果的一种努力方向。

由于国内各区域经济社会文化发展水平不同，诉调对接模式并非一成不变，纠纷类型的时空演变格局与趋势也是决定特定地区诉调对接模式的横向区域差异与纵向时间差异的基本依据，相应地，诉调对接机制也可能经历一个逐步的变化，故应格外注意机制的当下适用性与适度前瞻性。同时，政府、法院、社会、团体与个人等在诉调对接机制构建与多次叠加中的具体角色与历史使命不同，保持角色适当即不越位与不错位也是必要之举。①

（二）行政调解协议法律效力保障机制的完善

行政调解制度实践及其最终达成的调解协议应当具有法律效力，本该是不言而喻的。特别是考虑到对于该项制度安排及其功能，乃至于对社会治理功效的充分保障，也应当赋予行政调解制度以一定的法律效力。②然而，长期以来，行政调解行为最终达成的调解协议并不被司法机关认同。直到最高人民法院出台司法解释，特别是《民事诉讼法》的多次修正，既明确了"诉前司法确认"机制，更是为"行政调解协议"获得应有的法律（强制）执行效力扫清了障碍。具体而言，2021 年修正之前的《民事诉讼法》第一百九十四条规定："申请司法确认调解协议，由双方当事人依照人民调解法等法律，……共同向调解组织所在地基层人民法院提出。"这里明确提及"人民调解法"，反倒使"行政调解协议"在司法实践中被基层人民法院区别对待。为解决这一问题，2021 年修正之后的《民事诉讼法》第二百零一条则规定："经依法设立的调解组织调解达成调解协议，申请司法确认的，……共同向下列人民法院提出"。此处"经依法设立的调解组织"虽然表述较为笼统，却自然将主持实施行政调解活动的行政主体涵盖其中，进而使得"行政调解协议"也当然被纳入法院诉前司法确认的范围之内。这项制度设计的改良和实施，是对当下中国社会治理实践及其重大现实需求的及时回应，从国家立法层面对行政调解协议的独立法律价值给予必要的肯定。当然，也必须看到，立法和司法实践中的一些问题依然有待解决。

---

① 卫跃宁、刘文斌:《诉调对接模式的决策依据与相对选择——基于本土司法数据及实务经验的原理总结与趋势前瞻》,《河北法学》2020 年第 12 期。

② 范愉:《社会转型中的人民调解制度》,《中国司法》2004 年第 10 期。

1. 诉调对接机制实施中存在阻力。第一，容易发生虚假调解。在调解过程或申请司法确认过程中，可能会发生纠纷当事人恶意串通、虚构或伪造事实等情况。如申请人虚构债权债务，通过司法确认来逃避债务或者侵害他人合法权益。因为调解过程并没有双方质证和抗辩环节，缺乏对抗性并具有高度保密性；对调解协议的司法确认审查，也不像诉讼案件那样进行详细的事实审查而是以形式审查为主。如果当事人刻意隐瞒，无论是前期的调解机构，还是后期的法院，都很有可能受到蒙蔽。虚假调解以及后续的司法确认不仅会侵害利害关系人的合法权益，而且还会浪费社会治理资源，影响调解公信力和司法权威。第二，相关立法规定有缺陷。这里最为突出的问题是，"双方共同申请"启动司法确认程序的立法要求，成为制约司法确认程序彰显制度功效的重要原因。根据《民事诉讼法》等有关法律规定，只有双方当事人共同申请才能启动司法确认程序，单方当事人无法提出司法确认申请。这样的规定忽视了单方当事人申请的必要性与合理性。事实上，重视单方申请需求更具现实意义。因为如果双方当事人能达成司法确认的合意，就表明已经具有了履行调解协议的意愿，司法确认不过是形式上再加一重保险而已。反倒是一方不同意申请的，违约概率较大，更有必要通过司法确认来保障协议的履行。另外，申请司法确认的便利性，也是影响司法确认实施效果的重要因素之一。当事人达成调解协议后，离法院越近、越便利，当事人申请司法确认的积极性就越高；反之，积极性就越低。实践中，既有调解组织派驻法院调解室或法院在调解组织派员、设立巡回法庭，诉调对接比较便利、当事人容易申请司法确认的情形，更有多数调解组织距离诉调对接平台较远、当事人大多因此放弃申请司法确认的情形。[①]

2. 完善制度设计。围绕行政调解协议的法律效力问题，业内多数论者认为，其应当与人民调解协议享受同等法律待遇，即只需经过法院的司法确认就当然具有法律（强制）执行效力。少数论者则主张，考虑到行政调解活动的公权力属性及其相对较高的规范性，行政调解协议应当具有高于人民调解协议的法律效力。[②]具体而言，作为当前中国非诉执行的法律依据，行政仲裁调解书、公证债权活动中形成的调解书等都具有法律（强制）执行效力，其正当性根据在于，仲裁或者公证人员在实施调解活动的过程中或者调解结束后，已经对参与调解的自愿性及调解协议的合法性进行了准司法审

---

① 孟婷婷：《诉调对接机制的发展探析》，《中国司法》2021 年第 2 期。

② 有关分析，参见范愉：《行政调解问题刍议》，《广东社会科学》2008 年第 6 期；王聪：《作为诉源治理机制的行政调解：价值重塑与路径优化》，《行政法学研究》2021 年第 5 期。

查。因此，行政主体所主持的调解也应当遵循同一原理，而无需再通过司法确认程序赋予行政调解协议以法律（强制）执行效力。对此问题不能一概而论，应该根据行政调解协议的内容，特别是其所化解的纠纷类型加以区别对待。具体而言，必须从以下两个方面着手加以解决：既要完善现行诉讼制度模式，也要尽快出台有关行政调解制度的全国性统一立法。

第一，尽快完善现行民事诉讼法律制度。必须承认，《民事诉讼法》经过近年来的持续修正，正在呈现出越来越有利于行政调解制度运行的良好态势。然而，相较于当下中国社会治理的现实需要，现行民事诉讼法律制度依旧存在着改良的空间。应该通过最高人民法院出台或者修改司法解释的方式，将现行《民事诉讼法》第二百三十一条第二款关于"法律规定由人民法院执行的其他法律文书"的文字表述直接具体化，[1] 明文确定此处的"其他法律文书"应当包括"经人民法院确认合法有效的行政调解协议"，从而为行政调解制度的良性运行提供法律依据。

第二，尽快制定并颁布实施《行政调解条例》。有关《行政调解条例》在实体层面和程序层面的具体细节，笔者于前文已有分析和讨论，此处不再赘述。在此需要强调的是，行政调解制度的适用范围涉及民事纠纷和行政争议，《行政调解条例》应当明确规定由双方当事人签字或盖章的行政调解协议具有法律约束力。具体而言，以行政调解制度的适用对象为区分标准，包括以下情形：

因调解民事纠纷而达成的行政调解协议，应当直接依据最高人民法院《诉讼非诉讼衔接若干意见》有关行政调解协议的明确规定，或者直接参照最高人民法院有关人民调解协议的司法解释，[2] 明确其一经具备法定形式要件，就具有民事合同性质，即具有法律约束力。[3] 从法理上来说，既然由群众性自治组织主持达成的人民调解协议具有法律约束力，那么，在代表国家依法行使职权的政府部门等各类行政主体主持下达成的行政调解协议，则更应当具有法律约束力。[4] 进而言之，《行政调解条例》还应当参照《民事诉讼法》和《人民调解法》，就行政调解协议的诉前司法确认及其相关事

---

① 《民事诉讼法》第二百三十一条第二款规定："法律规定由人民法院执行的其他法律文书，由被执行人住所地或者被执行的财产所在地人民法院执行。"

② 例如最高人民法院出台的《关于审理涉及人民调解协议的民事案件的若干规定》《关于人民调解协议司法确认程序的若干规定》等司法解释。

③ 刘敏：《论诉讼外调解协议的司法确认》，《江海学刊》2011 年第 4 期。

④ 当事人应当按照约定履行自己的义务，不得擅自变更或者解除调解协议。当事人一方向法院起诉，请求对方当事人履行调解协议的，法院应当受理。

项作出明确规定，以明确赋予其法律（强制）执行效力。

在这一环节，《行政调解条例》应当明确规定，在达成行政调解协议并经双方当事人签字或者盖章即产生法律约束力以后，主持行政调解活动的行政主体及其调解人员应当立即且明确地建议双方当事人及时将该行政调解协议向基层法院申请司法确认。这一建议虽然对于纠纷当事人而言并不具有强制力，然而，明确且及时提出该建议，却应当是行政主体及其调解人员的法定职责。

需要特别注意的是，在行政裁决和行政仲裁等行政类"裁断式"①纠纷解决过程中，经由行政主体主持并实施调解进而达成的行政调解协议书，一经各方当事人签字并加盖行政主体印章从而具有法律约束力的同时，也就具有了法律（强制）执行效力，而不需要法院实施诉前司法确认这一环节。之所以如此，原因就在于，这里的行政调解协议书已经不再单纯是在该行政主体所主持并实施的行政调解环节中达成的法律文书，而是旨在终结行政仲裁或者行政裁决等法定纠纷解决方式的书面化表达。因此，它也就当然具有了与行政仲裁法律文书或者行政裁决法律文书同等的法律（强制）执行效力。在这种情形下，若有一方不按照相关法律文书履行其法定义务，则对方就可以直接依法申请法院强制执行。

因调解行政争议而达成的行政调解协议，一经双方当事人签字或盖章，无须经过（基层）法院进行诉前司法确认或者其他程序，就（如同法院调解环节中所形成的调解书那样）当然具有法律（强制）执行效力。笔者之所以作出这样的制度设计，主要原因在于以下两方面：

一方面，缺失特定诉前司法确认工作的相关法律依据。截至目前，国家层面依然没有出台针对因调解行政争议而形成的行政调解协议进行诉前司法确认的法律依据。

另一方面，以行政争议为对象的行政调解协议具有双重公权力属性，其法律效力理应高于以民事纠纷为对象的行政调解协议。以民事纠纷为对象的行政调解协议，实际上是在行政主体居中调解之下，当事人双方达成合意即实施意思自治的结果。不同于民事纠纷，行政争议中至少有一方当事人为行政主体，其在行政调解活动中出于有效解决行政争议的现实需要，必须在一定程度上通过法律允许的特定方式来行使公权力；在此基础上，再经过作为调解主体的行政机构及其公权力的职能作用，进而形成行政调

---

① 需要注意，这里并不包括行政复议。尽管其也同属于行政类"裁断式"机制，但其所化解的是行政争议而非民事纠纷，因此不涉及司法确认的问题。

解协议。笔者以为，经过双重行政公权力的持续作用，最终所达成的行政调解协议无需再通过诉前司法确认的方式来获得法律（强制）执行效力，而是当然享有这一法律效力。

3. 规范诉前司法确认机制。通过以上立法层面的具体措施，可以为行政调解协议的诉前司法确认工作提供有效的制度保障。同时，应降低申请司法确认的门槛，通过立法构建当事人单方启动与双方启动并行的机制；或是扩大双方申请的外延，一方申请，另一方通过明示或默认同意即可。在此基础上，应从以下三个方面加以规范：

第一，性质界定。诉前司法确认机制是指行政主体等非诉讼调解组织对当事人双方之间的民事纠纷进行调解达成协议后，经当事人申请，（基层）法院审查认为调解协议合法有效，出具裁定书赋予该行政调解协议以法律（强制）执行效力的制度设计。而且，该机制是因纠纷当事人的申请而启动的司法"特别程序"，因此，不受民事诉讼法律制度规定的一般诉讼程序的限制。[①]

第二，审查范围。诉前司法确认机制的审查范围只限于经由行政主体等非诉讼调解组织调解达成的行政调解协议。就行政调解活动及其调解协议而言，诉前司法确认不但必须审查其中的程序性内容，而且必须审查其中的实体性内容。[②]审查过程中，要询问纠纷当事人，核对有关证据；向调解人员调查了解开展行政调解活动时的相关情况，以判断是否存在强制调解、压迫调解等非法情形。当然，结合行政调解制度及其实践的基本特点和司法资源的稀缺性，（基层）法院诉前司法确认的审查范围应当主要限于程序性内容，即是否违反自愿原则和法律的强制性规定。[③]

第三，法律效力。就（调解民事纠纷的）行政调解协议而言，欲将其由一般性的民事合同转换为据此申请法院（强制）执行的法定依据，诉前司法确认机制是一种较为理想的路径。应当规定，法院经过审查后，只能对该行政调解协议作出"调解协议有效"的裁定或者"驳回申请"的裁定，

---

① 董少谋：《人民调解协议诉前司法审查确认机制探究——兼谈执行许可宣告程序之建构》，《法学杂志》2009年第6期。

② 就程序性内容而言，审查当事人是否具有完全民事行为能力，代理人是否具有代理权，当事人双方是否自愿接受非诉讼调解，调解协议是否是当事人的真实意思表示；就实体性内容而言，审查调解协议是否存在以合法形式掩盖非法目的，调解对象是否属于民事纠纷，调解协议内容是否违反法律、行政法规的禁止性规定和社会公共利益，是否损害国家和集体利益及第三人的合法权益，调解协议内容是否属于当事人处分权的范围。

③ 刘敏：《论诉讼外调解协议的司法确认》，《江海学刊》2011年第4期。

而不能"越俎代庖"去主持调解，更要明确否定纠纷当事人试图由特定行政主体再行实施调解的申请。总而言之，经过诉前司法确认程序被裁定"有效"的行政调解协议，就当然具有了法律（强制）执行效力。原则上，欲使（强制）执行效力落到实处，就必须通过国家司法机关借助司法权迫使一方当事人履行自己的法定义务，从而实现另一方当事人的法定权利。进而言之，只有具备实体意义上的请求权这一基础性条件，才能真正实现附随于对行政调解协议进行诉前司法确认的法律（强制）执行效力。毫无疑问，表明这一基础性条件已然具备的规范性文本，正是载明各方当事人权利义务、已经正式生效的判决、裁定和调解（协议）书等各类法律文书。针对（强制）执行依据，《行政诉讼法》《民事诉讼法》以及相关司法解释已经明确作出了相应规定，[①] 社会治理实践中依据相关规定严格执行即可。

总之，针对行政调解协议的诉前司法确认机制的建构和完善，能够为实现行政调解制度的基本预期提供有效的制度保障。套用实践中纠纷当事人的话，通过这种机制，"既不需要打官司，又能够实现打官司的目的；既能够从根本上解决矛盾，又不会伤和气"。毫无疑问，这也正是该项制度安排的价值所在。当然，也不能对诉前司法确认机制过度依赖，而是要通过提升行政调解协议的规范性来提高行政调解质量，增强协议自身的法律效力和当事人履行调解协议的自觉，督促当事人自动履行协议。

（三）诉调对接机制的落实

正如前文所述，行政调解制度与司法诉讼制度之间的"对接"机制，已经在局部地方治理实践中取得了值得肯定的显著实效。与此同时，也存在一些亟待解决的问题：一方面，对已经形成的制度落实得并不到位；另一方面，已经形成的经验和做法目前还只是局限于个别地方或个别纠纷领域的制度探索和创新，既没有形成具有普遍效应的规模和范围，也没有形成具有普遍效力的制度和规范。如果要真正强化行政调解制度的内在优势，进一步加快社会治理现代化进程，就必须充分实现诉讼机制与行政调解机制的无缝对接。

要达到这一制度建设目标，必须多管齐下。诉调对接工作涉及多方面力量的协作与平衡，应当建立多方配合的工作机制，在党委政府统一领导、统筹安排下，发挥各部门和组织的作用。负责审判的法院系统和主管

---

① 例如，《行政诉讼法》第九十四条规定：当事人必须履行人民法院发生法律效力的判决、裁定、调解书。该法第九十五条规定：公民、法人或者其他组织拒绝履行判决、裁定、调解书的，行政机关或者第三人可以向第一审人民法院申请强制执行，或者由行政机关依法强制执行。

调解的司法行政部门要加强配合，建立有效的沟通协作机制，明确职责分工，建立联席会议，定期进行会商和通报，及时交流信息，沟通解决工作中存在的问题，真正形成工作合力。既需要各级党委统筹协调各方力量，为打造共建共治共享的社会治理格局提供坚强的组织保障；[①] 也需要各级、各类行政主体特别是基层行政主体进一步规范行政调解活动、强化行政调解与诉讼等其他纠纷解决模式之间的对接，这也正是建构法治政府、推进行政法治建设的题中应有之义；[②] 更需要全国法院系统特别是基层法院努力践行并完善诉调对接机制，通过有效参与诉源治理、着力缓解人案矛盾、切实提升审判工作质效，进而从根本上实现对行政调解制度的支持和保障。

1. 诉调对接相关制度体系。尽管完善并落实诉调对接机制这一重要工作事关多方主体，但是其主导权还是掌握在法院手中。单就法院系统而言，应该积极发挥其主观能动性，有力采取引导、分流等各项举措，通过司法手段来实现对行政调解制度特别是对其调解协议法律效力的支持和保障。这无论是对于法院系统自身从源头上减少诉讼增量，[③] 还是对于法治政府建设中行政方式的优化，或是对于地方实施柔性化基层社会治理，均大有裨益。事实上，最高人民法院近年来已经发布多项规范性文件、采取多种举措，在党委政府领导的"诉源治理"总体框架内，以多元化纠纷解决机制建设为重点，对涵盖行政调解制度在内的诉调对接机制进行了多维度的制度支撑，已经初步形成了较为全面的制度体系。在制度文本层面，除《五五改革纲要》之外，还有以下两项重要的规范性文件，下面分别简要述之。

第一，最高人民法院《多元化改革意见》有关规定。该《意见》明确指出，其"主要目标"就是"……合理配置纠纷解决的社会资源，完善和解、调解、仲裁、公证、行政裁决、行政复议与诉讼有机衔接、相互协调

[①] 习近平总书记在2019年中央政法工作会议上强调指出，完善党委领导、政府负责、社会协同、公众参与、法治保障的社会治理体制，打造共建共治共享的社会治理格局。参见张洋等：《奋力谱写政法事业发展新篇章——习近平总书记在中央政法工作会议上的重要讲话引起强烈反响》，《人民日报》2019年1月17日第1版。

[②] 无论是《法治政府建设实施纲要（2015—2020年）》，还是《法治政府建设实施纲要（2021—2025年）》，均对规范和加强行政调解工作、强化行政调解与其他纠纷解决模式之间的衔接提出了具体要求。

[③] 自2019年以来，全国45%的中基层法院案件量增幅出现下降，16.6%的中基层法院案件量同比下降。参见蔡长春：《最高法：全国45%中基层法院案件量增幅下降》，《法治日报》2021年2月20日第5版。

的多元化纠纷解决机制；充分发挥司法在多元化纠纷解决机制建设中的引领、推动和保障作用……"。特别是该《意见》强调要"……加强对调解工作的指导，推动诉讼与非诉讼纠纷解决方式在程序安排、效力确认、法律指导等方面的有机衔接"。另外，该文件还提出，要"完善司法确认程序"。尤其值得肯定的是，该项规范性文件明确宣示，要"完善管理机制"，"建立诉调对接案件管理制度"。①

第二，最高人民法院《两个"一站式"意见》有关规定。该《意见》建构的工作机制从"引进来"和"走出去"两个维度开展具体工作："引进来"即着力满足当前部分群众更愿意在法院解决纠纷的实际需求，按照自愿、合法原则，为当事人提供多途径、多层次、多种类的纠纷解决方案和方便、快捷、低成本的纠纷解决服务；"走出去"即主动发挥法院职能作用，为非诉讼方式解决纠纷提供司法保障。显而易见，与行政调解制度及其功效密切相关的即在于法院究竟如何"走出去"。就此问题，该《意见》明确规定，要"加强与调解、仲裁、公证、行政复议的程序衔接，……加强调解协议司法确认工作，进一步完善司法确认程序，探索建立司法确认联络员机制"。该《意见》还规定，要"完善诉调一体对接机制"，"促进诉调对接实质化……对适宜调解且当事人同意的，开展立案前先行调解；调解成功、需要出具法律文书的，由调解速裁团队法官依法办理"。②

通过上述规定可以看到，最高人民法院通过近年来的不懈努力，已经初步构建起了一整套涵盖行政调解制度在内的诉调对接制度体系，在一定程度上实现了社会治理资源的共享，切实丰富了中国司法制度的内涵和外延。但问题在于，很多初衷良好的制度设计目前依然停留在纸面上。如何将其真正落实到中国社会治理进程之中，就成为当前工作的重中之重。

2. 着力落实相关制度要求。在诉调对接制度体系已然搭建且初具规模的基础上，（基层）法院应当以"将矛盾消解于未然、将风险化解于无形"为诉源治理基本目标，严格按照最高人民法院《两个"一站式"意见》的基本要求，紧紧依托党委和政府的领导，从以下两个方面着手，将有关制度要求落实到位。

第一，准确定位法院职能作用。作为微观社会矛盾纠纷的灵敏显示器和社会治理状态的预警机，"司法"可以为法治的发展乃至社会治理的推进

---

① 有关内容参见最高人民法院《关于人民法院进一步深化多元化纠纷解决机制改革的意见》第 2、5、31、35 项之规定。

② 有关内容参见最高人民法院《两个"一站式"意见》第 8—12 项之规定。

提供准确的反思机制，发挥制度变革的微调功能，促进社会制度实现平稳变革。[①] 具体到多元化纠纷解决机制建设和改革，法院的职能定位究竟是什么，在其中应当如何发挥作用，这一直都是各级法院乃至全社会普遍关注的重大问题。就诉源治理以及诉调对接而言，当前（基层）法院的许多工作看似是在给别人"做嫁衣"，有时甚至还会"自讨没趣"，然而透过现象看本质，这一切既有利于法院司法审判工作自身发展，又有利于社会治理全局。尽管司法引领和司法保障都是政策性浓郁的非法律概念，很难进入法学理论的话语体系，但是，作为司法机关在诉源治理以及诉调对接工作中特殊作用的具体体现，二者已经不折不扣地成为了中国社会治理进程中，纠纷解决机制从单一走向多元、从平面走向立体、从初创走向成熟的生动写照，进而也成为了法院转化角色、调整功能、优化资源、突出成效的基本标志。[②] 唯有如此，才有可能真正在最高人民法院的主导下，建成"化解案件量最多、调解资源最丰富、诉调对接最顺畅、智能程度最领先、纠纷化解最高效的中国特色、世界一流的一站式多元解纷平台"。[③]

司法引领。在当下中国的社会纠纷解决体系中，法院系统以每年处理千万计的司法案件而当之无愧地成为纠纷解决的"龙头老大"。与此同时，在激活资源、构建体系等方面，还以司法强制力、司法经验、司法能力等优势引领着其他纠纷解决机制的发展。特别是伴随着司法体制改革的进一步深化，在多元化纠纷解决机制进入多层次、多领域依法运行常态的时代背景下，已经全面回归司法属性即"规则之治"的法院，必将成为国家治理体系和治理能力现代化的关键要素。

司法保障。法院在发挥自身定分止争作用的同时，还应当以其特有的制度优势助推和保障其他非诉讼纠纷解决机制的发展。总之，应当通过强化组织建设、提升人员技能、完善诉调对接、输送法律效力、确立行为规则等多种途径，确保让更多的矛盾纠纷及时被非诉讼渠道吸附和解决，从而真正建构起体系健全、制度完备、队伍精干、氛围良好、效果显著的多元化纠纷解决机制。

第二，加快诉调对接机制的升级换代。具体而言，应当实现以下几个方面的转变：

[①]　张镭：《迈向共生型的社会规则交往——善治理念与当代中国社会规则交往模式的更新》，《法制与社会发展》2007 年第 3 期。

[②]　蒋惠岭：《诉调对接注活力　各得其所真多元》，《人民法院报》2015 年 4 月 17 日第 2 版。

[③]　蔡长春：《最高法：全国 45% 中基层法院案件量增幅下降》，《法治日报》2021 年 2 月 20 日第 5 版。

在工作平台上从"单一平面"向"多元立体"转变。必须强化网络信息技术的高效运用，打造高效便捷的在线纠纷解决平台，将以往只负责诉讼与非诉讼对接以及（行政）调解协议司法确认工作的单一型对接平台，转变为集各项诉调对接相关事务于一体的综合型服务平台，从而有效整合各类纠纷解决资源，提升社会治理效果。[①]

在工作机制上从"单向输出"向"双向互动"转变。必须从以往行政主体推动纠纷当事人"一厢情愿"式地申请诉前司法确认或者法院单方设立诉调对接机制、邀请调解组织进驻法院调解案件的情形，转变为行政主体等各类调解组织主动申请加入"法院特邀调解组织名册"，要求法院将适宜行政调解的案件委派给他们解决，从而形成法院和各类调解组织之间双向互动的良好局面。具体而言，法院应当与有关行政主体建立相对固定的诉调对接关系，在调解纠纷较多的行政主体设立巡回法庭，及时依法办理相关案件，及时指导调解业务，对调解协议进行司法确认，对调解不成的纠纷及时引导走诉讼程序。同时，也可以参照人民调解的现行做法，[②] 行政主体进驻法院设立调解室，处理法院立案前委派调解和立案后委托调解的案件。

在工作对象上从"重点突破"向"全面覆盖"转变。必须将诉调对接机制从以往只局限于纠纷多发的各类传统重点领域，转变为向各类新兴行业拓展和覆盖。诉调对接工作不仅要实现司法机关与各类调解组织之间的对接，还要积极调动基层网格员、平安志愿者和社会工作者等各类社会治理参与者的工作积极性，有效吸收各类社会主体积极开展矛盾纠纷的预防和化解工作。就此而言，可以推广山西的做法，将法院、公安机关和司法行政部门等调解平台整合到一起，汇聚三级法院诉讼服务中心的特邀调解组织及其特邀调解员、派出所及其基层民警、司法所及其调委会等专业力量，以此实现平台互联互通、资源联动联调、治理共建共享，从而推动矛盾纠纷的及时高效化解。[③]

在操作规范上从"零散差异"向"系统整合"转变。无论是诉调对接，还是诉源治理，由于牵涉多项机制、多个领域、多家单位、多类纠纷，故而在操作规范上可能出现各自为政的状况。其中，各方力量"应该"（抑或

---

① 龙飞：《我国多元化纠纷解决机制的制度创新》，《东南司法评论》2015 年第 5 期。
② 即人民调解组织在基层法院诉讼服务中心和具备条件的派出法庭设立人民调解工作室，开展民事纠纷的诉前调解工作，以此缓解诉讼压力、节约司法资源。
③ 孟婷婷：《诉调对接机制的发展探析》，《中国司法》2021 年第 2 期。

"能够")化解多少案件、哪些问题相对突出、究竟需要如何补强、诉讼与非诉讼纠纷解决机制何时彼此介入等诸多环节，往往因信息不对称、数据不共享，导致各自优势难以体现、各自劣势无法弥补、治理资源被严重浪费的不良现象。因此，各级法院必须通过深化司法体制改革和多元化纠纷解决机制改革，有效整合并应用各类社会治理资源，切实提升纠纷化解的风险预估和研判解决能力，逐步健全诉讼制度与非诉讼制度之间统一规划、统一标准、统一配置的对接互补操作规范。

综上所述，只有实现了诉调对接等工作机制特别是诉前司法确认机制的良性运行，再辅之以外在制度环境中其他因素的优化，才能够既有效防控行政调解制度的风险，又有力彰显行政调解制度的优势，从而为实现行政调解制度的供求均衡奠定外在基础。当然，也必须看到，虽然借助于制度层面的修正和完善，能够在一定程度上实现减轻人民群众诉累、缓解当前法院诉讼压力、强化社会治理功效等一系列制度正效应，但是，如果无视当前行政调解制度运行现状，盲目赋予行政调解协议以法律强制执行效力，并在当事人反悔时，将行政调解协议作为强制执行依据以平息纠纷，则非但无法从根本上实现制度预期，反倒有可能再次激化矛盾，进一步损害司法公信力，从而在根本上降低社会治理的整体效果。因此，必须将行政调解制度的风险防控与其制度内在设计的改良紧密结合起来，真正形成机制内外、制度之间彼此促进、彼此支撑的良性互动格局。

那些试图通过设立或创新制度来
实现其自身利益最大化的人类行为，如
果同时促成了适宜制度或逼近了它，则
国家兴旺发达；反之，则出现"制度悖
论"，国家衰败沉沦。*

结语：动态的制度变迁与制度均衡

行政调解制度的本质，是国家行政权力为社会提供的旨在救济权利和协调利益的公共产品，它是社会治理体系这一"国家箭袋中"不可或缺的"一支箭",[①]应该成为中国社会治理伟大进程中的中坚力量。这样一项徘徊于理想与现实之间的制度安排进一步表明，制度规则都是一种"地方性知识"，应该将不同制度或者观念的差别转化为不同知识的差别；而在知识上，则很难判断其优劣高低。[②]因此，不可能、更无必要"亦步亦趋"，而是应该在借鉴域外先进制度与理论的同时，注重对既有制度资源的挖掘和利用，以此来有效解决中国的实际问题。本书从当下中国的社会治理现状出发，运用新制度经济学中的"制度供求均衡"理论框架，以"制度供给"和"制度需求"为视角，在考察行政调解制度之基本理论和制度构成的基础上，结合对其他纠纷解决制度的比较分析，论述了国家和公民对该项制度安排解决纠纷、救济权利和社会治理之功能价值所产生的制度预期及其实现条件，分析了制约该项制度安排发挥比较优势的制度内外因素及其克服方式，探讨了防控其制度风险的可行途径，为将其建构成为多元化纠纷解决体系之中真正意义上的重要"一元"，进行了理论上的分析和探讨。当

---

* 张宇燕：《个人理性与"制度悖论"——对国家兴衰的尝试性探索》，《经济研究》1993年第 4 期。

① 〔美〕戴维·奥斯本、特德·盖布勒：《改革政府：企业家精神如何改革着公共部门》，周敦仁等译，上海，上海译文出版社，1996 年版，第 22 页。

② 苏力：《法治及其本土资源》，北京，中国政法大学出版社，1996 年版，"序言"第 3 页。

然，行文至此，尚有以下问题需要作进一步说明，以期引起学界同仁的关注和思考，从而产生更有见地的研究成果和学术贡献。

一、行政调解制度供求均衡的判断标准

由前文可知，制度均衡的实质就是制度的供给能够基本满足制度的需求，或者说，制度的供给与制度的需求基本匹配、基本一致的状态。在制度均衡的状态下，对于现存制度安排的任何改变都不可能给任何个人或者团队带来额外收益。结合本书主旨而言，笔者意在理论层面寻求结束当下中国行政调解制度供求失衡状态的有效途径，以实现该项制度安排的供求均衡。这其中，必然涉及确立何种具体标准以判断制度安排的"供求均衡"是否实现的问题。应该严格遵循前述新制度经济学的基本原理，从以下两方面来加以衡量：

一方面，就行政调解制度内在特质即该项制度安排自身的"个体性供求均衡"而言，在制度安排的具体设计上，借助于相关社会成员的努力建构，前文所述在诸如制度主体、适用范围、运作程序、法律效力等环节中原本受到诟病的设计缺陷，已经得到了基本的修正和完善，具备了实现有效制度供给的基本前提。在制度运作实践中，凡纠纷当事人诉诸该项制度安排，或者施政者认为有必要借助此种方式平息群体性事件以及其他争端，或者行政主体在征得纠纷当事人同意后动用该项制度安排以解决纠纷时，相关制度主体均能便捷有效地调动该项制度资源，并最终实现定分止争的目标；即便经由此项制度安排最终不能化解争议，也可以在确保前期行政调解实践之法律效力的基础上，由此类途径顺利转入其他渠道，以求得纠纷的最终解决。此即实现了行政调解制度的供给对于需求的有效满足，实现了制度的设计者、实施者和需求者的制度预期和制度收益。

另一方面，就行政调解制度外在因素即行政调解制度与其他纠纷解决方式之间的"整体性供求均衡"而言，在应然意义上，伴随着"服务型政府"从中央到地方的整体性建构、社会治理价值理念和制度安排的全面更新，前文所述的诸如形式法治主义的固有偏见、理论研究领域的严重忽视、相关制度主体"制度认同"弱化的负面影响、"刚性稳定观"所产生的思维桎梏、与诉讼等其他纠纷解决制度之间的衔接不畅等因素而导致的外在障碍，都已经得到了逐一的缓解甚至消除，从而为行政调解制度比较优势的充分发挥提供了理想的制度环境。在实然意义上，对行政调解制度及其实践，社会主流不再是质疑，而是普遍形成了类似于其他社会治理方式所必需的"制度认同"；学术界不再是厚此薄彼，而是能够提供及时充分的理论

观照和支撑；相关各类社会主体不再是冷眼旁观甚或百般抵触，而是能够给予必要且有力的配合；其他既存制度安排不再是各行其是，而是能够与之共同形成功能互补、相互衔接的社会治理有机体系；进而言之，基于以上因素的综合性作用，在行政调解制度及其实践中对其制度风险实施了有效的防控。如此一来，也就当然实现了社会成员对涵盖行政调解制度在内的多元化纠纷解决制度体系的满意状态，以致任何人都因为无法实现额外的收益甚或可能丧失既有的利益，而无意且无力改变这一制度安排和制度体系。此之谓社会治理层面的"帕累托最优"。

笔者以为，如果行政调解制度的实际建构和运作已经达致上述状态，就可以称之为已经实现了制度供求均衡。当然，也许有人可能对此产生疑问：既然实现制度供求均衡状态的内外因素是如此的理想化，那又怎么可能实现这种均衡呢？其实，上述有关行政调解制度供求均衡界定标准的说明，毕竟是立足于新制度经济学原理所提出的一种理论分析路径或框架，核心目的是对行政调解制度实现供求均衡的必备条件在学理层面进行梳理和说明。因此，必须力求全面、准确和规范。如此既是对前文就影响行政调解制度运行实效的制度内外相关因素所作阐述的必要呼应，也是对新制度经济学有关制度供求均衡基本原理在行政调解制度之上的具体化。总而言之，这并不会影响对行政调解制度供求均衡的基本判断和一贯追求。

二、制度建构的反复性与互补性

事实上，在具体实际的社会治理进程中，特定国家、特定政权可能会由于多种因素而被迫维持一种低效率或者无效率，甚至"负效率"的制度安排，进而无法采取任何有效的行动以消除制度供求的不均衡，以致最终可能呈现出"政策失败"的治理格局。[①] 这也正是制度建构呈现"反复性"，以及为缓解这种反复性而必须予以强化的制度之间"互补性"的根本原因。

（一）制度建构的反复性

结合本书主题而言，行政调解制度或者其他纠纷解决模式能否实现制度供求的均衡以改善社会治理，往往会基于多种因素的相互作用而呈现出多种多样的情形。既有可能是这些因素集体性"坚如磐石"而使特定制度安排或制度结构的状态根本不为所动；也有可能是尽管其中一项或几项因素发生了变化，然而最终却没有能够引起特定制度结构，甚至是特定制度

---

① 盛洪主编：《现代制度经济学》（下卷），北京，北京大学出版社，2003年版，第268页。

安排哪怕是细微的变化；当然，还有可能是虽然只有区区一项制度因素发生了松动，不料却引发了整体性的制度变迁。与此同时，当整个制度体系或者制度结构的净收益均为"正"时，在运用"成本-收益"分析法对其加以比较后，其中净收益较大的那项制度安排就是最佳制度。而无论是上述哪种情形，此类制度净收益为正值的制度都处于"制度均衡"的状态。因此，看似因过于理想化而几乎无法实现的供求均衡，实则常常会因为某一特定环节发生松动继而带动其他环节逐个"崩溃"而实现整体性制度变迁，并产生相应的制度收益，进而出现人们在主观上非常满意而无意改变、在客观上也无力改变的"制度均衡"。

与此同时，还必须注意到，当现存的制度安排和制度结构的净收益小于另一种可供选择的制度安排和制度结构时，也即出现了一个新的盈利机会，人们便有可能去寻求实现一定的变化，进而可能打破现有的均衡状态。但是，无须因为这种不均衡的出现而悲观失望，因为，只有制度运作实践中的社会成员持续地去发现潜在收益，一项制度安排才有可能实现进一步的建构和完善。进而言之，在看似不均衡的背后，实际上始终都在孕育着实现新一轮制度均衡的不可或缺的制度基因。

以前文所述甘肃省定西市诉前司法确认机制为例，从初创时期因缺乏明确的法律依据而遭受广泛质疑，到现阶段社会主流对其予以一般性接受；从最初调解组织、司法行政部门等相关机构对其抵触，到如今地方党委（政法委）政府统筹协调下各方力量给予其支持配合；从最初根据国家《诉讼费用交纳办法》对申请司法确认的减半收费，到现在的完全免费；从"民间调解"曾一度被纳入司法确认的范围，到最终因缺乏规范性而被排除在司法确认范围之外……类似于上述制度层面的一系列变动、尝试和反复，时至今日都还处于一种持续性的状态当中。再就行政调解制度而言，特定的社会主体在该项制度安排的规则下相互影响、相互作用，而这种互动和博弈又在深刻地影响着该项制度安排本身；特别是随着客观环境的不断变化，纠纷当事人在行政调解制度下的行为选择，反过来既有可能引起其自身对其他社会治理方式的制度性需求，也有可能基于此类需求而影响这些纠纷解决模式的制度性供给。毫无疑问，如果行政调解制度的供给与社会对其的制度性需求不相适应的话，则该项制度安排实际上就已经进入了非均衡状态。

制度变迁的基本原理已经说明，社会治理领域的制度变迁完全可以借助国家层面的力量来矫正制度供给的不足，而国家本身也具有提供这种制度激励的动机和欲望。正所谓，"天下可忧者为民权、天下可惧者为民怨"。

伴随着经济领域的飞速变化，已经危及社会局部秩序、挑战个别地方政府权威的社会治理现状，必将迫使国家基于制度性服务的供求变动而废弃或者改造某些现行的制度安排乃至制度结构，新的制度安排将因此而创造新的获利机会，从而使政府获得远远高于成本费用的社会安定有序的"红利"。①然而，无论如何，在明确社会治理进程中制度变迁必然性的同时，更应该看到行政调解制度建构的长期性和反复性，必须整体性地从这一制度变迁中去理解该项制度安排的均衡与非均衡。

（二）制度建构的互补性

现代社会的任何制度安排及其实践的根本目的，均在于解决实际问题，实现社会公平正义。尽管行政调解制度的功能必须借助于为人所忌惮的行政公权力加以发挥，尽管迄今为止行政调解制度尚未引起主流行政法学的应有重视，然而，在纠纷多发的当下，司法诉讼制度之外的其他社会治理方式毕竟也在发挥着重要作用，尤其是行政性资源的开掘重构和理性运用，毫无疑问是一个必要且必然的途径。更何况，基于该项制度安排的初衷，建立在行政权威之上的行政调解制度，因其在实现国家社会治理目标上所具有的独特功能，已经显现出日渐强化的趋势。显而易见，研究这一行政法治色彩尚不够浓厚的制度安排，对于探究（基层）行政主体如何通过非强制手段实施社会治理，普通公民如何在与行政主体的协商合作中实现权利救济，都将产生积极意义。因此，学界特别是行政法学界应当正视行政调解制度所具有的学术价值，实务部门也应当努力践行和不断提升该项制度安排的实际功效。

实事求是地讲，矛盾纠纷的妥当解决乃至社会治理的有序运行，主要还是依赖良法之治下司法权的有效行使；行政调解制度及其职能的发挥，不可能否定或者取代司法制度以及其他制度安排的功效。正如前文所述，与司法制度以及其他制度安排相比，行政调解制度自始至终都存在着一些自身无法克服的固有风险。换言之，各类纠纷解决制度只是相对于不同的制度运作语境而各有所长。在技术条件给定的基本前提下，交易费用是社会竞争性制度选择中的核心，依靠定量费用能够提供更多服务的制度安排，将是合乎理想的制度安排。更何况，社会治理进程中各种制度安排彼此关联，不参照其他相关制度安排，就无法估量某个特定制度安排的效率。总而言之，不是要用某种制度安排完全取代另一种制度安排，而是要实现不

---

① 参见于建嵘：《守住社会稳定的底线——在北京律师协会的演讲》，"中国选举与治理网"，最后访问时间：2019 年 8 月 4 日。

同制度安排之间的互补，并形成制度安排之间的竞争，针对不同的问题和领域，充分发挥不同制度安排各自的比较优势。[①] 特别是在当下现有纠纷解决制度总体应对态势尚不尽如人意、司法制度权威依然有待提升的特殊时段，作为拥有丰厚历史文化积淀、源于当代中国政治体制支撑、统筹和掌控丰富社会治理资源的行政职能运作模式，行政调解制度必然会成为辅助司法诉讼制度改善社会治理、促进社会和谐的重要方式。

因此，在进行制度研究时，不能仅仅从制度结构和法律文本出发进行肤浅的分析或讨论，还应当关注制度安排和制度文本得以呈现于世的原动力。无论是从微观具体的机构、人员以及程序设计层面，还是从宏观抽象的制度理想、制度预期以及价值取向层面，对行政调解制度与司法诉讼制度、与行政法治之关系的考量，都必须以对其制度运作实践与制度基本原理之要旨的学理分析和实证调查为原点。体制重大变革、社会深刻转型的现实情境，既为行政调解制度展现其内在价值、发挥其制度功能带来了"绝佳机遇"，也为其提升治理功效、维护社会秩序赋予了"艰巨使命"。虽然在制度自身先天不足和制度外在环境不佳这二者的双重作用下，行政调解制度的"制度供给"与国家和公民因基于对该项制度安排之预期而产生的"制度需求"之间出现了明显的失衡，然而，前述"绝佳机遇"和"艰巨使命"所催生的旨在强化该项制度安排比较优势的制度变迁，既为社会解决纠纷所亟需，也为国家推进治理所倚重，更为民众权利救济所期待。

毋庸置疑，本书所论述的并未涵盖行政调解制度的全部环节和要素。笔者只是试图通过初步的梳理和分析来展示行政调解制度存在哪些问题、可能解决哪些问题，如仅仅依赖本书所产生的效果和能量，实在是无力追求全面和圆满。如果所梳理和分析的这些因素具有一定的合理性，那么，目前中国的行政调解制度所面临的问题就不是各类行政主体或其他社会主体独自可以解决的，其根本性的改良和完善还需要社会经济的进一步发展，当然也需要国家层面的积极协调和推动。鉴于此，作为满足"人民日益增长的美好生活需要"之综合性努力的重要组成部分，国家对行政调解制度必然寄托特定的期望，必然要求各级施政者为实现这一目标做出自己的贡献。明确了这一点，就意味着，尽管必须尊重行政调解制度自身的特点和要求，但仅仅将其自身的便利或困难予以突出强调，或者借用纵向与横向的经验作为支持论证，实际上意义都不大。即使行政调解制度的确是缺陷多多、障碍重重，但

---

① 鲁文革：《从温州"诉调对接"模式析专利纠纷行政调解的司法确认》，《浙江师范大学学报（社会科学版）》2014年第1期。

是只要该项制度安排置于当代中国的语境之中，就必须要求它及时准确地回应当代中国的问题。因为，它虽然只是运用行政权的一种方式，却从属于整个中国社会治理的全局。进而言之，对于国家治理和社会运行之政治责任的有效分担，任何行政公权力及其主体都责无旁贷。

可以看到，我们所追求的只不过是一个相对较好的制度安排，一个相对较好的社会治理状态。特定制度安排的关键并不仅仅在于其是否理想，而更在于其能否与现实相契合。如何使有限的国家正式纠纷解决资源能够最有效地履行其治理职能，这是任何一个务实的法律人或者政治家一定会遇到并且需要认真关注和思考的理论问题和实践问题。[①] 而现实社会的基本要求是，在探讨解决公法问题时，法学理论必须根植于社会治理实践，直面公法的当代现实，拓宽公法研究的视域，以开放的心态看待现代性对社会发展的总体影响，特别是自始至终地保持对社会和经济之变迁影响行政系统和法律制度的敏感性，时刻产生问题意识，并且致力于准确回答：法律如何为当代社会提供一种能够安排行政系统与其他系统之间协调运作的规范性框架。基于常态性的制度不均衡与非常态性的制度均衡之间相互博弈的基本事实，在每一轮的制度重构之中，所有公法学人都应当力求在法学理论研究领域内有所作为，以最终对改善社会治理、救济公民权利有所裨益。

总而言之，一项优良的制度安排不仅能够科学地配置和优化既有的社会资源，充分地发掘和利用潜在的社会动力，而且应当更加有效地提供协调社会关系、规范社会秩序的公共产品，进而实现并保障社会的公平与正义。毫无疑问，公平正义的实现，离不开对公共利益的维护和社会纠纷的解决。如何在当下中国成功地建构起一套结构完整周全、内外进退有据、公正高效权威的行政调解制度，进而实施能够有效回应社会治理需求的最佳"制度变迁"；如何打造真正"为人民服务"的法治政府，切实"让人民生活得更加幸福、更有尊严，让社会更加公正、更加和谐"，[②] 真正实现"以人民为中心的发展"，[③] 显而易见，这些都是当下中国各级施政者必须解决的重大现实问题，更是广大民众翘首期盼的美好社会愿景。特别是绝不能满

---

① 苏力：《关于海瑞定理 I 》，《法律和社会科学》第四卷，法律出版社 2009 年版。

② 温家宝同志在十一届全国人大三次会议《政府工作报告》提出："我们所做的一切都是要让人民生活得更加幸福、更有尊严，让社会更加公正、更加和谐"。参见国务院研究室编写组著：《十一届全国人大三次会议〈政府工作报告〉学习问答》，北京，中国言实出版社，2010 年版，第 142 页。

③ 2015 年 10 月召开的中共十八届五中全会首次提出"坚持以人民为中心的发展思想"。

足于"制度的缺陷""时代的局限"之类的笼统解释，而是应当以科学的态度、求实的精神，认真深入地寻求这些问题的正确答案，并灵活有效运用理论研究成果去强化今后的制度建设，从而为全球治理积累中国经验、提供中国方案、贡献中国智慧。运用"制度供求均衡"的研究路径探求行政调解制度的改良甚至重构，就是为此而作的一种探索和尝试。

制度建构未有穷期，公法学人仍需努力！

参考文献

一、著作

蔡定剑:《历史与变革》, 北京, 中国政法大学出版社, 1999 年版。

蔡志方:《行政救济与行政法学（二）》, 台北, 三民书局, 1993 年版。

陈会林:《地缘社会解纷机制研究》, 北京, 中国政法大学出版社, 2009 年版。

程竹汝:《司法改革与政治发展》, 北京, 中国社会科学出版社, 2001 年版。

崔卓兰主编:《行政法与行政诉讼法》, 北京, 人民出版社, 2010 年版。

《邓小平文选》（第二卷）, 北京, 人民出版社, 1983 年版。

狄小华、李志刚编著:《刑事司法前沿问题——恢复性司法研究》, 北京, 群众出版社,
　2005 年版。

范愉:《纠纷解决的理论与实践》, 北京, 清华大学出版社, 2007 年版。

范愉、李浩:《纠纷解决——理论、制度与技能》, 北京, 清华大学出版社, 2010 年版。

费孝通:《乡土中国　生育制度》, 北京, 北京大学出版社, 1998 年版。

公丕祥主编:《纠纷的有效解决——和谐社会视野下的思考》, 北京, 人民法院出版社,
　2007 年版。

顾培东:《社会冲突与诉讼机制》（修订版）, 北京, 法律出版社, 2004 年版。

关保英:《行政法教科书之总体行政法》, 北京, 中国政法大学出版社, 2005 年版。

国务院研究室编写组:《十一届全国人大三次会议〈政府工作报告〉学习问答》, 北京,
　中国言实出版社, 2010 年版。

何兵:《现代社会的纠纷解决》, 北京, 法律出版社, 2003 年版。

洪冬英:《当代中国调解制度变迁研究》, 上海, 上海人民出版社, 2011 年版。

胡建淼主编:《行政法学》, 上海, 复旦大学出版社, 2003 年版。

胡旭晟:《法学: 理想与批判》, 长沙, 湖南人民出版社, 1999 年版。

扈纪华等:《中华人民共和国人民调解法解读》, 北京, 中国法制出版社, 2010 年版。

黄宗智:《中国研究的范式问题讨论》, 北京, 社会科学文献出版社, 2002 年版。

姜明安主编:《行政法与行政诉讼法》, 北京, 北京大学出版社、高等教育出版社, 2007
　年版。

李冬妮:《公共经济学》, 广州, 华南理工大学出版社, 2007 年版。

李震山:《行政法导论》, 台北, 三民书局, 2006 年版。

梁治平编:《国家-市场-社会: 当代中国的法律与发展》, 北京, 中国政法大学出版社,
　2006 年版。

刘荣军：《程序保障的理论视角》，北京，法律出版社，1999 年版。

卢现祥、朱巧玲主编：《新制度经济学》，北京，北京大学出版社，2007 年版。

卢现祥：《西方新制度经济学》，北京，中国发展出版社，1996 年版。

罗豪才主编：《行政法学》，北京，北京大学出版社，2001 年版。

马长山：《国家、市民社会与法治》，北京，商务印书馆，2002 年版。

《毛泽东选集》（第二卷），北京，人民出版社，1991 年版。

莫于川：《行政调解法治论——以北京市行政调解制度创新为研究重点》，北京，中国人
民大学出版社，2021 年版。

齐树洁、林建文：《环境纠纷解决机制研究》，厦门，厦门大学出版社，2005 年版。

强世功主编：《调解、法制与现代性：中国调解制度研究》，北京，中国法制出版社，
2001 年版。

秦晖：《政府与企业以外的现代化——中西公益事业史比较研究》，杭州，浙江人民出版
社，1999 年版。

任东来：《美国宪法的历程——影响美国的 25 个司法大案》，北京，中国法制出版社，
2005 年版。

沈恒斌主编：《多元化纠纷解决机制原理与实务》，厦门，厦门大学出版社，2005 年版。

盛洪主编：《现代制度经济学》（上、下卷），北京，北京大学出版社，2003 年版。

石佑启：《论公共行政与行政法学范式转换》，北京，北京大学出版社，2006 年版。

苏力：《制度是如何形成的》，北京，北京大学出版社，2007 年版。

苏力：《大国宪制——历史中国的制度构成》，北京，北京大学出版社，2017 年版。

汤黎明主编：《委托调解的理论与实践》，北京，法律出版社，2009 年版。

田传浩：《土地制度兴衰探源》，杭州，浙江大学出版社，2018 年版。

涂志勇：《博弈论》，北京，北京大学出版社，2009 年版。

汪丁丁主编：《自由与秩序》，北京，中国社会科学出版社，2002 年版。

汪洪涛：《制度经济学：制度及制度变迁性质解释》，北京，复旦大学出版社，2009 年版。

王贵松主编：《行政与民事争议交织的难题》，北京，法律出版社，2005 年版。

王名扬：《法国行政法》，北京，中国政法大学出版社，1988 年版。

王铭铭、王斯福主编：《乡土社会的秩序、公正与权威》，北京，中国政法大学出版社，
1997 年版。

王锡锌：《行政程序法理念与制度研究》，北京，中国民主法制出版社，2007 年版。

王学辉主编：《行政法学》，北京，中国检察出版社，2008 年版。

翁岳生主编：《行政法》，北京，中国法制出版社，2002 年版。

吴锦良：《政府改革与第三部门发展》，北京，中国社会科学出版社，2001 年版。

吴志明主编：《大调解：应对社会矛盾凸显的东方经验》，北京，法律出版社，2010 年版。

夏勇主编：《走向权利的时代——中国公民权利发展研究》，北京，中国政法大学出版
社，2000 年版。

谢庆奎：《当代中国政府与政治》，北京，高等教育出版社，2003 年版。

熊文钊：《现代行政法原理》，北京，法律出版社，2000 年版。

徐继敏主编：《行政法学》，成都，四川大学出版社，2009 年版。

徐昕主编:《纠纷解决与社会和谐》,北京,法律出版社,2006年版。

杨润时:《最高人民法院民事调解工作司法解释的理解和适用》,北京,人民法院出版社,2004年版。

杨解君:《行政法与行政诉讼法》,北京,清华大学出版社,2009年版。

张文显等:《法律职业共同体研究》,北京,法律出版社,2003年版。

朱景文:《现代西方法社会学》,北京,法律出版社,1994年版。

朱维究:《中国行政法概要》,北京,中国人民大学出版社,2009年版。

朱新力等:《行政法学》,北京,清华大学出版社,2005年版。

卓泽渊:《法治国家论》,北京,法律出版社,2004年版。

左卫民等:《变革时代的纠纷解决》,北京,北京大学出版社,2007年版。

左卫民主编:《中国司法制度》(第三版),北京,中国政法大学出版社,2012年版。

〔澳〕娜嘉·亚历山大主编:《全球调解趋势》,王福华等译,北京,中国法制出版社,2011年版。

〔法〕米歇尔·福柯:《规训与惩罚》,刘北成、杨远婴译,北京,生活·读书·新知三联书店,2003年版。

〔法〕孟德斯鸠:《论法的精神》(上册),张雁深译,北京,商务印书馆,1982年版。

〔法〕莫里斯·奥里乌:《行政法与公法精要》,龚觅等译,沈阳,辽海出版社,1999年版。

〔法〕皮埃尔·勒鲁:《论平等》,王允道译,北京,商务印书馆,1988年版。

〔美〕埃德加·博登海默:《法理学——法律哲学与法律方法》,邓正来译,北京,中国政法大学出版社,1999年版。

〔美〕爱德华·A.罗斯:《社会控制》,秦志勇、毛永政等译,北京,华夏出版社,1989年版。

〔美〕戴维·奥斯本、特德·盖布勒:《改革政府:企业家精神如何改革着公共部门》,周敦仁等译,上海,上海译文出版社,1996年版。

〔美〕戴维·波普诺:《社会学》,李强等译,北京,中国人民大学出版社,1999年版。

〔美〕戴维·罗森布鲁姆等:《公共行政学:管理、政治和法律的途径》,张成福等译,北京,中国人民大学出版社,2002年版。

〔美〕道格拉斯·诺斯:《经济史中的结构与变迁》,陈郁等译,上海,上海三联书店,1994年版。

〔美〕麦克尼尔:《新社会契约论》,雷喜宁、潘勤译,北京,中国政法大学出版社,2004年版。

〔日〕高见泽磨:《现代中国的纠纷与法》,何勤华等译,北京,法律出版社,2003年版。

〔日〕棚濑孝雄:《纠纷的解决与审判制度》,王亚新译,北京,中国政法大学出版社,1994年版。

〔日〕小岛武司:《诉讼外纠纷解决法》,丁婕译,北京,中国政法大学出版社,2005年版。

〔日〕盐野宏:《行政救济法》,杨建顺译,北京,北京大学出版社,2008年版。

二、论文

蔡仕鹏:《法社会学视野下的行政纠纷解决机制》,《中国法学》2006年第3期。

蔡武：《略论当下国情中如何构建我国行政调解》，《中南大学学报》2009 年第 4 期。

车文奎：《日本劳动关系的法律保障及思考》，《法学天地》1998 年第 8 期。

陈碧红、刘树桥：《我国大调解机制的思考》，《南方论刊》2014 年第 9 期。

陈光中、龙宗智：《关于深化司法改革若干问题的思考》，《中国法学》2013 年第 4 期。

陈丽平：《制定人民调解法正当其时》，《法制日报》2010 年 7 月 17 日第 2 版。

陈瑞华：《司法改革的理论反思》，《苏州大学学报（哲学社会科学版）》2016 年第 1 期。

陈卫东：《司法改革之中国叙事》，《中国法律评论》2016 年第 1 期。

陈文曲：《现代纠纷解决的基本理念：为权利而沟通》，《湖南大学学报（社会科学版）》
  2015 年第 2 期。

陈永革、肖伟：《行政调解：内涵界定、法理基础和应然价值》，《甘肃行政学院学报》
  2011 年第 3 期。

程金华：《中国行政纠纷解决的制度选择》，《中国社会科学》2009 年第 6 期。

丛玉飞、任春红：《城市外来务工人员社会疏离感影响因素分析——以长三角和珠三角
  为例》，《中共福建省委党校学报》2016 年第 8 期。

崔卓兰、刘福元：《社会管理创新过程中的行政机关及其行为》，《社会科学辑刊》2012
  年第 3 期。

丁利：《从均衡到均衡：制度变迁的主观博弈框架》，《制度经济学研究》2005 年第 3 期。

董登新：《社会保障资源的制度整合与改造——建议将"五险三金"合并为"三险一
  金"》，《金融博览（财富）》2016 年第 12 期。

董少谋：《人民调解协议诉前司法审查确认机制探究》，《法学杂志》2009 年第 6 期。

樊纲：《两种改革成本与两种改革公式》，《经济研究》1993 年第 1 期。

范愉：《行政调解问题刍议》，《广东社会科学》2008 年第 6 期。

方流芳：《民事诉讼收费考》，《中国社会科学》1999 年第 3 期。

傅少平：《对当前农村社会冲突与农村社会稳定的调查与思考》，《理论导刊》2002 年第
  1 期。

盖志毅：《"诺思悖论"及其破解》，《理论研究》2007 年第 3 期。

耿宝建：《"泛司法化"下的行政纠纷解决——兼谈〈行政复议法〉的修改路径》，《中国
  法律评论》2016 年第 3 期。

顾培东：《试论我国社会中非常规性纠纷的解决机制》，《中国法学》2007 年第 3 期。

龚文君：《医疗纠纷行政调解：意义、问题及完善》，《云南行政学院学报》2015 年第 2 期。

龚武生：《按照"三个代表"要求构建大信访格局》，《学习导报》2001 年第 4 期。

关健、盖小荣、郑宇同：《ADR 解决中国医患纠纷的可行性分析：医患双方的调查》，
  《医学与哲学（人文社会医学版）》2008 年第 10 期。

郭建勇：《区分司法品质：法院、法官与判决——司法场域中信号的传递与信任的生
  成》，《法律适用》2013 年第 7 期。

郭卫华、刘园园：《论媒体与法院的良性互动》，《法学评论》2008 年第 1 期。

郭星华：《无讼、厌讼与抑讼——对中国传统诉讼文化的法社会学分析》，《学术月刊》
  2014 年第 9 期。

郭玉军、甘勇：《美国选择性争议解决方式介评》，《中国法学》2000 年第 5 期。

国家长期战略研究小组:《最严重的警告——中国社会状况调查与分析》,《书摘》2008年第1期。

韩舸友:《法治视域下行政调解进路选择与优化》,《贵州社会科学》2013年第5期。

何兵:《纠纷解决机制之重构》,《中外法学》2002年第1期。

何炼红:《论中国知识产权纠纷行政调解》,《法律科学》2014年第1期。

贺龙栋:《社会治理:中国政府治理模式的逻辑延伸》,《唯实》2005年第12期。

侯继虎:《行政谈判:解决农村土地权属纠纷的新型方式》,《上海大学学报(社会科学版)》2018年第5期。

侯健:《实质法治、形式法治与中国的选择》,《湖南社会科学》2004年第2期。

侯岩:《实现政府与社会的互联互补互动》,《人民日报》2005年12月6日第7版。

胡军、盛军锋:《强制性、诱致性制度变迁及其它》,《南方经济》2002年第9期。

胡仕林:《非常规性纠纷的政治性解决——以群体性事件为中心的考察》,《前沿》2018年第5期。

胡旭晟、夏新华:《中国调解传统研究:一种文化的透视》,《河南省政法管理干部学院学报》2000年第4期。

黄凯南:《制度系统性建构的演化逻辑与动力机制》,《光明日报》2020年1月21日第6版。

黄宗智:《集权的简约治理》,《开放时代》2008年第2期。

计洪波:《环境行政调解的法律依据、制度框架和法律效力》,《郑州大学学报》2018年第2期。

季卫东、易平:《调解制度的法律发展机制——从中国法制化的矛盾情境谈起》,《比较法研究》1999年第4期。

江必新:《行政程序立法时机已经成熟》,《中国新闻周刊》2010年第17期。

姜川:《论我国所面临的非传统安全威胁及主要应对策略》,《贵州师范大学学报(社会科学版)》2008年第6期。

姜芳蕊:《专利纠纷行政调解之困境与完善》,《求索》2018年第6期。

姜海军、薛春燕:《民间借贷纠纷中可能隐藏涉黑犯罪的"表现"》,《江苏法制报》2019年6月18日00C版。

姜明安:《行政裁量权如何才能不被滥用?》,《中国新闻周刊》2010年第12期。

蒋惠岭:《行政调解的"座次"之争》,《人民法院报》2009年8月7日第6版。

金艳:《行政调解的制度设计》,《行政法学研究》2005年第2期。

孔祥军等:《农村留守初中生疏离感与自我伤害的关系研究》,《中国西部科技》2014年第2期。

李德恩:《覆盖与节制:一个有关"审判阴影"的悖论》,《法制与社会发展》2010年第2期。

李桂林:《司法能动主义及其实行条件——基于美国实践的考察》,《华东政法大学学报》2010年第1期。

李晴:《行政调解与诉讼对接机制研究》,《广西政法管理干部学院学报》2017年第6期。

李少平:《深化司法责任制综合配套改革 推动审判体系和审判能力现代化》,《人民法院报》2020年4月23日第1版。

李松龄：《制度需求的概念》，《经济研究与评论》1999 年第 3 期。

李文杰：《浅谈农村剩余劳动力的现状》，《中国科技博览》2017 年第 25 期。

李艳兰、高国华：《有留守经历大学生疏离感特征分析》，《宜春学院学报》2015 年第 11 期。

李英杰：《"马锡五审判方式"的现实意义》，《朝阳法律评论》2011 年第 2 期。

李勇、刘明：《少数民族区域高校学生就业法律意识缺失问题探讨》，《贵州民族研究》
    2018 年第 10 期。

连小可等：《民事调解案件检察监督制度分析》，《西南民族大学学报（人文社会科学
    版）》2012 年第 3 期。

梁秋花：《多元化纠纷解决机制中的行政调解研究》，《学术论坛》2015 年第 2 期。

林莉红：《行政救济基本理论问题研究》，《中国法学》1999 年第 1 期。

刘道远：《走出行政诉讼困境重在提高法律意识》，《湖南公安高等专科学校学报》2002
    年第 2 期。

刘江会：《中国选择"渐进式制度变迁模式"的原因分析》，《江西财经大学学报》2000
    年第 5 期。

刘美：《依法治企背景下的国有企业职工法律意识培养研究》，《黑龙江省政法管理干部
    学院学报》2018 年第 5 期。

刘武俊：《别让行政调解成"短板"》，《人民日报》2013 年 11 月 6 日第 23 版。

刘熙瑞：《服务型政府——经济全球化背景下中国政府改革目标选择》，《中国行政管理》
    2002 年第 7 期。

刘艳芳：《我国古代调解制度解析》，《安徽大学学报》2006 年第 2 期。

刘勇：《改善民生：化解"无直接利益冲突"的根本立足点》，《长白学刊》2009 年第 3 期。

刘忠：《翻转的程序与颠倒的当事人——正当程序理论的电影文本解读》，《北大法律评
    论》2005 年第 2 期。

龙飞：《论国家治理视角下我国多元化纠纷解决机制建设》，《法律适用》2015 年第 7 期。

龙宗智：《关于"大调解"和"能动司法"的思考》，《政法论坛》2010 年第 4 期。

吕冰洋、聂辉华：《弹性分成：分税制的契约与影响》，《经济理论与经济管理》2014 年
    第 7 期。

吕姝洁：《公众参与行政决策法律意识的分析》，《社会科学家》2018 年第 3 期。

陆伟明：《服务型政府的行政裁决及其规制》，《西南政法大学学报》2009 年第 2 期。

鲁文革：《从温州"诉调对接"模式析专利纠纷行政调解的司法确认》，《浙江师范大学
    学报（社会科学版）》2014 年第 1 期。

陆益龙：《纠纷解决的法社会学研究：问题及范式》，《湖南社会科学》2009 年第 1 期。

罗豪才、宋功德：《公域之治的转型》，《新华文摘》2006 年第 1 期。

马柳颖：《行政纠纷调解机制构建的法理分析》，《法学杂志》2009 年第 4 期。

马卫光：《坚持和发展新时代"枫桥经验"》，《求是》2018 年第 23 期。

马玉生：《打好新形势下维稳主动仗——深入学习习近平同志关于维护社会大局稳定的
    重要论述》，《人民日报》2017 年 1 月 13 日第 7 版。

梅帅：《论价格纠纷行政调解的法治化》，《中国物价》2021 年第 1 期。

孟鸿志、王欢：《我国行政复议制度的功能定位与重构》，《法学论坛》2008 年第 3 期。

孟婷婷:《诉调对接机制的发展探析》,《中国司法》2021 年第 2 期。

缪家清、孙刚:《居民对医疗纠纷第三方调解机制的认知与需求研究》,《中国全科医学》2017 年第 16 期。

聂军:《社会泄愤事件的谣言及其治理》,《吉首大学学报（社会科学版）》2014 年第 4 期。

纽东昊:《"2010 年《社会蓝皮书》发布暨中国社会形势报告会"实录》,《南方都市报》2009 年 12 月 22 日第 3 版。

潘乾:《行政调解制度之比较法启示》,《行政与法》2008 年第 12 期。

彭兴等:《我国医疗损害责任纠纷案件统计分析》,《中国卫生统计》2016 年第 6 期。

彭宇文:《社会治理创新与和谐社会构建》,《中国行政管理》2007 年第 1 期。

强世功:《〈美国陷阱〉揭露了一个骇人听闻的霸凌主义案例》,《求是》2019 年第 12 期。

乔亚南:《试析行政调解的基本原则》,《郑州航空工业管理学院学报（社会科学版）》2013 年第 32 期。

秋风:《何必扬调解而抑司法》,《南方都市报》2009 年 2 月 28 日第 5 版。

任剑涛:《社会结构断裂与价值迷失》,《凤凰卫视·世纪大讲堂》2010 年 7 月 3 日。

沈岿:《行政法理论基础回眸:一个整体观的变迁》,《宪政手稿》2008 年第 2 期。

沈明明:《中国农民经济纠纷解决偏好分析》,《北京大学学报》(哲学社会科学版) 2007 年第 3 期。

沈松、郭明磊:《论美国替代性争议解决方式中的调解》,《武汉大学学报（哲学社会科学版）》2004 年第 6 期。

史晋川:《论制度变迁理论与制度变迁方式划分标准》,《经济学家》2002 年第 1 期。

施立栋:《行政争议调解过程信息的保密性规则之构建》,《法商研究》2018 年第 4 期。

舒广伟:《现行医疗纠纷行政调解制度的实证分析》,《安徽大学学报（哲学社会科学版）》2008 年第 6 期。

苏力:《关于海瑞定理 I》,《法律和社会科学》第四卷,法律出版社 2009 年版。

苏力:《关于能动司法与大调解》,《中国法学》2010 年第 1 期。

苏容招:《完善价格争议行政调解机制的几点思考》,《海峡科学》2015 年第 11 期。

孙晓莉:《西方国家政府社会治理的理念及其启示》,《社会科学研究》2005 年第 2 期。

田禾:《更好发挥行政裁决在化解民事纠纷中的作用》,《学习时报》2019 年 8 月 14 日第 3 版。

王比学:《维稳维权　相辅相成》,《人民日报》2014 年 8 月 6 日第 17 版。

王聪:《作为诉源治理机制的行政调解:价值重塑与路径优化》,《行政法学研究》2021 年第 5 期。

王丛虎:《我国服务型政府的行政法分析》,《中国行政管理》2007 年第 6 期。

汪丁丁:《制度创新的一般理论》,《经济研究》1992 年第 5 期。

汪丁丁:《经济学理性主义的基础》,《社会学研究》1998 年第 2 期。

王东伟:《论我国行政争议的行政调解解决机制》,《华南理工大学学报（社会科学版）》2016 年第 3 期。

王瑾:《西北地区民众对当前纠纷解决机制的感受和需求——以甘肃为例》,《陇东学院学报》2011 年第 5 期。

王萍:《需求·回应·公信:论司法公开的技术保障——基于当事人权利保护与预防、化解矛盾纠纷的视角》,《渤海大学学报(哲学社会科学版)》2015年第1期。

王肃元等:《中国西部社会法律意识变迁及其特征》,《现代法学》1998年第5期。

王泰平:《世界百年大变局中的中国大有希望》,《北京日报》2018年12月26日第2版。

王廷惠:《一般均衡理论的有限扩展与边际修正》,《财经研究》2004年第10期。

王锡锌:《规则、合意与治理——行政过程中ADR适用的可能性与妥当性研究》,《法商研究》2003年第5期。

王亚新:《中国社会的纠纷解决机制与法律相关职业的前景》,《华东政法学院学报》2004年第3期。

王佐发:《科斯定理对中国法学的启示》,《制度经济学研究》2007年第1期。

魏东:《推进诉源治理 提升国家善治》,《人民法院报》2019年11月11日第5版。

卫莉莉:《公民法律意识对警察信任影响之实证研究》,《中国人民公安大学学报(社会科学版)》2019年第3期。

吴敬琏:《中国政府在市场经济转型中的作用》,《国民经济管理》2004年第9期。

吴英姿:《"大调解"的功能及限度》,《中外法学》2008年第2期。

西江米巷散人:《"两高"报告反对票的理性分析》,《中法评·两会观察》2017年3月15日。

肖建华、杨兵:《对抗制与调解制度的冲突与融合——美国调解制度对我国的启示》,《比较法研究》2006年第4期。

肖建宏、陈洪锋:《构建"大调解"工作体系是推进三项重点工作有力措施》,《人民法院报》2010年8月17日第3版。

笑蜀:《天价维稳成本为何降不下来》,《东方早报》2009年6月26日第4版。

解丹梅:《媒体第四种权力的有所为与有所不为》,《记者摇篮》2005年第7期。

谢艳霜:《有关当前中国社会道德缺失的成因及对策的思考》,《人才资源开发》2016年第2期。

徐健:《行政任务的多元化与行政法的结构性变革》,《现代法学》2009年第3期。

徐力英:《离婚纠纷诉前行政调解制度之建构——离婚纠纷司法分流与减负途径之探索》,《2013年全国法院学术讨论会获奖论文集:公正司法与行政法实施问题研究(下册)》。

徐胜萍:《调解的解决纠纷效果评析》,《西北师范大学学报》2010年第1期。

徐晓明:《行政调解制度基本原则研究》,《天津行政学院学报》2015年第5期。

徐昕:《为什么私力救济》,《中国法学》2003年第6期。

薛永毅:《"诉源治理"的三维解读》,《人民法院报》2019年8月13日第5版。

杨春学:《"经济人"的三次大争论及其反思》,《经济学动态》1997年第5期。

杨鸿江:《现代社会治理的困境及其出路》,《理论前沿》2007年第8期。

杨解君:《契约理论引入行政法的背景分析》,《法制与社会发展》2003年第3期。

杨军:《惯性维稳破局》,《南风窗》2009年第9期。

杨明:《中国公众法律知识水平现状之分析》,《北京大学学报(哲学社会科学版)》2007年第3期。

杨瑞龙:《论制度供给》,《经济研究》1993年第8期。

杨伟东:《关于我国纠纷解决机制的思考》,《行政法学研究》2006 年第 3 期。

姚作为、王国庆:《制度供给理论述评》,《财经理论与实践》2005 年第 1 期。

叶三方:《古代息讼经验的现代借鉴》,《武汉大学学报(哲学社会科学版)》2008 年第 2 期。

殷守革:《日本行政调解法律制度研究》,《日本研究》2016 年第 2 期。

应松年:《构建行政纠纷解决制度体系》,《国家行政学院学报》2007 年第 3 期。

于浩:《行政调解与中国法律传统的契合与断裂》,《云南大学学报(法学版)》2014 年第 1 期。

于宏:《纠纷解决过程的法社会学分析》,《河北法学》2002 年第 11 期。

于建嵘:《社会泄愤事件的成因及应对》,《财经》2007 年第 8 期。

于建嵘:《2010 年社会矛盾预测及建议》,《凤凰周刊》2010 年第 3 期。

郁建兴:《辨析国家治理、地方治理、基层治理与社会治理》,《光明日报》2019 年 8 月 30 日第 6 版。

余南平:《市场经济制度的根本价值是保障与发展人的基本权利》,《社会科学》2006 年第 11 期。

喻少如:《多元纠纷解决机制中的行政调解》,《学术界》2007 年第 2 期。

岳锋、王智慧、周国新:《制度均衡与制度非均衡》,《天府新论》2005 年 6 月。

曾艳:《我国行政调解的溯源、发展与困境突破》,《沈阳工业大学学报(社会科学版)》2021 年第 2 期。

湛中乐:《论我国信访制度的功能定位》,《中共中央党校学报》2009 年第 2 期。

张辉:《力阻利益"脱缰"》,《瞭望新闻周刊》2010 年第 9 期。

张鸣:《地方政府公司化导致制度性冷漠》,《南方周末》2007 年 6 月 29 日 E31 版。

张姝:《司法为民:马锡五审判方式的精髓》,《光明日报》2014 年 8 月 13 日第 7 版。

张曙光:《论制度均衡和制度变革》,盛洪主编:《现代制度经济学》(下卷),北京大学出版社 2003 年版。

张泰苏:《中国人在行政纠纷中为何偏好信访?》,《社会学研究》2009 年第 3 期。

张维迎:《大数据代替不了企业家》,《管理视野》2021 年 9 月刊。

张晓丽:《法国行政调解专员制度探析》,《法制与社会》2009 年第 4 期。

张志铭、于浩:《共和国法治认识的逻辑展开》,《法学研究》2013 年第 3 期。

章志远:《作为行政争议实质性解决补充机制的司法调解》,《学习与探索》2021 年第 12 期。

郑成良:《论法律理念与法律思维》,《吉林大学社会科学学报》2000 年第 4 期。

郑永流等:《中国农民法律意识的现实变迁——来自湖北农村的实证研究》,《中国法学》1992 年第 1 期。

赵大程:《提升行政复议公信力促进社会公平正义》,《学习时报》2019 年 9 月 18 日第 3 版。

钟玉明、郭奔胜:《社会矛盾新警号:"无直接利益冲突"苗头出现》,《瞭望》2006 年第 42 期。

周继东:《发挥行政调解工作优势促进首都社会和谐稳定》,《法学杂志》2011 年 S1 期(《首届京津沪渝法治论坛获奖论文集》)。

周谨慧:《环境民事纠纷行政处理国际借鉴与问题探析》,《西昌学院学报》2009 年第 4 期。

周叶中:《新中国宪法历程与社会主义核心价值观入宪》,《光明日报》2018 年 9 月 13 日第 5 版。

周佑勇：《以新发展理念引领城市交通法治新发展》，《学术交流》2018 第 1 期。

周志忍：《公共悖论及其理论阐释》，《政治学研究》1999 年第 2 期。

朱光磊：《滞后与超越：中国地方政治发展总体观》，《武汉大学学报（哲学社会科学版）》2010 年第 3 期。

朱辉：《略论行政民事争议关联案件调解》，《人民论坛》2014 年第 32 期。

朱新林：《如何理解"司法是维护社会公平正义的最后一道防线"》，《人民法治》2018 年第 9 期。

朱应平：《追求行政权能配置最优化的三十年》，《华东政法大学学报》2008 年第 5 期。

朱最新：《社会转型中的行政调解制度》，《行政法学研究》2006 年第 2 期。

左卫民、马静华：《110 警务体制中的纠纷解决机制》，《法学》2006 年第 11 期。

〔美〕罗伯特·尤特：《中国法律纠纷的解决》，周红译，《中外法学》1990 年第 2 期。

三、新闻报道

高语阳：《全国扫黑除恶专项斗争开展以来 3.4 万名涉黑涉恶违法犯罪人员投案自首》，《北京青年报》2019 年 10 月 13 日第 A03 版。

郭吉刚：《重庆一研究生投诉民警后被上门"铐走"？法院判决派出所传唤行为违法》，《济南时报》2021 年 9 月 8 日第 2 版。

《郭声琨在全国扫黑除恶专项斗争领导小组会议上强调 抓好督导问题整改 认真开展专项整治》，《法制日报》2019 年 7 月 25 日第 1 版。

韩振：《大理不讲理！ "截胡"口罩无义又违法》，《半月谈》2020 年第 3 期。

纪帆：《华为这一招，关键时刻顶大用》，《人民日报》2019 年 5 月 18 日第 3 版。

姬忠彪、王烨、徐元学：《定西，定兮！——定西"人民调解协议诉前司法确认机制"调查》，《人民法院报》2009 年 3 月 3 日第 7 版。

贾华杰：《新拆迁条例或胎死腹中 地方游说力量大》，《经济观察报》2010 年 7 月 24 日第 3 版。

鞠鹏、申宏：《中共十九届四中全会在京举行》，《人民日报》2019 年 11 月 1 日第 1 版。

李继峰：《海淀"试水"行政争议调处》，《民主与法制时报》2008 年 5 月 11 日第 3 版。

李舒瑜：《〈深圳经济特区医疗条例（修订草案）〉提请市人大常委会会议审议 公立医院门诊号源纳入统一数据平台管理》，《深圳特区报》2021 年 6 月 29 日 A05 版。

李阳：《马鞍山中院多元化纠纷解决机制"升级换代"》，《人民法院报》2016 年 11 月 25 日第 2 版。

刘刚：《河北 7 名村民协商讨要拆迁补偿被控敲诈政府》，《新京报》2010 年 10 月 22 日第 3 版。

罗昌平：《湖南嘉禾县政府：谁影响发展 我影响他一辈子》，《新京报》2004 年 5 月 26 日第 5 版。

罗书臻：《最高人民法院发布深化多元化改革意见》，《人民法院报》2016 年 6 月 30 日第 1 版。

马向东：《定西法院率先实践调解协议诉前司法确认机制》，《定西日报》2009 年 8 月 7 日第 1 版。

彭兴庭：《中国诉讼爆炸是个伪问题》，《中国青年报》2005年4月26日第2版。

钱景童：《习近平改革"喻"言》，《中国青年报》2018年8月10日第1版。

史洪举：《让法律和人情各归其位》，《楚天金报》2015年3月1日第2版。

孙国华：《安吉：行政争议也能"大调解"》，《人民法院报》2017年12月3日第8版。

孙航：《海南省高级人民法院原副院长张家慧受贿、行政枉法裁判、诈骗案一审开庭》，《人民法院报》2020年6月17日第1版。

万兴亚、崔丽：《十年论争——国情留住政策性破产》，《中国青年报》2004年6月24日第3版。

王斌：《对行政调解协议如何认定没有明确规定　法律效力不明制约行政调解发展》，《法制日报》2012年4月10日第6版。

王小玲：《四川构建大调解机制》，《法制日报》2010年3月23日第1版。

王雅妮：《自治区司法厅印发〈关于加强行政调解工作的意见〉》，《内蒙古法制报》2020年8月19日第1版。

王雍铮：《中央工作组调研总结四川矛盾纠纷"大调解"工作经验》，《法制日报》2010年3月23日第1版。

魏丽娜：《广州人民调解化解案件超七万宗》，《广州日报》2017年12月26日第3版。

文晓霞：《全国公安机关坚持发展新时代"枫桥经验"》，《人民公安报》2020年5月16日第4版。

吴晓璐：《最高法：去年人民法院调解平台调解成功率达65.04%》，《证券日报》2021年2月21日第3版。

谢正军：《钱穆制度陷阱》，《四川日报》2012年7月18日第6版。

熊伟：《北大教授：征地拆迁成某些官员灰色收入来源》，《北京青年报》2009年12月20日第3版。

张晨：《最高法发布文件对两个"一站式"工作作出部署　将诉前调解工作量纳入法官考核统计范围》，《法制日报》2019年8月2日第1版。

张维：《北京去年行政调解成功30余万件》，《法制日报》2018年4月11日第6版。

张洋等：《奋力谱写政法事业发展新篇章——习近平总书记在中央政法工作会议上的重要讲话引起强烈反响》，《人民日报》2019年1月17日第1版。

赵蕾：《谁投了两高报告反对票》，《南方周末》2009年3月19日第A4版。

赵志疆：《见义勇为者打伤劫匪反成被告　罪犯也学会讲人权》，《中国青年报》2005年10月29日第3版。

钟声：《国际秩序容不得任性妄为——无视规则必将失败》，《人民日报》2019年5月23日第4版。

周斌：《软件业应依法竞争莫拿用户当筹码》，《法制日报》2010年11月5日第3版。

朱梦琪：《〈中国第三部门观察报告（2017）〉发布》，《中国青年报》2017年5月26日第3版。